ネット右派の歴史社会学

アンダーグラウンド平成史1990-2000年代

伊藤昌亮

青弓社

ネット右派の歴史社会学――アンダーグラウンド平成史１９９０―２０００年代

目次

第2章　サブカル保守クラスタと反リベラル市民アジェンダ——一九九〇年代半ばまで　83

第6章　2ちゃんねる文化と反マスメディアアジェンダ
——二〇〇〇年代前半まで　301

第7章 ネット右派の顕在化——二〇〇〇年代後半まで

第8章 ネット右派の広がりとビジネス保守クラスタ——二〇一〇年前後まで

装丁――Malpu Design［清水良洋］

凡例

［1］引用にあたっては、差別的な表現や不適切な表現も原則としてそのまま記している。あくまでも資料・史料としての正確性を期すためであり、他意はないことをご了承いただきたい。

［2］引用文中の中略は（略）と記している。改行は／と記している。

［3］本書で言及しているウェブサイトのうち、特にアクセス日を記していないものは、二〇一九年六月三十日時点でアクセス可能であることを確認している。現在はリンク切れとなっているが、本書の執筆中（二〇一四年ごろから）にアクセスできたサイトについては、［〇〇〇〇年〇月〇日アクセス。現在はリンク切れ］と記してある。本書の執筆中からすでにアクセスできず、関連する資料からその存在を確認できたサイトについては、［現在はリンク切れ］と記している。

［4］本文中で西暦を示す場合、各節の初出の際には一九九〇年、二〇〇〇年などと表記しているが、二度目以降は「一九」「二〇」などを省略している。

はじめに

「ネトウヨの妄言」を軽蔑する前に

「ネット右翼」もしくは「ネトウヨ」という語が広く用いられるようになったのは二〇〇〇年代半ば以降のことだ。ネット上で保守的・右翼的な言動を繰り広げる人々を指すものだが、特に「ネット右翼」と言った場合にはかつての「街宣右翼」「任侠右翼」などからの連想でとりわけその攻撃的なイメージが、一方で「ネトウヨ」と言った場合には「ネトネト」「ウヨウヨ」などの擬態語からの連想でどこか滑稽で醜悪なイメージが強調される。その匿名性に加え、こうしたイメージの噛み合わなさもあってか、彼らはその全容をつかみにくい存在だった。加えてその言動は暴論や極論に満ち、荒唐無稽なものとなることも多かったため、その主張を綿密に検討しようとする努力もあまりなされてこなかった。

一〇年代になると「在日特権を許さない市民の会(在特会)」など、一部の勢力が排外主義を標榜しながらいわゆるヘイトスピーチをまき散らし、大きな社会問題として取り沙汰されるようになる。そうしたなか、さまざまな議論が繰り広げられることになったが、その多くは彼らを愚劣極まりない存在として一刀両断に切り捨てようとするものだった。たとえば彼らの出自の源流の一つとして位置付けられる雑誌『SAPIO』(小学館)では、一二年八月二十二・二十九日号で「ネトウヨ(ネット右翼)亡国論」という特集が組まれたが、そこでは「リテラシーの低い」「実績も才能もカネもない弱者たち」が「罵詈雑言を撒き散らし」ながら、「ネトウヨの妄言」に満ちた「バカの論壇」を営んでいるとされていた。[1]

そうした見方は総じて妥当なものではあるだろう。しかしいかに愚劣極まりないものであれ、一時は大きな社会問題を引き起こすまでの影響力を持ち、しかも日本のネット文化の草創期以来、長きにわたってその一画を占めてきたこの存在「ネット右派」を、「バカの論壇」として簡単に片付けてしまうだけでよいものだろうか。さらに在特会をはじめとする一部の先鋭的な勢力や、レイシズムを志向するその過激な主張など、ことさら極端な面だけからこの現象を捉えようとするのもまた乱暴なことだろう。

清水幾太郎はかつて流言蜚語について論じたなかで、それを「除かねばならぬ」としながらも、「だがこれを軽蔑する前に、一般に評価する前に、対策を立てる前に、吾々が知らねばならぬのはその本質である」と説いた。「明察を以て聞える多くの人々も、この問題に関するや否や、感情を以て語り始めるのが常である」と言う清水によれば、「悲しみを表現するものが必ずしも涙ではなく、喜びを現わすものが必ずしも笑いではない」ように、「軽蔑さるべき表情を以て吾々の周囲に現れるものがその真の本質において軽蔑さるべきである（略）とは限らない」という。「人間の世界にはもっと複雑な屈折がある」からだ。[2]

また、関連して吉本隆明はいわゆる「大衆の原像」について論じたなかで、戦後の知識人が「土俗の言葉に注目してきた」際、「大衆的な言葉がそのまま大衆的な思想の現実であるかのようにあつかわれてきた」ことを批判している。吉本によれば「しばしば表現は、現実にある状態と逆立したり、屈折したりしてあらわれ、その逆立ちや屈折の構造のなかに言葉の現実性があることが」多い。したがって「言葉は、しばしばそこに表現された言葉そのものとしてみるべきではなく、この逆立ちや屈折や捩れによって、瞬間的に視える現実性の構造から縦深的に割りだされるプロセスの累積としてみるべき」だという。[3]

「在日特権」という「虚構」（野間易通）に典型的に示されているように、「ネトウヨの妄言」の多くはある種の流言蜚語として捉えることができるだろう。[4] また、「土俗の言葉」による「大衆の原像」のある種の表現をそこに読み取ることもできるかもしれない。だとすれば「これを軽蔑する前に」、そこには「もっと複雑な屈折がある」ことを踏まえつつ、そうした言説がなぜ生み出されてしまったのかを、「その逆立ちや屈折の構造のなかに」探ってみることもまた必要なのではないだろうか。いいかえればそれを「言葉そのものとしてみる」のではなく、そこから「縦深的に割りだされるプロセスの累積としてみる」こと、つまり歴史的・社会的なコンテクストのなかでその成り立ちを見ていくことが必要なのではないだろうか。そうした意図から本書では、歴史社会学的なアプローチに基づいてこの現象を見ていくこととしたい。

　実際、この現象は一般に考えられているよりもはるかに底の深いものだった。彼らの活動の出発点となった時期と見られているゼロ年代半ばは、実際にはほぼその到達点となった時期だった。「ネット右翼」という語にしても、一九九〇年代後半に成立した彼ら独自の言説の場「ネット右派論壇」ではすでにしばしば用いられていたものだ。たとえば九九年四月に結成されたネット上の右翼団体「鐵扇會」に関連し、この語が用いられていたことを示す記録も現存している。[5] 当時、「J右翼」「サイバー右翼」など、いくつかの類語の間を揺れ動きながら次第にこの語が、そしてこの現象が定着していったという経緯がある。

　そうした動きをもたらしたのは、特に九〇年代からゼロ年代にかけての日本社会のさまざまな動きだったと見ることができる。しかもその起点には、冷戦体制の終結、昭和から平成への改元、五五年体制の終焉など、広い意味でのポスト冷戦期の出発に伴う歴史上の大きな動きがあった。「リベラル市民主義」の高まり、一方でそれに対抗するものとしての保守派の「国民運動」の広がり、さらに一部の右翼団体から派生した「ネオナチ極右」の成立など、当時の「リベラル」「保守」「右翼」が新しい時代のなかでそれぞれの道を探り、さまざまな相互作用を繰り広げていく過程で、そこから生じた複雑な化学反応の結果として産み落とされたのがネット右派という存在だった。しかもそれはマスメディアの退潮とネットメディアの勃興、そしてオタク文化の深化という、メディアとサブカルチャーをめぐる状況の変化と密接に関わりながら形作られてきたものだった。

さらにこの現象は、この時期の日本社会という特定の枠組みを超えたより大きな相のなかに位置付けることもできる。

やはりこの時期以降、ヨーロッパのさまざまな極右政党や極右団体、あるいは昨今のアメリカのいわゆる「オルトライト」など、同様にネットを拠点とする新たな右派勢力の台頭が欧米でも大きな社会問題として取り沙汰されるようになる。(6)ポスト冷戦期のそうした同時代的な現象の一つとして位置付けてみれば、よりグローバルな広がりのなかでこの現象を捉え直すことが可能になるだろう。

また、一方で日本社会が古くから抱えてきた問題に連なるものとして位置付けてみれば、歴史的な深みのなかでそれを捉え返すこともできる。明治期以来の右翼・民族派の思想と文化、いわゆる戦後民主主義をめぐる議論、その間の「保守」「右翼」「左翼」の間の独特の関係、さらにサブカルチャーの独自の発展など、日本の近現代史をめぐるさまざまな状況がそこには深く関わっているからだ。

こうしたことからすると、一見底の浅い、しかも愚劣極まりないものと一般に考えられているこの現象を歴史社会学的なパースペクティブから見てみることにも、それなりの意義はあるのではないだろうか。あるいはそうすることにより、ポスト冷戦期の、そして平成期の日本社会の一つの姿をそこに浮かび上がらせることも可能になるだろう。新しい時代のなかで始められたさまざまな取り組みの果てに、なぜ「バカの論壇」が生み出されてしまったのかを探ることを通じて、われわれ自身のあり方を見直していくこともできるのではないだろうか。

アジェンダとクラスタの集合体

以下、本書の基本的な方針について説明しておこう。

まず本書では、ネット上で保守的・右翼的な言動を繰り広げる人々を指し、一般に「ネット右派」と呼ぶこととする。それは一つには、「ネット右翼」や「ネトウヨ」の極端なイメージに引きずられないようにするためだが、さらに「保守」「右翼」「極右」など、微妙に異なるいくつかの立場を含み込むより緩やかな括りとして「右派」という語がふさわしいと考えられるからだ。これらそれぞれの立場は元来、日本の近現代史をめぐるさまざまな状況のなかで形作られてきたものだが、その位置付けをめぐる複雑な関係がその後の動きにも微妙に影を落としてきたという経緯がある。そこで本書では、よりニュートラルに「右派」という語を用いるものとする。

また、本書ではネット右派の歴史のなかでも特にその形成期に焦点を当て、その成立の過程を見ていくこととする。その存在は、ポスト冷戦期の出発に伴ってまず初期的な形態として誕生したのち、二十年近くに及ぶその形成期を経て、二〇一〇年代になるころには成熟期に、あるいは普及期に入り、さらに一〇年代半ばには停滞期に向かっていったと見ることができる。一般にはゼロ年代半ばがその出発点となったと見られているが、その時点ではその形成をめぐる動きはすでに最終段階を迎えていた。そこで本書ではベルリンの壁の崩壊、そして昭和から平成への改元の年となった一九八九年を起点に、その前後から一〇年ごろまで、九〇年代からゼロ年代にかけてのおよそ二十年間の動きを見ていきたい。

なお、その呼び名に示されているように、ネット右派の成立にあたってネットの普及という状況が大きな役割を演じたことは間違いない。しかしその点を過大評価し、この現象をいわば技術決定論的に見ることは避けるべきだろう。ネットメディアのなかに固有の場が成立するのに先立ち、出版メディアのなかの同様の場「新保守論壇」を通じてその初期的な形態が形作られてきたという経緯があるからだ。そこで本書ではネットの普及に先立つ時期も含め、ネット右派のいわば前史からの動きを見ていくこととする。第1章から第3章までは出版メディアを中心に、第4章から第8章まではネットメディアを中心にその動きを見ていきたい。

こうした枠組みのもとで本書では、特にネット右派の言説、およびその運動の担い手の構成に着目し、その成り立ちを明らかにすることを目指す。

まず「ネット右派言説」については、それをいくつかの「アジェンダ」に分割し、そのそれぞれの成り立ちを見ていくこととする。ここでアジェンダとは、言説の特定の議題なり論題なりを意味するものだ。

そもそもネット右派言説とは、「若者たちのニッポン主義」（香山リカ）などとして漠然と一括りにされるべきものではないと考えられる。(7) その内実を見ていけば、そこにはさまざまな固有の論点があり、主張があり、思想があることが明らかになるだろう。それらが組み合わされてセット化・パッケージ化され、いくつかのアジェンダの「束」として構成されていたのがネット右派言説だと位置付けることができる。

しかもその構成のされ方には独特の特徴がある。たとえばより「リアル」な右派運動組織としての「日本会議」の運動では、「憲法改正」「ジェンダーフリー批判」「教育改革」などのアジェンダが掲げられてきたが、ネット右派言説のなかでそれらが取り上げられることはほとんどない。一方でネット右派言説のなかで訴えられてきたもののうちでも、たとえば「嫌韓」「反マスメディア」などのアジェンダが日本会議の運動で取り上げられることはまずない。また、いわゆる既成右翼に特有の「天皇中心主義」「国粋主義」など、あるいは新右翼に特有の「反Y・P（ヤルタ・ポッダム）」など、従来の「右翼」の運動で掲げられてきたアジェンダとの共通性はそこにはほとんど見られないが、一方で「歴史修正主義」「反リベラル市民」など、昨今の「保守」の運動で掲げられてきたアジェンダや、さらに「排外主義」など、昨今の「極右」の運動で掲げられてきたアジェンダとの共通性は強く見られる。(8) こうして見るとネット右派言説とは、右派的な言説の広範な布置のなかでも独特の位置にあるものであることがわかるだろう。

こうしたことから本書では、ネット右派言説を構成している主要なアジェンダとして、「嫌韓」「反リベラル市民」「歴史修正主義」「排外主義」「反マスメディア」という五つのアジェンダを措定し、そのそれぞれの成り立ちと、それらの間の関係を見ていくこととする。なお、嫌韓というアジェンダは特にゼロ年代以降、「反中」を伴って「嫌韓反中」というアジェンダに変容していったが、本書では特にその形成期に焦点を当てているため、総じてそれを嫌韓というアジェンダとして扱うものとする。

次に「ネット右派運動」の担い手については、それをいくつかの「クラスタ」に分割し、そのそれぞれの成り立ちを見ていくこととする。ここでクラスタとは、運動の担い手の特定の集まりを意味するものだ。ただしそこには社会運動組織のように緊密にネットワーク化されたものばかりでなく、というよりもむしろそれ以上に、ある種のファンコミュニティや趣味・関心に基づくコミュニティなどのように、緩やかにネットワーク化されたものも含まれる。いいかえれば「コレクティブ（集団的）」に統合されたものばかりでなく、雑誌、掲示板サイト、SNS（ソーシャルネットワーキングサービス）などを通じて「コネクティブ（連結的）」に接合されたものも含まれる。(9)

この場合にもやはりネット右派運動の担い手とは、そもそも特定の属性と志向を持った特定の社会集団として単純に一括りにされるべきものではないと考えられる。異なる思想と文化を持ち、異なる動機と目標に基づいて固有の行動を取ってきた複数のクラスタが、たまたま利害を一致させ、共通の敵を設定することにより、いわば呉越同舟の状態で寄り合いながら営んできたのがネット右派運動だと位置付けることができる。

しかもその過程でそれらのクラスタの間にはさまざまな接触や交渉が生じ、さまざまな相互作用が繰り広げられてきた。いくつかのクラスタの間に引力が生じ、野合や融合という状況がそこにもたらされたこともあれば、逆に斥力が生じ、離反や対立という事態が引き起こされたこともある。そうしたなかから生じた複雑な化学反応の結果、ある種のモンスターとしての言説の体系、すなわち「バカの論壇」がそこに作り上げられてしまったわけだ。だとすれば個別のクラスタばかりでなく、それらの間の関係にも目を向け、そのダイナミクスやポリティクスに配慮しながら全体の動きを見ていく必要があるだろう。

こうしたことから本書では、ネット右派運動の担い手となってきた主要なクラスタとして、「サブカル保守」「バックラッシュ保守」「ビジネス保守」「既成右翼系」「新右翼系」「ネオナチ極右」という六つのクラスタを措定し、そのそれぞれの成り立ちと、それらの間の関係を見ていくこととする。なお、九〇年代後半に成立したネ

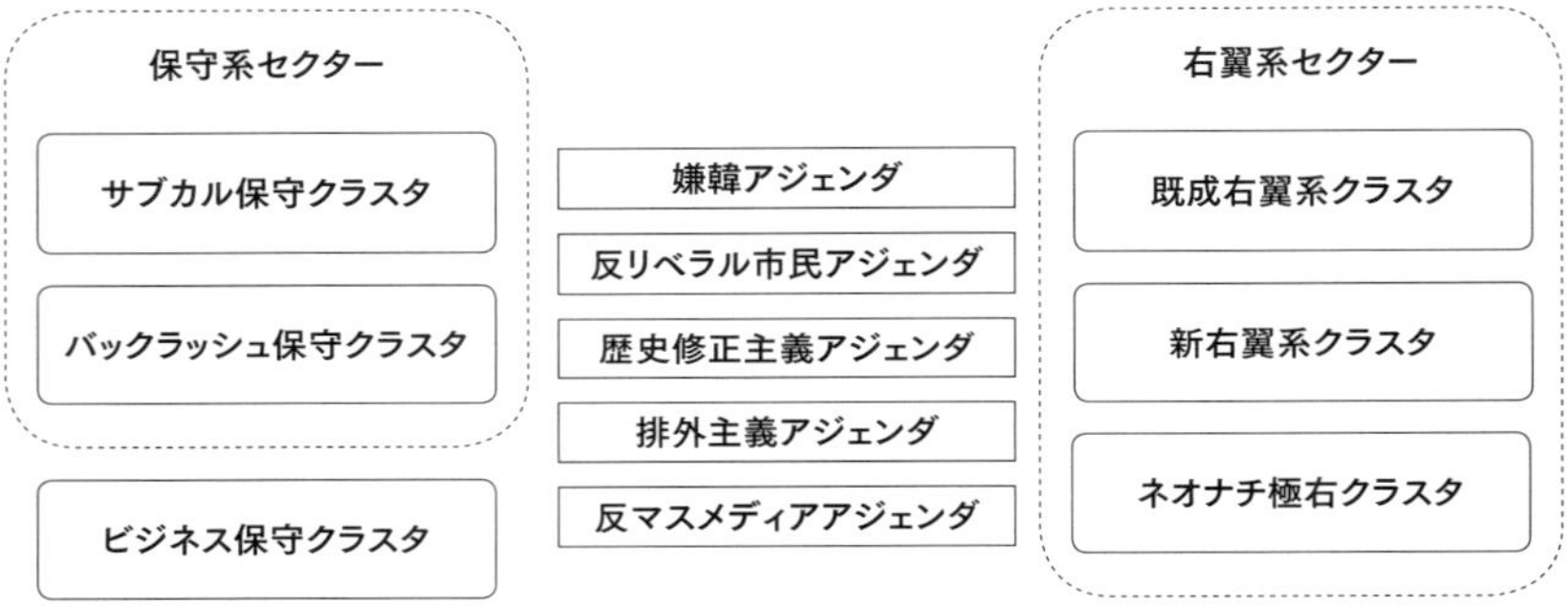

図1　ネット右派の全体像

ット右派論壇は、「保守系セクター」と「右翼系セクター」という二つの言説の場から構成されていた。そこで保守系セクターは、主に二つの保守系クラスタ、すなわちサブカル保守クラスタとバックラッシュ保守クラスタによって運営されていた。その後、ゼロ年代後半になるとそれらを母体にもう一つの保守系クラスタ、すなわちビジネス保守クラスタが成立するに至る。一方で右翼系セクターは、主に三つの右翼系クラスタ、すなわち既成右翼系クラスタ、新右翼系クラスタ、ネオナチ極右クラスタによって運営されていた。これら六つのクラスタのうち、既成右翼系クラスタと新右翼系クラスタはネット右派論壇の崩壊とともにその活動を停止してしまったため、本書ではそれらを除く四つのクラスタ、すなわちサブカル保守クラスタ、バックラッシュ保守クラスタ、ネオナチ極右クラスタ、ビジネス保守クラスタを中心に扱うものとする。

このように本書では、ネット右派を一枚岩の存在として一括りにして扱うのではなく、いくつかのアジェンダとクラスタの集合体、さらにそれらの間の関係の体系として捉えることとする。その全体像を図1に示しておこう。なお、それぞれの章の冒頭には、この図のなかのどの部分をその章の主な対象としているのかを示す図が置かれている。

怪物的・動物的・人間的

ここで本書の問題意識について、筆者の個人的な体験に触れながら説明しておこう。

本書では、ネット右派を愚劣極まりない存在として一刀両断に切り捨てるのではなく、いいかえれば彼らをわれわれの社会にとっての異物として外在的に捉えるのではなく、そこから生み出されてしまった一種の鬼子として内在的に捉えることを目指す。

元来、彼らに対する見方は、その極端なイメージに沿って特に二つの方向に強調されてきたと思われる。その一つは「ネット右翼」の攻撃的なイメージに沿って彼らをいわば「怪物」として、すなわち暴力的・破壊的で常識外れの存在として捉えようとする見方だ。そこからはたとえば何人かの右翼運動家など、過激なヘイトスピーチを臆面もなくまき散らす「トンデモ系」の有名人の姿が想起されるだろう。もう一つは「ネトウヨ」の滑稽で醜悪なイメージに沿って彼らをいわば「動物」として、すなわち衝動的・情動的で単細胞の存在として捉えようとする見方だ。そこからはたとえばいくつかの「テンプレート」に反応し、「反日」「在日」「マスゴミ」などのジャーゴンを脊椎反射的に垂れ流す匿名の群衆の像が想起されるだろう。[10]

そうしたイメージの違いはあるものの、これらの見方はいずれも彼らを対話不能な存在、というよりもむしろ理解不能な存在として捉えようとする点で一致している。怪物や動物と対話することなど、それも言語的な理解に基づいて対話することなど不可能だということだろう。

しかし一方で、彼らを「人間」として捉えることもなお可能なのではないだろうか。あるいは怪物的な存在や動物的な存在としての彼らのなかにも、どこかに人間的な次元を見いだすことができるのではないだろうか。実際、怪物的な右翼運動家にしても最初からそうした人物だったわけではなく、彼らなりの試行錯誤や交渉を通じてそうした振る舞いを身につけてきたという経緯がある。また、動物的な反応を呼び起こすテンプレートにしても元来は、ネット右派論壇でのさまざまな意見交換や交流を通じて形作られてきたという経緯がある。だとすればそれらの経緯をつまびらかにし、彼らのなかにある人間的な次元に呼びかけていけば、あるいは彼らを理解し、その一部と対話することも可能になるのではないだろうか。やや楽観的に思われるかもしれないが、そうした希望的な問題意識が本書の前提となり、出発点となっている。

こうした問題意識を筆者が持つに至ったのは、その個人的な体験によるところが大きい。筆者はこれまでさまざまな接点を通じてネット右派との接触を持ってきたが、そのなかでも特にこの点に関連して最も意義深かったのは、「ネトウヨ系」の学生との対話という経験だった。

筆者は大学の社会学系の学科でメディア論関連のいくつかの授業を担当してきたが、そのなかでも特にジャーナリズム、市民運動、さらにネット右派などのテーマを扱うと、一部の学生からリアクションペーパーなどを通じて、ときにあからさまな「ネトウヨ系」のジャーゴンを交えたネガティブなコメントが寄せられることがよくあった。多くの場合、彼らは教室の最前列に陣取っているような熱心な学生で、成績も優秀だったが、一方でその論調はきわめて挑発的で攻撃的、かつ断定的で独善的で、教員としては不快極まりないものだった。

そこである時期から、最も「炎上」しやすそうな授業を最終時限に設定し、その終了後、どうしても言いたいことがあるらしいそうした学生を居残らせ、その一人ひとりと徹底的に対話していくという取り組みを始めた。議論は白熱し、ときに深夜にまで及ぶこともあったが、彼らは喜んでそれに応え、筆者もそこから多くを学ぶことができた。

そこで筆者がまず知ったのは、彼らの多くが中学時代や高校時代に教師への不信や反抗の気持ちをひときわ強く抱いていたという、いわばその共通の原体験をめぐる事実だった。そうして形作られていった彼らの反発心は、やがてネットのなかでの議論を通じて知識人やジャーナリストなどへの敵愾心として一般化され、さらに反リベラル市民や反マスメディアというアジェンダとして論点化されていった。一方で彼らはそうした問題意識をもとに社会学系の学科に入ってきたわけだが、しかし大学教員にはさらに頑強なリベラル派が多く、彼らの声が聞き入れられることはない。そこで彼らのフラストレーションはますます高まり、その反発心や敵愾心が増幅されていった結果、より攻撃的な他のアジェンダと結び付き、あらぬ方向に攻撃が向けられることになった、というのが大方の実情だった。

そうした話し合いを続けながら筆者は当初、彼らを「転向」させることを試みた。しかしそれは不可能であることをすぐに悟った。多くの場合、彼らはきわめて頑強で、確固たる信念、というよりもむしろ不信に凝り固まっている状態だった。そもそもかつての教師の信条に反発してそうなった以上、ここで彼らが別の教師の信条を受け入れ、態度を一変させることなどありえない話だった。そこでそうしたもくろみを捨てることにしたが、同時にそもそもその必要などないのではないか、と思い直しもした。というのも彼らの信念の原点にあった反発心、そしてある種の反権威主義の精神と、その表現としての反リベラル市民や反マスメディアというアジェンダは、それ自体として決して否定されるべきものではないからだ。

これらのアジェンダが問題化している対象、すなわちリベラル市民主義やマスメディアという存在は、戦後の日本社会の枠組みに大きな影響を及ぼしてきたものだ。だからこそそのあり方を問い直そうとすることは、決してひねくれたことなどではなく、むしろ健全なことだとさえ言えるだろう。もちろんそれらを外側から頭ごなしに全否定しようとするのか、あるいはその改善と発展のために内側から自己批判しようとするのかという点には大きな違いがある。しかしそれらを問題化しようとする姿勢自体は、本来的に社会学的なものであり、同時に筆者の元来の問題意識と重なり合うものでもあった。

問題はそれらのアジェンダそのものにあるのではなく（もちろんその構成のされ方にもいくつかの問題はあるが）、むしろそれらがより攻撃的な他のアジェンダ、とりわけ嫌韓や排外主義というアジェンダと結び付き、怪しげなジャーゴンを通じてテンプレート化された紋切り型の思考のなかで、さまざまな論点がからみ合いながら混然一体となってしまっているところにあるのではないかと思われた。

つまり彼らはリベラル市民主義やマスメディアを、あるいは『朝日新聞』やフジテレビを批判しようとしていながら、なぜか在日コリアンを攻撃するという行動に出てしまう。そうした動機とそうした行動との間には、実際には論理的・必然的な結び付きがあるわけではない。にもかかわらずそうした行動に出てしまうのはなぜなのか、実は彼ら自身にもよくわかっていないような状態だった。

そこで筆者は彼らとともに、関連するさまざまな論点、主張、思想などを解きほぐす作業に取り組んでいった。それはネット右派言説というセット化・パッケージ化された言説の体系を、いくつかのアジェンダの束へと解体・整理していく作業だった。さらにそのそれぞれの担い手となってきたいくつかのクラスタによる営み、すなわちネット右派運動の経緯を検証・確認していく作業だった。

そうした作業を彼らとともに進め、話し合いを続けていった結果、彼らの多くはその頑強な態度を改めることはなかったものの、ある一点では筆者の考えを受け入れてくれるようになった。それは端的にいえば、反リベラル市民や反マスメディアというアジェンダをどれだけ信奉していようとも、だからといって嫌韓や排外主義というアジェンダを無条件に受け入れてよいことにはならないということだ。つまり『朝日新聞』やフジテレビがどれだけ気に入らないとしても、あるいは教師がどれだけ鼻持ちならないとしても、だからといって在日コリアンを攻撃してよいことにはならないし、そうする理由にはまったくなっていないということだ。

考えてみればごく当たり前のことだが、しかしそうした当たり前のことを、言語的な対話に基づいてあらためて理解し、納得してくれたのは、彼らが怪物や動物などではなく、人間だったからにほかならない。それどころかむしろ彼らは、何の疑いも抱かずに教室の後方で居眠りしているような多くの学生よりも、はるかに人間的な人間だった。

ネット右派をあくまでも人間的な存在として捉え、彼らとの対話を可能にしていきたいという本書の希望的な問題意識は、筆者のこうした体験によるところが大きい。

歴史社会学的なアプローチ

次に本書の方法論について、その成立の経緯に触れながら説明しておこう。

筆者は学生との対話を通じて、ネット右派的な信条が彼らのなかにいかにして芽生え、膨らみ、根を張っていったのかというプロセスを、個々のケースに即していわば個体発生的にたどることができた。それは彼らそれぞれのライフヒストリーに即したものだったが、一方で同時代的な共通の枠組みに基づくものでもあった。そこで今度はそうした枠組みそのものに着目し、同様のプロセスをいわば系統発生的にたどってみることにした。つまりネット右派という存在がわれわれの社会のなかにいかにして誕生し、成長し、浸透していったのかというプロセスだ。そこから導き出されていったのが歴史社会学的なアプローチだった。

この問題については従来、そうしたアプローチよりも社会心理学的・社会運動論的なアプローチのほうがはるかに優勢だった。辻大介による二〇〇七年十月の調査票調査などを嚆矢に、ネット右派言説の支持層とはどのような人々なのか、いかなる属性や傾向が彼らを駆動しているのかという問いが繰り返し発せられ、さまざまに検証されてきた。また、その後の樋口直人による聞き取り調査などでは、ネット右派運動の参加者とはどのような人々なのか、いかなる誘因やネットワークが彼らを動員しているのかという問いが追求されてきた。(11)これらの調査はさまざまな事実を明らかにしてきたが、しかしネット右派という存在の全容がそこから明らかになったとは言い難い。

というのもそれはいくつかのアジェンダとクラスタの集合体であり、それらの間の関係の体系でもある。どのアジェンダを支持し、どのクラスタに属しているかにより、支持者の属性や傾向は違ってくるだろうし、参加者の誘因やネットワークもまた違ってくるだろう。だとすればそれらを一括りにして扱う前に、まず全体の構成を明らかにしたうえで、そのそれぞれの構成要素の内実と、それらの間の関係をつまびらかにしていく必要があるのではないだろうか。

いいかえれば従来のアプローチは、社会心理学的なものであれ社会運動論的なものであれ、あるいは量的なものであれ質的なものであれ、「ネット右派とは誰か」という問いをさまざまな観点から問い続けてきたものだったと言えるだろう。しかしそうする前に、まず「ネット右派とは何か」という、ごく当たり前ながら実はあまりよく考えられてこなかった問いを一度徹底的に問い詰めてみる必要があるのではないだろうか。

そうした意図から筆者は本書の出発点となる論考として、「ネット右翼とは何か」という論文を一五年九月に出版した（『奇妙なナショナリズムの時代――排外主義に抗して』岩波書店）。ただしそこでは歴史社会学的なアプローチを採っていたわけではない。むしろ社会運動論的なアプローチに基づき、「集合行為フレーム」という枠組みを用いながら、「ネット右翼フレーム」の成り立ちをその文化的な背景のなかで明らかにすることを試みた。

その後、筆者はその小論を「長篇化」することに取り組んでいったが、その際の当初の方法論的なもくろみは、ヨーロッパ流の「新しい社会運動」論の大きな枠組みのなかで、アメリカ流の社会運動論、とりわけ集合行為フレームをめぐる議論を、イギリス流のカルチュラルスタディーズに基づく文化や情動の研究に接合しつつ、そこからネット右派という日本の現象を浮かび上がらせるという、かなりアクロバティックなものだった。

しかし作業を進めていくにつれ、そうしたもくろみは徐々に後退していった。というのも現象そのものの複雑性があまりにも大きかったため、方法論上の複雑性を少しでも縮減していく必要があったからだ。そこでそうした方法を捨て、現象そのものの複雑性をより立体的に捉えるために、それを現在的な相からだけではなく、歴史的な深みのなかで見ていくことにした。しかもこの現象自体の短い歴史だけではなく、その先史的な歴史、たとえば戦後の保守勢力の政治史や、さらに明治期以来の右翼団体の運動史など、日本の近現代史の一部に通じるようなより長い歴史にまで射程を広げていくことにした。その結果、歴史社会学的なアプローチが優勢になっていった。

そうしたなか、社会運動論やカルチュラルスタディーズなどの欧米流の理論を後退させていく一方で、現象そのものをより深く理解するために取り入れていく必要があったのは、日本固有の社会思想や政治思想、文化理論などだった。たとえば明治期以来の右翼・民族派の思想と文化、天皇制、戦争責任、戦後民主主義などをめぐる左右両翼からの議論、さらに民俗学、民衆文化、オタクサブカルチャーなどをめぐる議論だ。

実は昨今のメディア研究、とりわけデジタルメディア論は、どこか古臭く見えるこれらの議論を十分に取り込んでこなかったのではないだろうか。アメリカ流のマスコミュニケーション研究を起点に、いわゆるニューアカデミズム以降、それまでの日本的な論壇知とは切り離されたところで、フランス流の記号論やドイツ流の批判理論を継承し、さらにカナダ流のメディア史研究やイギリス流のカルチュラルスタディーズを吸収しながら発展してきた日本のメディア研究、そしてデジタルメディア論は、これらの議論とは切り離されたところに自らを成り立たせてきたのではないだろうか。実はだからこそこれまで、この現象をうまく捉えることができなかったのではないだろうか。

そうした「反省」を踏まえつつ、筆者はこれらの議論を積極的に取り入れながら記述を膨らませていった。本書の冒頭に清水や吉本など、もはや忘れ去られてしまったかのような論者の議論を持ち出してきたのも実はそうした意図によるものだ。

ただし歴史社会学的なアプローチとは、特にメディア史研究の場合、通常は戦前や戦中の現象を対象に用いられるものであり、ごく最近の現象、しかもインターネットなどの新しいメディアを対象に用いられるものではない。そうした観点からすると、この現象に対してこの方法を用いるという判断は不適切なものに思われるかもしれない。

しかしそのように一見不整合な方法を用いるからこそ、現象の新しい側面が見えてくるという可能性も逆にあるのではないだろうか。たとえば昨今のネットサブカルチャー論のいくつかの成果のように、ごく最近の現象、それも一瞬で消えていくネット上の営みからなる現象に考古学的かつ民俗学的な視線を向けることにより、新しい視野が開けてきたという事例もある。[12] そこで筆者はこのアプローチをあえて追求してみることにした。

さらにいえばこのアプローチは、実は本書の問題意識、ネット右派をあくまでも人間的な存在として捉えていきたいというそれに深く関わるものでもある。というのも人間のみが歴史を持つからだ。怪物や動物は歴史を持たない。それらもまた時間とともに変化していくには違いないが、しかしそこにあるのは変異のいきさつや進化のプロセスという様相だけだろう。人間のみが歴史を持ち、自らの成り立ちを反省的に振り返ることができる。そのうえでそのあり方を意志的に書き換えることができる。

そうしたことも踏まえつつ、筆者は最終的にこのアプローチを採用し、強く打ち出していくことにした。そのため歴史的な記述を目指すだけではなく、ときに物語的な叙述を交えながら記述を膨らませていくことを試みた。そうすることでこの現象の歴史的な様相を、さらに人間的な次元を引き立たせることができると考えたためだ。

なお、本書では一九九〇年代からゼロ年代にかけてのおよそ二十年間の動きを扱っているが、そうした設定もまた本書の問題意識に基づいている。一〇年代になるとネット右派はその普及期に入るとともに、「怪物化」と「動物化」との両極に分化していったと見ることができる。その結果、一方では過激なヘイトスピーチがまき散らされ、他方では脊椎反射的なテンプレートが垂れ流されるという事態が進行していった。

そうして怪物的な次元と動物的な次元に分化し、それぞれの極に単純化されていったその現在のあり方の地層深くに、実は人間的な次元が存在し、そこではかつて複雑極まりない物語が繰り広げられていたという事実を開示することが、本書の意図の一つでもある。いいかえればそれは、単純性の次元の根底に隠されている複雑性の次元を開示することにより、そこに人間的な次元を再発見しようとすることだ。そうした意図から本書では、「歴史の終わり」とともに怪物化と動物化が進行していった一〇年代を捨象し、それ以前までの時期に照準している。

分断を解きほぐしていくための手がかりとして

ネット右派をあくまでも人間的な存在として捉えていきたいという本書の問題意識は、しかし一方で特有のリスクを孕むものでもある。次にこの点と、それを踏まえた本書のより大きな問題意識について説明しておこう。

とりわけ「嫌韓ヘイトスピーチ」という問題に即してこの現象を見た場合、ネット右派はその「加害者」として、在日コリアンはその「被害者」として位置付けられるだろう。われわれ日本人はかつての韓国併合以来、戦前・戦後を通じて繰り返し在日コリアンを差別し、ときに激しく迫害してきたが、そうした事実を反省するどころか最大限にまで拡大再生産しようとする一部の勢力の態度、しかも在日コリアンの人間性を根こそぎ否定するような言動をいとも簡単に繰り出すその態度は、人間的どころかむしろ非人間的極まりないものだろう。

もちろん彼らはネット右派のすべてではなく、その代表ですらない。むしろ例外的に突出した一部の勢力にすぎないが、とはいえネット右派全般を人間的な存在として捉えようとすれば、そのことによる「恩赦」が彼らにも及ぶ可能性がある。その結果、彼らの態度が免罪され、その言動が容認されることにもなりかねない。いいかえれば加害者のなかに人間性を見いだそうとすれば、その結果、さんざん傷つけられてきた被害者の人間性をさらに傷つけてしまうことにもなりかねない。本書の問題意識はこうした大きなリスクを孕むものでもある。

この点は本書の大きな問題だった。しかも方法論上の操作や調査データの補充などでは解消されることのない、より本質的で現実的な問題だった。

そこで筆者は知人の在日コリアンや韓国人の研究者・留学生など、何人かの当事者に当たり、本書の意図と内容を説明しながらその反応を探ってみることにした。

彼らの反応はさまざまだったが、好意的なものも少なくはなかった。特に「自分たちはなぜそこまで言われなければならないのか」という彼らの問いは、「ネット右派はなぜそこまで言わなければならないのか」という筆者の問いに通じるものでもあり、そうした点から筆者の問題意識を自らのものとして受け止め、積極的に議論に参加してくれた者もいた。

ただしそうした議論が可能になるためには、いいかえれば彼らが筆者の問題意識を彼ら自身のものとして受け入れてくれるためには、逆に筆者が彼らの問題意識を自分自身のものとして受け入れている必要がある。つまり在日コリアンが置かれてきた困難な状況や、そのなかで一人ひとりが体験してきたいやな思いやつらい出来事、さらにこの現象を通じて感じさせられている無力感ややるせなさなど、さまざまな感情の集積を自らのなかに体感している必要がある。彼らとの対話を通じて筆者はそのことを強く感じた。

筆者は学生との対話を通じて、いわば加害者側のライフヒストリーを聞き取るところから本書の作業に取りかかっていったわけだが、一方でそのための前提として、むしろ被害者側のライフヒストリーに十分に思いを巡らせ、そこから作業を方向付けていく必要があることをあらためて強く思った。つまり加害者を理解しようとするのなら、その前にまず被害者に共感しなければならない。いいかえれば加害者への理解を進めていくことは、被害者への共感を深めていくことと同義の行為でなければならない。

そうした姿勢を明確に意識することを一つの了解事項として、本書の議論を始める前にまずここで確認しておきたい。そのうえでさらに以下の点を強調しておこう。

まず第一に、理解することとは免罪することを意味するものでは決してない。それは何が間違っているのか、どこで掛け違えてしまったのかを確認することにより、むしろ的確に断罪することを志向するものだ。

第二に、対話することとは容認することを意味するものでは決してない。それは何が許されないのか、誰を傷つけてしまっているのかを説明することにより、むしろ厳格に否認することを志向するものだ。

これらの点が明確に意識されていれば、本書のリスクをある程度回避することもできるだろう。そのうえでさらに学生が受け入れてくれたように、たとえば嫌韓や排外主義というアジェンダを他のアジェンダから切り離し、それらを個別に断罪・否認することにより、ネット右派という立場は保ちつつも嫌韓ヘイトスピーチという行動だけは差し控えるというような、具体的な了解を形作っていくことも可能になるのではないだろうか。

このように本書のスタンスは、一方で大きなリスクを孕むものではあるが、しかしそれでもなお筆者がこうした問題意識にあくまでもこだわろうとするのは、もう一方でそこにはより大きな可能性が秘められていると思われるからだ。それは本書のもう一つの、そしてより大きな問題意識に関わるものだ。最後にこの点について付言しておこう。

特に二〇一〇年代半ば以降、ネット右派はその停滞期に入り、一方でリベラル派の諸勢力があらためて陣容を整えていったと見ることができる。まず社会運動の場では「レイシストをしばき隊」などに主導され、いわゆるカウンター運動の強力なネットワークが形作られていった。また、言論の場でも安保法制反対運動などを機にさまざまな論者が「反安倍」を掲げ、リベラル側の議論が大きな盛り上がりを見せていく。さらにジャーナリズムの場でも、たとえばゼロ年代には『産経新聞』系列のサイトなど、右寄りのネットニュース各社と提携し、「ネトウヨの巣窟」などと言われていた「Ｙａｈｏｏ！ニュース」がその後、「ハフポスト」「バズフィード」「ウィズニュース」など、『朝日新聞』系列のネットニュース各社と提携して急激な「左旋回」を図るなど、リベラル側の言論環境が整えられていく。(13)

こうして「リベラルコンセンサス」の再構築が進められ、それに伴って「ネトウヨ包囲網」が狭められていくなか、しかし一方で別の深刻な事態が進行していったと見ることもできる。左右対立の構図が先鋭化し、両側の陣営の分極化が際限なく推し進められていった結果、左右分断の状況が絶望的なまでに激化してしまったことだ。とりわけ右派側では怪物化と動物化が進行していったこともあり、いまや両者の間には共通の語彙や文法さえ存在していないかのようだ。

そもそも一九九〇年代後半に右派側が最初に怪物化の兆候を示したのは、左右対決の空気が著しく高進していった時期のことだった。つまり分断は過激化と極端化をもたらし、それらはさらなる分断を呼ぶ。今後、リベラル側でも同様に怪物化と動物化が進行していくようなことがもしも起きれば、その先に立ち現れてくるのはいわばマニ教的な二元論の世界、絶対的二項対立のもとに分裂してしまった世界の姿だろう。それが望ましいものではないことは明らかだろう。

しかもそうした状況は日本だけのものではない。というよりもむしろ欧米のほうがより深刻な状況を抱えている。たとえばアメリカでは特にトランプ政権の成立以降、リベラル派と保守派、エスタブリッシュメントとブルーカラー、都市部と地方部など、いくつかの対立軸に沿って形作られた強固な分断状況が国全体を覆い尽くしてしまっている。さらにそうした状況は多かれ少なかれヨーロッパでも見られるものだ。[14] だとすればこの問題は、むしろ今日の世界全体が抱えている世界史的な問題だとさえ言えるだろう。

そうした大きな状況に対して一冊の本がなしうることは多くないし、それによって分断を乗り越えることができるなどとはもちろん思われない。しかしそこにせめてもの一石を投じ、一つの問題提起となれば、という思いから取り組むことになったのが本書だ。

つまり本書のより大きな問題意識は、リベラルコンセンサスの再構築という作業に際してそれをより底の深いもの、裾野の広いものとして考えていくための、そしてそのことを通じて、左右分断の状況をほんの少しでも解きほぐしていくための手がかりを示そうとするところにある。

結果、たとえばリベラル側が右派側を少しでも理解し、それに伴って右派側がリベラル側を少しでも理解し、両者が対話することが少しでも可能になれば、現在の状況にもやがて何らかの変化が訪れるのではないだろうか。それが容易なことではないことは十分に理解しているが、しかしそれは必ずしも不可能なことではないだろうし、ましてや不必要なことでもないだろう。この点もまた楽観的に思われるかもしれないが、そうした希望的な問題意識がやはり本書の前提となり、出発点となっている。

注

（1）「ネトウヨ（ネット右翼）亡国論――この国の本当の「保守」とは何か」『SAPIO』二〇一二年八月二十二・二十九日号、小学館

（2）清水幾太郎「流言蜚語」『流言蜚語』（ちくま学芸文庫）、筑摩書房、二〇一一年（初版：一九三七年）

（3）吉本隆明「自立の思想的拠点」『政治思想評論集』（「吉本隆明全著作集」第十三巻）、勁草書房、一九六九年（初版：一九六五年）

（4）野間易通『「在日特権」の虚構――ネット空間が生み出したヘイト・スピーチ』河出書房新社、二〇一三年

（5）「「ネット右翼」という用語の歴史について」『2ちゃんねるとネット右翼（ネトウヨ）ウォッチング&その分析』二〇〇九年五月十九日（https://blog.goo.ne.jp/ngc2497/e/f341ac715a8268d7948a769de9eaa515）

（6）山口定／高橋進編『ヨーロッパ新右翼』（朝日選書）、朝日新聞社、一九九八年、井関正久『戦後ドイツの抗議運動――「成熟した市民社会」への模索』（岩波現代全書）、岩波書店、二〇一六年、一四五―一九五ページ、James Ridgeway, *Blood in the Face: The Ku Klux Klan, Aryan Nations, Nazi Skinheads, and the Rise of a New White Culture*, Thunderrs Mouth Press, 1991.（ジェームス・リッジウェイ『アメリカの極右――白人右派による新しい人種差別運動』山本裕之訳、新宿書房、一九九三年）、Allum Bokhari and Yiannopoulos Milo, "An Establishment Conservative's Guide to the Alt-Right," *Breitbart News Network*, March 29, 2016.（https://www.breitbart.com/tech/2016/03/29/an-establishment-conservatives-guide-to-the-alt-right/）, George Michael, "The Seeds of the Alt-Right, America's Emergent Right-Wing Populist Movement," *The Conversation*, November 23, 2016.（https://theconversation.com/the-seeds-of-the-alt-right-americas-emergent-right-wing-populist-movement-69036）、「オルト・ライト（オルタナ右翼）とは何者か」『ニューズウィーク日本版』二〇一六年十二月十二日（https://www.newsweekjapan.jp/stories/world/2016/12/post-6510.php）、八田真行「アメリカの「ネトウヨ」と「新反動主義」」『ニューズウィーク日本版』二〇一六年八月三十日（https://www.newsweekjapan.jp/stories/world/2016/08/post-5739.php）。なお、この論点につ

いては本書では深く掘り下げないものとする。

（7）香山リカ『ぷちナショナリズム症候群――若者たちのニッポン主義』（中公新書ラクレ）、中央公論新社、二〇〇二年

（8）「日本会議をたどって（一―十）」『朝日新聞』二〇一六年十一月八日―二十一日付、「日本会議をたどって 二（一―九）」『朝日新聞』二〇一六年十一月三十日―十二月十二日付、堀幸雄『〔増補〕戦後の右翼勢力』勁草書房、一九九三年（初版：一九八三年）

（9）W. Lance Bennett and Alexandra Segerberg, *The Logic of Connective Action: Digital Media and the Personalization of Contentious Politics*, Cambridge University Press, 2013.

（10）「動物」の概念を用いるというアイディアは学会ワークショップでの辻大介との討論から得られた（日本マス・コミュニケーション学会二〇一八年度秋季研究発表会）。東浩紀『動物化するポストモダン――オタクから見た日本社会』（講談社現代新書）、講談社、二〇〇一年、Alexandre Kojève, *Introduction à la lecture de Hegel: Leçons sur la Phénoménologie de l'Esprit professées de 1933 à 1939 à l'École des Hautes Études*, Gallimard, 1980.（アレクサンドル・コジェーヴ『ヘーゲル読解入門――『精神現象学』を読む』上妻精／今野雅方訳、国文社、一九八七年）

（11）辻大介「インターネットにおける「右傾化」現象に関する実証研究　調査結果概要報告書」二〇〇八年、『辻大介の研究室』（http://d-tsuji.com/paper/r04/report04.pdf）、辻大介「調査データから探る「ネット右翼」の実態」『Ｊｏｕｒｎａｌｉｓｍ』二〇〇九年三月号、朝日新聞社ジャーナリスト学校、樋口直人『日本型排外主義――在特会・外国人参政権・東アジア地政学』名古屋大学出版会、二〇一四年、五四―五五ページ

（12）ばるぼら『教科書には載らないニッポンのインターネットの歴史教科書』翔泳社、二〇〇五年

（13）野間易通『実録・レイシストをしばき隊』河出書房新社、二〇一八年、「Ｙａｈｏｏ！ニュースがコメント機能を続ける理由～一日投稿数十四万件・健全な言論空間の創出に向けて～」『ｎｅｗｓＨＡＣＫ』二〇一五年九月二日（https://news.yahoo.co.jp/newshack/newshack/yjnews_comment.html）

（14）林香里『メディア不信――何が問われているのか』（岩波新書）、岩波書店、二〇一七年

第1章　新保守論壇と嫌韓アジェンダ
――一九九〇年代前半まで

1　既成保守論壇から新保守論壇へ

ネット右派言説を構成しているいくつかのアジェンダのうちでも特に嫌韓、反リベラル市民、歴史修正主義という三つのアジェンダは、その出自を一九九〇年代の出版メディアのなかに持っている。それらはネットの普及に先立ち、当時の雑誌や書籍などで繰り広げられていたさまざまな議論のなかから立ち現れてきたものだった。その後、九〇年代後半からのネットの普及に伴ってネットメディアのなかに広く浸透し、二〇〇〇年代以降、そこで盛んに喧伝・流布されていくことになる。

それら一連の動きの母体となった場として位置付けられるのは、九〇年代に成立した保守系の新しい論壇だろう。とりわけ八九年五月に創刊された雑誌『ＳＡＰＩＯ』（小学館）を中心に、従来の保守論壇の枠組みを超え、マンガからビジネスに至るまでさまざまなジャンルと取り結びながらその版図を押し広げていった新しい言説の場だ。それを「新保守論壇」と呼ぶことにしよう。

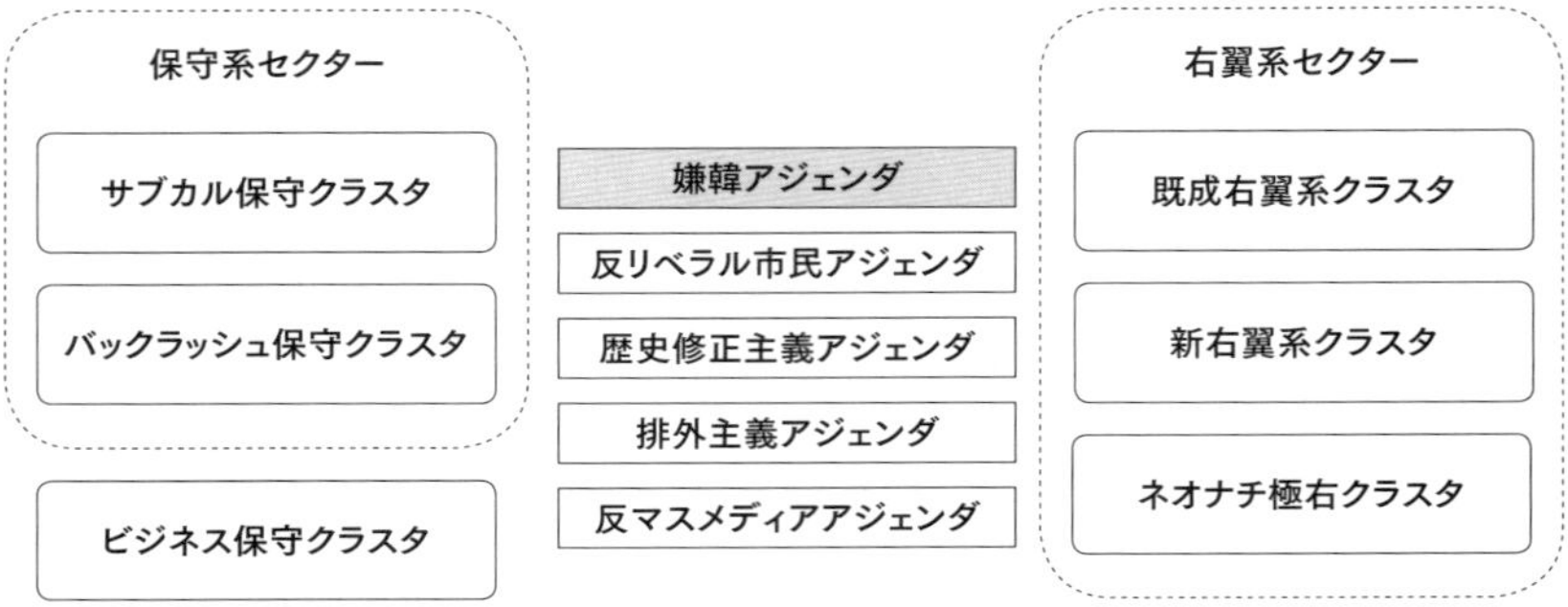

図2　第1章の主な対象

さらにこの新保守論壇の母体となった場として位置付けられるのは、従来の保守論壇だろう。とりわけ『産経新聞』と二つの有力な保守論壇誌、六九年五月創刊の『諸君！』（文藝春秋、〇九年六月休刊）、および七三年十月創刊の『正論』（産経新聞社）を中心に、戦後日本の言論文化のなかで長きにわたって独自の位置を占めてきた言説の場だ。それを「既成保守論壇」と呼ぶことにしよう。

この既成保守論壇の源流をたどっていくと、その一つの起源はアメリカの世界的な反共政策の一環として五六年二月に設立された文化団体「日本文化フォーラム」と、その機関誌として構想され、五九年十二月に創刊された雑誌『自由』（自由社）にまでさかのぼることができる。その後、六〇年代末の学生運動の大きな盛り上がりに抗するかたちで六八年六月に「日本文化会議」が設立されたのを機に、『自由』の発行を文藝春秋が引き受けるという社長の池島信平の発案を受けて創刊されたのが『諸君！』だった。一方、「日経連（日本経営者団体連盟）」の専務理事として労働組合対策を指揮し、「反共の闘士」などとして名を馳せてきた鹿内信隆が六八年に産経新聞社の社長に就いたのち、新聞のコラム欄から発展するかたちで創刊されたのが『正論』だった。

なお、『諸君！』『正論』の登場以前にも、戦後まもなくの時期からさまざまな保守論壇誌の発刊が試みられてきたという経緯がある。四八年三月創刊の『胎動』（胎動社）、四九年九月創刊の『祖国』（まさき会祖国社）、五五年七月創刊の『新論』（新論社）、五七年五月創刊の『総合』（東洋経済新報社）、五八年一月創刊の『日本』（講談社）、六七年一月創刊の『論争ジャーナル』（育誠社）などだ。しかしこれらの雑誌はいずれも短命に終わったため、論壇の継続的な担い手となることはできなかった。その後、『自由』の後を継いだ『諸君！』、そして『正論』が創刊され、安定的に刊行され続けるに及び、論壇としての陣容が徐々に整えられていくことになる。(1)

そうして成立するに至った既成保守論壇だが、しかしそこは誰にとっても親しみやすい場だったわけではない。特に若者や一般のビジネスパーソンなどからすれば、保守派の文化人のサロンとしてのそこはむしろ近づきがたい場だったと言えるだろう。産経新聞社を擁するフジサンケイグループでは八〇年代以降、傘下のテレビ局、フジテレビのいわゆる「軽チャー路線」などを通じて大胆なイメージ転換が推し進められていくが、言論関係の部門にまでそうした変化が及ぶことはなかった。その結果、そこはやがて「ガラパゴス化」（古谷経衡）し、九〇年代を迎えるころにはその支え手の高齢化の傾向が顕著になっていく。(2)

なお、既成保守論壇にはいわばその傍流に、ビジネス誌という枠組みのなかで保守派の言論を展開していこうとする流れがあった。要するに保守派のビジネス誌というジャンルだ。七七年十二月創刊の『Ｖｏｉｃｅ』（ＰＨＰ研究所）などだが、しかしこの雑誌も松下電器の創立者、松下幸之助によって発刊されたというその経緯から、特に年長の経営者などを念頭に置いており、若い世代にとっては決して親しみやすいものではなかった。(3)

そうしたなか、保守派の言論を若者や一般のビジネスパーソンなどの間にも積極的に押し広げていこうとする動きが別の方面から現れてくる。そのフロントランナーとなったのが『ＳＡＰＩＯ』だった。『諸君！』『正論』がＡ５判で三百ページ弱、一色ページ中心の月刊誌という、当時の論壇誌のオーソドックスなスタイルに従っていたのに対して、『ＳＡＰＩＯ』はＡ４変型判で百ページ強、カラーページ中心の隔週刊誌という、ビジュアル系情報誌のよりポップなスタイルを採ることにより、既成保守論壇のそれとはまったく異なる読者層にアプローチすることを目指して出発した（ただしその後、一二年十月号からは月刊に、一七年十月号からは隔月刊となり、さらに一九年二月号以降は不定期刊となった[4]。

そうして誕生するに至った新保守論壇は、その後九〇年代を通じて成長を続け、やがて書籍やムックなどのさまざまなメディア、さらにマンガからビジネスに至るまでさまざまなジャンルと取り結びながらその版図を押し広げていく。

九〇年代後半には小林よしのり、西尾幹二、藤岡信勝など、「新しい歴史教科書をつくる会」に結集することになった保守派の新しい論者による著書が次々とベストセラーとなる。そしてゼロ年代になると、かつて『週刊文春』（文藝春秋）の「タカ派」編集長として知られた花田紀凱を編集長として保守派の新しいオピニオン誌『ＷｉＬＬ』（ワック）が〇四年十一月に創刊される。また、山野車輪の著書『マンガ嫌韓流』（晋遊舎）が〇五年七月に出版されると、関連するムックが晋遊舎、宝島社、青林堂などから続々と刊行されるようになる。さらにゼロ年代後半には三橋貴明や渡邉哲也など、保守派の新しい経済評論家によるビジネス書がやはり続々と刊行されるようになる。そして一〇年代になると、西村幸祐や古谷経衡など、より新しい時代の論者を編集長としてより新しいスタイルのオピニオン誌『ＪＡＰＡＮＩＳＭ』（青林堂）が一一年四月に創刊される。

こうして新保守論壇は、一〇年代を迎えるころには出版メディアのなかに固有の広大な領域を占めるまでになる。いわゆる「ヘイト本」の温床となっているなどとしてさまざまな批判を受けつつも、その膨張がとどまることはなかった[5]。

ネット右派言説の、そしてネット右派運動の成り立ちを解き明かすためには、その直接の舞台となったネットメディアのなかの動きを追う前に、これら一連の動きの最初の母体となった場、新保守論壇の成り立ちについてまず考えてみる必要があるだろう。なお、特にゼロ年代以降のその推移については第7章で取り上げることにしよう。

2 『SAPIO』の登場とその後の右傾化

新保守論壇の一つの起点となった『SAPIO』は、しかし最初から「右寄り」のスタンスで知られた雑誌だったわけではない。少なくとも創刊からしばらくの間、そこでは保守派の言論が前面に押し出されるようなことはなかった。当初の『SAPIO』は冷戦体制の終結とバブル経済の崩壊という当時の状況を受け、混迷する社会情勢のなか、とりわけ若いビジネスパーソンにアクチュアルな教養を与えるための国際派の新しいビジネス誌、というようなコンセプトを強く掲げた雑誌だった。(6) 落合信彦、大前研一、邱永漢などが常連寄稿者の中心を占めていたことからもそうした方向性がうかがい知れるだろう。

しかし一九九一年ごろからそこでは右寄りの論調の記事が徐々に目につくようになる。やがて数々の特集とともにそれらが前面に押し出されるようになり、それに伴って雑誌全体としても、あたかも保守派の新しいオピニオン誌であるかのような趣が強く打ち出されるようになった。特に九〇年代半ば以降は、小林をはじめとする保守派の新しい論者の一大拠点となるに至る。こうして九〇年代を通じて徐々に「右傾化」していき、二〇〇〇年代になるころには新種の「タカ派」雑誌として広く認知されるに至った『SAPIO』だが、ではそうした変化はどのような経緯で引き起こされたものだったのだろうか。

そもそも『SAPIO』は八〇年代末から九〇年代初頭にかけての、いわゆる国際派情報誌の創刊ブームのなかから生まれた雑誌の一つだった。八八年三月に創刊された『DAYS JAPAN』（講談社）を皮切りに、八九年五月創刊の『SAPIO』を経て九一年五月創刊の『マルコポーロ』（文藝春秋）、および『BART』（集英社）、そして十一月創刊の『VIEWS』（講談社）へと続く一連の流れだ。その背景にあったのは八〇年代後半以降の金融・経済のグローバル化の進展、そして冷戦体制の終結という、当時の国際情勢の劇的な変化だった。『マルコポーロ』がフランスの雑誌『パリマッチ』と、『BART』がドイツの雑誌『シュテルン』とそれぞれ提携していたことなどもあり、そこではグローバル化への流れがことさら強く意識されていたと言えるだろう。

しかしこれらの雑誌はその競合の多さという事情もあってか、いずれも販売部数の低迷という壁に突き当たることになる。特に九一年には『マルコポーロ』『BART』『VIEWS』と、類似したコンセプトを掲げた雑誌が相次いで創刊されたことから、一段と競合が激しくなった。[7] そうした状況から抜け出すための一つの方策として『SAPIO』では、試行錯誤の末に独自の右傾化路線が探られることになったのではないだろうか。

なお、『マルコポーロ』もその後、九四年から『週刊文春』の花田を編集長に迎え、『SAPIO』の路線転換に歩みを合わせるかのように急速に「右旋回」を図ることになる。また、一連の創刊ブームから一歩遅れて九四年七月に創刊された『PANJA』(扶桑社)もまた、当時同社の『SPA!』に「ゴーマニズム宣言」を連載していた小林を創刊号で大きくフィーチャーしたり、さらに朝日新聞批判の姿勢をちらつかせたりするなど、『SAPIO』の新しい路線を意識するかのようなアプローチを見せていた。[8]

このように元来はグローバル化への流れを強く意識するなかで成立した新しい雑誌論壇のなかから、逆にナショナリズムを強く志向する場としての新保守論壇が生み出されるに至ったという経緯は皮肉なものだろう。しかも一連の創刊ブームの嚆矢となった『DAYS JAPAN』は、市民派のフォトジャーナリストとして知られた広河隆一が企画・編集に関わっていたことなどもあり、かなり「左寄り」のスタンスで知られた雑誌だった。

その後、これらの雑誌は『SAPIO』一誌を除き、ほどなくしてすべて姿を消すことになる。『DAYS JAPAN』は九〇年一月に(のちに〇四年三月に他社から再創刊)、『マルコポーロ』は九五年二月に、『BART』は〇〇年四月に、『VIEWS』は九七年八月に、『PANJA』は九六年六月にそれぞれ休刊となった。そうしたなかで『SAPIO』のみが九〇年代をはるかに生き延び、その後も現在に至るまで三十年以上にもわたって刊行され続けている（ただし一九年二月号以降は不定期刊となった）。
なお、これらの雑誌とはやや距離を置きながら、『ＳＡＰＩＯ』とほぼ同時期の八九年四月に創刊された『Ｗｅｄｇｅ』（ウェッジ）がその後、保守派の新しいビジネス誌として独自の成功を収め、やはり現在に至るまで刊行され続けていることを考えると、この間、総じて右寄りの雑誌がいかにしぶとく激動の時期を生き抜いてきたかがうかがい知れるだろう(9)。

そうしたなか、とりわけさまざまな試行錯誤のなかでこの時期を生き抜いていった『ＳＡＰＩＯ』の動きは、当時の言論文化のなかに生じた数々の動きと密接に連動したものだった。

ベルリンの壁の崩壊、そして昭和から平成への改元という歴史上の大きな節目の年に生まれた『ＳＡＰＩＯ』は、変動期の混沌とした状況のなかから立ち現れてきたさまざまな言論と切り結びながら数々の論点を提起し、新しい方向性を模索していく。その過程で徐々に右寄りのスタンスが主流となっていき、そこから九〇年代前半には嫌韓、半ばには反リベラル市民、後半には歴史修正主義というアジェンダが形作られていった。新しい時代の到来とともに成立した新しい言論文化がもがき苦しみながら、あたかもその鬼子を次々と産み落としていったかのような過程をそこに見て取ることができるだろう。

以下、それぞれの動きをその背景とともに振り返りながら、そのなかで『ＳＡＰＩＯ』が右傾化していった様子を、それとともに新保守論壇が形作られていった様子を見ていこう。まず「嫌韓」というアジェンダが形作られていった経緯から見ていくことにしよう。

3　嫌韓アジェンダと反日アジェンダ

「嫌韓」とは一般に、韓国および韓国人を嫌うという感情を意味するものだが、その対象にはときに北朝鮮および北朝鮮人が含まれることもある。また、外国および外国人としてのそれらの存在ばかりでなく、在日外国人としての韓国人・北朝鮮人、すなわち在日コリアンが含まれることもある。

『ＳＡＰＩＯ』などに掲載された記事のうち、そうした感情そのものをテーマとした記事を以下では「嫌韓記事」と呼ぶことにしよう。また、そのなかでも特に「嫌韓」という語をタイトルに冠したものを「明示的な嫌韓記事」、そうではないものを「暗黙的な嫌韓記事」と呼ぶことにしよう。これらの呼び方は「反米記事」「反中記事」「反日記事」などの場合にも同様に当てはまるものとする。なお、以下の調査に際し、それぞれの記事の位置付けを判断するにあたっては、特に大宅壮一文庫の雑誌記事索引検索データベースに登録されているタイトルとキーワードを参考にしている。[10]

明示的な嫌韓記事が『ＳＡＰＩＯ』に初めて登場したのは一九九二年十一月十二日号のことだ。その後、明示的なものも暗黙的なものも含めて嫌韓記事は繰り返し登場し、特に九三年から九四年にかけてその第一のピークを迎えることになる。

一方でこの時期、既成保守論壇の議論に「嫌韓」という語が現れることはなかった。明示的な嫌韓記事がそこに初めて登場したのは、『諸君！』では九六年六月号、『正論』では二〇〇二年二月号のことだ。いずれの場合も新保守論壇ですでに確立されたアジェンダに則ったかたちでこの語が用いられていたと見ることができる。いいかえれば嫌韓というアジェンダは当初、新保守論壇の「専売品」となっていたと言えるだろう。[11]

ではそれはどのようにして形作られていったのだろうか。その点について考えるにあたり、ここではまず関連するもう一つのアジェンダに目を向けてみよう。「反日」というアジェンダだ。

『ＳＡＰＩＯ』では元来、「嫌韓」という語は「反日」という語ともっぱらセットで用いられてきたという経緯がある。九〇年代の『ＳＡＰＩＯ』には明示的な嫌韓記事が三十八件登場しているが、そのうちの三十二件では「反日嫌韓」という言い回しのなかでこの語が用いられていた。しかもこの語を単独でタイトルに冠した記事がそこに初めて登場したのは九八年四月二十二日号のことだ。いいかえればそれ以前の時期、つまり九〇年代の大部分の時期には、すべての嫌韓記事が実際には「反日嫌韓記事」だったわけだ。

このように嫌韓というアジェンダは、反日というもう一つのアジェンダともっぱら対をなすかたちで、「反日嫌韓」という相互的なスキームのなかで形作られてきたものだった。したがってその成り立ちを解き明かすためには、同時に反日というアジェンダの、そして反日嫌韓というスキームの成り立ちについて考えてみる必要があるだろう。

なお、「反日」という語はのちのネット右派運動のなかで、たとえば「反日左翼」「反日マスコミ」などというように、むしろ日本国内のいわゆる「反日勢力」を指して用いられることが多くなるが、しかしそうした用い方は必ずしも本来的なものではない[12]。元来、この語は外国人の反日感情を指して用いられるものだった。

たとえば九〇年代までの『諸君!』には明示的な反日記事が十九件登場しているが、そのうちの十五件は「反日感情記事」、つまり外国人の反日感情に関する記事だった。「反日勢力記事」、つまり日本国内の反日勢力に関する記事がそこに初めて登場したのは九六年七月号のことだ。当時、自由主義史観研究会などの活動を通じて歴史教科書問題が大きな関心を呼んでおり、特に「反日教育」という論点からそうした用い方がなされるようになったという経緯がそこにはある。したがってそれ以前、九〇年代前半までの状況では、反日というアジェンダはもっぱら外国人の反日感情、特にこの場合には韓国人のそれに関わるものだったと見てよいだろう。

ただしそこにはもう一つの微妙な問題がある。このアジェンダは元来、外国人が日本人をどう思っているのかという点、つまり外国人の意識に関わるものだったが、しかしそれと同時に、というよりもむしろそれ以上に、日本人が外国人にどう思われているのかという点、つまり日本人の自意識に関わるものだったと見ることができる。いいかえればそこでは、外国人からの眼差しというモチーフを通じて日本人のあり方そのものが探られ、問われ、確かめられていたのではないだろうか。だとすればそこに描き出されていたのは、いわば外国人からの眼差しのなかに写し出された日本人の鏡像、ときに醜悪なその像だったと見ることもできるだろう。

これらのことを踏まえたうえで、以下ではまず『ＳＡＰＩＯ』に掲載された記事の全般的な動向を分析しながら、反日嫌韓というスキームをめぐる全体の状況を整理しておこう。そのうえで特にいくつかの記事に触れつつ、このスキームが形作られていった経緯を見ていくことにしよう。

4　『ＳＡＰＩＯ』の反日国家スキームの変遷

まず図3は、一九八九年から二〇一五年までの間に『ＳＡＰＩＯ』に掲載されたすべての記事一万九千五百八十四件のなかで、ある国をテーマとした記事（「各国関連記事」）がどれだけあったかという比率を国別・年別に表したものだ。各年の記事の総数に対する各国関連記事の比率を、アメリカ、ソ連・ロシア、中国、韓国、北朝鮮の五カ国について調査している。

それによれば九〇年代まではアメリカ関連記事の比率が総じて高く、ゼロ年代以降は中国関連記事の比率がひときわ高くなっていることがまずわかる。また、特にソ連が崩壊した九一年、および日本人拉致問題が世上を騒がせていた〇二年から〇四年にかけては、それぞれソ連・ロシア関連記事、北朝鮮関連記事の比率が高くなって

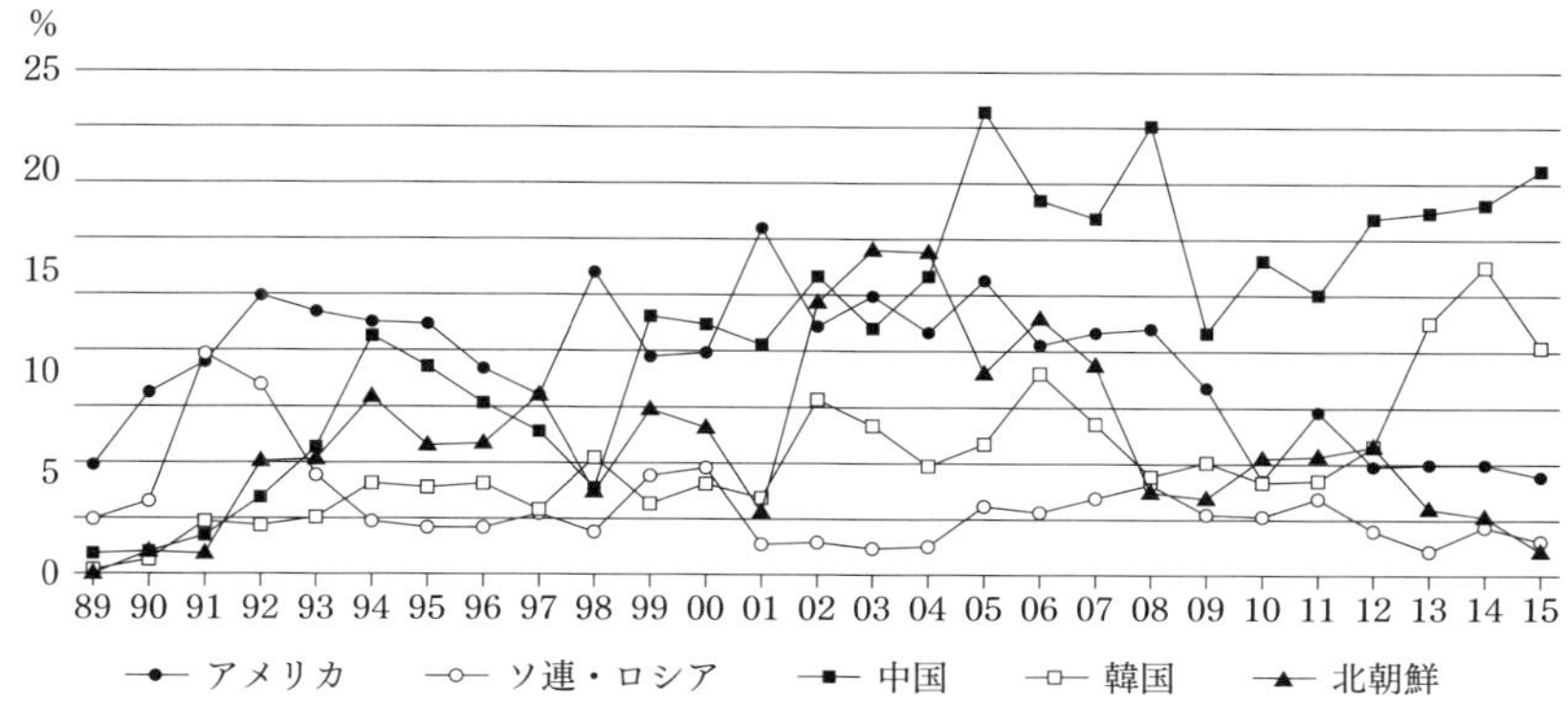

図3 『SAPIO』掲載記事の国別比率

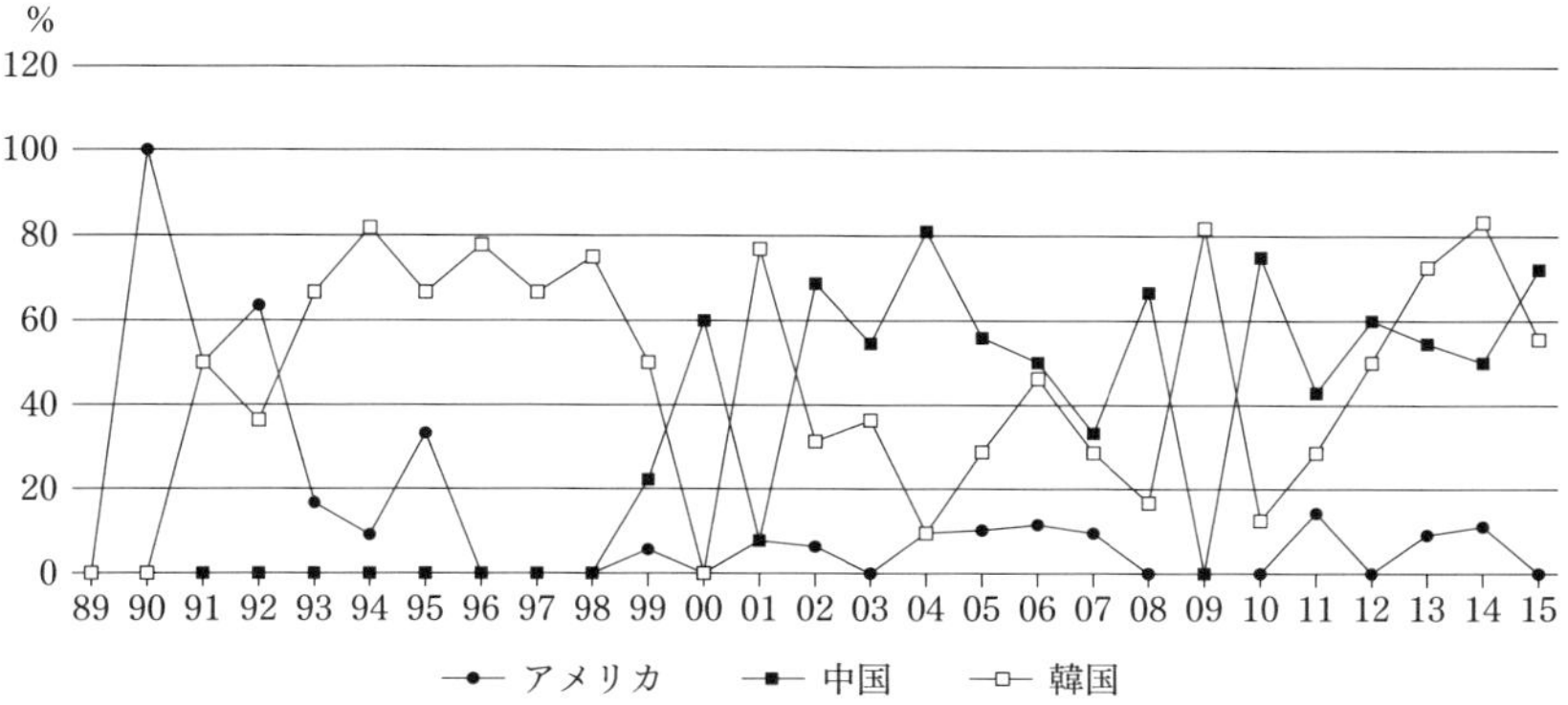

図4 『SAPIO』掲載反日記事の国別比率

いる。そうしたなかで韓国関連記事の比率は、漸増傾向にはあるものの総じて低い。特に九〇年代にはこれら五カ国のなかで最も低くなっている。九〇年から九九年までの記事を通算してみると、アメリカが一一・六%、中国が六・六%、北朝鮮が五・五%、ソ連・ロシアが四・三%、韓国が三・五%となる。このようにこの時期、『SAPIO』では韓国の話題が取り上げられることは決して多くなかったことにまず注意しておく必要があるだろう。

次に図4は、八九年から一五年までの間に『SAPIO』に掲載された記事のうち、特に外国人の反日感情そのものをテーマとした記事(「反日感情記事」)三百五十五件のなかで、ある国を直接の対象とした記事(「各国対象記事」)がどれだけあったかという比率を国別・年別に表したものだ。「反日」「嫌日」「排日」などと表現される感情的な問題のほか、「ジャパンバッシング」「日本叩き」「日本異質論」などに関連するより構造的な問題をテーマとしたものも含め、反日感情記事としている。各年の反日感情記事の総数に対する各国対象記事の比率を、アメリカ、中国、韓国の三カ国について調査している(ソ連・ロシア、北朝鮮を直接の対象とした記事は、反日感情そのものをテーマとした記事のなかには見られない)。

それによれば九〇年代初頭にはアメリカ対象記事の比率が非常に高く、特に九〇年には一〇〇%を占めていることがまずわかる。その後、韓国対象記事の比率が急上昇していき、九三年にアメリカ対象記事を抜いてからは、九〇年代を通じて一貫して最も高くなっている。一方で中国対象記事の比率は、九〇年代終盤まではゼロ状態だったものの、九九年から急上昇していき、〇〇年には最も高くなっている。その後、ゼロ年代以降は中国対象記事と韓国対象記事がいわばツートップ体制を形作り、トップ争いを激しく繰り返しながら総じて高い比率を維持している。

こうして見ると『SAPIO』では、九三年と〇〇年という二つの時期を境に「反日国家」、つまり反日感情をひときわ強く持っていると見られる国の主役が移り変わっていったことが明らかになるだろう。その座はまず

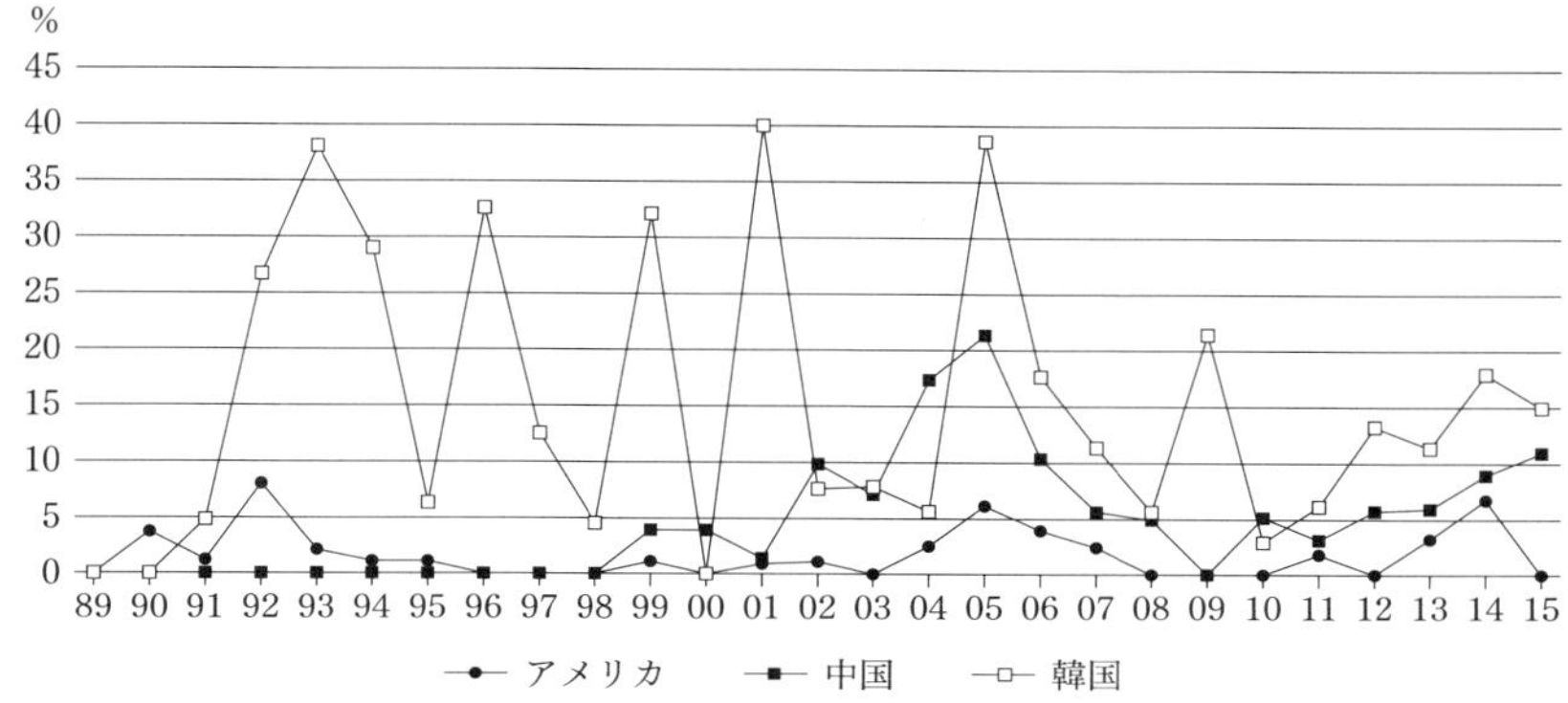

図5 『SAPIO』掲載各国記事の反日比率

九三年にアメリカから韓国へと譲り渡され、次いで〇〇年に韓国から中国へと、もしくは中国と韓国とのツートップ体制へと譲り渡された。いいかえれば「反日国家」を扱ううえでの『ＳＡＰＩＯ』のスキーム、いわば「反日国家スキーム」は、九〇年代初頭の「反米の時代」、九〇年代の「嫌韓の時代」、そしてゼロ年代以降の「嫌韓反中の時代」という展開に応じて移り変わっていったと見ることができる。

そうしたなかで九〇年代の「嫌韓の時代」は、「反日国家」としての韓国の存在感が圧倒的に大きかった時代、いわばその絶対的なワントップ体制の時代だったと言えるだろう。九〇年から九九年までの記事を通算してみると、韓国が六一・四％、アメリカが一八・二％、中国が四・五％となる。このようにこの時期、『ＳＡＰＩＯ』では韓国の話題が取り上げられることは決して多くなかったものの、反日感情記事のなかで韓国が直接の対象とされることは非常に多かった。

逆の見方をすると、韓国をテーマとした記事のなかで、韓国人の反日感情そのものをテーマとした記事の比率がきわめて高かったということになる。図５は、八九年から一五年までの間に『ＳＡＰＩＯ』に掲載された記事のうち、特にある国をテーマとした記事（「各国関連記事」）二千八十二件のなかで、外国人の反日感情そのものをテーマとした記事（「反日感情記事」）がどれだけあったかという比率を国別・年別に表したものだ。各年の各国関連記事の総数に対する反日感情記事の比率を、アメリカ、中国、韓国の三カ国について調査している。

それによれば全期間を通じて韓国関連記事の比率がきわめて高いことがまずわかる。特に九〇年代には著しく高くなっている。九〇年から九九年までの記事を通算してみると、韓国が一八・二%、アメリカが一・六%、中国が〇・七%となる。このように韓国をテーマとした記事は、そのうち五件に一件近くが韓国人の反日感情そのものをテーマとしたものだったわけだ。この時期、韓国の「反日度」がいかに高く見積もられていたか、「反日国家」としてのその性格がいかに強く印象付けられていたかがうかがい知れるだろう。なお、〇〇年から一五年までの記事を通算してみると、韓国が一三・九%、中国が八・一%、アメリカが一・八%となる。特にゼロ年代以降、中国の「反日度」が急上昇していることがうかがわれるが、それでも韓国のそれにはまだ遠く及ばない。

このように反日嫌韓というスキームは、『SAPIO』の反日国家スキームの変遷のなかで、九〇年代の「嫌韓の時代」に対応するスキームとして形作られてきたものだったと位置付けられる。その前身には九〇年代初頭の「反日反米」、その後身にはゼロ年代以降の「反日反中」というスキームがあった。そうしたなかでこの時代は、「反日国家」としての韓国の絶対的なワントップ体制、その「反日度」の抜きんでた高さによって特徴付けられる時代だったと言えるだろう。

その際、反日反米や反日反中というスキームでは、アメリカ関連記事や中国関連記事の総数が多かったこともあり、感情的な対立というテーマは、日米間・日中間のさまざまな利害対立に連動するものとしてあくまでも付随的に扱われるのが常だったが、一方で反日嫌韓というスキームでは、その点こそがむしろ第一義的な問題として扱われることが多かった。だからこそそこでは他の時代の「反米」「反中」とは異なり、「反韓」よりもむしろ「嫌韓」という語が、つまり感情的な響きをより強く持った語が用いられることになったのではないだろうか。

5　ジャパンバッシングの嵐のなかから

では『ＳＡＰＩＯ』の反日国家スキームは、そもそもどのようにして形作られていったのだろうか。そしてそこでは反日反米というスキームが反日嫌韓というスキームにどのように移り変わっていったのだろうか。反日嫌韓というスキームの成り立ちを考えるにあたり、ここではまずその前身となったもの、反日反米というスキームに目を向けてみよう。

「反米の時代」の全盛期、とりわけアメリカ対象記事の比率が反日感情記事の一〇〇％を占めていた一九九〇年には、『ＳＡＰＩＯ』の誌面にある特徴的な傾向を見て取ることができる。日米貿易摩擦を背景としたアメリカによるジャパンバッシングの話題が非常に多く取り上げられていることだ。この年の主な特集を拾い上げてみるだけでも、一月二十五日号での「火を噴く日米経済摩擦」、四月十二日号での「「日本異質論」まっ盛りのなかで」、五月二十四日号での「「嫌われた国家」の歴史」、八月二十三日号での「「日本悪漢論」に物申す」、十二月十三日号での「いよいよ始まる逆真珠湾攻撃」と、五回もフィーチャーされている。

この時期に先立つ八〇年代後半は、アメリカによるジャパンバッシングのいわば絶頂期だった。八七年の東芝機械によるココム違反事件、八八年のスーパー三百一条の可決、八九年の日米構造協議への合意と、関連する話題が次々と世上を騒がせていくなか、怒り狂ったアメリカの労働者が振りかざす巨大なハンマーで日本車が無惨に叩きつぶされる様子などが日本にも生々しく伝えられた。オランダ人ジャーナリストのカレル・ヴァン・ウォルフレンによってアメリカの雑誌『フォーリンアフェアーズ』に八七年に寄稿された記事「ジャパンプロブレム」が大きな反響を呼び、そこからいわゆる日本異質論が広まっていったという事情もあった[13]。そうしたなか、ソニーの会長の盛田昭夫と参議院議員の石原慎太郎との共著『「NO」と言える日本――新日米関係の方策』（光文社）が八九年一月に出版され、大ベストセラーとなる。

国際派のビジネス誌としてその年の五月に創刊された『SAPIO』がそうした状況に敏感にならざるをえなかったのは当然のことだろう。八九年十月十二日号には石原へのインタビュー記事が掲載された。また、ウォルフレンは九〇年六月十四日号に初めて記事を寄稿したのち、常連寄稿者となり、九二年六月十一日号から「ニッポン人への手紙」という連載を開始している。

そうしたなかで展開されていった『SAPIO』のジャパンバッシング関連特集のなかには、独特の切迫した調子が現れている。そこでまず目につくのは、対立の構図をあえて際立たせ、苛立たしい状況に「逆ギレ」するかのように相手に食ってかかっていこうとする調子だ。「米国は自らの社会の失敗を日本に押しつけようとしている」「高圧的なアメリカの態度の裏側に「広島」「長崎」への原罪意識がある」（九〇年八月二十三日号）、「日本だけが悪いのか」「今の日米関係は「必戦論」を生んだ八〇年前と酷似している」（九〇年十二月十三日号）など、激しい論調の「反米記事」が次々と打ち出されていく。

一方でそうした調子とは裏腹の、どこか弱々しい調子もそこには見え隠れしている。それは叩かれることに戸惑い、嫌われることに傷つきながら、国際社会のなかで孤立してしまうことを恐れてどこかあたふたしているような調子だ。反米記事の派手な盛り上がりとシンクロするようにして「嫌われる日本」というもう一つのテーマが浮上し、さまざまな特集が組まれていく。「日本嫌い特集」（九〇年四月十二日号）、「「嫌われた国家」の歴史」（九〇年五月二十四日号）、「燃えあがる嫌日！」（九二年二月二十七日号）、「日本人を嫌うべき五十の理由」（九三年三月十一日号）などだ。そこでは「反日」よりも「嫌日」という、やはり感情的な響きをより強く持った語が用いられていたことに注意しておく必要があるだろう。

これら一連のジャパンバッシング関連特集のなかには、『SAPIO』の反日国家スキームの原点、いわばその原風景を見て取ることができるだろう。当時、経済大国としての絶頂期をいわば無節操に謳歌し、バブル経済の狂騒に明け暮れていた日本はアメリカによるジャパンバッシングをきっかけに、世界各国からにわかに厳しい眼差しを向けられるようになる。「肥えた黄色い豚・ニッポン」（九五年五月二十四日号）に対する批判と嫌悪の眼差しだ。それを介して日本人の眼前に不意に突き付けられることになった自らの不本意な像、「嫌われる日本」という醜悪なその像に対する感情的な反応として生み出された一つの言説の体系が、『ＳＡＰＩＯ』の反日国家スキームだったのではないだろうか。

当初、そこでは激しい反発の構えと苦しい自問の構えとがないまぜになりながら、世界各国からの厳しい眼差しにどう向き合えばよいのか、自らの醜悪な像にどう向き直ればよいのかが模索されていた。その結果、一方では激しい論調の反米記事の数々が、もう一方では弱々しい調子の「嫌われる日本」関連特集が生み出されることになる。そしてそれら二つの言説のモードがないまぜになりながら一つの言説の体系を、すなわち『ＳＡＰＩＯ』の反日国家スキームを作り上げていった。

その後、日米構造協議の進展などを通じてアメリカによるジャパンバッシングの嵐は一応の収束を迎え、それに伴って反米記事も徐々に影を潜めていく。しかし『ＳＡＰＩＯ』の反日国家スキームがそこで収束を迎えたわけではなかった。代わってそこに立ち現れてきたのは嫌韓記事の盛り上がりという新たな動きだった。その際、反米記事に見られた激しい反発の構えは嫌韓記事のなかに受け継がれ、よりセンセーショナルな論調で展開されていくことになる。

そうした変化の背景としてあったのは冷戦体制の終結という状況だろう。それまでは東西冷戦の枠組みのなかで、貿易摩擦問題を筆頭にとりわけ日米間の問題に、そして経済問題に焦点化されるきらいがあった日本の外交問題の主要なアジェンダに、国際情勢の流動化に伴ってさまざまな国との間のさまざまな政治問題が入り込んでくるようになる。そうしたなか、とりわけ従軍慰安婦問題などをきっかけに、アメリカに代わる新たな「反日国家」として立ち現れてきたのが韓国だった。

一方、「嫌われる日本」関連特集はその後もほぼ周期的に繰り返されていく。「'95サピオ大予言書「ニッポン殺しの世紀」」（九五年一月十二日号）、「欧米を覆う新異質論「肥えた黄色い豚・ニッポン」の不気味」（九五年五月二十四日号）、「日本は「世界の嫌われ者」か？」（九七年九月三日号）などだ。そこでは「欧米」から「世界」へと広がっていく厳しい眼差しを前にして、いまや「「世界の嫌われ者」か？」と勘繰るまでになった日本の苦しい自問がなおも続けられることになる。

このように『SAPIO』の反日国家スキームの原点には、アメリカによるジャパンバッシングをきっかけに、世界的な「日本叩き」の動きがにわかに顕在化していったという当時の状況があった。そうした動きに反応してまず反日反米というスキームが、そして反米というアジェンダが形作られ、次いでその後継として反日嫌韓というスキームが、そして嫌韓というアジェンダが形作られていったと見ることができるだろう。

嫌韓というアジェンダをこのように、反米というアジェンダに連続するものとして捉えてみると、それが当初、既成保守論壇の議論に現れることなく、ことさら『SAPIO』にのみ現れることになった理由を、いいかえれば新保守論壇の「専売品」となった理由を以下のように説明することができる。

その主たる理由は、『SAPIO』がそもそも国際派のビジネス誌というフィールドから出発したこと、それゆえに「親米保守」という、既成保守論壇に固有の枠組みにとらわれる必要がなかったことにあるのではないだろうか。その結果、そこでは日米貿易摩擦を背景としたアメリカによるジャパンバッシングという話題にことさら注目が向けられ、そこから反日反米というスキームが、そして反米というアジェンダが作り出されることになる。その後継としてごく自然な流れのなかで形作られていったのが反日嫌韓というスキームであり、嫌韓というアジェンダだったと見ることができるだろう。

一方であくまでも政論的な言説の場であり、かつ親米保守という枠組みへの志向が強く、それゆえにもっぱら日米韓の間の同盟関係のなかでアメリカを、そして韓国を捉えようとする傾向を強く持っていた既成保守論壇の議論には、そうした発想はなじみにくいものだったのではないだろうか。

6　日本版反ユダヤ主義と陰謀論

一方、関連してこの時期に先立つ一九八〇年代後半、バブル経済の絶頂に沸き立っていた日本社会のなかに突如として現れた奇妙な動きがあった。「日本版反ユダヤ主義」とでもいうべきもののブームだ。それはその後の『SAPIO』の反日国家スキームの展開、さらにネット右派言説の成立という動きを予見していたかのような動きだった。ここでこの点に触れておこう。

八六年四月、評論家の宇野正美による著書『ユダヤが解ると世界が見えてくる――一九九〇年「終末経済戦争」へのシナリオ』（徳間書店）が出版された。さらに十一月には引き続きその続篇『ユダヤが解ると日本が見えてくる――「空洞化日本」をユダヤが手中にする時』（徳間書店）が出版される。これら二冊の著作はたちまち版を重ね、大ベストセラーとなる。以後、いわゆる「陰謀論」的な思考と結び付いた独自の反ユダヤ主義のブームが日本中を席巻していくことになる。[14]

宇野によればアメリカによるジャパンバッシングは「国際ユダヤ資本」の陰謀によるものだという。「円高・ドル安はユダヤ勢力の演出」であり、「儲けすぎ日本をねらう国際ユダヤ戦略」だとされていた。アメリカは「ユダヤ征服国家」であり、IBM、GM、エクソンなどの大企業はことごとく「ユダヤ財閥」に支配されている。彼らは戦後、「日本を世界の工場にする」べくGHQ（連合国軍総司令部）を通じて日本の民主化と経済発展を演出してきたが、しかし日本が過剰な経済力を身につけ、「アメリカそのものの経済基盤をおびやかし始めた」ため、「逆に日本の存在が邪魔になってきた」。そこで日米貿易摩擦という「新ABCD包囲網」を作り上げ、「日本弱体化への手を次々と打ってくる」ようになったという。

一方で日本に代わり、新たな「極東後方生産基地」となるべき国として位置付けられているのが韓国だとされていた。「期待のスターから鬼っ子へ変身した日本」を切り捨て、「韓国への全面的なテコ入れに切り換えた」国際ユダヤ資本は、「韓国を日本に匹敵する強力な経済力を持った国家にする」べく「漢江の軌跡」を演出してきた。八八年のオリンピックの開催地をめぐって「名古屋とソウルが闘って名古屋の敗北に終わったこと」も、彼らの陰謀によるものだったという。「かくして、日本に追いつき追いこすライバルができ上がった」

そうしたなか、「日本の一人当たりGNPが世界第一位になるとき」、すなわち九〇年を期して金本位制を復活させることにより、彼らは「世界大恐慌を演出」し、「一気に日本壊滅作戦を発動する」ことをもくろんでいるという。「世界の儲けをひとり占めに」してきた日本は、「世界中の恨みつらみを買って」「終末経済戦争」の唯一の犠牲者となり、「「いけにえの仔羊」として差し出される」ことになっている。「日本はいま、そうした滅亡へ向けて描かれたシナリオに、ピッタリとはめこまれ、正確に動かされている」とされていた。[15]

宇野のこうした議論は、「日本経済の困難な状況をつくりだしている原因」を国際ユダヤ資本という謎めいた存在に帰すことにより、いわば都合の悪いことは何でもかんでもユダヤ人のせいにしてしまおうという「根も葉もない非難」であり、「荒唐無稽な空想」（デイヴィッド・グッドマン）だったと言えるだろう。それはアメリカによるジャパンバッシングから世界的な日本叩き、そして韓国経済の勃興に至るまで、「世界経済の複雑な問題をユダヤ国際資本という、単一かつ邪悪な源に由来するものとした」（ベン＝アミー・シロニー）という点で、短絡的かつ被害妄想的な議論だった。[16]

こうしたいわば「トンデモ系」の議論が、しかし当時の日本では切実なリアリティを伴って広く受け入れられていったことに注意しておく必要があるだろう。八七年一月十七日付の『読売新聞』では、「円高で苦悩している日本銀行で、静かなベストセラーとなっている本がある」として宇野の著作が紹介されていた。また、五月三日には自民党が主催する憲法記念日大会の特別講演者として宇野が招待された。さらに八六年十一月に出版され、八七年十月からテレビ東京系列でアニメ化されるなどして大ベストセラーとなった石ノ森章太郎の著書『「マンガ」日本経済入門』でも、「ユダヤ財閥の陰謀」というテーマが取り上げられている。[17]

こうした動きはさらに海外からも注目を浴びることになる。八七年三月十二日付の『ニューヨークタイムズ』では宇野の著作が紹介されるとともに、反ユダヤ主義のブームのなか、「ユダヤ」という語をタイトルに冠した書籍が日本では八十二点も市場に出回っていることが報告されていた。また、そこでは「金儲けがうまい民族」、さらに「敵意に満ちた世界のなかで孤立している民族」として、日本人とユダヤ人との間に共通項があると考えられているという議論も紹介されている。[18]

その後、九〇年代になってもこうした動きが収束することはなく、それはむしろさまざまな論者によってさらに発展させられていくことになる。赤間剛の『フリーメーソン世界支配の戦略――「米ソ合意」のあとに来るもの』（徳間書店、八八年七月）、太田龍の『ユダヤ七大財閥の世界戦略――世界経済を牛耳る知られざる巨大財閥の謎』（日本文芸社、九一年十一月）、木村愛二の『湾岸報道に偽りあり――隠された十数年来の米軍事計画に迫る』（汐文社、九二年五月）など、関連してさまざまな書籍が出版されていった。そこでは陰謀論に加え、いわゆるホロコースト否定論が堂々と展開されることもあった。さらに太田を議長として八九年九月に設立された政治団体「地球維新党」は、反ユダヤ主義を掲げて九二年七月の参議院選挙に候補者を擁立するに至る。そこで彼らは「神国日本をユダヤ悪魔教に売り渡す売国奴を討て！」などと訴えていた。[19]

日本版反ユダヤ主義をめぐるこれら一連の動きのなかには、その後の『ＳＡＰＩＯ』の反日国家スキームの展開、さらにネット右派言説の成立という動きに連なっていくいくつかの点を見て取ることができる。たとえば宇野の第一の著作『ユダヤが解ると世界が見えてくる』では、「アメリカ＝ユダヤ」がメインの「敵役」として設定されていたが、加えて第二章が大きく韓国に、第五章が中国に充てられていた。そこでは反米から嫌韓へ、そして反中へという『SAPIO』の反日国家スキームのその後の展開が予示されていたと言えるだろう。また、ホロコースト否定論をめぐる動きはのちの歴史修正主義というアジェンダに、さらに地球維新党などの動きはのちの排外主義というアジェンダにそれぞれ連なっていくものだった。その経緯については第3章と第5章で取り上げることにしよう。

こうして見ると宇野らの「予言」は、世界情勢そのものについては「荒唐無稽な空想」にすぎなかったものの、一方で皮肉なことに、実は日本の言論文化の右傾化の動きを正確に予見していたものだったのかもしれない。

7 「日韓論争」の展開

では反日嫌韓というスキームは、そして嫌韓というアジェンダは実際にどのようにして形作られていったのだろうか。次に歴史的な状況を振り返りながらその経緯を見ていこう。

戦後、韓国の軍事政権と日本の自民党政権との間には独特の依存関係が築かれてきた。朝鮮戦争の戦禍からの復興を急ごうとする韓国は、日本との間に友好的な経済協力関係を築く必要から、戦後処理をめぐるいくつかの問題を棚上げせざるをえず、しかも冷戦体制のもとでの日米韓の間の同盟関係のなかで、日本の戦争責任を追及する姿勢を押し通すことをしてこなかった。その結果、一九六五年六月の日韓基本条約をもってそれらの問題を「清算済み」とする「公式見解」が保持されていくことになる。

しかし八七年六月の民主化宣言を機に、旧政権のそうした姿勢が世論の強い批判を浴び、それとともに日本の戦後処理のあり方をあらためて問おうとする声が高まっていく。その背景には韓国経済の浮揚という事情もあった。韓国は八六年以降、貿易黒字国となり、グローバルな経済秩序のなかに徐々に組み込まれていく。八八年九月にはソウルオリンピックが開催され、成功裏に幕を閉じるに至った。そうしたなか、冷戦体制の終結という状況が訪れ、両国間の関係は一気に流動化していくことになる。[20]

九〇年八月には湾岸危機が勃発し、軍事行動への支援をアメリカから求められた日本では、十月に政府が国連平和協力法案を提出するなど、自衛隊の海外派兵をめぐる議論がにわかに熱を帯びていった。一方、十月のドイツ統一を受け、北朝鮮との統一をめぐる議論が現実味を帯びていった韓国では、朝鮮半島情勢の流動化に伴う安全保障上のリスクの一つとして、日本の「軍事大国化」がにわかに懸念されるようになる。

そうした動きを受け、韓国では政治学者の尹正錫により、「日本は韓国の仮想敵国となりうるか」という記事が雑誌『月刊朝鮮』九一年五月号に寄稿された。その記事は翻訳され、『SAPIO』九一年六月二十七日号に掲載される。さらにその号には評論家の西尾幹二により、「「尹論文」五つの大誤謬を正す」という反論記事も寄稿された。その後、七月二十五日号からは二号にまたがり、「「日本はハイテク軍事大国化する」「いやしない」」と題された対論が両者の間で繰り広げられることになる。[21]

これら一連の企画は「日韓論争」と銘打たれたものだった。その際、そこで主要な論点とされていたのは安全保障問題だったことに注意しておく必要があるだろう。両国間の地政学的な関係の変化という生々しい動きに反応し、そうした議論がまず初動的に引き起こされることになったのだろう。

一方でその間、歴史認識をめぐるある問題がにわかに脚光を浴び、大きな懸案となっていく。従軍慰安婦問題だ。

ジャーナリストの千田夏光による七三年十月の著書『従軍慰安婦――〝声なき女〟八万人の告発』（双葉社）、在日コリアンの評論家の金一勉による七六年一月の著書『天皇の軍隊と朝鮮人慰安婦』（三一書房）、さらに強制連行に関わったとする吉田清治による七七年三月の著書『朝鮮人慰安婦と日本人――元下関労報動員部長の手記』（新人物往来社）、およびその証言（いわゆる「吉田証言」）を紹介した八二年九月二日付の『朝日新聞』記事などから、この問題は日本では一部で知られてきたものだった。[22]

一方、韓国では文学者の尹貞玉により、「〝挺身隊〟怨念の足跡取材記」という記事が九〇年一月四日から四回にわたって『ハンギョレ新聞』に連載されたことをきっかけに、この問題は一躍広く知られるようになる。九〇年五月の盧泰愚大統領の訪日を機に、韓国ではこの問題をめぐって日本側の調査と謝罪を求める声が日増しに高まっていった。一方、日本でも野党議員などの間から同様の声が上がり、国会の場でもこの問題が論議されるようになる。そうしたなか、六月六日の参議院予算委員会で政府委員の一人が「実態を調査することはできかねる」と答弁したことから、韓国側の反発は一気に高まっていく。十月には韓国内の三十七の女性団体から両国の政府に公開書簡が送付された。十一月にはそれらの団体により、尹を代表とする市民団体「韓国挺身隊問題対策協議会（挺隊協）」が結成される。

その後、九一年八月には挺隊協の調査を受け、元「慰安婦」だったという女性が初めて名乗り出た。さらに十二月には元「慰安婦」の女性三人が日本政府に謝罪と補償を求め、東京地裁に提訴するに至る。そうした動きを受けて日本政府もようやく調査を開始し、九二年一月十七日には、訪韓した宮澤喜一首相が公式の謝罪を表明するに至った。[23]

そうしたなか、歴史小説家の井沢元彦による小説『恨の法廷』（日本経済新聞社）が九一年二月に出版された。この小説は歴史上の謎解きを試みながら、「朝鮮文化の絶対化」を主張しているという韓国人に対して歴史論争を挑もうとするものだった。その後、その著者インタビューが『ＳＡＰＩＯ』九一年五月二十三日号に掲載される。するとそれを受け、八月二十二日号には韓国の言語学者の徐廷範により、井沢の議論に対する反論記事が寄稿された。さらに九月十二日号には今度は井沢により、徐の議論に対する反論記事が寄稿される。そして十月二十四日号からは二号にまたがり、「井沢元彦ソウルに乗り込む」と題された対論が両者の間で繰り広げられることになる。

これら一連の企画は「日韓論争」の第二幕となったものだった。その際、そこで主要な論点とされていたのは歴史認識問題だったことに注意しておく必要があるだろう。その後、九二年一月九日号ではその「総括編」として、井沢と元韓国人の評論家の呉善花との間で、「日本人と韓国人はやはり憎しみあうしかないのか」と題された対談がおこなわれることになる。(24)

こうして九一年から九二年初頭にかけて、「嫌韓」という語がまだ流通していなかったころの『ＳＡＰＩＯ』誌上で展開されていった「日韓論争」は、その後の反日嫌韓というスキームの原点となったものだったと位置付けられるだろう。その第一幕から第二幕へと展開されていく過程で、その主要な論点が安全保障問題から歴史認識問題へと移り変わっていったことに注意しておく必要があるだろう。そこから明らかになるのは、このスキームが当初から歴史認識問題をめぐって形作られてきたものだったわけではないことだ。なお、それぞれの幕の「ホスト役」を務めていた西尾と井沢は、ともにその後の新保守論壇の中核を担っていくことになる人物だった。

8　反日嫌韓スキームの成立

その後、両国間のわだかまりはさまざまないさかいを生んでいく。一九九二年四月六日、韓国の放送局のＭＢＣが制作したテレビドラマ『憤怒の王国』のなかで天皇が狙撃されるというシーンが放映された。そこで「即位の礼」の実際の映像が使われたこともあり、この件は大きな波紋を呼ぶことになる。九日には在韓日本大使館から韓国政府に遺憾の意が伝えられた。さらに十三日には横浜の韓国総領事館に右翼団体の街宣車が乱入し、二人が逮捕されるという事件が起きる。

日本側のそうした動きは韓国側でも大きく報じられることになる。特に四月十五日付の『朝鮮日報』では、乱入事件のニュースが一面のトップで取り上げられた。加えて各紙の社説では、一月の宮沢首相の訪韓以降、日本国内で「嫌韓ムード」がにわかに広がりつつあるという指摘がそろって示された。

すると韓国側のそうした動きが今度は日本側で大きく報じられる。四月十八日付の『朝日新聞』では、「総領事館乱入で日本の嫌韓ムード憂慮」という『中央日報』の記事が紹介された。さらに二十二日付の『読売新聞』では、日本国内での「嫌韓ムード」の広がりを一斉に報じた韓国メディアの報道が紹介された[25]。

こうして両国間のメディアのキャッチボールを通じて「嫌韓」という語が誕生し、流通していくことになる。このようにそれは元来、日本側から一方的に作り出されたものだったわけではなく、両国間のこうしたやりとり、その眼差しが交差する相互的なスキームのなかから形作られてきたものだった。

その後、この語は新聞紙上に徐々に定着していくことになる。八月十二日には『朝日新聞』の、十一月十日には『読売新聞』の社説のなかにそれぞれこの語が登場した。ともに日本国内での嫌韓ムードの広がりを憂慮するという内容だった[26]。

そうしたなか、『SAPIO』では九二年十一月十二日号で「反日嫌韓」と題された特集が組まれた。それは「嫌韓」という語が『SAPIO』で用いられた最初のケースだった。そこでは「なぜ日本企業は韓国から逃げ出したか」「なぜロサンゼルスで韓国人はあれほど嫌われたのか」などと、経済摩擦や文化摩擦に関わるさまざまな話題提供がおこなわれたうえで、「韓国の歴史教科書で『日本』はどう描かれているか」と、歴史認識に関わる問題提起がおこなわれていた。その際、そこでは「恨み続ける国家と謝罪し続ける国家」として両国間の関係が位置付けられていた。こうした構成により、反日嫌韓というスキームの一つのひな型が作られることになったと見ることができるだろう。以後、このスキームは『SAPIO』誌上に徐々に定着していくことになる。

ただしここで注意しておかなければならないことがある。当時の『SAPIO』のこのスキームは、決して一方的で独断的な見立てに基づくものではなかったことだ。タイトルでこそ煽情的な表現が用いられることが多かったものの、記事そのものの構成はむしろ両論併記的であり、それゆえにその立場は総じて中立的なものだった。そうした点は、二〇〇〇年代以降に晋遊舎、宝島社、青林堂などから続々と刊行されることになる「嫌韓本」の場合とは大きく異なるところだったと言えるだろう。

ただしそうしたなかでも、両論併記的であろうとするあまりに対立の構図をあえて際立たせ、対立点を先鋭化させようとする傾向が強く見られたことを見逃すことはできないだろう。そうした構えは、特に「逆ギレ」ぎみのいくつかのタイトルに典型的に示されているように、かつての反米記事に見られた激しい反発の構えから受け継がれてきたものだった。そうした傾向があるいは曲解と歪曲を呼び、その後の嫌韓本の一方的で独断的な見立てを結果的に生み出すことになったのではないだろうか。

一方、従軍慰安婦問題をめぐる両国間の政府のやりとりは、その後一応の収束に向かっていくことになる。九二年七月六日には加藤紘一官房長官による「政府の関与」に関するコメント、いわゆる加藤談話が発表された。しかしそれでもなお韓国側の満足が得られなかったため、九三年八月四日には河野洋平官房長官による「強制性」に関するコメント、いわゆる河野談話が発表される。[27] それを受けて今度は韓国側からも一応の評価が示され、問題は決着に向けて動き始めたかのように見えた。

しかしそうした動きとは裏腹に、両国間の世論はむしろより険悪な状況に向かっていく。その一つのきっかけを作ったのは一冊の本だった。

9 『醜い韓国人』をめぐる動き

一九九三年三月、韓国人ジャーナリストの朴泰赫による著書『醜い韓国人――われわれは「日帝支配」を叫びすぎる』（光文社）が出版された。日本の植民地支配を振り返り、それが韓国の近代化に大きく貢献したとしてその意義を高く評価する一方で、日本に学ぼうとしない韓国の姿勢を強く批判する内容のものだった。この本は「韓国人による韓国人批判の書」として大きな反響を呼び、ベストセラーとなる。

しかし韓国では刊行当初から、この本の著者は架空の人物なのではないか、実は日本人なのではないかという疑惑の声が絶えることがなかった。その偏った主張とともに、韓国人であればありえないような間違った記述が随所に見られたからだ。

在日コリアンのジャーナリストの黄民基が『月刊朝鮮』に寄稿した記事のなかで、この本の後書きを書いている評論家の加瀬英明が真の著者なのではないかと指摘したことから、一気に論争に火がつく。七月には韓国メディアから相次いで非難の意が表明された。八月には韓国文化体育省により、「歴史を歪曲している点」で「国民感情を逆なでするもの」として、この本が輸入禁止措置に処されるに至る。九月には韓国語版の翻訳書が出版されたが、その巻頭には約五十ページにもわたり、この本の不当性を訴えるための解説が付されるという異例の措置が取られた。

そうした動きを受け、『ＳＡＰＩＯ』では九三年五月二十七日号で「『醜い日本人』と『傲慢な韓国人』」という特集が組まれた。そこには渦中の人の加瀬自身により、「日帝三六年はほんとうに『悪』だけだったのか」という記事も寄稿されている。一方、反論記事のなかで「決して韓国人の書いたものではない」と主張していた韓国の数学者の金容雲は、続いて在日コリアン向けの新聞『統一日報』七月九日号に「著者は堂々と姿を現すべきだ」という記事を寄稿する。するとそれを受け、今度は著者の朴自身による反論記事が雑誌『週刊ポスト』（小学館）八月十三日号に寄稿された。こうして日本国内でも論争が繰り広げられていくことになる。(28)

一方、韓国ではこの本に対抗するかのように日本の文化や歴史を批判する内容の本が続々と刊行されるようになる。いわゆる「反日本」だ。その嚆矢となったのは九三年十一月に出版された田麗玉の著書『イルボヌン・オプタ（日本はない）』だった。韓国の放送局のＫＢＳの特派員として日本に滞在した経験を持つ田が自らの体験をもとに記したこの本は大きな反響を呼び、やはりベストセラーとなる。その後、九四年十一月には日本語版の翻訳書も出版された（『悲しい日本人』たま出版）。

この本のヒットをきっかけに韓国の出版界にはにわかに「反日特需」が訪れることになる。一方でそうした風潮に釘を刺そうとする動きも現れてきた。田の著書に対抗するかのように、外交官として日本に滞在した経験を持つ徐賢燮の著書『イルボヌン・イッタ（日本はある）』が九四年十一月に出版されると、それを受けて韓国の雑誌『週刊朝鮮』では、「『日本はない』ＶＳ『日本はある』」と題された対論が田と徐との間で繰り広げられる。その記事は翻訳され、『ＳＡＰＩＯ』九五年一月十二日号に掲載された。(29)

そうしたなか、『ＳＡＰＩＯ』の嫌韓記事は徐々にその勢いを増していくことになる。九四年には二つの大きな特集が組まれた。二月二十四日号での「見えない『日韓大戦争』」、そして九月二十二日号での「『日本なんかいらない！』――韓国の新しい〝恨〟」だ。そこでは「韓日戦争小説」「反日大キャンペーン」「親日派狩り」「反ニッポン本ブーム」など、韓国内での「反日ムード」の様子がさまざまに紹介されるとともに、「自己中心的でナルシスティック」「世界一強固なナショナリスト」だという韓国人と、「韓国人に貸す部屋はない！」とする「差別都市トーキョー」の日本人との間の反目と対立の様子が生々しく描き出されていた。

なお、前者の特集のなかには「日韓国会議員がソウルで六時間の大激論」という座談会記事が含まれているが、そこには日本側の代表の一人として、当時衆議院議員に初当選したばかりの安倍晋三も参加していた。そこで安倍は「細川首相の「侵略戦争」発言は、明らかに間違いである」「従軍慰安婦問題は、一九六五年の日韓条約で済んでいる」などと発言していた。[30]

一方でその間、『醜い韓国人』をめぐる動きはさまざまな展開を見せていく。九四年八月には韓国の医師の金舜鏞をリーダーとする抗議グループが来日し、真の著者に名乗り出るよう訴えた。するとそれを受け、『SAPIO』では九四年十一月二十四日号から十二月八日号にかけて二号にまたがり、「話題のベストセラー「醜い韓国人」大論争」と題された対論が加瀬と金との間で繰り広げられる。しかしそこで加瀬は自らにかけられた嫌疑を一貫して否認した。さらに加瀬はその後、その嫌疑を晴らすかのように、その一方でこの本の主張をさらに推し進めるかのように、朴との共著というかたちでその続篇となる書籍『醜い韓国人・歴史検証編――これは本当のことではないのか』（光文社）を九五年三月に出版した。

そうしたなかで九五年四月二十二日、独自の調査を続けてきた韓国の放送局のSBSからスクープが報じられることになる。『醜い韓国人』は、張世淳という韓国人が加瀬とその関係者に情報を提供し、それをもとに加瀬側が勝手に書いたものだという内容だった。五月十三日には『それが知りたい』という人気番組でこの件が取り上げられ、一連の調査の経緯が放送される。そこでは張により、自分が著者ではないことを示す証拠としてこの本の出版契約書が示された。そこには著作権者として加瀬の署名が、協力者として張の署名が記されていた。さらに三十一日には張の記者会見が開かれ、真の著者は加瀬であることが証言される。

しかし加瀬はなおも嫌疑を否認し続けた。加瀬側は張の原稿をリライトしたにすぎなかったこと、著作権者として署名したのは出版業務を「仕切った」ためだったこと、さらに張の証言はSBSから脅迫されてやむなくおこなわれたものだったことなどを挙げ、真の著者は張であることをあくまでも主張し続けた。張の証言にはあやふやな点が多かったことなどもあり、結局この時点に至っても真の著者を特定することはできなかった。[31]

こうしてこの件は、ついに明白な決着を見いだすことができないまま次第に忘れ去られていくことになる。ただしこれら一連の動きを経て、反日嫌韓というスキームが、そしてそのなかでの両国間の反目と対立の関係がより強固なものとして確定されるに至ったことは忘れ去られるべきではないだろう。

10　歴史認識をめぐる神学論争

その後、一九九五年八月には『ＳＡＰＩＯ』の別冊として『日本人と韓国人――反日嫌韓五十年の果て』（小学館）というムックが出版された。「戦後五十年、日韓条約三十年の節目」を期すとして、それまでの嫌韓記事のなかから代表的なものを再録するかたちで編まれたこのムックの出版により、反日嫌韓というスキームはそのひとまずの完成を見ることになったと言えるだろう。ではそれはいかなるものとして完成されたのだろうか。

このスキームは元来、その前身となった反日反米というスキームを受け継ぐかたちで出発したものだった。しかしその形成の過程で、そこには独特の性格が織り込まれていくことになる。その結果、それは『ＳＡＰＩＯ』の反日国家スキームのなかでも突出したものとなり、その前身の反日反米、あるいはその後身の反日反中というスキームには見られない独特の性格を持つものとなった。ここでは特に二つの点を指摘しておこう。

まず第一にそこでは、歴史認識をめぐる神学論争とでもいうべき性格がひときわ強く打ち出されることになった。

反日反米や反日反中という他のスキームと比べると、反日嫌韓というスキームでは歴史認識問題が突出した重みを持っている。従軍慰安婦問題、歴史教科書問題、さらに『醜い韓国人』をめぐる問題など、日韓間の最大の懸案となってきた問題の多くは歴史認識問題だった。反日反米というスキームでも原爆投下や真珠湾攻撃などの話題が持ち出されることはあったが、しかしそれらが日米間の最大の懸案として取り沙汰されることはなかった。また、反日反中というスキームでも南京大虐殺問題や歴史教科書問題など、やはり歴史認識問題が大きく取り沙汰されることはあったが、しかしそれらは安全保障問題や経済摩擦問題など、他のさまざまな外交問題の一部をなすものとして扱われるのが常だった。一方、反日嫌韓というスキームでは歴史認識問題の重みが他の問題を圧倒してしまっている。

このスキームの根幹には元来、金融・経済のグローバル化の進展、冷戦体制の終結、そして韓国の民主化と経済発展などのさまざまな状況を背景に、すでに八〇年代後半から徐々に進行していた日韓関係の構造的な変化という問題があった。九〇年代を迎え、それらが一気に表面化してきたところに形作られていったのがこのスキームだったと見ることができるだろう。そのため当初の時点では、そこではさまざまな論点を通じてそうした複合的な状況そのものが問題化されていた。実際、このスキームの原点となった「日韓論争」の第一幕では、安全保障問題が主要な論点とされていたことを思い出してみよう。

しかし従軍慰安婦問題が大きな懸案となっていく過程で、歴史認識問題のみが前面に押し出され、他のさまざまな問題は一気にその背後に押しやられてしまう。政府の関与があったかどうか、強制連行があったかどうか、「慰安婦」にされた女性が実際に何人いたかなど、歴史上の事実の検証という作業が論争のアリーナを形作っていく。しかし双方の視点からさまざまな事実が提示され、それらを通じて双方の信念が激しくぶつかり合うなかで、議論はどんどん泥沼化していき、一種の神学論争とでもいうべき様相を呈するようになる。その結果、このスキームの根幹にあった構造的な問題への、そして複合的な状況への視野がいつのまにか失われてしまった。いいかえればそこでは、「過去」への視線の応酬のなかで「現在」への視線が失われてしまったと言えるだろう。

木村幹によれば歴史認識問題とは、本質的には「過去」よりもむしろ「現在」に強く結び付いたものだという。つまり「過去」の事実がまず存在し、そこから必然的に問題が発生するわけではなく、むしろ「現在」の状況のなかから任意の「過去」の事実が発見され、そこから問題が構築される。[32] したがって本来は「過去」の事実そのものよりも、それを発見し、問題化するに至った「現在」の状況こそがむしろ問題化されなければならないはずだ。しかしこのスキームにあっては、激しい論争が繰り広げられるなかでいつのまにかそうしたスタンスが見失われてしまったのではないだろうか。

その結果、そこでは日韓間のアクチュアルな問題と連動しつつも、しかしそれとはまた別の次元で、歴史認識をめぐる神学論争が延々と続けられることになる。そしてその結果、嫌韓というアジェンダはいつのまにか外交問題としての元来の次元を超え、いわば一つの宗教的信念と化すまでになってしまったと言えるだろう。

なお、河野談話以降、従軍慰安婦問題をめぐる両国間の政府のやりとりは一応の収束に向かっていくことになる。九五年七月には日本側からの償い金のための基金としていわゆるアジア女性基金が発足した。それを受けて当初は韓国側からも一応の評価が示されたが、しかし翌年になると、両国間の関係は再び険悪な状況に向かっていく。[33]

その背景の一つとしてあったのは漁業権をめぐる問題だった。九四年十一月に発効した国連海洋法条約をともに九六年に批准した両国は、いわゆる排他的経済水域の設定に関連し、竹島の領有をめぐる問題に突き当たった。そこでその帰属をめぐる「過去」が問題化されることになる。さまざまな古文書が紐解かれ、やはり歴史上の事実の検証という作業が論争のアリーナを形作っていく。[34] そしてそれに伴って従軍慰安婦問題という「過去」もあらためて問題化されていった。

こうして反日嫌韓というスキームは「過去」への視線に覆い尽くされてしまうことになる。しかしそうした事態をもたらしたのは元来、漁業権をめぐる問題なども含めて日韓間のアクチュアルな問題、その「現在」の状況だったことを忘れてはならないだろう。

た。

11　リベラル派対保守派の代理戦争

第二にそこでは、リベラル派対保守派の代理戦争とでもいうべき性格がひときわ強く打ち出されることになった。

従軍慰安婦問題は元来、韓国の民主化運動の流れのなかで問題化されてきたものだった。一九八〇年からその調査を続けてきた尹は八七年六月の民主化宣言ののち、八八年四月に開催された女性団体のセミナーで調査結果を報告し、「〝挺身隊〟怨念の足跡取材記」を九〇年一月に発表する。その連載先となった『ハンギョレ新聞』は、民主化宣言を受けて八八年五月に創刊されたリベラル系の新聞だった。その後、この問題はさまざまな市民団体や女性団体によって追及されていくことになる。十月には三十七の団体から両国の政府に公開書簡が送付され、十一月にはそれらの団体によって挺隊協が結成された。その中心となった「韓国女性団体連合」は、民主化運動を受けて八七年二月に結成された女性団体だった。このようにこの問題は元来、韓国の民主化運動の流れのなかから生み出された市民主義の盛り上がりという動きを受け、市民運動やフェミニズム運動のなかで問題化されてきたものだった。

一方で日本でも当初、この問題はやはり市民運動やフェミニズム運動のなかで受け止められていく。九〇年五月に国会でこの問題を初めて取り上げた社会党議員の竹村泰子は、市民運動に長く関わってきた経験を持つ女性政治家だった。またその後、挺隊協の結成に呼応するようにして十二月に結成された市民団体「日本の戦後責任をハッキリさせる会（ハッキリ会）」の代表に就いたのは、やはり女性市民運動家の臼杵敬子だった。(35)

この時期は、八九年に立て続けに起きた中国の天安門事件とヨーロッパの東欧革命という東西の「市民革命」

に象徴されるように、冷戦体制の終結という状況のなかで市民主義の盛り上がりという動きが世界各地で見られた時期だった。韓国の民主化運動もそうした流れのなかに位置付けて捉えることができるだろう。また、日本でも九〇年代になると、五五年体制の終焉という状況のなかでそうした動きがにわかに顕著になっていく。

一方でその間、それに対する反作用としていわゆるバックラッシュの動きも同様に顕著になっていった。九三年八月に自民党の国会議員によって結成された委員会「歴史・検討委員会」の活動を受け、九七年には「新しい歴史教科書をつくる会」「教科書議連（日本の前途と歴史教育を考える議員の会）」「日本会議」など、さまざまな保守派の団体が続々と結成され、市民運動に対抗するものとしての「国民運動」の形成が呼びかけられていく。そこでは日本の戦争責任を免罪しようとする議論が声高に主張され、歴史認識問題をめぐっていわゆる歴史修正主義の動きが推し進められるとともに、復古的で権威主義的な家族観や女性観が称揚され、フェミニズム運動をめぐっていわゆるジェンダーフリー批判の動きが推し進められていく。そうした勢力にとってとりわけ従軍慰安婦問題は、日本の戦争責任を断罪しようとする議論として市民運動やフェミニズム運動のなかで問題化されてきたというその経緯から、反リベラル市民、歴史修正主義、ジェンダーフリー批判という三つのアジェンダのターゲットに同時になりうるシンボリックな問題だった。

その結果、反日嫌韓というスキームは元来の枠組みを超え、いつのまにか新たな意味付けを帯びるようになる。そこでリベラル派は韓国側の反日というアジェンダと連帯することにより、日本の戦争責任を断罪し、いわゆる戦後民主主義を再信任するとともに、リベラル市民主義やジェンダーフリー運動を推し進めていこうとする。一方で保守派は日本側の嫌韓というアジェンダを支持することにより、日本の戦争責任を免罪し、いわゆる戦後レジームからの脱却を目指すとともに、リベラル市民主義やジェンダーフリー運動の伸張を押しとどめようとする。こうしてこのスキームは日本と韓国との対立の場という元来の枠組みを超え、リベラル派と保守派との対立の場という新たな意味付けを帯びるようになる。いいかえればそこは、いつのまにかリベラル派対保守派の代理戦争の場となってしまった。

その結果、そこでは日韓間のアクチュアルな問題と連動しつつも、しかしそれとはまた別の次元で、左右間の代理戦争が延々と続けられることになる。そしてその結果、嫌韓というアジェンダはいつのまにか外交問題としての元来の次元を超え、いわば一つのイデオロギーと化すまでになってしまったと言えるだろう。

なお、そうした場で独特の役割を演じることになった存在がある。『朝日新聞』だ。特に従軍慰安婦問題に関する報道に際し、『朝日新聞』がいくつかの「勇み足」を犯してきたことはよく知られている。いわゆる従軍慰安婦報道問題だ。

とりわけ吉田証言については、九二年四月三十日付の『産経新聞』で歴史家の秦郁彦がその信憑性に疑問を投げかけて以来、さまざまな論証が繰り返されてきた。その後、二〇一二年十一月の党首討論会で自民党の安倍晋三総裁が「朝日新聞の誤報」により、「詐欺師のような男が作った本がまるで事実かのように日本中に伝わって問題が大きくなった」と発言したことから、この件があらためて脚光を浴び、『朝日新聞』も本格的な検証作業に着手することになる。その結果、それは虚偽の証言だったと判断され、一四年八月、関連する記事十六本が取り消されるに至った。

また、ほかにも九一年一月の宮澤首相の訪韓直前の一月十一日付の記事が、「慰安婦問題が政治課題となるよう企図して」（朝日新聞社第三者委員会）書かれたものだったこと、さらにいくつかの記事で「慰安婦」と「挺身隊」との混同があったことなど、さまざまな問題が報告されている。ただし一部の誤認は千田の著作以来長く引き継がれ、他の新聞でも同様に事実として報道されてきたものだった。[36]

こうした報道がおこなわれてきた結果、「問題が大きくなった」という側面があることを否定することはできないだろう。実際、『ハンギョレ新聞』に連載された尹の記事のなかでも吉田の著作の一部が引用されている。

しかし一方で、リベラル派の代表としての『朝日新聞』がいくつかの「勇み足」を犯してきたことを捉え、保守派があえてこの問題に強くコミットすることにより、その「天敵」を叩くべく躍起になってきたという側面があることもまた見逃すことはできないだろう。その結果、さらに「問題が大きくなった」という側面もあるのではないだろうか。

つまりリベラル側には、自らの主張を際立たせようとして「問題を大きくした」という経緯が確かにあるが、しかし一方で保守側にもまた、リベラル側のそうしたやり方を叩くためにさらに「問題を大きくした」という経緯があると言えるだろう。その結果、この問題は、そして反日嫌韓というスキームは、日韓間の対立の場という元来の枠組みを超え、左右間の対立の場という新たな意味付け、さらにいえば新たな存在意義を帯びるようになる。こうしてこのスキームはイデオロギー論争に覆い尽くされ、やがて乗っ取られてしまうことになる。

なお、反リベラル市民と歴史修正主義という二つのアジェンダは、新保守論壇のその後の展開のなかで形作られ、それぞれ嫌韓というアジェンダと結び付いていくことになる。その経緯については第２章と第３章で取り上げることにしよう。

12　嫌韓アジェンダをめぐるいくつかの通説

二〇〇〇年代後半以降、「在日特権を許さない市民の会（在特会）」をはじめとする「行動する保守」の運動のなかで、嫌韓というアジェンダはいわゆるヘイトスピーチと強く結び付いていくことになる[37]。しかしそこで強く押し出されることになったこのアジェンダは、一九九〇年代の新保守論壇で提起されていた元来のアジェンダとは必ずしも同一のものではない。端的にいえばゼロ年代後半以降のそれは、元来の嫌韓というアジェンダに排外主義というアジェンダが結び付いたものだったと見ることができるだろう。

というのも九〇年代の新保守論壇では、嫌韓というアジェンダは特に日韓間の外交問題に関連し、もっぱら「外なる敵」としての韓国および韓国人に向けられるものだった。それに対してゼロ年代後半以降のそれは、特に外国人労働者問題や外国人参政権問題などに関連し、「在日特権」などのキーワードとともに「内なる敵」としての在日外国人、すなわち在日コリアンに向けられるようになる。そうした発想は九〇年代の新保守論壇には見られないものだった。たとえば『醜い韓国人』でもその続篇でも在日コリアンの話題はまったく取り上げられていない。

しかしその後、これらのアジェンダの成り立ちをめぐる経緯が明らかにされてこなかったため、嫌韓というアジェンダそのものについても、その成り立ちをめぐってこれまでさまざまな見解が示されてきた。特にゼロ年代後半以降は、在特会などによる過激な言動の根拠を理解するために、このアジェンダを固有の背景に結び付けて捉えようとするいくつかの見方が示されてきた。そのためそうした見方がこのアジェンダの一般的な、というよりもむしろ通念的な理解を形作っていくことになる。ここではこのアジェンダをめぐる通説として、特に二つの見方を指摘しておこう。

まずその一つはこのアジェンダを、社会の底辺に位置する人々の不満と疎外感からもたらされたものとして捉えようとする見方だ。その支持者は「ほとんどが非正規の労働者で、経済生活の不安定な人が多い」、さらに「家族のなかでも、地域のなかでも孤立している」（安田浩一）と考えられた。つまりグローバル化の進展から取り残され、外国人との接触の機会など持つことなく社会の片隅で過ごしている人々が、その不満と疎外感のはけ口としてレイシズムに接近することになったという見方だ。そのためこのアジェンダは「ネトウヨ」に特有の「底辺イメージ」と、それに伴うドメスティックな志向、そして反知性主義的な傾向に結び付けられて理解されるようになる。(38)

もう一つはこのアジェンダを、「ネット右翼」以前の従来の右翼、つまり日本の右翼・民族派の思想や文化からもたらされたものとして捉えようとする見方だ。在特会の街宣活動などの場に見られた威嚇的で恫喝的なその振る舞いは、いわゆる街宣右翼の伝統的なスタイル、ヤクザまがいの粗暴で野蛮なその行動様式から学ばれたものだと考えられた。つまり「行動する保守」を「行動右翼」の直接的な後継者として捉えようとする見方だ。そのためこのアジェンダは、日本の右翼・民族派の伝統的な思想や文化、民族主義、国粋主義、攘夷思想などと結び付けられて理解されるようになる。そしてそうした立場から排外主義が、さらにレイシズムが招来されることになったと考えられた。

しかしこのアジェンダの成り立ちをめぐる経緯は、これらの通念的な理解とは相容れない事実を示している。ここで『醜い韓国人』の真の著者と目されていた人物、加瀬英明にまず目を向けてみよう。加瀬自身はその嫌疑を一貫して否認しているが、しかしそれでも加瀬がこの本の後書きを書き、その続篇を共著者の一人として書き、さらに関連する記事を書くことによって一連の論争の中心人物として振る舞ってきたことはやはり事実だ。

加瀬は保守派の外交評論家として広く知られた人物だった。その経歴は華々しく、イェール大学やコロンビア大学で学んだのち、『ブリタニカ国際大百科事典』（ティビーエス・ブリタニカ）の初代の編集長を務め、さらに福田、大平、鈴木、中曾根の各内閣で外交特別顧問を務めるなどしてきた。名家の出で、初代の国連大使を務めた外交官、加瀬俊一を父に持ち、日本興業銀行の総裁を務めた財界人、小野英二郎を母方の祖父に持っている。さらにミュージシャンのジョン・レノンと結婚したアーティスト、オノ・ヨーコを従妹に持っているという。また、数々の保守系団体の要職を歴任してきた人物でもある。日本文化フォーラムの理事から「つくる会」の顧問に至るまで、その肩書は多岐にわたる。一〇年代以降は「つくる会」の歴史教科書の発行を受け継いだ出版社の一つ、自由社の実質的な経営者ともなっている。(39)

こうした来歴から浮かび上がってくるのは、由緒正しい上流の保守、飛び切りのエスタブリッシュメントとしてのその姿だろう。抜群の名家の出で、華やかこのうえない経歴を持ち、海外の事情に広く通じた国際派のエリート知識人としてのその姿には、底辺イメージやドメスティックな志向、反知性主義的な傾向などに通じるものはどこにも見られない。ましてやヤクザまがいの粗暴さや野蛮さに通じるものなどどこにも感じられない。それらのイメージとはむしろ対極に位置付けられる存在だと言えるだろう。

こうしたことからすると嫌韓というアジェンダは、少なくともその成り立ちから見るかぎりでは、底辺層の人々の不満と疎外感からもたらされたものだったとは到底考えられない。それはむしろエスタブリッシュメントの側から提起されたものだった。

また、右翼・民族派の思想や文化からもたらされたものだったと捉えることもできない。というのも日本の右翼・民族派は伝統的に、韓国および在日コリアンに対してどちらかといえば親和的な、つまり「親韓」の姿勢を見せてきたという経緯があるからだ。ここでその経緯を簡単に振り返っておこう。

たとえば右翼団体の始祖とされ、明治期に活動を開始した「玄洋社」の頭山満、「黒龍会」の内田良平などは「アジア主義」という考え方のもとで、欧米の帝国主義列強からの圧力に抗するために朝鮮と連帯すべきことを強く訴えていた。その後、軍部が膨張していく過程で「日韓合邦」という彼らの理念は「韓国併合」へと変質し、それとともに「アジア主義」も「大東亜共栄圏」へと変容していくことになるが、そうしたなかでも思想家の北一輝などは、日本人と朝鮮人との地位の平等を実現すべきことをなおも強く訴えていた。[40]

さらに戦後になると、いわゆる既成右翼はもっぱら反共運動の担い手として活動していくようになるが、そうしたなかで北朝鮮との対抗上、韓国側との「共闘」の姿勢が示されることがよくあった。とりわけ五九年十二月から始められた在日朝鮮人のいわゆる帰還事業の際には、在日朝鮮人団体の「朝鮮総連」に対抗し、在日韓国人団体の「韓国民団」と右翼団体とが共闘して抗議活動を繰り広げることがよくあった。また、韓国に拠点を持つ政治団体「国際勝共連合」と右翼団体との間で共闘がおこなわれることもあった。[41]

加えて日本の右翼・民族派の思想のなかには元来、在日コリアンなどに対して宥和的な姿勢が含まれていたと見ることもできる。その思想はそもそも「一君万民」のもとでの「四民平等」を目指し、封建的な身分制度のもとで差別されてきた人々を社会的に包摂しようとする意図から誕生したという経緯があるからだ。[42] そのためかつての右翼団体は、日本社会のなかで差別されてきた在日コリアンに対してむしろ宥和的な場だったと見られる。戦後のいわゆる任侠右翼に在日コリアンが数多く身を置いていたと言われるゆえんもそこにあるだろう。

右翼・民族派のそうした伝統を強く意識しながら七〇年代以降に台頭してきたいわゆる新右翼が、在日コリアンの立場を擁護しようとする態度を見せてきたのもそうした経緯によるものだった。八三年十二月の衆議院選挙に際し、在日コリアンから帰化した政治家の新井将敬のポスターに、対立候補の石原慎太郎の秘書の指示により、新井が帰化したことを示す黒いシールが貼られるという事件が起きた際（「黒シール事件」）、新右翼の指導者だった野村秋介が激怒し、激しい抗議活動を繰り広げたことはよく知られている。野村はその後もさまざまな発言を通じて在日コリアンへの共感を表明し続けた。[43]

これら一連の経緯からすると嫌韓というアジェンダは、右翼・民族派の思想や文化からもたらされたものだったともやはり到底考えられない。それは「右翼」ではなくむしろ「保守」の側から、それもエスタブリッシュメントとしての保守の側から提起されたものだった。

なお、そうした勢力はその後、巨大な保守派のネットワークを立ち上げ、そこから「バックラッシュ保守クラスタ」という層を形作っていくことになる。その経緯については第3章で取り上げることにしよう。また、保守と右翼との位置付け、さらに右翼・民族派をめぐるさまざまな経緯、さらに嫌韓というアジェンダに排外主義というアジェンダが結び付いていった経緯などについては第4章と第5章で取り上げることにしよう。さらに在特会などの運動については第7章で取り上げることにしよう。

注

（1）上丸洋一『『諸君！』『正論』の研究――保守言論はどう変容してきたか』岩波書店、二〇一一年、二一―八四ページ、竹内洋『革新幻想の戦後史』上（中公文庫）、中央公論新社、二〇一五年、九九―一一〇ページ、『革新幻想の戦後史』下（中公文庫）、中央公論新社、二〇一五年、二二〇―二三一ページ（初版：二〇一一年）、青木慧『タカ派知識人――組織と人脈五百人』（同時代叢書）、汐文社、一九八四年、一一五―一五〇ページ、中川一徳『メディアの支配者』上（講談社文庫）、講談社、二〇〇九年、二八五―四五二ページ（初版：二〇〇五年）、古谷経衡『若者は本当に右傾化しているのか』アスペクト、二〇一四年、一五九―一六八ページ、『正論 ＳＥＩＲＯＮ』産経新聞社（http://seiron-sankei.com/）

（2）古谷経衡『ネット右翼の終わり――ヘイトスピーチはなぜ無くならないのか』晶文社、二〇一五年、三七―四六ページ

（3）「Ｖｏｉｃｅ」『ＰＨＰ研究所』（https://www.php.co.jp/magazine/voice/）

（4）「ＳＡＰＩＯ」『小学館』（https://www.shogakukan.co.jp/magazines/series/094000）

（5）大泉実成／木村元彦／加藤直樹／梶田陽介『さらば、ヘイト本！――嫌韓反中本ブームの裏側』ころから、二〇一五年

（6）現在も一部の媒体資料には「ヤングビジネスマンのために指針を掲げるクオリティマガジン」などと記されている。「媒体資料『ＳＡＰＩＯ』」『雑誌広告ドットコム』（https://www.zasshi-ad.com/media/compinfo/opinion/sapio.html）

（7）水本犬太郎「男性ヴィジュアル誌はなぜ失敗するのか」『別冊宝島 雑誌狂時代！――驚きと爆笑と性欲にまみれた「雑誌」というワンダーランド大研究』宝島社、一九九七年（https://solar1964.wordpress.com/2014/10/19/visual_journalism/）

（8）「ザ・カリスマンガ 聖人列伝 小沢一郎ＶＳ小林よしのり」「気になる小問題の『東スポ』ＶＳ気にならない大問題の『朝日新聞』」『ＰＡＮＪＡ』一九九四年八月号（創刊号）、扶桑社

(9)「Ｗｅｄｇｅ」『ウェッジ』(http://wedge.ismedia.jp/category/wedge)

(10)『大宅壮一文庫 雑誌記事索引検索Ｗｅｂ版』(https://www.oya-bunko.com/)

(11) 樋口直人『日本型排外主義——在特会・外国人参政権・東アジア地政学』名古屋大学出版会、二〇一四年、一四一—一六二ページ

(12)『国民が知らない反日の実態』(https://www35.atwiki.jp/kolia/pages/1.html)、西村幸祐責任編集『「反日マスコミ」の真実——日本を中国、韓国の奴隷にするのか?!』(ＯＡＫ ＭＯＯＫ、撃論ムック)、オークラ出版、二〇〇六年、西村幸祐『「反日」の構造——中国、韓国、北朝鮮を煽っているのは誰か』ＰＨＰ研究所、二〇〇四年、古谷経衡『反日メディアの正体——「戦時体制」に残る病理』ＫＫベストセラーズ、二〇一三年

(13) Karel van Wolferen, "The Japan Problem," *Foreign Affairs*, Winter 1986/87 Issue, The Council on Foreign Relations,1986. (https://www.foreignaffairs.com/articles/japan/1986-12-01/japan-problem)、五十嵐仁「『日本／権力構造の謎（上・下）』Ｋ・Ｖ・ウォルフレン著 篠原勝訳」、法政大学大原社会問題研究所編『大原社会問題研究所雑誌』一九九一年一月号、法政大学大原社会問題研究所

(14) 辻隆太朗『世界の陰謀論を読み解く——ユダヤ・フリーメーソン・イルミナティ』(講談社現代新書)、講談社、二〇一二年、二九—三二ページ

(15) 宇野正美『ユダヤが解ると世界が見えてくる——一九九〇年「終末経済戦争」へのシナリオ』(Ｔｏｋｕｍａ ｂｏｏｋｓ)、徳間書店、一九八六年

(16) David G. Goodman and Masanori Miyazawa, *Jews in the Japanese Mind: The History and Uses of a Cultural Stereotype*, Free Press, 1994.(デイヴィッド・グッドマン／宮澤正典『ユダヤ人陰謀説——日本の中の反ユダヤと親ユダヤ』藤本和子訳、講談社、一九九九年、三五五ページ)、Ben-Ami Shillony, *The Jews & the Japanese*, Tuttle Publishing, 1991.(ベン＝アミー・シロニー『ユダヤ人と日本人の不思議な関係』立木勝訳、成甲書房、二〇〇四年、二九九ページ)

(17) Goodman and Miyazawa, *op.cit.*(前掲『ユダヤ人陰謀説』二三—四八、三四七—三九五ページ)、「『円、背水の興

亡」両刃の剣　米、黒字減らし圧力」『読売新聞』一九八七年一月十七日付、石ノ森章太郎『【マンガ】日本経済入門Ｐａｒｔ２』日本経済新聞社、一九八七年、二一五―二七六ページ

（18）Clyde Haberman, "Japanese Writers Critical of Jews," *The New York Times*, March 12, 1987.（https://www.nytimes.com/1987/03/12/world/japanese-writers-critical-of-jews.html）（引用者訳）

（19）Goodman and Miyazawa, *op.cit.*（前掲『ユダヤ人陰謀説』三九七―四二四ページ）

（20）李鍾元／木宮正史／磯崎典世／浅羽祐樹『戦後日韓関係史』（有斐閣アルマ・Ｓｐｅｃｉａｌｉｚｅｄ）、有斐閣、二〇一七年

（21）ＳＡＰＩＯ責任編集『日本人と韓国人――反日嫌韓五十年の果て』（ポスト・サピオムック）、小学館、一九九五年、七〇―九〇ページ

（22）「朝鮮の女性　私も連行　元動員指揮者が証言　暴行加え無理やり」『朝日新聞』一九八二年九月二日付。ただしこの記事はのちに取り消されている。

（23）「慰安婦問題を考える（上・下）」『朝日新聞』二〇一四年八月五・六日付、木下直子『「慰安婦」問題の言説空間――日本人「慰安婦」の不可視化と現前』勉誠出版、二〇一七年、四一―一〇六ページ、「従軍慰安婦の真相（検証編）」（http://resistance333.web.fc2.com/html/comfort_woman2.htm）

（24）前掲『日本人と韓国人』九二―九八ページ

（25）「[世界の論調]　中央日報　総領事館乱入で日本の嫌韓ムード憂慮　韓国」『朝日新聞』一九九二年四月十八日付、「韓国ドラマで天皇狙撃シーン　反発の右翼が在日韓国公館に乱入　きしみ再燃も」『読売新聞』一九九二年四月二十二日付

（26）「[社説]　日韓の相互「嫌悪」を憂う」『朝日新聞』一九九二年八月十二日付、「韓国に新しい対日論調登場　日本の「嫌韓感情」紹介も」『朝日新聞』一九九二年八月十六日付、「日韓国民感情の悪化に懸念　来日中の朴韓日議連会長が表明」『読売新聞』一九九二年九月三日付夕刊、「[社説]　日韓が京都会議にこめた意味」『読売新聞』一九九二年十一月十日付

(27)「加藤内閣官房長官発表」『外務省』一九九二年七月六日（https://www.mofa.go.jp/mofaj/area/taisen/kato.html）、「慰安婦関係調査結果発表に関する河野内閣官房長官談話」『外務省』一九九三年八月四日（https://www.mofa.go.jp/mofaj/area/taisen/kono.html）

(28) 前掲『日本人と韓国人』二三―四六ページ、「一一万部突破の『醜い韓国人』「著者は姿を現せ」韓国人向け日刊紙などが批判」『読売新聞』一九九三年七月二十日付、「韓国で『醜い韓国人』〝発禁〟「国民感情を逆なで」」『読売新聞』一九九三年九月二日付、「『醜い韓国人』筆者名乗り出て 抗議のグループが来日」『朝日新聞』一九九四年八月五日付

(29) 前掲『日本人と韓国人』六二―六八ページ

(30) 同書四七―六〇、一〇一―一四二ページ

(31) 同書二二―四六ページ

(32) 木村幹『日韓歴史認識問題とは何か――歴史教科書・「慰安婦」・ポピュリズム』（叢書・知を究める）、ミネルヴァ書房、二〇一四年

(33) 大沼保昭『「慰安婦」問題とは何だったのか――メディア・NGO・政府の功罪』（中公新書）、中央公論新社、二〇〇七年、二三―七五ページ

(34)「竹島、食い違う見解 なぜ日韓の主張はすれ違うのか」『朝日新聞』二〇一二年十一月一日付

(35) 前掲『「慰安婦」問題の言説空間』四一―一〇六ページ、『竹村泰子ウェブサイト』（http://www.yasuco.com/）［現在はリンク切れ］、『日本の戦後責任をハッキリさせる会』（http://www.zephyr.dti.ne.jp/~kj8899/hakkiri-kai.main.html）

(36) 前掲「慰安婦問題を考える（上・下）」、「記事を訂正、おわびしご説明します 慰安婦報道、第三者委報告書」『朝日新聞』二〇一四年十二月二十三日付（http://www.asahi.com/shimbun/3rd/2014122337.html）

(37) 安田浩一『ネットと愛国――在特会の「闇」を追いかけて』（ｇ２ｂｏｏｋ）、講談社、二〇一二年、安田浩一／岩田温／古谷経衡／森鷹久『ヘイトスピーチとネット右翼――先鋭化する在特会』オークラ出版、二〇一三年

（38）安田浩一「在特会は、「いまの日本の気分」をわかりやすく表わしたものなんです」『Ｖｏｉｃｅ』二〇一二年十一月号、ＰＨＰ研究所、園子温／安田浩一／木村元彦「ネット右翼に贈る非国民のススメ」『週刊プレイボーイ』二〇一二年十二月三十一日号、集英社、古谷経衡「嫌韓とネット右翼はいかに結びついたのか」、前掲『ヘイトスピーチとネット右翼』所収

（39）「加瀬英明の略歴」『加瀬英明のホームページ』(http://kase-hideaki.co.jp/ryakureki.html)。加瀬英明「ジョン・レノンは靖国の英霊に祈った」『正論』二〇一六年十二月号、産経新聞社（https://www.sankei.com/entertainments/news/161208/ent1612080002-n1.html）

（40）中島岳志『アジア主義——西郷隆盛から石原莞爾へ』（潮文庫）、潮出版社、二〇一七年（初版：二〇一四年）、田原総一朗『日本近現代史の「裏の主役」たち——北一輝、大川周明、頭山満、松井石根……「アジア主義者」の夢と挫折』（ＰＨＰ文庫）、ＰＨＰ研究所、二〇一三年（初版：二〇一一年）、北一輝『日本改造法案大綱』（中公文庫）、中央公論新社、二〇一四年、九三—一〇八ページ（初版：一九二三年）

（41）「韓国系団体」『右翼民族派団体Ｗｉｋｉ（維新情報社）』（http://10.xmbs.jp/ishin549-106414-ch.php）、堀幸雄『最新右翼辞典』柏書房、二〇〇六年、一九八—一九九、三二六—三三〇ページ

（42）前掲『アジア主義』九九—一〇七ページ、中島岳志／島薗進『愛国と信仰の構造——全体主義はよみがえるのか』（集英社新書）、集英社、二〇一六年、二八—四四ページ、橋川文三『ナショナリズム——その神話と論理』（ちくま学芸文庫）、筑摩書房、二〇一五年（初版：一九六八年）。ただしそこには元来、包摂的な志向とともに排除的な志向が含み込まれていたと見ることもできる。詳細については第5章を参照。

（43）河信基『代議士の自決——新井将敬の真実』三一書房、一九九九年、四五—五二ページ、野村秋介『塵中に人あり——右翼・任侠・浪漫』廣済堂出版、一九八六年、五—六、二三—三七、二一二—二二九ページ

第2章　サブカル保守クラスタと反リベラル市民アジェンダ
——一九九〇年代半ばまで

1　リベラル市民主義の盛り上がり

冷戦体制の終結は社会主義陣営の敗北と資本主義陣営の勝利をもたらしたとされているが、単純にそうと割り切ることはできない。当時、ソ連・東欧諸国の共産主義政権が次々と崩壊していくなか、東欧革命の担い手となった新しい動きが注目を浴び、その可能性がむしろ西側諸国の側から評価されていくという状況が生じた。「市民主義」という動きだ。それは「古い社会主義」としてのマルクス主義を東側諸国から葬り去る一方で、「新しい社会主義」の一つのあり方を西側諸国のなかに根付かせていくことになる。

ここで当時の状況を簡単に振り返っておこう。ハンガリーやポーランドでの民主化運動に端を発し、一九八九年を通じて大きなうねりとなっていった東欧革命の主要な担い手となったのは、ハンガリー、東ドイツ、チェコスロバキアなどで「フォーラム」と呼ばれていた市民団体だった。怒濤のような勢いで鉄のカーテンを打ち破り、さらにベルリンの壁を突き崩し、共産主義政権を次々と崩壊に追い込んでいった市民運動の力は世界中に大きな

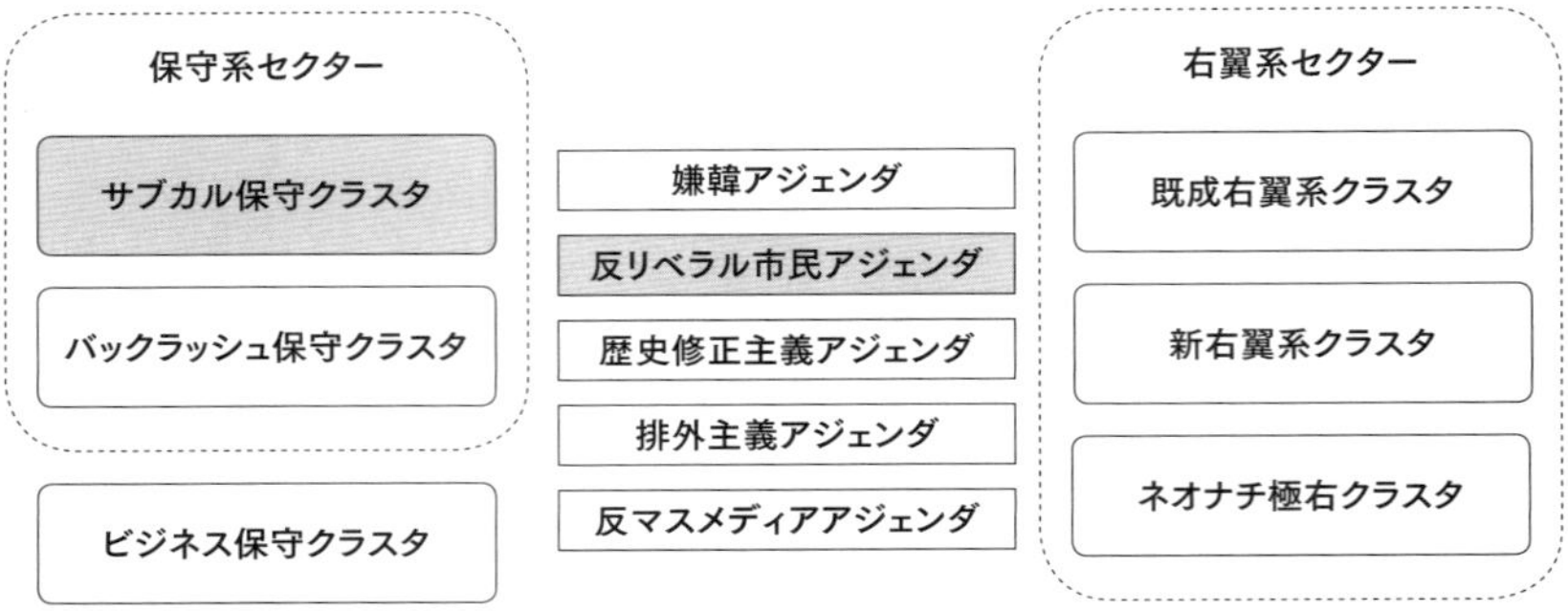

図6　第2章の主な対象

衝撃を与えた。その結果、ドイツの社会学者のユルゲン・ハーバーマスによれば、西側諸国の側でも「市民社会の再発見」という状況が生じ、「市民社会という概念の株価が上昇」していくことになる。[1]

それにはるかに先立つ七〇年代初頭には、六〇年代末の学生運動をきっかけに、マルクス主義の考え方と強く結び付いていたそれまでの労働運動に代わり、さまざまなタイプの社会運動が現れてくるという状況が見られた。平和運動や人権運動、エコロジー運動やフェミニズム運動などだ。フランスの社会学者のアラン・トゥレーヌはそれらを「反テクノクラシー闘争」として、ハーバーマスは「システムによる生活世界の植民地化」に対する抵抗として捉えた。いわゆる「新しい社会運動」論だ。[2]そうした見方が九〇年代初頭、今度は八〇年代末の東欧革命をきっかけに再評価され、「市民社会」という理念とともにあらためて定式化されることになる。

アメリカの政治学者のジーン・コーエンとアンドリュー・アラートによれば、市民社会とは人々の生活世界に根差し、国家による政治領域からも企業による経済領域からも独立して存立していながらも、同時にそれらに対して一定の影響力を持つものだという。その実体となるのはさまざまな団体、クラブ、サークル、さらにNPO／NGOなどの「ボランタリーアソシエーション」と、それらの間のネットワークだと考えられた。[3]

いわば「新しい市民社会論」としてのそうした議論は日本でも熱心に受け入れられていく。とりわけ九五年一月の阪神・淡路大震災をきっかけに、災害ボランティア活動の重要性を痛感させられた日本では市民運動の意義が見直され、そのための基盤整備が進められていく。震災直後から検討が始められた特定非営利活動促進法、いわゆるNPO法が九八年十二月に施行されると、ボランティアに加えて「まちづくり」運動、リサイクル運動、障害者支援運動などの分野にもさまざまな市民団体が乗り出していき、そうした「市民公益活動」の盛り上がりが「ブームの感」（高田昭彦）を呈するまでになる(4)。

その背景の一つとしてあったのはこの時期、とめどもなく壊れていくかに見えた日本社会のなかで、心理的な面でも物理的な面でも、一般の人々がさまざまな局面で立ち働かざるをえなかったという事情だろう。バブル経済の崩壊と五五年体制の終焉ののち、九五年には大震災とオウム真理教事件の衝撃に見舞われ、さらに九七年からは山一證券をはじめとする大手金融機関の経営破綻の惨状を見せつけられ、「失われた十年」の最深部をのぞき込まされることになった日本人は、そこに生じた亀裂を自らの手で埋めるべく、何らかの活動に馳せ参じる必要に駆られていたのではないだろうか。

一方、そうした動きは当時の政治情勢と整合するものでもあった。九三年八月、非自民・非共産の連立による細川政権の誕生によって五五年体制は終焉を迎える。その後、政局は混乱を極め、新たな理念の模索が続けられるなか、中道左派の流れを集約するためのキーワードとして盛んに用いられるようになったのが「リベラル」という語だった。九四年には社会党・民社党・新党さきがけを母体に「社民リベラル勢力」の結集が広く呼びかけられる一方で、参議院には「護憲リベラルの会」、自民党には「リベラルズ」というグループが結成されるなど、「政界は「リベラル」の花盛り」（『朝日新聞』九四年三月一日付）という状況を呈するようになる(5)。

元来、「リベラリズム」という考え方は経済的な自由を重んじる立場を意味するものだったが、特にアメリカでは大恐慌とその後のニューディール政策の時代を経て、むしろそうした立場と対立し、不平等の是正などを通じて政治的な正義を重んじる立場を意味するものになったという経緯がある。

九〇年代半ばの日本でこの語が盛んに用いられるようになったのは、冷戦体制の終結と五五年体制の終焉という状況を受け、マルクス主義の考え方と強く結び付いていたかつての「革新」に代わり、「保守」に対抗するための立場を示す新たな理念が求められるようになったためだろう。その際、かつての「労働者」や「労働組合」に代わり、そうした立場の支え手として位置付けられることになったのが「市民」や「市民団体」という存在だった。たとえば九五年五月に示された社会党の「九五年宣言――新しい基本価値と政策目標」では、社会党は「民主主義・リベラル新党」として「市民政党」となり、市民運動と連帯していくことなどが謳われていた。[6]

こうして政治思想としてのリベラリズムと社会運動としての市民主義とが結び付くことになった。その結果、「リベラル市民主義」とでもいうべき考え方が成立するに至る。以後、それは九〇年代半ばの日本の混沌とした状況のなかで、そこに生じたさまざまな亀裂を埋めるべく大きな盛り上がりを見せていくことになる。

一方でその反作用としての動きも現れてきた。やはり『SAPIO』を一つの拠点に「反リベラル市民」というアジェンダが形作られていく。また、その過程で「サブカル保守」というクラスタが形作られていった。以下、当時の動きをその背景とともに振り返りながらその経緯を見ていこう。

2　日本型市民社会論と戦後民主主義

一九九〇年代半ばの日本でのリベラル市民主義の盛り上がりは、直接的には欧米の「新しい市民社会論」の受容からもたらされたものだったが、一方でその思想的な背景としてあったのは、特に日本にはより古くからの市民社会論、いわば「古い市民社会論」としての議論の伝統が根付いていたという事情だろう。戦前のマルクス研究やスミス研究を起点に、戦後期から六〇年代にかけて高島善哉、内田義彦、平田清明などの論者によって主導され、戦後日本の言論文化のなかに大きな影響力を持つに至ったものだ。まずこの点から見ていこう。

植村邦彦によれば「市民社会（civil society）」という概念はアリストテレスの『政治学』に起源を持ち、元来は「国家共同体」という意味を持つものだったという。その後、啓蒙思想を経て十八世紀のイギリスではこの語がアダム・ファーガスンやアダム・スミスにより、「文明社会（civilized society）」「商業社会（commercial society）」という語とほぼ同義で用いられるようになる。さらにその後、十九世紀のドイツではその訳語“Bürgeliche Geselschaft”がフリードリヒ・ヘーゲルやカール・マルクスにより、「ブルジョア社会」という意味で用いられるようになる。その際、それをヘーゲルは「欲望の体系」として捉え、マルクスは「資本主義社会」とほぼ同義のものとして捉えた。つまり両者にとってこの概念は、「国家」や「革命」によって乗り越えられるべき悪しきものとして捉えられていたわけだ。

一方、日本ではスミスの概念にもマルクスの概念にも「市民社会」という訳語が当てられることになるが、その際、とりわけ日本の伝統的・封建的な社会との対比から、むしろ望ましいものとしての意味付けがそこに付与されていく。「封建的残滓」が色濃く残存している日本にはまだ「市民社会が存在しない」という認識から、西欧近代社会を一つのモデルとしてこの概念が理想化され、「「自由・平等・博愛・正義」にかかわる規範的理念へと転換」（植村）されることになった。その結果、それはヘーゲルやマルクスの場合とはむしろ真逆の方向に読み替えられ、一種のユートピア概念にまで高められていく。その背後には、日本社会の封建的な後進性という問題意識があり、それを克服しなければならないとする啓蒙主義的・規範主義的な立場からの問題提起があった。(7)

そうした考え方はとりわけ六〇年代以降、社会運動の現場と結び付き、その理論的な支えの一つとなっていく。六〇年安保をきっかけに、労働者という特定の階級を担い手とするそれまでの労働運動とは異なり、より緩やかな括りとしての「市民」を担い手とする「市民運動」が続々と立ち現れてきた。六五年四月に発足した市民団体「ベトナムに平和を！市民連合（べ平連）」の指導者だった小田実によれば、その場合の「市民」とは、フランス革命やパリコミューンの際に「参加者がおたがいに「市民」と呼び合った、その意味においての「市民」」だったという。それはフランス語の“citoyen”を起点に、自由、平等、民主主義、基本的人権などの「基本原理」と結び付いたかたちで構築された概念だった。(8)

さらに小田はそうした「市民」の特徴として、「自分のことは自分で決める」、そして「身にしみる」ことに「身銭をきる」という「原理を身につけている」ことを挙げている。つまり自立した個人であり、政治や社会の問題をわがこととして切実に捉え、職業階級の枠組みから独立して行動する人間というほどの意味だろう。また、久野収はそうした「市民的人間」が生まれてくるための条件として、「職業と生活との分離が必要だ」と論じた。久野によれば「農民が市民とよばれにくいのは、日本の農村ではこの両方がごちゃまぜになりがち」だったからだという。このように六〇年安保をきっかけに「市民主義の成立」(久野)という状況が宣言され、さまざまな定義付けがそこに付与されていくことになる。(9)

一方、関連してやはりこの時期からよく用いられるようになったもう一つの語がある。「戦後民主主義」というものだ。「大日本帝国の「実在」よりも戦後民主主義の「虚妄」の方に賭ける」という、丸山眞男の六四年の一文に一つの起源を持つとされるこの語は、やはりさまざまな意味付けを付与されつつ、市民主義という理念と一体となりながら、より大きな枠組みとしての規範的理念を日本社会のなかに形作っていく。(10)

その際、市民主義という理念は、より大きな枠組みとしての戦後民主主義というもう一つの理念を実体化していくための、いいかえればその「虚妄」を「受肉化」(宇野重規)していくための契機として提起されたものだったと捉えることもできるだろう。だからこそそれは、社会運動の現場へと投げ出され、「街頭の中の人間」(日高六郎)の地平で鍛え上げられていく必要があったのではないだろうか。(11)

こうした「日本型市民社会論」は、のちの欧米の市民社会論と比べてみても多分に先進的なものだったと言えるだろう。たとえば小田や久野は市民運動を「職業と生活との分離」のうえで、職業階級の枠組みから独立して行動する人間が、一方で政治や社会の問題を切実に捉えることによって生み出されるものだと考えたが、そうした議論はコーエンとアラートの市民社会論を先取りしたものだったと位置付けられるだろう。また、ヘーゲルやマルクスの“Bürgeliche Geselschaft”を規範的理念として読み替えるという日本型市民社会論のアプローチは、「市民的公共圏」をめぐる議論のなかでハーバーマスが採ったアプローチをやはり先取りしたものだったと位置付けられるだろう。

しかし一方で日本型市民社会論は、啓蒙主義的・規範主義的な一種のユートピア思想としての側面をひときわ強く持つものだった。そのため「ようするに日本語の市民社会は西ヨーロッパ近代社会を理想化したフィクションであって、日本社会の非近代性を批判する足場」（水田洋）にすぎないという見方が示されたこともある。[12]

さらにそれは、特に農村に強く見られる日本社会の封建的な後進性を克服しなければならないとするその元来の問題意識から、ともすれば「都市の論理」（羽仁五郎）を優先させ、市民という立場を一種の選民として特権化することにより、農民をはじめ「国の生産を真に支えている階層」（日高）を疎外してしまいかねない傾向を持つものでもあった。実際、市民運動の中心的な担い手となっていたのは多くの場合、都市に住む高学歴の人々だったことから、それは一部のエリート層による運動なのではないかとされ、その排他性や独善性が指摘されたこともある。[13]

とはいえ日本型市民社会論のそうした限界は、のちの欧米の市民社会論のなかにも多かれ少なかれ見られたものでもある。たとえば市民的公共圏という概念は、その理想主義的な規範性という点でも、あるいは閉鎖的な特権性という点でも、やはりいくつかの批判を受けてきたという一面を持つ。アメリカの政治学者のナンシー・フレイザーによれば、それは一方で「ユートピア的な理想」の表現でありながら、もう一方で「ブルジョア的なイデオロギー」の体現でもあったという。さらに花田達郎はその点に、「近代の普遍的規範を主張する公衆が、実は社会全体では少数者に過ぎない私有財産所有者であったという」矛盾を見て取っている。[14]

こうしたことからすると日本型市民社会論は、市民社会論という考え方そのものに内在している矛盾や問題点、つまり市民主義的な思考そのものの限界を顕著に示していたという点でも、逆説的ながらやはり先進的なものだったと言えるだろう。

3 市民主義への自己批判という問題意識

そのためかつての市民主義思想のなかでは、とりわけ市民運動論の領域から、市民主義的な思考の限界を突き抜けていこうとする発想がしばしば現れてきた。それは市民という概念そのものを根本から見直すことにより、それをひたすらユートピア的に捉えるのではなく、そのなかに矛盾や問題点を含み込んだ厄介な概念として捉え直そうとするものだった。

そうした作業に早くから取り組んできた論者の一人に日高六郎がいる。六〇年安保の直後の一九六〇年十月に出版されたその編著『一九六〇年五月十九日』（岩波書店）のなかで、「市民は起ち上がる」と宣言して以来、いわゆる市民派知識人のトップランナーとしての活動を長く続けてきた日高は、同時にこの概念の「弱さ、問題性、欠陥について」常に意識しつつ、市民主義への自己批判とでもいうべき問題意識に取り組んできた人物でもあった。自ら編集委員の一人として関わり、七一年三月に創刊した雑誌『市民』（勁草書房）の創刊号で日高は、「「市民」は、市民を批判し、市民運動を批判し、いうところの市民主義を批判する見解にも、大きく解放されなければならない」と論じている。その後、七三年七月の論文「市民と市民運動」（『岩波講座 現代都市政策 二 市民参加』岩波書店）では、独自の市民社会論が展開されることになる。

日高によれば市民という概念には「最初から、閉鎖性と開放性、特殊性と普遍性がまとわっていた」という。

ヨーロッパから発したこの概念の起源に当たるものとして日高が挙げているのは、中世の城砦都市としての“cite”に住んでいた“citoyen”（フランス語）であり、“Burg”に住んでいた“Bürger”（ドイツ語）だった。彼らは城壁の外の農民や外国人からも、あるいは城壁のなかの女性や奴隷からも分け隔てられた自由民であり、閉鎖的な特権としての市民権を与えられた人々だったが、一方で彼ら自身の間では公共心が重んじられ、自由と平等の思想が強く追い求められていたという。このようにそこには元来、排他的な特権意識へと向かう閉鎖性・特殊性への志向と、公共的な規範意識へと向かう開放性・普遍性への志向とが一つの概念のなかに同居していた。そうした矛盾や問題点を含み込んだまま定着し、英語へと、そして日本語へと展開されてきたのがこの概念の由来だったという。

そこで日高はこの概念と対比させながら、民俗学者の柳田国男がかつて提起した「常民」という概念に着目する。宮本常一の言葉を引きながらそれを、「直接生産にたずさわってきた人々」「民族の根幹をなす基層文化のにない手となる人々」と定義したうえで日高は、「ことばと文字としてだけで存在をもたない〈市民〉」と、「存在しているだけでことばと文字をもたない〈常民〉」との間に潜在しているという「対立と緊張」を見据えつつ、しかし「職業と生活との分離」という「〈区分〉の論理」とは無縁のところで「〈ごちゃまぜ〉の論理」を生きてきた常民のあり方は、「近代市民社会の開幕と同時に、その歴史的役割を終った」わけではなく、「ある種の普遍性として、現在から未来にかけて生きていくにちがいない」と論じ、むしろそうしたあり方にあらためて目を向けていくことの必要性を説いた[15]。

元来、常民という概念は、歴史の下層に埋もれてしまっている普通の人々の生のあり方を、特に直接的な生産者として、さらに民間伝統の保持者としてという二つの側面から浮かび上がらせることを意図して提起されたものだった[16]。そうした経緯を踏まえて展開された日高の議論は、当時の進歩主義的な市民社会論・市民運動論の視座の背後に、そこから取りこぼされてしまっている普通の人々の生のリアリティがあるのではないかという問いを投げかけるものだった。そのため「市民」という近代主義的な枠組みに自省を促すための一つの契機として、「常民」という前近代的な、というよりもむしろ普遍的な枠組みがあえて持ち出されることになったのだろう。なお、そこでは「市民」と「常民」との間に潜在している「対立と緊張」という論点がすでに提示されていたことに注意しておく必要があるだろう。

このように民俗学的な見地を一つのよりどころとしながら市民主義的な思考の限界を突き抜けていこうとする発想は、当時の市民主義思想のなかにしばしば見られたものだった。たとえば日高とともに市民派知識人としての活動を続けてきた鶴見俊輔は、六七年十月のその著書『限界芸術論』(勁草書房)などのなかでやはり柳田などの議論を引きながら、生活の端々から生み出される民間伝統を「限界芸術」として位置付け、そこに保守的な傾向ばかりでなく変革への志向をも読み取ろうとした。さらに小田もまた八〇年一月のその著書『歴史の転換のなかで――二十一世紀へ』(岩波書店)では、むしろ人類学的な見地によりながら市民主義を民族主義と対比させ、ヨーロッパ中心主義的なその「普遍性」の「マヤカシ」を批判する議論を展開している。

こうしたことからするとかつての市民主義思想のなかには、市民主義への自己批判という問題意識がその重要なアジェンダの一つとして組み込まれていたと見ることができるだろう。それは市民主義という理念を、ひいては戦後民主主義という理念を、「街頭の中の人間」の地平で鍛え上げていくための重要なプロセスの一つとしてあったのではないだろうか。

つまり戦後民主主義という理念を実体化していくためにはまず市民主義という理念を、さらに市民という概念そのものを実体化していく必要がある。それは「西ヨーロッパ近代社会を理想化したフィクションであって」はならず、日本社会のなかのリアリティに根差したものでなければならない。そのためにこそ日高の議論では、民俗学的なリアリティに根差した常民という存在があえて持ち出されることになったのだろう。いいかえればそれは、市民という「虚妄」を「受肉化」していくための一つの契機として提起されたものだった。

4　ユーフォリアのなかのリベラル市民主義ブーム

一九九〇年代半ばの日本でリベラル市民主義がある種のブームとなり、ひときわ大きな盛り上がりを見せるに至ったことの一つの背景としてあったのは、かつてのこうした市民社会論・市民運動論の長い伝統が日本の言論文化のなかに根付いていたという事情だろう。つまり当時の日本で起きていたのは、東欧革命以後の欧米の「新しい市民社会論」の受容という動きだったばかりでなく、戦後期から六〇年代にかけての日本の「古い市民社会論」の復興という動きでもあったと見られる。

その際、西欧近代社会を理想的なモデルとして作り出されたかつての日本型市民社会論の現代版が、本家のヨーロッパから逆輸入されるかたちで舞い戻ってきたため、「失われた十年」の最深部ですっかり自信を失っていた日本人は半ば舞い上がるようにしてこの動きに飛び付いていった。その結果、それは一種のユーフォリア（多幸感）に彩られたものとなり、日本型市民社会論が元来そのなかに持っていたユートピア思想と相乗しつつ、どこか狂騒的なブームを作り上げていくことになる。

加えて九六年から急速に普及し始めたインターネットのブームがそこに一層の拍車をかけた。九七年一月に起きたナホトカ号重油流出事故の際、災害ボランティア活動にネットが活用されて大きな成果を上げたことを一つのきっかけに、それ以降、ネットは市民主義を「エンパワー」するもの、市民運動の担い手となるものとして語られることが多くなる。「ネット市民（net citizen）」を意味する「ネティズン」という語も盛んに用いられるようになった。十月にはその典拠となった書籍、アメリカの市民運動家のハウベン夫妻による『ネティズン』（中央公論社）が翻訳出版される。[17]

そうしたなか、インターネット、とりわけメーリングリストを主要な拠点として活動を展開していくことを目指す新たなタイプの市民団体が続々と立ち上げられていく。九三年四月に創設された「市民コンピュータコミュニケーション研究会（ＪＣＡ）」、九五年十月に立ち上げられた「オルタナティブ運動情報メーリングリスト（ＡＭＬ）」、九八年十月に創設された「虹と緑の五百人リスト運動」などがその代表的なものだった。さらに九七年九月にはそれらのプラットフォームとなるものとして、市民運動のためのインターネットプロバイダ「ＪＣＡ－ＮＥＴ」が設立される。[18]

そもそも日本には、市民社会論のいわば理系版・工学版に位置付けられるものとして、やはり独特の議論である情報社会論の伝統もまた古くから根付いていた。六〇年代の梅棹忠夫などの議論を起点に、七〇年代以降、林雄二郎や増田米二などの論者によって主導され、八〇年代のニューメディアブームなどの際に大きな影響力を持つに至ったものだ。その考え方は、端的にいえば高度情報化の動きを市民社会の実現という理想に結び付けて語ることにより、技術革新を梃子として日本社会そのものの後進性を克服すること、いわばそのＯＳをアップデートすることを目指したものだった。

九〇年代になるとネットの普及という新たな動きに後押しされるかたちで、公文俊平や金子郁容などの新たな論者によってそうした議論が再興され、より力強く推し進められるようになる。その際、彼らの議論の新たな支えとなっていたのは、ハウベン夫妻のほかにもハワード・ラインゴールドやエスター・ダイソンなど、ネットの普及とともに特にアメリカで大きな盛り上がりを見せていた市民運動家たちの議論、いわばアメリカ発の「新しい市民社会論」だった。[19]そうした議論を梃子として彼らは日本の「古い情報社会論」を、さらに「古い市民社会論」をバージョンアップすることを目指したと言えるだろう。

こうしてこの時期、日本の「古い市民社会論」は、東欧革命を端緒とするヨーロッパ発の「新しい市民社会論」と、ネットの普及を契機とするアメリカ発の「新しい市民社会論」との両方に盛り立てられるかたちでその装いを一新し、華々しい復興を遂げることになった。しかもとりわけアメリカ発の「新しい市民社会論」は、六〇年代のアメリカのヒッピー文化やコミューン思想のなかに息づいていた独自のユートピア思想を色濃く受け継いだものだったため、それが日本の「古い市民社会論」のユートピア思想とさらに相乗しつつ、一層の狂騒的なブームを作り上げていくことになる。

その結果、リベラル市民主義はユーフォリアのなかで自己増殖を遂げるに至る。「市民」という語がいつのまにか「「神聖な言葉」に祭り上げられ」(佐伯啓思)、壊れていく社会を再興するための希望の一切があたかもそのなかに秘められているかのような扱いが生じた。[20]「市民の時代」「世界市民」「地球市民」「市民のエンパワーメント」など、さまざまなフレーズが作り出され、「市民」をめぐるオプティミスティックな言説が次々と生み出されていく。そうした動きはやがて実体的な市民公益活動の現場を離れ、言説の体系そのもののなかにその盛り上がりの場を見いだしていくようになる。

こうして九〇年代半ばの日本ではその混沌とした状況のなかに、ユーフォリアに彩られた「リベラル市民主義ブーム」が勢いよく花開くことになった。なお、のちのネット右派運動のなかで、リベラル市民主義に固有のユートピア思想を皮肉ったものとして「お花畑」という語がよく用いられるようになるが、そうした発想も当時のこうした現象に即して生み出されたものだったと見られる。

5　小林よしのりによる市民運動批判

そうしたなか、かつての市民主義思想のなかから市民主義への自己批判という問題意識が生まれてきたのと同様に、一九九〇年代半ばの日本でもリベラル市民主義の盛り上がりという動きを受け、それに対する反応の一つとして、やはり市民運動の領域から同様の問題意識が芽生えてくる。その一つのきっかけを作ったのはマンガ家の小林よしのりだった。その経緯を見ていこう。

小林はマンガ「新・ゴーマニズム宣言」の連載を『SAPIO』九五年九月二十七日号から開始した。九二年一月から雑誌『SPA!』（扶桑社）に連載され、とりわけ若い世代の読者層の圧倒的な支持を集めながら一種の社会現象にまでなったマンガ「ゴーマニズム宣言」を引き継いだものだった。

そこで小林は当初、特に薬害エイズ問題に関する議論を繰り広げていく。それは小林が長きにわたって取り組んできた問題だった。しかも小林はそこで当事者グループのなかに入り込み、自らが旗振り役となって問題への理解と支援を呼びかけることにより、運動を盛り立てるための役回りを積極的に演じてきたという経緯がある。

そのそものきっかけとなったのは、輸入血液製剤からHIVに感染した血友病患者の裁判を九二年九月に小林が傍聴したことだった。その後、「HIV訴訟を支える会」の代表に九四年十二月に就任した小林は、次第にこの問題に深くコミットしていくことになる。厚生省をターゲットとするデモやパレードを若者とともに企画しては、その様子を面白おかしく描き伝えながら人々の関心を掻き立て、運動を盛り立てていった。[21]

その結果、九六年三月には国と製薬会社がついに非を認め、和解が成立するに至る。その際、これら一連の動きを厚生大臣として側面から支援していたのがかつての市民運動の闘士、菅直人だったこともあり、この件はリベラル市民主義の盛り上がりという当時の動きを象徴するものとなった。そのときの様子を小林は、『SAPIO』九六年三月十三日号に掲載された章「国家に勝った日」で感動的に描き上げている。

ところがその後、小林は態度を急転回させ、市民運動の内部の論理に厳しい批判の目を向けるようになる。「国家に勝った日」からわずか一カ月あまりののちの四月二十四日号に掲載された章「運動の功罪――日常へ復帰せよ！」では、運動のなかでなおも正義を振りかざし続ける「大人たち」が厳しく断罪されることになる。「あなた方は若者を非日常の檻に閉じ込めて準赤軍派／準オウム信者にしようとしている！」としたうえで、そこに取り込まれてしまっている若者に向けて小林は「日常へ復帰しろ！」と呼びかけた。
小林のこうした問題提起は大きな反響を呼び、連載の章番号から「十四章問題」と呼ばれるようになる。『SAPIO』編集部には熱心な読者からおびただしい数の手紙が寄せられ、共感や賛意が示されるとともに、一部の市民団体からは抗議の文書が届けられた。[22]
さらに当時普及し始めたばかりのインターネットのなかにも論争は波及していく。八月には読者の一人により、「新・ゴーマニズム宣言（十四章問題）その行方を探る！」というサイトが立ち上げられた。そこでは読者からの手紙に代わってメールが公開され、情報交換や意見交換が活発に繰り広げられていく。[23]なお、このサイトは小林の「信者」のコミュニティが雑誌そのものから独立して自分たちだけで作り上げた最初の場、その最初の「独立国」だった。その後、九〇年代後半に成立することになるネット右派論壇の起点の一つとなったものだ。
そうした動きのなか、「今まで運動の社会的影響を考えて表層の部分のみを描いてきた（略）ことに対して責任を取らねばならん」という思いから、小林は長篇の書き下ろし企画の執筆に取りかかる。[24]そして『新・ゴーマニズム宣言スペシャル 脱正義論』（幻冬舎）という書籍を九月に出版した。
この本のなかで小林は、「日本では本来、どこまでいっても生活に追われる庶民のはずが「政治のことを考え始めた」だけでニセの市民と化して、しょせん薄っぺらい政治的発言をし始める」と論じ、そうした人々を「市民主義者」「市民モドキ」「市民ごっこ隊」などと呼んでいる。自らの側に「「絶対の正義」があると信じてやまない」という彼らに向けて小林は次のように呼びかけた。
「自分のやましさにもしっかり目を向けろ。（略）そして自分をきっちり疑え。／信じ込んでいる自分の「正義」から抜け出せ。／今が「脱正義」の時だ！」[25]
この呼びかけは当時のリベラル市民主義ブームのなかで、まさにその旗振り役となってその動きを強く推し進めてきた当の小林自身により、市民主義への自己批判としてなされたものだったと見ることができるだろう。そこで「正義」として、より正確にいえば行きすぎた「正義」として批判されていたものの内実とは、「市民」を自任する者のなかにしばしば見られる啓蒙主義的な規範意識と、選良としての特権意識、そしてそれらのうえで繰り広げられる硬直したユートピア論の空疎さという特質だったと言い換えられるだろう。それらはかつての日本型市民社会論が持っていた特質と重なるものであり、さらに市民という概念のなかに日高が指摘した矛盾や問題点に通じるものでもあった。

また、「どこまでいっても生活に追われる庶民のはず」という小林の指摘は、「職業と生活との分離」という「区分の論理」とは無縁のところで「ごちゃまぜの論理」を生きてきた常民のあり方のなかにこそ、むしろ普通の人々の生のリアリティがあるのではないかという、日高のかつての指摘にやはり通じるものだった。ここで小林は「市民」と対比させて「庶民」という語を用いているが、それは日高の「常民」に当たるものとして位置付けられるだろう。「ニセの市民と化して、しょせん薄っぺらい政治的発言をし始める」というその指摘は、そうした庶民的・常民的なリアリティを踏まえることなく、「市民」というある種の「フィクション」を絶対視しようとする人々に向けて投げかけられたものだったのではないだろうか。

6　市民主義批判から戦後民主主義批判へ

小林のこうした呼びかけはその信者のコミュニティに熱狂的に受け入れられていく。その結果、そこから「反リベラル市民」というアジェンダが形作られていった。ただし当初、それはあくまでも市民運動の現場という固有の状況に結び付いたものだったことにまず注意しておく必要があるだろう。

しかしその後、それはより広範な問題意識に結び付いたものへとその含意を押し広げていくことになる。とりわけ「反サヨク」という言い方がそこに付け加えられることにより、市民運動の現場という固有の状況を超え、戦後民主主義というより大きな枠組みそのものが問題化されるようになる。

ここで少し先回りして状況を見ておこう。小林の次の書き下ろし企画として一九九八年七月に出版された書籍『新・ゴーマニズム宣言SPECIAL 戦争論』（幻冬舎）ではその冒頭で、現代の日本社会を覆い尽くしている「空気」への違和感が表明されている。そこでその担い手として批判の俎上に載せられることになったのは、少数の「残存左翼」と多数の「うす甘いサヨクの市民グループ」という二つの存在だった。

そこで「左翼」とは「マルクス主義の影響のある者」、一方で「サヨク」とは「無意識に「人権」などの価値に引きずられ反権力・反国家・市民主義になる者」を指すとされていた。つまり「古い社会主義」としてのマルクス主義と、「新しい社会主義」としてのリベラル市民主義ということだろう。さらに「サヨク」の周りには大多数の「うす甘い戦後民主主義の国民」がいるとされていた。つまりリベラル市民主義の背後には、その支えとなっているものとして戦後民主主義というより大きな枠組みがあるということだろう。その結果、「要するに戦後民主主義は「サヨク」なのだ！」として、リベラル市民主義と一体とされながら、戦後民主主義というより大きな枠組みそのものが問題化されることになる。(26)

このようにとりわけ『戦争論』以降、小林はその批判のターゲットをリベラル市民主義からより大きな枠組みとしての戦後民主主義へと移し替えていく。それに伴って反リベラル市民というアジェンダは、戦後民主主義批判というより広範なアジェンダへと押し広げられていくことになる。その過程には歴史修正主義というもう一つのアジェンダとの接合、そしてバックラッシュ保守というもう一つのクラスタとの交流という事情があった。その経緯については第３章で取り上げることにしよう。

ただしその際、そこで変化していったのは批判のターゲットとなるものだけではなかった。それらに対する思想的なスタンスも微妙に変化していくことになる。

反リベラル市民というアジェンダは元来、少なくとも九〇年代半ばまでの時点では、あくまでも市民主義への自己批判という問題意識から発したものだったことにあらためて注意しておく必要があるだろう。つまりそれは必ずしもリベラル市民主義の全否定を意図したものだったわけではなく、その部分否定と方向修正、たとえば庶民的・常民的なリアリティに根差したその新たな提案というかたちにもなりえたものだった。

たとえば『脱正義論』では、「市民主義者」が「市民モドキ」「市民ごっこ隊」などとして批判されていた。つまりそこでは「ニセの市民」が否定されていたわけだが、そのことは裏を返せば、「本物の市民」が肯定されていたことを意味するものだろう。よりまっとうな市民によるよりまっとうな市民主義が成り立ちうるという可能態が想定され、しかし現実にはそうなっていないことに対して批判の目が向けられていたわけだ。このように少なくとも『脱正義論』の時点では小林のなかで、リベラル市民主義という理念そのものへの信頼はまだしっかりと成り立っていたと見られる。あくまでも市民主義への自己批判として、むしろそれをよりまっとうなものへと作り上げていくための逆説的な提案として提起されたのが、反リベラル市民というアジェンダだったと見ることができるだろう。

しかしその後、そうしたスタンスは覆され、それに伴ってこのアジェンダの内実が変質していくことになる。元来は市民主義への自己批判という問題意識から発したものだったそれは、リベラル市民主義の全否定を意味するものへと一気に転換していく。その結果、さらにリベラル市民主義と一体とされながら、戦後民主主義というより大きな枠組みそのものもいとも簡単に否定されてしまうことになる。

先に見たように市民主義という理念は、戦後民主主義というもう一つの理念を実体化していくための契機として提起されたものだったと捉えられる。その際、この理念を鍛え上げていくための重要なプロセスの一つとしてあったのが、市民主義への自己批判という問題意識だった。したがってそれは戦後民主主義という理念にあくまでも資するもの、その実体化のために不可欠なものだったと位置付けることができるだろう。

のちに戦後民主主義そのものの全否定へと突き進んでいくことになる小林の議論も、元来は市民主義への自己批判という問題意識から発したものだったことからすれば、少なくとも当初の時点では、実は戦後民主主義という理念にむしろ資するもの、その実体化にむしろ貢献しようとするものだったのではないだろうか。少なくともそうした一面を多少なりとも持つものだったと考えられる。だからこそそこでは、なおも「市民」が「フィクション」であり続け、それゆえに戦後民主主義が「虚妄」であり続けることに対して激しい苛立ちがぶつけられることになったのではないだろうか。

7　リベラル市民主義の擁護者としての『朝日新聞』

ここで「サヨク」という語の由来に触れておこう。この語が最初に意識的に用いられたのは小説家の島田雅彦による一九八三年の小説「優しいサヨクのための嬉遊曲」（『海燕』八三年六月号、ベネッセコーポレーション）でのことだ。しかしそこで島田が用いた「サヨク」と九〇年代に小林が用いた「サヨク」とは必ずしも同じものではない。島田の「サヨク」はむしろ小林の「残存左翼」に当たるもの、マルクス主義のかすかな残り香のようなものだった[27]。そのためそれはもはや右派側から批判のターゲットとされることもなく、左派側からはむしろ郷愁の対象とされる始末だった。それが九〇年代になってあらためて批判の俎上に載せられるようになったのは、そこに新たな概念が入り込んできたためだろう。それがリベラル市民主義だったと位置付けられる。

このように八〇年代の「サヨク」を経てそれ以前の「左翼」はそれ以後の「サヨク」へと移り変わっていく。それに伴って右派側からそれらを叩こうとする運動のあり方も様変わりしていった。

旧来の左翼、すなわちマルクス主義を叩こうとする運動、つまり反共運動の場合にはその具体的なターゲットとなるものとして、たとえば日教組（日本教職員組合）をはじめとするいくつかの労働組合や、共産党や社会党などの主要政党、さらにソ連や中国などの大国の存在があった。冷戦体制の枠組みのなかでその「天敵」が明確に定められており、叩きがいがある敵がいわば安定供給される体制が整っていたため、批判運動を繰り広げるにしてもやりやすく、その結果、反共運動は一つのまとまった動きとして存立することが可能だった。

一方でその後のサヨク、すなわちリベラル市民主義を叩こうとする運動、つまり「反リベラル運動」の場合にはそうした天敵がなかなか見つからない。冷戦体制の枠組みがもはや存在しないなか、定番感のあるメジャーな敵を設定することが難しくなり、個々の市民運動の現場や、人権派の弁護士、リベラル派のジャーナリストなどを個別にターゲットとしていかざるをえなくなる。そうした批判運動はどうしても散発的なものにならざるをえず、その結果、反リベラル運動がまとまった動きとなることはなかなかなかった。

そうしたなか、反リベラル運動にとって叩きがいがある敵、それも定番感のあるメジャーな敵としての役回りを一手に引き受けてきた存在がある。『朝日新聞』だ。

元来、『朝日新聞』は反共運動にとっての天敵の一つだった。その一つのきっかけとなったのは八二年六月に起きたいわゆる教科書誤報事件だろう。教科書検定の際、実教出版の世界史教科書で「侵略」という表現が「進出」に書き換えさせられたという誤報に基づく事件だ。そう報じたのは『朝日新聞』だけではなかったにもかかわらず、それを機に既成保守論壇では「反朝日」のキャンペーンがにわかに盛り上がっていく。それ以降、「朝日新聞叩き」というモチーフは『諸君！』『正論』のいわば基本編集方針の一部となる。『諸君！』八三年四月号には「朝日新聞は日本のプラウダか？」という記事が掲載され、『朝日新聞』をソ連共産党の機関紙になぞらえて攻撃するような論調まで登場するに至る。(28)

しかし冷戦体制が終結を迎えると、そうした図式も通用しなくなってくる。代わって立ち現れてきたのはリベラル市民主義の擁護者としての『朝日新聞』という新たな図式だった。かねてより戦後民主主義の擁護者として振る舞い、中道左派系のスタンスに立ってきたその論調がリベラル市民主義のイデオロギーと相同するものだったことに加えて、市民主義そのものに内在している矛盾や問題点がそこに色濃く含み持たれていると考えられたためだろう。すなわち啓蒙主義的な規範意識と、選良としての特権意識、そしてそれらのうえで繰り広げられる硬直したユートピア論の空疎さという特質だ。

つまりクオリティーペーパーとしての「天下の朝日」のなかにときに見られるとされる尊大なエリート意識、その「上から目線」の態度が、「市民」を自任する者のなかにしばしば見られる態度と重なり合うもの、もしくはそれを代表するものとして捉えられたのではないだろうか。排他的な特権意識と公共的な規範意識とがともに高いレベルでそのなかに同居しているという点で、それは市民という概念を、そして市民主義という理念を代表するものと見なされることになる。その結果、リベラル市民主義という漠然とした対象を叩くためのシンボリックな存在として、それは格好のターゲットとなるに至る。

その際、その一つのきっかけとなったのは従軍慰安婦問題だった。八二年九月に初めて吉田証言を紹介して以来、この問題に関連し、『朝日新聞』がいくつかの「勇み足」を犯してきたことは先に見たとおりだ。しかもこの問題には、リベラル派対保守派の代理戦争の場となってきたというもう一つの側面があった。そこでリベラル派は韓国側の反日というアジェンダと連帯することにより、日本の戦争責任を断罪して戦後民主主義を再信任するとともに、リベラル市民主義やジェンダーフリー運動を推し進めていこうとする。その急先鋒と見なされることになったのが『朝日新聞』だった。そのためこの問題をめぐる激しい論争を機に、リベラル市民主義の擁護者としての『朝日新聞』という図式が明確に打ち出されるようになる。

それに対する反撃の一つの拠点となったのがやはり『ＳＡＰＩＯ』だった。そこで反朝日のキャンペーンの急先鋒を担ったのは井沢元彦だった。九三年四月二十二日号から九五年四月二十七日号まで四十回にわたって連載された「虚報の構造」、九七年四月二十三日号から二〇〇〇年五月十日号まで五十六回にわたって連載された

「逆説のニッポン歴史観」などのなかで井沢は、そのときどきの報道を検証しながらひときわ激しい調子で反朝日の論陣を張り続けた。

なお、そうしたことから「朝日新聞批判は井沢元彦氏に任せておけばいいと思っていた」という小林もその後、井沢との対談による書籍『朝日新聞の正義』（小学館）を九七年十二月に出版したことをきっかけに、一気に反朝日の論戦に参戦していく。(29) この本では「善意の市民」の代表として「善人ぶりっこ」に興じながら「絶対の正義」を振りかざしているという「エリート揃い」の『朝日新聞』の「尊大さ」が、二人の論者によって徹底的に糾弾されていた。

こうして『朝日新聞』は、反共運動の天敵というかつての役柄を引き継ぐかたちで、今度は反リベラル運動の天敵という役回りを引き受けさせられることになる。なお、この点については第6章であらためて取り上げることにしよう。

8　大月隆寛による市民主義批判

この時期、小林に帯同しつつ、反リベラル市民というアジェンダの形成に大きな影響を与えることになったもう一人の論者がいる。民俗学者の大月隆寛だ。

生活クラブグループの機関誌『社会運動』（市民セクター政策機構）に一九九五年四月十五日号から九七年三月十五日号まで二十四回にわたって連載され、その後九八年三月に『大月隆寛の大問答！』（時事通信社）という書籍にまとめられることになる一連の対談のなかで大月は、「市民サマ」への違和感をあからさまに表明している。小林の「十四章問題」に先立ち、市民運動組織との対話というかたちでおこなわれたこの対談は、市民主義への自己批判という問題意識を明確に打ち出したものとして、このアジェンダをめぐる当時の議論の嚆矢となったものだった。

大月によれば「市民サマ」とは「今のニッポンに根を張る民間信仰みたいなもの」だという。彼らは「「人権」だの「自由」だの「地球環境」だのといきなり大文字のもの言いを口走り出す」。さらに「「女性」だの「外国人」だの「子ども」だのという「弱者」をやたらと持ち上げ出し」、「ただひとつの「正しさ」を求めたがる」。その一方で「身の丈の言葉をないがしろにして、日々の営み、身のまわりの風通しをみるみる悪くする」。「そういう手合いのことであると同時に、そういう手合いを支えているもの言いや身振りのモードのことでもある」という「市民サマ」に、「嫌味を言い、難癖をつけ」、その「信仰のありように自ら気づかせてゆく」ことこそが、「本来の意味での「市民」（略）を作ってゆく確かな道なのだ」と大月は論じた。[30]

ここには小林が「市民主義者」のなかに見いだしたものと同様の特質がよりあからさまに描き出されていると言えるだろう。それはやはり啓蒙主義的な規範意識と、選良としての特権意識、そしてそれらのうえで繰り広げられる硬直したユートピア論の空疎さという特質だったと言い換えられるだろう。

一方でやはり小林の場合と同様に、大月のなかでも少なくともこの時点では、リベラル市民主義という理念そのものへの信頼はまだしっかりと成り立っていたと見られる。そこでは「市民サマ」が否定されていた一方で、「本来の意味での「市民」」が肯定され、それを「作ってゆく確かな道」が模索されていたからだ。つまりそこで否定されていたのはリベラル市民主義という理念そのものではなく、「市民」を自任する者のなかにしばしば見られる特質、「そういう手合いを支えているもの言いや身振りのモード」だった。したがって大月の議論もやはり元来は、あくまでも市民主義への自己批判として、むしろそれをよりまっとうなものへと作り上げていくための逆説的な提案として提起されたものだったと見ることができるだろう。それが市民運動組織の機関誌のなかで展開されたものだったという点からも、そうした性格をうかがい知れるだろう。

このように当時の大月の問題意識のなかには、小林のそれと重なり合うところが多分に見られた。一方で大月はそれを表明するだけにとどまらず、その淵源にあるものを探ろうとしてさらに議論を進めていく。

その後、二〇〇〇年二月に出版された書籍『あたしの民主主義』（毎日新聞社）のなかで大月は、「市民サマ」への違和感を、「ただ大文字の言葉と空虚なもの言いだけが濃密なメディア環境を介して大量に頭上からふりそそいでくるだけで、日常の生活感覚や等身大の体験が信頼できる言葉と遊離させられているという国民的規模でのフラストレーション」と言い換えている。そしてその背後にあるものとして、「サブカルチュアとメインカルチュアの間の深刻な亀裂」という状況を指摘している。

大月によれば「八〇年代以降（略）日常のすみずみにまで浸透していったサブカルチュアの現実」のなかで、「サブカルチュアの懐で主体化した意識」が特に「若者や女性」の間に芽生えていったという。その結果、従来の「大文字の言葉やもの言いそのものに対する違和感」が彼らの間に顕在化してくる。その際、「学校的な優等生の場所」に「最も繁殖しやすい」というそうしたもの言いのなかでも代表的なものが、「社会のことを考える時の枠組みが左右対立の図式に規定され、とりわけそのなかでもいわゆる「左翼」系のもの言いが無条件で善とされてきた」という構図だった。そうしたなか、「何かものを考えようとうっかり思ってしまうようなタチの人間の間に」広まっていったのが「「左翼」批判」の言説だったという。(31)

大月のこうした議論は、反リベラル市民というアジェンダの淵源をサブカルチャーの成熟という状況に求めようとするところに一つの特徴を持つものだったと言えるだろう。つまり八〇年代以降、オタク文化や少女文化をはじめとするサブカルチャーの成熟という状況のなかで、そこから立ち現れてきたその濃密な世界を生きる若い世代を中心に、人々の意識に変容が生じた。それまでの言説の秩序からにわかにリアリティが剝げ落ちていき、教師や知識人などの「ご高説」がリアルなものとして存立することが難しくなってくる。にもかかわらず学校やジャーナリズムなどの場では従来の図式が有無を言わさず押し付けられる。しかも九〇年代になると、リベラル市民主義の盛り上がりという動きのなかでそうした図式が一層強調されるようになる。そうした状況への反発が「市民サマ」への違和感として、さらに「「左翼」批判」の言説として表明されることになったというものだ。

なお、こうした見方は大月ばかりでなく、大月とともに小林のマンガの理論的な支え手となっていた評論家、浅羽通明などの議論のなかにも見られたものだった。[32] 九〇年代のサブカルチャー論壇に通底する一つのスタンスだったと言えるだろう。

9　サブカル保守クラスタの形成

ここでこのアジェンダの形成に寄与したと見られる三人の論者、小林、大月、井沢の元来の活動をあらためて振り返ってみよう。小林のマンガ「ゴーマニズム宣言」は元来、「愚民」の率直なリアリズムに即して現代社会のさまざまな建て前に疑義を突き付け、その硬直した体制を突き破ることを目指してきたものだった。また、民俗学者としての大月は元来、「学者ごっこ」の場と化しているという現代の民俗学を批判し、都市風俗などの渉猟を通じて現代人の習俗をリアルに捉えようとしてきた人物だった。さらに歴史小説家としての井沢も元来、史料至上主義に陥っているという現代の歴史学に反発し、「怨霊史観」などに基づいて古代以来の日本人の世界観にリアルに迫ろうとしてきた人物だった。[33]

こうして見ると彼らの元来の活動のなかには、分野を超えて共通する独特の姿勢が見られることがわかるだろう。まず彼らはいずれもある種の反権威主義的な性格、それも強烈な「反権威主義的パーソナリティ」の持ち主だった。文壇や論壇、あるいは民俗学や歴史学のアカデミズムに真っ向から盾突き、アウトサイダーとしての立場からときに「トンデモ系」とも取られかねない「突っ込み」を入れながら、その権威を突き崩すべく悪戦苦闘を繰り返してきた。

その際、彼らにとっての具体的な権威とはまず文壇や論壇、あるいは民俗学や歴史学のアカデミズムなど、個別の言論の場として存在するものだった。一方でそれらの場に通底し、より一般的なかたちで偏在するものとしての言説の秩序に彼らは共通に行き当たることになる。「社会のことを考える時の枠組みが左右対立の図式に規定され、とりわけその中でもいわゆる「左翼」系のもの言いが無条件で善とされてきた」という構図がそれだろう。つまりリベラル派の言説という権威による暗黙の支配という状況だ。そうした状況を浮かび上がらせ、彼らの前に突き付けてみせたのがリベラル市民主義の盛り上がりという動きだった。

その結果、彼らはリベラル市民主義に向けて宣戦布告し、緩やかに共同戦線を張りながら、市民という概念そのものに疑義を突き付けていくことになる。その際、そこで強く打ち出されることになったのは庶民的・常民的な生のリアリティという観点だった。つまり学校やジャーナリズムなどの場で教師や知識人など、リベラル派の文化エリートから教示されるばかりの「ご高説」に対して、「愚民」の率直なリアリズムという、そして現代人の、さらに古代以来の日本人の生活感覚のリアリティという観点を対置させることにより、リベラル派の言説の空疎さや尊大さをあぶり出すことを彼らは目指した。いいかえれば「市民的人間」に「常民的人間」を対置させることにより、その権威を突き崩すことを彼らはもくろんだ。

ただしそこで「常民」という語が実際に用いられていたわけではもちろんない。それどころか大月はこの時期、この語がある種の権威と化してしまっている民俗学の現状を批判する議論を展開している。[34] つまり「常民」も「市民」と同様に、概念そのものとして語るばかりではやはり「フィクション」にすぎないということだろう。では何をもって彼らはそうした観点を押し通そうとしたのだろうか。

その際、そこで特に強く打ち出されることになったのはサブカルチャーの成熟という観点だった。つまり「大文字の言葉と空虚なもの言い」に終始するばかりのメインカルチャーに対して、「日常の生活感覚や等身大の体験」を担保するものとしてのサブカルチャーの成熟、そしてそこから立ち現れてきたその濃密な世界という観点を対置させることにより、リベラル派の言説のよそよそしさやわざとらしさをあぶり出すことを彼らは目指した。マンガ、都市風俗、歴史小説などのサブカルチャーのなかに生き、その濃密な空気を糧としながらそれぞれの活動を繰り広げてきた彼らならではのスタンスだったと言えるだろう。

このように彼らの立場は強烈な反権威主義の精神に基づき、庶民的・常民的な生のリアリティという観点を、とりわけサブカルチャーの濃密な世界によって担保されるものとして強く打ち出すことにより、リベラル派の言説という権威の支配に対抗しようとするものだった。そのための戦略として、それに対立するものとしての保守派の言説が採用されることになる。

彼らのこうした考え方は小林の信者のコミュニティを中心に、当時の若い世代に熱狂的に受け入れられていく。普及し始めたばかりのインターネットのなかでは「新・ゴーマニズム宣言（十四章問題）その行方を探る！」での議論を一つのきっかけに、「日本ちゃちゃちゃ倶楽部（日本茶掲示板）」という大規模な掲示板サイトが一九九七年三月ごろに立ち上げられた。大学生を中心とする若者によって運営され、日夜熱心な議論が繰り広げられていたこのサイトでは、この新しい思想がより確かなものとして練り上げられ、押し広められていくことになる。(35)ネット右派論壇の中心となっていったこの「独立国」を一つの拠点に、こうした思潮を共通の信条として緩やかに形作られていった層を「サブカル保守クラスタ」と呼ぶことにしよう。なお、その経緯については第４章で取り上げることにしよう。

元来、保守派の思想はある種の権威主義的な性格、いわゆる「権威主義的パーソナリティ」によって支えられ、伝統的・正統的なメインカルチャーを志向するものとして捉えられてきた。しかしサブカル保守クラスタの思想は逆に強烈な反権威主義の精神に基づき、先取的・異端的なサブカルチャーを強く志向するものだった。従来の保守派とは正反対の志向性に基づくそのスタンスは、むしろかつての左派、それも六〇年代末の学生運動などの際のラディカルな左派のそれに近いものだったと見ることもできるだろう[36]。

つまり六〇年代から九〇年代にかけての間に特に日本では、「権威」の一つのありかが右側から左側へとその位置をずらしていき、それに伴って「反権威」のありかも逆に左側から右側へとその位置をずらしていったと見られる。六〇年代的な反権威主義の一つのシンボルだった左派的な言説はその後、教師や知識人など、リベラル派の文化エリートの「ご高説」として位置付けられるようになり、九〇年代になると逆に一つの権威となってしまう。そうしたなか、当時の若い世代がそれに反発するなかから形作られていったのが反リベラル市民というアジェンダであり、その担い手としてのサブカル保守クラスタだったと捉えることができるだろう。

そうしたことからすると彼らの運動は、実はむしろ保守派の言説を借りた革新派の運動、もしくは反体制派の運動だったと位置付けることもできるだろう。だからこそそこには、とりわけ若い世代から熱狂的な支持が寄せられることになったのではないだろうか。

なお、彼らの運動はさらにその後、日本茶掲示板を中心とするネット右派論壇から、九九年五月に立ち上げられたより大規模な掲示板サイト「2ちゃんねる」に流れ込み、そこでより大きく花開くことになる。その経緯については第6章で取り上げることにしよう。

10 「市民」対「庶民」の階級対立

反リベラル市民というアジェンダの形成にあたり、先に見たように小林は「市民」と対比させて「庶民」という語を用いた。ここでこのアジェンダの背景について別の観点から考えてみよう。「市民」対「庶民」の対立、それもある種の階級対立という観点からだ。

当時、リベラル市民主義の盛り上がりという動きのなかで「市民」対「庶民」の対立という論点が論議を呼んだことがしばしばあった。たとえば一九九七年一月八・九日付の『朝日新聞』には、政治家の鳩山由紀夫と中曾根康弘による対談が掲載されている。そこでは「市民」を代表する側の鳩山が「市民こそ政治の主役」と論じる一方で、「庶民」を代表する側の中曾根が「市民には責任も本籍もない」などと応じていた。その際、鳩山は「宇宙船地球号」という未来的なイメージとともに「市民」を語り、一方で中曾根は「大工さんや魚屋さん」というどこか古臭いイメージで「庶民」を語っていた(37)。

両者の語り口に典型的に示されているように、当時のこうした議論では「市民」が新しいもの、「庶民」が古いものとして位置付けられるのが常だった。丸山眞男はかつて「官僚と庶民だけで構成されている社会、市民のいない社会、それが日本だ」と記したが、そうして連綿と生き続けてきた古い「庶民」に代わり、平成の時代になってようやく新しい「市民」が生まれ出てきたと考えるのが、当時の市民主義的な思考の一つのパターンだった(38)。そうした流れを階級闘争的な見方で捉えてみると、そこでは古い「庶民階級」が新しい「市民階級」によって乗り越えられるということになる。

しかしこの時期、実際には「庶民階級」のほうも新しい時代のなかでバージョンアップされ、新たなものとして生まれ変わっていたのではないだろうか。当時の若い世代を中心とするサブカル保守クラスタのなかで思い描かれていたのは、もはや「大工さんや魚屋さん」などの姿ではなく、「市民」と同様にやはり平成の時代になって生まれ出てきた新しい「庶民」、新たな「庶民階級」の姿だったのではないだろうか。

九〇年代半ば以降、バブル経済の崩壊に続いて景気の低迷が長期化し、新自由主義的な施策が次々と打ち出されていくなか、日本の労働市場は急激な環境変化に見舞われることになる。高度経済成長期を通じて成長してきた中産階級は一気に痩せ細っていき、代わって派遣社員や契約社員などの非正規労働者を中心とする新たな「下層階級」が姿を現してきた。

大学生を中心とする若者によって日本茶掲示板が運営されていたことに示されているように、当時のサブカル保守クラスタではその多くが一定程度の学歴を持っていたと見られることから、彼ら自身がそうした層の直接の構成員となっていたわけでは必ずしもないだろう。しかし不安定な環境のなか、彼ら自身もそうした立場にいつ転落してしまうかわからないという不安に常に付きまとわれていたのではないだろうか。実際、のちの2ちゃんねるでは「IT土方」「ブラック企業」など、若い労働者の苦境を表すさまざまな語が発明され、不条理な労苦に伴う愚痴や恨み言が盛んに交わされていくことになる。そうした状況に即して形作られていったのが新たな「庶民階級」のイメージだったと言えるだろう。

一方で当時、「市民階級」としてイメージされていたのは、やはりのちの2ちゃんねるで「プロ市民」として取り上げられることになるような人々、とりわけ一部の専業主婦や年金生活者など、比較的安定した境遇のシニア世代の有閑層だったと見られる。実際、山野車輪の著書『マンガ嫌韓流』(晋遊舎、二〇〇五年七月)に登場することになる市民団体のメンバーは、四人のうち三人が中高年女性、一人が中高年男性であり、いずれも上品で裕福そうな人々だった。[39] そうした人々は高度経済成長期以降、中産階級として蓄積してきた地位と資産に守られながら、リストラや構造改革などに伴うインパクトを直接受けることもまだそれほどなく、九〇年代半ば以降の激変期を比較的安定した状態でやり過ごすことができたと見られる。

そうした状況のなか、本来であればサヨクとしてのリベラル市民主義は、その「前任者」だった左翼としてのマルクス主義がかつての労働者階級と連帯し、かつての資本家階級に対抗したように、新たな「下層階級」や「庶民階級」と連帯し、新たな闘争を繰り広げることもできたのかもしれない。しかしそうしたスタンスが示されることはあまりなかった。マルクス主義の「後任者」となったリベラル市民主義の立場からすれば、一つにはそうした階級闘争的なアプローチそのものがどこか古臭く感じられたのかもしれないし、また、一方で労働市場の環境変化という新しい問題があまりヴィヴィッドに感じられなかったのかもしれない。その結果、そこでは高度経済成長期に形作られ、戦後民主主義の理念のもとで育まれてきたいくつかのアジェンダがあくまでも追い求められることになる。

それらのアジェンダそのものが不適切なものだったわけではもちろんない。しかし新たな「庶民階級」の立場からすれば、彼ら自身が日々いや応なく直面させられている経済的なリアリティに向き合うことなく、そしてその厳しさに目を向けることなく、相変わらずの「お花畑」のなかである種の政治性をあくまでも追い求め、その正しさにばかりこだわろうとしている人々のスタンスがどうにも気に入らなかったのではないだろうか。

その結果、「市民階級」は新たな「庶民階級」と連帯するどころかむしろ彼らから敵視され、「特権階級」「有閑階級」などとして厳しく糾弾されるようになる。かつてはマルクス主義の立場から、その敵としての資本家階級が同様に糾弾されていたわけだが、その後任者となったリベラル市民主義の立場が、今度は皮肉にもそうした存在として位置付けられてしまったわけだ。かつての状況と比べると、そこでは階級対立の枠組みと左右対立の枠組みとがよじれて接続されることになったと言えるだろう。

なお、こうした対立をある種の世代間対立として捉えることもできるだろう。いわゆる団塊世代と団塊ジュニア世代との対立を筆頭とするものだ。どこまでも政治的な理想主義を追い求めようとする団塊世代に対して、バブル経済の崩壊や就職氷河期をその若年期に体験し、経済的な現実主義にいや応なく直面させられることになった団塊ジュニア世代が激しく反抗する。その結果、彼らはその親世代の「宗教」としての左派的な言説を激しく否定することになったのではないだろうか。

ここであらためて考えてみよう。かつて言われた「市民主義の成立」の条件としての「職業と生活との分離」という「区分の論理」とは、要は職業と生活とを切り離すことができる余裕という意味で、自由で豊かな暮らしの一つの指標となるものだったのではないだろうか。だとすれば市民主義とは元来、高度経済成長期を通じて日本社会がかつての農村共同体から都市社会へとその姿を変えていくなかで、人々が封建的な息苦しさや前近代的な貧しさから脱し、自由で豊かな暮らしを手に入れたことを実感するための一つの枠組みだったと見ることもできるだろう。

ところが九〇年代半ば以降、新たな「下層階級」や「庶民階級」の出現とともに、職業と生活とを切り離す余裕などない人々が大量に発生する。その結果、反リベラル市民というアジェンダが形作られていった。「日本では本来、どこまでいっても生活に追われる庶民のはずが「政治のことを考え始めた」だけでニセの市民と化して、しょせん薄っぺらい政治的発言をし始める」と小林が論じたとき、とりわけ若い世代から熱狂的な支持が寄せられることになったのは、そうした背景によるものだったと考えられる。なお、この点については第6章であらためて取り上げることにしよう。

11 サブカル保守クラスタとオタク文化との親和性

一九六〇年代末の学生運動などで志向されていたいわゆるカウンターカルチャーは、総じていえば産業主義や管理主義などへのアンチテーゼとして提示されたものだった。それゆえにそこでは脱産業主義的・反管理主義的な生の様式を提示するものとして、ヒッピー文化やコミューン思想などが強く称揚されることになる。[40] では九〇年代半ば以降のサブカル保守クラスタの運動で強く志向されていたサブカルチャーは、具体的にどのようなロジックでそこに結び付くことになったのだろうか。以下、サブカル保守クラスタの思想とサブカルチャーとの関係についてより具体的に考えてみよう。

八〇年代以降に開花したさまざまな種類のサブカルチャーのなかでも、のちのネット右派運動のなかに積極的に取り入れられていったのはとりわけオタク系のそれだった。ある種のマンガやアニメなどの表現とネット右派運動との結び付きが強いこと、もしくは両者の「相性がよい」ことは、のちのさまざまな事例からも見て取ることができるだろう。たとえば九〇年代の小林に続き、二〇〇〇年代の山野車輪、一〇年代のはすみとしこや富田安紀子など、この運動の「エバンジェリスト」となった者の多くはマンガ家だった[41]。また、ゼロ年代のビジネス保守クラスタの運動のなかでは日本青年会議所（ＪＣ）により、啓蒙のために何本かの本格的なアニメ作品が制作されている。さらに一〇年代のオピニオン誌『ＪＡＰＡＮＩＳＭ』（青林堂）では創刊からしばらくの間、美少女アニメ風のイラストが表紙に用いられていた。このようにこの運動の普及のためにマンガやアニメなどの表現が盛んに用いられてきたのは、その支持者層、もしくは潜在的な支持者層とオタク文化との間に高い親和性があると考えられてきたためだろう。その層とはつまりサブカル保守クラスタのことだ。

では両者の間にはなぜ高い親和性があったのだろうか。そこには具体的にどのようなロジックがはたらいていたのだろうか。その点について考えるためにはサブカル保守クラスタの思想、すなわち反リベラル市民というアジェンダの背景にあったいくつかの事情についてあらためて考えてみる必要がある。

先に見たように市民主義という理念の背景には、より大きな枠組みとしての戦後民主主義という理念があった。六〇年代前半からよく用いられるようになったこの概念は、ごく大まかにいえば先の戦争を全否定するところから出発したものだった。そのためには戦争を絶対悪として捉え、それを賛美したり擁護したりする議論を駆逐していく必要がある。その結果、軍国主義や超国家主義に関わる議論が入念に検証され、論駁されていくことになる。

ところがその一方で当時のサブカルチャーのなかには、戦争への関心を熱く掻き立てるようないくつかの領域が堂々と存在していた。その一つが戦記マンガというジャンルだろう。貝塚ひろしの『ゼロ戦レッド』（『冒険王』六一年七月号―六六年四月号、秋田書店）、辻なおきの『0戦太郎』（『少年画報』六一年九月号―六四年八月号、少年画報社）、九里一平の『大空のちかい』（『週刊少年サンデー』六二年第四十五号―六四年第十九号、小学館）、辻なおきの『0戦はやと』（『週刊少年キング』六三年創刊号―六四年第五十二号、少年画報社）、ちばてつやの『紫電改のタカ』（『週刊少年マガジン』六三年第二十七号―六五年第三・四号、講談社）など、主として太平洋戦争中の戦闘機のパイロットを主人公としたマンガだ。週刊少年マンガ誌の創刊ブームのなかで続々と連載が開始され、勃興しつつあった当時のマンガ産業のなかで六〇年代前半には一大ブームを築くに至る。さらに六四年一月には『0戦はやと』がアニメ化され、フジテレビ系列で放送が開始された。

これらの作品の多くでは、夏目房之介によれば「「戦争」というテーマの通俗化」が進められ、「戦闘技術やメカへの単純な憧れ」が強調されていた。そのため「読者たちは、野球マンガや忍者マンガと同じレベルで戦記マンガを読んでいた」という。[42] つまりそこでは「戦争」が描かれるよりもむしろ「戦闘」が扱われ、しかもとりわけメカニックな趣向を通じてそのリアルな面白さを引き立てるというアプローチが採られていた。

そうしたアプローチはやはりこの時期、もう一つの領域でより華々しく開花することになる。プラモデルというジャンルだ。五八年十二月に玩具メーカーのマルサンから「原子力潜水艦ノーチラス」などのモデルが発売されると、さまざまな商品が各社から続々と投入されるようになる。五九年には日本模型（ニチモ）から「伊号潜水艦」が、六〇年には田宮模型（タミヤ）から「戦艦大和」が発売された。スケールモデルと呼ばれる実物の精巧な縮尺模型、そのなかでもとりわけ戦艦、戦車、戦闘機などの兵器を扱ったいわゆるミリタリースケールモデルがその主流となり、勃興しつつあった玩具産業のなかで六〇年代前半には一大ブームを築くに至る。また、六〇年に今井科学（イマイ）から「鉄人28号」のモデルが発売されて以来、キャラクターモデルと呼ばれる架空のキャラクターの模型も提供されるようになる。そのなかでもいわゆるロボットキャラクターモデルが人気を博し、さまざまな商品が開発されていく。

そこではやはり「戦闘」が扱われ、しかもやはりメカニックな趣向を通じてそのリアルな面白さを引き立てるというアプローチが採られていた。精巧な「ディスプレイモデル」ばかりでなく、ゼンマイやモーターで駆動する「モーターライズモデル」も開発されるようになる。さらに多くの部品を可動式にしたり、バネで部品を発射する仕掛けを取り入れたりするなど、さまざまなギミックが考案されるようになる。(43)

六三年七月に創刊された『週刊少年キング』ではその刊行方針として、「飛行機・軍艦など最新の科学兵器がひと目でわかる図解特集」「プラモ・切手など日本一の豪華プレゼント」「血わき肉おどる空と海と陸の三大戦争まんが」などの特徴が謳い上げられていた。また、当時の懸賞品はすべてミリタリースケールモデルの「プラモ」だった。(44)いわば「戦闘サブカルチャー」とでもいうべきこうしたジャンルが当時の子供文化のなかにいかに広く浸透していたかがうかがい知れるだろう。一方でその翌年の六四年に、「戦後民主主義」という語の起源となったとされる一文を丸山が記すことになる。

つまりこの時期、高度経済成長期を迎えた日本社会のなかから先の戦争の記憶が徐々に薄れていくなかで、「戦争」のリアルさをあらためて見つめ直そうとする「大人たち」の構えが戦後民主主義という理念に結晶する一方で、「戦闘」のリアルさをそこに見つけ出そうとする「子供たち」の構えが戦闘サブカルチャーというジャンルに結実したのではないだろうか。その結果、当時の子供たちは、教室のなかでは教師をはじめとする大人たちの「ご高説」を聞きながら戦後民主主義の理念になじまされる一方で、その外では友達同士でマンガやプラモデルに触れながら戦闘サブカルチャーのジャンルに慣れ親しんでいくことになる。

12　戦後民主主義と戦闘サブカルチャー

その後、一九六〇年代後半になると学生運動などの盛り上がりを通じて左寄りのカウンターカルチャーが子供文化のなかにも押し寄せてくる。とりわけマンガの分野では表現の多様化が進められ、いわゆる反戦マンガなども登場するようになる。のちに『はだしのゲン』(『週刊少年ジャンプ』七三年第二十五号―七四年第三十九号、集英社)を発表することになる中沢啓治は、「黒いシリーズ」と題された一連の反戦マンガの発表を六八年から開始した。そうした動きのなかで戦記マンガは完全に姿を消すことになる。

しかし戦闘サブカルチャーの系譜がそこで途絶えてしまったわけではなかった。そうした動きのなかでそれはむしろ成熟し、戦後民主主義的な視座を自らのなかにさまざまに取り込んでいきながら、七〇年代半ば以降、とりわけいくつかのエポックメーキングなアニメ作品を通じてより華々しく開花することになる。

その嚆矢となったのは七四年十月から日本テレビ系列で放送されたアニメ『宇宙戦艦ヤマト』だろう。そこでは戦記マンガ文化とプラモデル文化、とりわけミリタリースケールモデルの文化がアニメという形式のなかで、しかもその舞台を過去にではなく未来に置いた、いわゆるSF戦記アニメというジャンルのなかで統合されることになる。

この作品の監督となった松本零士は六九年以降、「戦場まんがシリーズ」と題された独自の戦記マンガを各誌に発表してきたという経緯を持つ。また、その父親はかつて陸軍少佐にまでなった軍人で、戦闘機のパイロットだったという。[45] 一方、「ヤマト」のベースとなった戦艦大和はミリタリースケールモデルの定番商品だった。当時すでに世界有数のプラモデルメーカーとなっていた田宮模型がその最初のプラモデル商品として発売したのが大和だった。

この作品ではかつての大和を模したヤマトにより、かつての大日本帝国軍を模した地球防衛軍が、かつてのドイツ第三帝国を模したガミラス帝国と戦う。なお、ガミラス側の指導者は、デスラー総統(アドルフ・ヒトラー)、ヒス副総統(ルドルフ・ヘス)、ドメル将軍(エルヴィン・ロンメル)など、ナチスドイツのかつての指導者を模したものだった。彼らを倒して地球を救うことになる地球防衛軍の姿を通じて、そこではかつての大日本帝国がいわば復権させられることになる。しかしそれはかつてのようにナチスドイツの同盟国としてではなく、その敵対国として、つまりファシズムと戦って民主主義を守る側の者としての復権だった。戸松幸一らによれば「平和と自由、そして平等を愛する戦後民主主義惑星、地球」の守護者となったヤマトのそうした姿には、「敗戦国日本の、ちょっと歪んだナショナリズムの夢」が投影されていたという。[46] そこでは戦闘サブカルチャーが戦後民主主義的な視座を取り込み、両者の次元をねじれたかたちで結び合わせることにより、自らのなかに整合的に共在させることを試みていたと言えるだろう。

『ヤマト』以来のそうした流れはその後、八〇年代になるともう一つのエポックメーキングなアニメ作品に結実することになる。七九年四月から名古屋テレビ系列などで放送されたアニメ『機動戦士ガンダム』だ。そこではSF戦記アニメというジャンルのなかに、ロボットアニメという従来からのジャンルを介してプラモデル文化のもう一つの流れ、ロボットキャラクターモデルの文化がさらに統合されることになる。

キャラクターモデルの創始者だった今井科学が六九年に倒産したのち、その事業を引き継いだバンダイは、七二年十二月から放送されたアニメ『マジンガーZ』のロボットキャラクターモデルによって大きな成功を収めたのち、ヤマトのモデルに着手し、そこにミリタリースケールモデルの精巧さを持ち込むことを試みた。そのノウハウをもとに開発されたのがガンダムのプラモデル、いわゆる「ガンプラ」だった。八〇年七月から発売が開始されたそのシリーズは、ロボットキャラクターモデルのダイナミズムにミリタリースケールモデルのリアリズムを組み合わせることにより、メカニックな趣向を通じて「戦闘」のリアルな面白さを引き立てるというアプローチをその極限まで推し進めていく。その結果、それはプラモデル史上最大のヒット商品となり、それまでもっぱら子供向けのジャンルと考えられていた「ロボットプラモ」の世界を一新することになる。[47]

一方、アニメ作品としての『ガンダム』もまた、やはり子供向けのジャンルと考えられていたロボットアニメの世界を一新するものとなった。この作品では地球連邦軍が、やはりドイツ第三帝国を模したジオン公国と戦うが、しかしその対立の構図は必ずしも明確なものではない。それぞれの側に込み入った歴史があり、さらにそれゆえの相克と分裂があり、どこに真の正義があるのかも判然としない。ジオン側も絶対悪として描かれているわけではなく、地球連邦軍も一枚岩ではない。一方で戦況はどんどん悪化し、過酷な現実が主人公たちの眼前に突き付けられる。都市が破壊され、住民が追い立てられ、難民が逃げ惑う。そうしたなかで彼らは恐れおののき、疲れ果て、引きこもりがちになったりやけぎみになったりを繰り返しながら戦いの場に臨んでいく。そこには好戦的な高揚感などなく、厭戦的な、ときに反戦的でさえあるような倦怠感が充満していた。(48)

このようにこの作品では、とりわけプラモデルとの連動を通じて「戦闘」のメカニカルな面白さが徹底して追い求められる一方で、その作品世界では「戦争」の不条理なおぞましさが執拗なまでに描き込まれていた。いいかえればそこでは「戦闘」のリアルさと「戦争」のリアルさとがともに高いレベルで追求されていた。つまりそこでは戦闘サブカルチャーが戦後民主主義的な視座を取り込み、しかし両者の次元をあえて調和させることなく、むしろ不整合なまま自らのなかに共在させることを試みていたと言えるだろう。

13 「上から目線」へのアンチテーゼとして

こうしてあらためてその系譜をたどってみると、戦闘サブカルチャーというジャンルの独特のスタンスが浮かび上がってくる。それは戦後民主主義に対置されるものとしてありながら、しかしその理念に対立するものとしてあったわけでは決してなかった。そこでは戦争を賛美したり擁護したりする議論が展開されていたわけではない。それどころかむしろその成熟に伴い、そこには戦後民主主義的な視座がさまざまに取り込まれていくことになる。

そうしたアプローチの萌芽は、実は戦記マンガの一つの到達点となった『紫電改のタカ』などにもすでに見られたものだった。この作品では連載が進むにつれ、「戦闘」の面白さばかりでなく「戦争」の悲惨さや残酷さが執拗に描き込まれるようになる。(49)

つまり戦後民主主義という理念の成立とともに誕生した戦闘サブカルチャーは、むしろそれ自体として戦後民主主義的な現象の一つだったと捉えることができるだろう。それは戦後民主主義を否定するものとしてあったわけではなく、むしろその理念を補完し、その適用範囲を押し広げ、独自の逆説的なやり方でその理解と受容を推し進めていくものとしてあったのではないだろうか。

少なくともそれは戦後民主主義そのものへのアンチテーゼとしてあったわけではなかった。それが何かに対抗しうるものだったとすれば、つまり何かへのアンチテーゼとしてあったとすれば、そこで批判の対象とされていたのは戦後民主主義そのものではなく、その理念の教条的な解釈、そして独善的な運用という固有の側面だったのではないだろうか。つまり戦争を絶対悪として全否定しようと意気込むあまり、なぜそれが起きたのか、起きなければならなかったのかを考えることさえ一種の禁忌として、戦争に関わる一切の思考をヒステリックなまでに排除しようとするかのような態度だ。

たとえばガミラスが地球を攻撃してきたのは、彼らの主星が惑星としての寿命を終えつつあったからだった。また、ジオンが地球を攻撃してきたのは、地球連邦の過酷な植民地政策に耐えかねた彼らが自治権を手に入れようとしたからだった。とりわけ『ガンダム』ではそれぞれの側がそれぞれの込み入った事情を抱えながら、やむにやまれず戦争の泥沼に引きずり込まれていく様子が緻密に描き込まれていた。戦闘サブカルチャーのそうしたアプローチは、戦後民主主義的な言説を「上から目線」で押し付けられがちだった当時の子供たちが、自分たちなりの目線で戦争を思考してみたいと望んだところから生み出されたものだったのではないだろうか。

いいかえればそれは、戦後民主主義という立場がときに傾きがちな教条的・独善的な態度へのアンチテーゼとしてあったものだったと見ることができる。そしてそうしたスタンスは、リベラル市民主義という立場がときに陥りがちな啓蒙主義的・規範主義的な態度へのアンチテーゼとしてあったもの、すなわち反リベラル市民というアジェンダのスタンスに通じるものだった。このアジェンダもまた、リベラル派の言説をやはり「上から目線」で押し付けられがちだった当時の若い世代が、「何かものを考えようとうっかり思って」しまったところから生み出されたものだったからだ。

実はこうした相同性のゆえにこそ、戦闘サブカルチャーというジャンルは反リベラル市民というアジェンダに強く結び付くことになったのではないだろうか。いいかえればサブカル保守クラスタは彼らのアジェンダを表現するにあたり、実はこうした相同性のゆえにこそ、このジャンルを強く志向することになったのではないだろうか。

なお、戦闘サブカルチャーの系譜はとりわけ『ガンダム』以後、オタク文化というより広範なジャンルへと発展していくことになる。その一つの契機となったのは一九八二年十月からTBS系列で放送されたアニメ『超時空要塞マクロス』だった。『ヤマト』や『ガンダム』の「コア」なファンが参加して制作されたこの作品は、「史上初の商業レヴェルにおける、オタクによるオタクのためのアニメ」(近藤瑠漫ほか)となったという。そこには戦闘機からロボットに変形するメカや、「元祖萌えキャラ」とされる美少女アイドルなど、のちのオタク文化の定番となるさまざまなアイテムの原型が盛り込まれていた。(50) そしてその翌年、コラムニストの中森明夫が雑誌『漫画ブリッコ』(セルフ出版)に八三年六月から連載を開始したコラム「『おたく』の研究」のなかで、「おたく」という語が「発明」されることになる。

サブカル保守クラスタとオタク文化との間に高い親和性があったことの背景には、戦闘サブカルチャーというジャンルの独特のスタンスをめぐるこうした事情があったと見ることができる。その後、そうした親和性はネット右派運動全般のなかに持ち込まれていくことになる。

注

（1）Juürgen Habermas, *Strukturwandel der Öffentlichkeit: Untersuchungen zu einer Kategorie der Bürgerlichen Gesellschaft: mit einem Vorwort zur Neuauflage*, Suhrkamp, 1990.（ユルゲン・ハーバーマス『〔第二版〕公共性の構造転換——市民社会の一カテゴリーについての探究』細谷貞雄／山田正行訳、未来社、一九九四年、前文三七—四八ページ）

（2）Alain Touraine, *La Voix et le Regard*, Seuil, 1978.（アラン・トゥレーヌ『声とまなざし——社会運動の社会学』梶田孝道訳〔「社会運動と社会学」第一巻〕、新泉社、一九八三年、三四—四〇ページ）、Jürgen Habermas, *Theorie des Kommunikativen Handelns*, Suhrkamp, 1981.（ユルゲン・ハーバーマス『コミュニケイション的行為の理論』下、河上倫逸／M・フーブリヒト／平井俊彦訳、未来社、一九八七年、四一一—四一八ページ、伊藤るり「〈新しい社会運動〉論の諸相と運動の現在」、山之内靖／村上淳一／二宮宏之／佐々木毅／塩沢由典／杉山光信／姜尚中／須藤修編『システムと生活世界』〔「岩波講座 社会科学の方法」第八巻〕所収、岩波書店、一九九三年

（3）Jean L. Cohen and Andrew Arato, *Civil Society and Political Theory*, MIT Press, 1994, p. ix.

（4）高田昭彦「現代市民社会における市民運動の変容——ネットワーキングの導入から「市民活動」・NPOへ」、青井和夫／高橋徹／庄司興吉編『現代市民社会とアイデンティティ——二十一世紀の市民社会と共同性：理論と展望』所収、梓出版社、一九九八年

（5）「〔現在史ウオッチング〕リベラル「大きな政府」どこまで意識」『朝日新聞』一九九四年三月一日付

（6）「九五年宣言——新しい基本価値と政策目標」、日本社会党中央本部機関紙局編『月刊社会党』一九九五年七月号、日本社会党中央本部機関紙局

（7）植村邦彦『市民社会とは何か——基本概念の系譜』（平凡社新書）、平凡社、二〇一〇年、Manfred Riedel, "Gesellschaft, bürgerliche," Otto Brunner, Werner Conze and Reinhart Koselleck, eds., *Gechichtliche Grundbegriff*, Klett-Cotta Verlag,1975.（マンフレート・リーデル『市民社会の概念史』河上倫逸／常俊宗三郎編訳、以文社、一九

九〇年）、篠原一『市民の政治学――討議デモクラシーとは何か』（岩波新書）、岩波書店、二〇〇四年、九一―一二五ページ
（8）小田実『歴史の転換のなかで――二十一世紀へ』（岩波新書）、岩波書店、一九八〇年、二一〇ページ
（9）小田実『自立する市民』朝日新聞社、一九七四年、二二六ページ、久野収「市民主義の成立――一つの対話」『市民主義の成立』春秋社、一九九六年（初版：一九六〇年）
（10）丸山眞男「増補版への後記」『〔新装版〕現代政治の思想と行動』未来社、二〇〇六年（初版：一九六四年）、小熊英二『〈民主〉と〈愛国〉――戦後日本のナショナリズムと公共性』新曜社、二〇〇二年、一四―一七ページ
（11）宇野重規「〈解説〉民主主義と市民社会の模索」、宇野重規編『民主主義と市民社会』（「リーディングス 戦後日本の思想水脈」第三巻）所収、岩波書店、二〇一六年、日高六郎「街頭の中の人間」（一九五九年）、杉山光信編『日高六郎セレクション』（岩波現代文庫）所収、岩波書店、二〇一一年
（12）水田洋『アダム・スミス――自由主義とは何か』（講談社学術文庫）、講談社、一九九七年、九六ページ（初版：一九七九年）
（13）羽仁五郎『都市の論理――第二部 現代の闘争』（講談社文庫）、講談社、一九八二年（初版：一九六八年）、日高六郎「市民と市民運動」（一九七三年）、前掲『日高六郎セレクション』所収、長谷川公一／町村敬志「社会運動と社会運動論の現在」、曾良中清司／長谷川公一／町村敬志／樋口直人編著『社会運動という公共空間――理論と方法のフロンティア』所収、成文堂、二〇〇四年、新原道信／牛山久仁彦「市民運動の多様性」、矢澤修次郎編『社会運動』（「講座社会学」第十五巻）所収、東京大学出版会、二〇〇三年
（14）Nancy Fraser, "Rethinking the Public Sphere: A Contribution to the Critique of Actually Existing Democracy," Craig Calhoun ed., *Habermas and the Public Sphere*, MIT Press, 1992.（ナンシー・フレイザー「公共圏の再考――既存の民主主義の批判のために」、クレイグ・キャルホーン編『ハーバマスと公共圏』所収、山本啓／新田滋訳〔ポイエーシス叢書〕、未来社、一九九九年、花田達朗『公共圏という名の社会空間――公共圏、メディア、市民社会』木鐸社、一九九六年、三四ページ）

(15) 前掲「市民と市民運動」

(16) 和歌森太郎「常民」(一九七一年)、大塚民俗学会編『〔縮刷版〕日本民俗事典』所収、弘文堂、一九九四年

(17) Michael Hauben and Ronda Hauben, *Netizens: On the History and Impact of Usenet and the Internet*, IEEE Computer Society Press, 1997.(マイケル・ハウベン/ロンダ・ハウベン『ネティズン――インターネット、ユースネットの歴史と社会的インパクト』井上博樹/小林統訳、中央公論社、一九九七年)

(18) 井口秀介/小西誠/井上はるお/津村洋『サイバーアクション――市民運動・社会運動のためのインターネット活用術』社会批評社、二〇〇一年、民衆のメディア連絡会編著『市民メディア入門――あなたが発信者!』創風社出版、一九九六年、ACT編集委員会『ACT――市民の政治』各号、アクト新聞社、「ML(メーリングリスト)の紹介」『市民平和ネットワーク』(http://lovepeace.org/ks-m/peace/ml.html)、「私たちの紹介」『JCAFE 市民コンピュータコミュニケーション研究会』(http://www.jca.apc.org/jca/aboutus/)、『オルタナティブ運動情報メーリングリスト(AML)』(http://list.jca.apc.org/manage/listinfo/aml)、『虹と緑の五百人リスト運動』(http://www.nijitomidori.org/)〔現在はリンク切れ〕、『JCA-NET ICTによる社会運動支援とコミュニケーションの権利を!』(http://www.jca.apc.org/)

(19) 公文俊平編『〔リーディングズ〕情報社会』NTT出版、二〇〇三年、佐藤俊樹『社会は情報化の夢を見る――〔新世紀版〕ノイマンの夢・近代の欲望』(河出文庫)、河出書房新社、二〇一〇年(初版:一九九六年)

(20) 佐伯啓思『「市民」とは誰か――戦後民主主義を問いなおす』(PHP新書)、PHP研究所、一九九七年、三一ページ

(21) 小林よしのり『新・ゴーマニズム宣言スペシャル 脱正義論』幻冬舎、一九九六年、五―八七、一〇九―一七六ページ

(22) 小林よしのり『新・ゴーマニズム宣言 一』小学館、一九九六年、一六七―一六八ページ、前掲『新・ゴーマニズム宣言スペシャル 脱正義論』九五―一〇八ページ

(23)『新・ゴーマニズム宣言(十四章問題)その行方を探る!』(http://www.bekkoame.ne.jp/~yamadan/mondai/hiv.

html)〔二〇一六年八月二十三日アクセス。現在はリンク切れ〕
（24）前掲『新・ゴーマニズム宣言 一』一六七ページ
（25）前掲『新・ゴーマニズム宣言スペシャル 脱正義論』二五六―二五七ページ
（26）小林よしのり『新・ゴーマニズム宣言SPECIAL 戦争論』幻冬舎、一九九八年、一九―二六ページ
（27）磯田光一『左翼がサヨクになるとき――ある時代の精神史』集英社、一九八六年、二〇七―二三五ページ
（28）上丸洋一『『諸君！』『正論』の研究――保守言論はどう変容してきたか』岩波書店、二〇一一年、三二五―三六六ページ
（29）小林よしのり『新・ゴーマニズム宣言 五』小学館、一九九八年、一一三ページ
（30）大月隆寛『大月隆寛の大問答！』時事通信社、一九九八年、七―一〇、一二四―一三四、二七五―二七九ページ
（31）大月隆寛『あたしの民主主義』毎日新聞社、二〇〇〇年、三二、五四―五五ページ、前掲『大月隆寛の大問答！』二七六ページ
（32）浅羽通明「脱正義論【入門編】裏切られた平成の正義」（一九九六年）、前掲『新・ゴーマニズム宣言スペシャル 脱正義論』所収、浅羽通明『ナショナリズム――名著でたどる日本思想入門』（ちくま文庫）、筑摩書房、二〇一三年、一五―三六ページ（初版：二〇〇四年）
（33）前掲『新・ゴーマニズム宣言 一』五ページ、浅羽通明「思想としてのゴーマニズム」、呉智英編『ゴーマニズムとは何か！――小林よしのり論序説』所収、出帆新社、一九九五年、大月隆寛『民俗学という不幸』青弓社、一九九二年、一〇―一七ページ、井沢元彦『逆説の日本史』各巻、小学館、一九九七年―
（34）前掲『民俗学という不幸』一二三―一五三ページ
（35）『日本ちゃちゃちゃ倶楽部』(http://www.nc4.gr.jp/)〔現在はリンク切れ〕
（36）Theodor W. Adorno, Else Frenkel-Brunswik, Daniel J. Levinson, and R. Nevitt Sanford, *The Authoritarian Personality*, Harper & Brothers, 1950.（T・W・アドルノ『権威主義的パーソナリティ』田中義久／矢沢修次郎／小林修一訳〔現代社会学体系〕、青木書店、一九八〇年、五〇―七六ページ）、曾良中清司『権威主義的人間――現代人

の心にひそむファシズム』(有斐閣選書)、有斐閣、二〇〇四年、井関正久『ドイツを変えた六八年運動』(シリーズ・ドイツ現代史Ⅱ)、白水社、二〇〇五年

(37)「[登場この二人]鳩山由紀夫氏VS中曾根康弘氏(上)」『朝日新聞』一九九七年一月八日付

(38) 丸山眞男『自己内対話——三冊のノートから』みすず書房、一九九八年、三三ページ

(39) 山野車輪『マンガ嫌韓流』晋遊舎、二〇〇五年、三七—七六、二四〇ページ、『マンガ嫌韓流 公式ガイドブック』(晋遊舎ムックシリーズ)、晋遊舎、二〇〇六年、六四—六五ページ

(40) Theodore Roszak, *The Making of a Counter Culture: Reflections on the Technocratic Society and its Youthful Opposition*, Doubleday, 1969.(シオドア・ローザック『対抗文化《カウンター・カルチャー》の思想——若者は何を創りだすか』稲見芳勝/風間禎三郎訳〔ダイヤモンド現代選書〕、ダイヤモンド社、一九七二年)

(41) はすみとしこ『「そうだ難民しよう!」——はすみとしこの世界』青林堂、二〇一五年、岡田壱花/富田安紀子『日之丸街宣女子』ｖｏｌ．１—３、青林堂、二〇一五—一八年

(42) 夏目房之介『マンガと「戦争」』(講談社現代新書)、講談社、一九九七年、二九—四四、六〇—六三ページ、「マンガと戦記ブーム」『漫棚通信ブログ版』二〇〇五年七月十三日(http://mandanatsusin.cocolog-nifty.com/blog/2005/06/post_3380.html)

(43) 日本プラモデル工業協同組合編『日本プラモデル五十年史——一九五八—二〇〇八』日本プラモデル工業協同組合、二〇〇八年

(44) 前掲ウェブサイト「マンガと戦記ブーム」

(45)「Ｐｒｏｆｉｌｅ」『松本零士オフィシャルサイト』(http://leijimatsumoto.jp/profile)

(46) 戸松幸一/石田あゆう「デスラー総統はドイツ人か」、佐藤卓己編著、日本ナチ・カルチャー研究会『ヒトラーの呪縛』所収、飛鳥新社、二〇〇〇年、「戦後六十年企画 特撮・アニメ・マンガ・ゲームでたどる〝戦争〟(上・下)」『毎日新聞』二〇〇五年十一月十八・二十五日付

(47) 前掲『日本プラモデル五十年史』

（48）近藤瑠漫／谷崎晃編著『ネット右翼とサブカル民主主義――マイデモクラシー症候群』三一書房、二〇〇七年、八一―一一〇ページ、藤津亮太「アニメと「戦争」そのための覚え書」『藤津亮太の「只今徐行運転中」』二〇〇七年七月二十二日（http://blog.livedoor.jp/personap21/archives/64712328.html）
（49）前掲『マンガと「戦争」』二九―四四、六〇―六三ページ
（50）前掲『ネット右翼とサブカル民主主義』八一―一一〇ページ、前掲ウェブサイト「アニメと「戦争」そのための覚え書」

第3章　バックラッシュ保守クラスタと歴史修正主義アジェンダ
——一九九〇年代後半まで

1　東京裁判史観と歴史教科書問題

一九九三年八月、非自民・非共産の連立による細川政権の誕生によって五五年体制は終焉を迎える。その際、細川護熙首相が就任直後の記者会見の場で、先の戦争は「侵略戦争であった、間違った戦争であった」と発言したことから、それに強く反発した自民党内の右派勢力「靖国関係三協議会」(「英霊にこたえる議員協議会」「遺家族議員協議会」「みんなで靖国神社に参拝する国会議員の会」)は、百五人の自民党国会議員をメンバーとする委員会「歴史・検討委員会」を立ち上げることになる。

「戦争に対する反省の名のもとに、一方的な、自虐的な史観の横行は看過できない」として、「日本人自身の歴史観の確立が緊急の課題」だと主張するこの委員会は、保守派の言論人を講師として招きながら九五年二月まで「見解聴取、討議」を続け、その成果を八月、『大東亜戦争の総括』(展転社)という書籍として出版した。その主張は、俵義文によれば以下のような四つの論点に集約される。

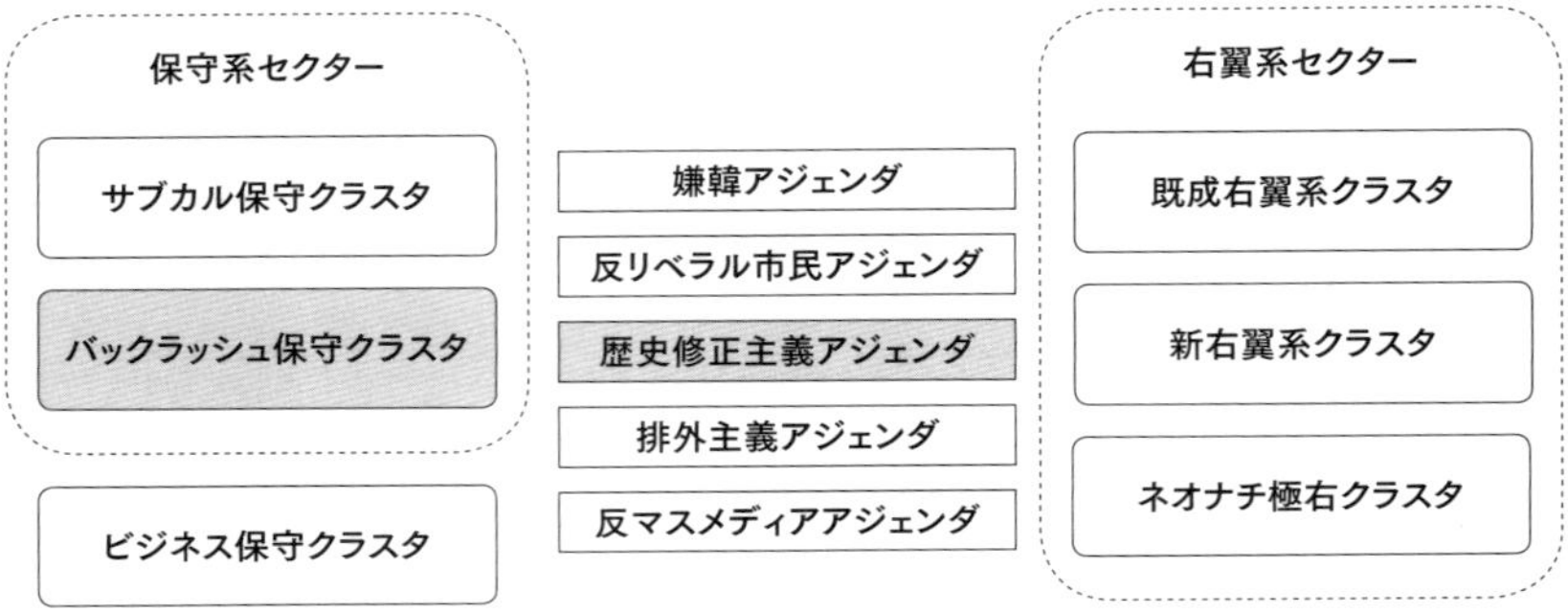

図7　第3章の主な対象

「大東亜戦争」は侵略戦争だったわけではなく、「自存自衛の戦争」であり、「アジア解放戦争」だったこと。南京大虐殺問題や従軍慰安婦問題などは「でっちあげ」であり、日本は戦争犯罪を犯してなどいないこと。最近の歴史教科書にはありもしなかったことが書かれているので、新たな「教科書の戦い」を繰り広げていく必要があること。正しい歴史認識を国民の共通認識としていくために、学者と連携して「国民運動」を展開していく必要があること。(1)

こうした主張の根幹に置かれていたのは、端的にいえば「東京裁判史観」を見直そうとする考え方だったと言えるだろう。冨士信夫によれば東京裁判史観とは、「東京裁判法廷が下した本判決の内容をすべて真実であるとなし、日本が行った戦争は（略）「侵略戦争」であって、過去における日本の行為・行動はすべて犯罪的であり、「悪」であった、とする歴史観」を意味する。そうした「自虐的歴史観」を、ＧＨＱによる「勝者の裁き」を通じて不当に刷り込まれてきたものとして見直そうとする考え方がそれだ。そのためそこではＧＨＱから提示された「太平洋戦争」という呼称ではなく、それ以前の、そしてＧＨＱによって禁止された「大東亜戦争」という呼称があらためて用いられることになる。(2)

こうした考え方の出自は古く、既成保守論壇ではすでに八〇年代初頭からこの種の議論がさまざまに繰り広げられてきた。上丸洋一によれば「東京裁判史観」「自虐的歴史観」という語が初めてそこに登場したのは、それぞれ

『正論』八二年十一月号、『諸君！』八〇年十月号のことだという。また、東京裁判史観が形作られていった経緯を分析し、その後八九年八月に『閉された言語空間――占領軍の検閲と戦後日本』（文藝春秋）という書籍にまとめられることになる江藤淳の一連の論考の連載が開始されたのは、『諸君！』八二年十二月号のことだ。[3]

当時、そうした動きの背景の一つとしてあったのは七九年四月、靖国神社でのいわゆるA級戦犯合祀が明らかにされたことだった。戦没者が合祀されている場としての靖国神社に、戦争責任者として裁かれた十四人のA級戦犯が「昭和殉難者」として合祀されていることが明らかにされた件だ。その前年の十月十七日にひそかに合祀がおこなわれた際、宮司の松平永芳は、「「すべて日本が悪い」という「東京裁判史観」を否定しないかぎり、日本の精神復興はできないと考えて」いたという（『諸君！』九二年十二月号）。つまり「東京裁判（略）を否定するために合祀した」（『しんぶん赤旗』二〇〇六年七月二十五日付）ということだった。[4]

その後、そうした動きはとりわけ歴史教科書をめぐる問題へと発展していく。その一つのきっかけとなったのは八二年六月に起きた教科書誤報事件だった。教科書検定の際、実教出版の世界史教科書で「華北への侵略」という表現が「進出」に書き換えさせられたという、日本テレビの記者の勘違いによる誤報に基づく事件だ。結果的に誤報だったことが明らかになったとはいえ、中国や韓国はこの件に強く反発し、特に中国では『人民日報』を中心に大々的なキャンペーンが繰り広げられていく。その結果、検定基準にいわゆる近隣諸国条項が追加されることになった。「近隣のアジア諸国」への「必要な配慮がされていること」を求めるというものだ。

するとそうした動きに反発し、保守派の文化人や一部の自民党議員を中心に「教科書の戦い」が繰り広げられていく。八三年八月には経済学者の気賀健三を議長として「教科書正常化国民会議」という組織が立ち上げられた。その活動の成果として八四年五月には、ドイツ文学者の小堀桂一郎による編著『これが正しい小・中学校教科書だ――この問題をどう教えるか』（山手書房）が出版される。さらに八四年三月には評論家の田中正明を代表に、自虐的な教科書を検定に合格させた国の責任を問うという裁判が起こされた。田中はその後、「教科書を正す親子の会」という団体を設立し、生徒とその父母を組織しながらその活動を推し進めていく。そうしたなか、評論家の名越二荒之助による八一年九月の著書『戦後教科書の避けてきたもの——各国の比較から』（日本工業新聞社）から、英文学者の中村粲による九〇年十二月の著書『大東亜戦争への道』（展転社）に至るまで、八〇年代を通じて関連する書籍がさまざまに出版され、一連の動きを支援しようとする議論が活発に繰り広げられていく。(5)

一方で一部の自民党議員の間では、日本の戦争責任を免罪しようとするかのような発言が相次ぐようになる。八六年十月には文部大臣の藤尾正行が日韓併合について「両国の合意の上に成立している」などと発言し、大臣を罷免された。八八年五月には国土庁長官の奥野誠亮が日中戦争について「日本に侵略の意図はなかった」などと発言し、閣僚を辞任した。

なお、奥野はこれら一連の動きの最大の仕掛け人だったと見ることができる。八一年三月に結成された「みんなで靖国神社に参拝する国会議員の会」の会長に就くとともに、自民党の「靖国神社問題に関する小委員会」の委員長として、靖国神社への公式参拝は合憲だとする答申を八四年四月に出し、八五年八月の中曾根康弘首相による公式参拝への道を開いたという経緯がある。

その後、九三年に発足することになる歴史・検討委員会は、奥野をはじめ、八〇年代のこうした「教科書の戦い」のプレイヤーだった面々が今度はプロデューサーとなり、新たな「戦い」に向けて立ち上げたものだったと位置付けられるだろう。奥野と藤尾はその顧問に就き、冨士、江藤、小堀、田中、名越、中村などはそこに講師として招かれている。また、その事務局長に就いたのは、「英霊にこたえる議員協議会」と「遺家族議員協議会」の事務局長を務めていた参議院議員の板垣正だった。板垣は中曾根首相の公式参拝ののち、中国や韓国からの強い反発のなか、その継続を可能とするよう調整に当たっていったという経緯がある。(6)

俵によればこの委員会にはもう一つの重要な役割が担わされていたという。それは奥野、板垣、藤尾など、戦前世代の議員が彼らの歴史観を次の世代の若手議員に送り継ぐことだった。そのため百五人のメンバーのなかには、そうした観点から特に「選抜」されたという十五人の若手議員が含まれていた。そのなかでも特に「抜擢」されたのは、この年の七月に衆議院議員に初当選したばかりの安倍晋三だったという[7]。

その後、九四年六月に村山政権が誕生し、かつての「植民地支配と侵略」に対して「心からのお詫びの気持ちを表明」するという、いわゆる村山談話が八月十五日に発表されると、彼らはさらに「終戦五十周年国会議員連盟」という組織を立ち上げる。その会長には奥野が、事務局長には板垣が、事務局次長には安倍が就いた。この議連はその後、あらためて「教科書の戦い」に照準し、九六年六月に「明るい日本・国会議員連盟」という組織に生まれ変わるが、その際、奥野は「慰安婦は商行為」などと発言し、大きな論議を呼ぶことになった[8]。

そうしたなか、「英才教育」(『しんぶん赤旗』一五年一月十七日付)を施されていった安倍を中心に、歴史・検討委員会に選抜された十五人の若手議員が今度はさらにプロデューサーとなり、九七年二月、八十七人の自民党国会議員をメンバーとする新たな委員会「日本の前途と歴史教育を考える若手議員の会」を立ち上げることになる。いわゆる「教科書議連」だ。その代表には衆議院議員の中川昭一が、事務局長には安倍が就いた。ほかにも幹事長に衛藤晟一、幹事長代理に高市早苗、副幹事長に古屋圭司、事務局次長に下村博文が就くなど、のちに第二次以降の安倍内閣を中枢で支えることになる顔ぶれがそこには集結している[9]。

この委員会はその最初の成果を十二月、『歴史教科書への疑問——若手国会議員による歴史教科書問題の総括』(展転社)という書籍として出版した。以後、彼らは歴史教科書問題ばかりでなく、次第にマスメディアのあり方にもコミットしていくようになる。

2　バックラッシュ保守クラスタの台頭

教科書議連が立ち上げられた一九九七年には、ほかにもいくつかの重要な政治団体が発足している。その一つが「日本会議」だ。のちに憲法改正、ジェンダーフリー批判、教育改革など、さまざまなアジェンダを掲げて幅広い活動を展開していくことになるこの団体は九七年五月、二つの組織が統合するかたちで成立したものだった。その一つは「日本を守る会」だ。円覚寺貫主の朝比奈宗源を発起人として七四年四月に設立された団体だ。神社本庁、生長の家、佛書護念会教団、念法眞教、モラロジー研究所、オイスカ・インターナショナルなど、さまざまな宗派の宗教団体により、いわゆる宗教右派の連合体として組織されたものだった。その構成員は宗教関係者と保守派の文化人に限られていた。

もう一つは「日本を守る国民会議」だ。元最高裁判所長官の石田和外を議長として七八年七月に設立された団体「元号法制化実現国民会議」を前身に、八一年五月に発足した団体だ。初代の議長には元国連大使の加瀬俊一（加瀬英明の父）、運営委員長には作曲家の黛敏郎が就いた。その構成員には保守派の文化人、旧日本軍の軍人・軍属などが多かったとされる。

また、これらの団体の事務局を担っていたのは「日本青年協議会（日青協）」という組織だった。七〇年十一月に結成されたこの団体は、六〇年代末の民族派学生運動のなかで六九年五月に結成された学生組織「全国学生自治体連絡協議会（全国学協）」のOB組織だった。この全国学協の起点となったのは、長崎大学を拠点に六七年七月に結成された学生組織「長崎大学学生協議会（長大学協）」だった。さらにこの長大学協の母体となったのは、宗教団体「生長の家」を母体に六六年五月に結成された学生組織「生長の家学生会全国総連合（生学連）」だった。当時、生学連は「反共愛国」を掲げ、全学連（全日本学生自治会総連合）や全共闘（全学共闘会議）に対抗して「学園正常化運動」に取り組んでいた。この生学連の出身で長大学協の議長、さらに日青協の会長となり、のちに「日本を守る会」と「日本を守る国民会議」の事務局長から日本会議の事務総長となったのが、現在もなおその運営を仕切っているとされる椛島有三だった。

当初、長崎大学で学園正常化運動に取り組んでいた椛島は、やはり生学連の出身で、のちに「日本会議のカリスマ」（菅野完）と呼ばれることになる安東巌とともに長大学協を立ち上げた。学生自治会を制した彼らの運動は各地に波及し、続いて「九州学生自治体連絡協議会（九州学協）」が、さらに全国学協が立ち上げられる。当時、彼らの周囲には、のちに国会議員となる衛藤晟一や井脇ノブ子、憲法学者となる百地章など、のちの日本会議を内外から支えることになる顔ぶれが集結していた。

その後、七〇年安保を経て日青協を立ち上げた彼らは、その直後に起きた三島事件を機に、その活動をよりラディカルなものへと転換させていく。七〇年十一月二十五日、小説家の三島由紀夫が憲法改正や自衛隊の決起などを訴え、陸上自衛隊市ヶ谷駐屯地で割腹自殺した事件だ。それを受け、彼らも憲法改正などを訴えるようになったが、しかしさらにその後、右翼思想家の葦津珍彦《うずひこ》との交流を機に、今度はその活動をよりプラクティカルなものへと転換させていく。葦津はとりわけ神社神道のイデオローグとして、戦後の右翼・民族派の思想を理論面で牽引してきた人物だった。

そうしたなか、やはり「生長の家」の出身で、参議院議員となり、日青協の後見人的な立場に就いていた村上正邦の手引きにより、彼らは「日本を守る会」の事務局を担うことになる。以後、彼らはさまざまな実践を積み重ねながら「草の根保守運動」に取り組んでいった。七五年には憲法・防衛・教育などの問題をテーマに「全国縦断キャラバン」をスタートさせ、七六年には「天皇在位五十年奉祝運動」を開始した。さらに七七年からは「元号法制化運動」に本格的に取り組んでいく。その過程で七八年に元号法制化実現国民会議が設立され、七九年に元号法が制定されると、「戦後民族派運動の金字塔」となったというこの成果をもとに、この組織から発展するかたちで八一年に設立されたのが「日本を守る国民会議」だった。その事務局もやはり日青協が担うことになる。[10]

当初、そこで大きなテーマに据えられていたのは教育問題、とりわけ歴史教科書問題だった。八二年の教科書誤報事件を受けて「日本を守る国民会議」では、十月に「教科書問題を考える懇談会」が開催され、歴史教科書を自主編纂することが提案された。八四年三月には歴史家の村尾次郎を代表として「歴史教科書編纂委員会」という組織が立ち上げられる。その結果、八六年七月には彼ら独自の日本史教科書『新編日本史』(原書房)が検定に合格するに至る。しかしそうした動きは「〝復古調〟の日本史教科書づくり」(『朝日新聞』八六年五月二十四日付)としてさまざまな批判を呼び、中国や韓国からも強い抗議の意が表明された。そのため文部省の指示により、この教科書は四回にわたって書き直させられることになる。さらに採択も伸びず、その採択率は最高となった八九年度でも〇・〇一%ほどにとどまるものだった。[11]

その後、九〇年代に「リスタート」することになる彼らの新たな「教科書の戦い」の原点となったのは、八〇年代にこうして彼らが味わわせられた「屈辱」(上杉聰)の体験だったという。その結果、「日本を守る会」と「日本を守る国民会議」が統合し、九七年に新たな組織に生まれ変わるに至った日本会議は、この年に生まれたもう一つの組織、教科書議連とともに、やはりこの年に生まれたさらにもう一つの組織「新しい歴史教科書をつくる会」の教科書の採択に向けた「国民運動」を積極的に推し進めていくことになる。[12]

その過程でこれらの組織では人脈の往来が頻繁に繰り返され、濃密なネットワークが形作られていった。「一群の人々」(菅野)がさまざまな組織に出入りし、それらの間を幾重にもつないでいく。

たとえばかつて椛島のもとで九州学協の副委員長を務めていた衛藤は、日本会議の支援組織としてやはり九七年に設立された団体「日本会議国会議員懇談会」の幹事長、さらに教科書議連の幹事長などに就き、安倍のもとで首相補佐官を務めるまでになる。また、「つくる会」の別動隊として九九年に設立された団体「教科書改善連絡協議会（改善協）」の運営委員長に就いたのは、「生長の家」の教団職員から「安倍政権の生みの親」（菅野）と言われるまでになり、現在も日本会議の政策委員を務めている伊藤哲夫だった。さらに自民党参議院議員会長となり、「参院のドン」と言われるまでになった村上は、終戦五十周年国会議員連盟の幹事長として奥野、板垣、安倍とともに四役を務めるなど、さまざまな団体の要職に就いている[13]。

こうして九〇年代後半を通じて、それまでのさまざまな組織と人脈が再編され、統合され、連結され、巨大な保守派のネットワークが立ち上げられていった。そうした動きの原点にあったのは、小林節の言葉を借りれば「第二次大戦での敗戦を受け入れがたい、だからその前の日本に戻したい」という、その支え手たちの復古主義的な思いだったと見ることができる。たとえば『新編日本史』では、日本国憲法よりも大日本帝国憲法を、教育基本法よりも教育勅語を高く評価しようとする姿勢が明確に打ち出されていた。そうした点にも彼らの強い思い、いわゆるバックラッシュへの強い志向が明確に表現されていたと言えるだろう。

しかもそうした志向はときに彼ら自身の出自に結び付いたものでもあった。日本会議のメンバーのなかには、「明治憲法下でエスタブリッシュメントだった人の子孫が多い」（小林）という。また、歴史・検討委員会のプロデューサーとなった面々のなかでもたとえば板垣は、A級戦犯として処刑された元陸軍大将の板垣征四郎の次男で、日本遺族会の事務局長を務めていた人物だったし、さらに奥野は戦前、内務省の官僚として警察行政などに当たっていた人物だった[14]。このように東京裁判以前のエスタブリッシュメント、いわば「戦前エスタブリッシュメント」とでもいうべき人々の強い思いがそうした志向を下支えしていたと見ることができる。

こうしてこの時期、復古主義的な思いに支えられながら保守派のネットワークのなかに幅広く形作られていった層を「バックラッシュ保守クラスタ」と呼ぶことにしよう。東京裁判史観を見直そうとする考え方を軸に、そこから「歴史修正主義」というアジェンダが形作られていくことになる。以下、その経緯を見ていこう。

3 自由主義史観研究会から「つくる会」へ

東京裁判史観を見直そうとする考え方は、しかしこうして政治運動の現場からのみ現れてきたものだったわけではない。そこにはもう一つのより自覚的な流れがあった。学校教育の現場からのものだ。とはいえそれもやがて前者の流れに合流していくことになるのだが。

教育学者の藤岡信勝は一九九四年四月から、雑誌『社会科教育』（明治図書出版）で「「近現代史」の授業をどう改造するか」という連載を開始した。小・中・高の学校教員を主な読者として書かれたこの論考の目的は、「日本の近現代史教育を根本的に見直し、授業改革の方向をさぐること」だとされていた。

そこで藤岡はまず二つの歴史観を批判的に検討する。「日本悪玉史観」、つまり日本だけが悪かったとする歴史観と、「日本善玉史観」、つまり日本は少しも悪くなかったとする歴史観だ。前者としてはアメリカの国益に基づくという「東京裁判史観」に加えて、ソ連の国益に起源を持つという「コミンテルン史観」が挙げられていた。後者としては「大東亜戦争肯定史観」が挙げられていた。「両者は対極的な位置にあるが、思考方法としては、歴史に登場する行為主体を善玉と悪玉に振り分けて説明しようとする志向において共通性を持っている」と言う藤岡は、そのどちらにもくみしない第三の道として「自由主義史観」なるものを提唱する。歴史小説家の司馬遼太郎の作品に見られる歴史観「司馬史観」に基づくというその新しい歴史観は、健康なナショナリズム、リアリズム、イデオロギーからの自由、官僚主義批判という四つの特徴を持つものだと考えられた。しかしその内実が明確に定義されることはなかった。(15)

その後、藤岡は九五年一月に「自由主義史観研究会」という組織を立ち上げる。そこには学校教員を中心に五百人を超えるメンバーが参加し、授業改革のための意見交換が繰り広げられるとともに、さまざまな教育実践が積み重ねられていく。九月には『社会科教育』での連載がまとめられ、『「近現代史」の授業改革』（明治図書出版）という雑誌が研究会の機関誌として創刊された。さらに九六年三月にはその叢書の第一弾として『近現代史教育の改革――善玉・悪玉史観を超えて』（明治図書出版）という書籍が出版される。

藤岡らのこうした活動はやがて学校教育の現場という枠を超え、より大きな動きとなってさまざまな方面から注目を浴びるようになる。九六年一月からは藤岡を筆頭に研究会の有志により、「教科書が教えない歴史」という歴史エッセーの連載が『産経新聞』紙上で開始された。八月にはこの連載がまとめられ、同名の書籍（産経新聞社）として出版される。この本はたちまち大きな反響を呼び、その後引き続き第四巻まで刊行されたそのシリーズは大ベストセラーとなる。[16]

その間、こうして精力的に活動を続ける藤岡とバックラッシュ保守クラスタのネットワークとの間に次第に接点が生じていく。その媒介役となったのは日本会議関係の教育学者、高橋史朗だった。

現在も日本会議の政策委員を務めている高橋は、かつて生学連の委員長を務め、その後「日本教育研究所」という組織の事務局長となった人物だった。日青協の専門局として七四年十一月に結成されたこの団体は、教育実践に加えて日教組大会への抗議行動など、「反日教組運動」をはじめとする社会運動に積極的に取り組んできた組織だった。そうしたなか、八四年十二月に中曽根首相によって臨時教育審議会の専門委員に任命されたことをきっかけに、「「教育勅語復活」を呼号する若き教育学者」（林雅行）として知られるようになった高橋は、教育基本法の改定と教育勅語の復活という明確に復古主義的なヴィジョンを掲げ、さまざまな活動を繰り広げていく。『新編日本史』の検定の際には、「「朝日」と「外圧」に歪められる歴史教科書」という記事を『諸君！』八六年九月号に寄稿し、『朝日新聞』による「偏向報道」や、中国や韓国からの外圧を厳しく批判した。その後、歴史・検討委員会に講師として招かれ、そこで藤岡らの活動をメンバーに紹介するに至る。[17] 以後、藤岡はバックラッシュ保守クラスタのネットワークのなかに組み込まれていくことになる。

そうしたなかで藤岡は、やはり歴史・検討委員会に招かれていたもう一人の論者、西尾幹二との間に次第に交流を深めていく。西尾は八九年以降、テレビ朝日系列の討論番組『朝まで生テレビ!』に出演するなどしてすでに広く知られた保守派の論客だったが、同時に『SAPIO』の右傾化に大きく寄与してきた人物でもある。特に九〇年から九一年にかけてしばしば誌面に登場し、その右傾化路線の最前線を切り開いてきた人物だった。その西尾と藤岡との共著『国民の油断――歴史教科書が危ない!』(PHP研究所)が九六年十月に出版され、やはりベストセラーとなる。

その後、藤岡、高橋、西尾の三人は「新しい歴史教科書をつくり、歴史教育を根本的に立て直すこと」を目的に、バックラッシュ保守クラスタのさまざまな人脈を巻き込みながら、「新しい歴史教科書をつくる会」を立ち上げることになる。その初代の会長には西尾が就いた。

九六年十二月二日には彼ら三人に加えて、呼びかけ人として政治学者の坂本多加雄、コラムニストの山本夏彦、そして小林よしのりが参加し、会の設立に向けた記者会見がおこなわれた。続いて九七年一月三十日には設立総会が開かれる。そこでは「日本人は子々孫々まで謝罪し続けることを運命づけられた罪人の如くにあつかわれて」いるという「戦後の歴史教育」、とりわけ「旧敵国のプロパガンダをそのまま事実として記述するまでになって」いるという「現行の歴史教科書」の「自虐的傾向」を改め、「日本国と日本人の自画像を、品格とバランスをもって活写」することを目指すという趣意が表明された(18)。

以後、この会は「教科書の戦い」の最前線に立ち、日本会議や教科書議連などと連携しながら、バックラッシュ保守クラスタの運動の中核を担う存在となっていく。

そこで威力を発揮することになったのは、元号法制化運動以来、特に日本会議の関係者のなかに蓄積されてきた「草の根保守運動」のノウハウだった。とりわけ「地方から中央へ」という、彼ら独自の運動の方法論がそこでは大規模に展開されていく。俵によれば九九年十月までにすべての都道府県に「つくる会」の支部が設立された。その後はさらにそのなかに地区組織が設置されていく。その際、「つくる会」の支部と日本会議の都道府県本部との間では人材の往来が盛んにおこなわれ、両者は事実上一体となりながら、その教科書の採択に向けた「国民運動」を推し進めていく。会員も増え続け、二〇〇〇年末には一万人を超えるまでになる。

そうしたなか、九九年十月にはその教科書の「パイロット版」となるものとして、西尾を中心に編まれた大著『国民の歴史』（産経新聞ニュースサービス）が出版された。「つくる会」ではこの本を「組織買い」し、各地の教員、教育委員、地方議員などの間にばらまいていったという。また、この本を教材とする講演会などがおこなわれ、「歴史学習運動」と呼ばれる啓蒙活動が幅広く展開されていく。その過程で教育委員会や地方議会などに圧力がかけられていった。その際、そうした運動の主要な担い手となっていたのが「つくる会」の別動隊としての改善協だった。さらに各地の地方議会に続々と教科書議連が設立され、一連の動きを下支えしていく。[19]

こうして九〇年代後半以降、さまざまな組織が連携しながら草の根のネットワークを通じて大規模な保守派の運動を展開していく。そのなかから形作られていったのが歴史修正主義というアジェンダだった。

4　サブカル保守クラスタからの流れ

一方、サブカル保守クラスタからの流れもそこに合流していくことになる。その一つのきっかけを作ったのもまた小林よしのりの動きだった。

小林は『ＳＡＰＩＯ』一九九六年九月四日号の「新・ゴーマニズム宣言」に「従軍慰安婦カマトトマスコミを撃つ」という章を掲載した。『脱正義論』が出版される直前のことだ。

そこでは従軍慰安婦問題を題材に、『朝日新聞』をはじめとする「サヨクのマスコミ」に乗せられて「善人ぶりっこのカマトト野郎ども」と化した「純粋まっすぐ正義くん」が、「純粋で正義で善人だから／ペコペコ謝罪してどしどし賠償金を外国に払いたいな！」と訴えている様子が痛烈に批判されていた[20]。

そこに示されていたのは反リベラル市民というアジェンダと、それに連動する朝日新聞叩きというモチーフに即した議論だったと言えるだろう。つまりこのときの小林の問題意識は、まだ歴史修正主義という新しいアジェンダを踏まえたものだったわけではなく、あくまでも「十四章問題」から『脱正義論』へと至る流れのなかで形作られてきた従来のそれ、反リベラル市民というアジェンダに即したものだった。いいかえれば従軍慰安婦問題というテーマは、あくまでも反リベラル市民というアジェンダのために持ち出された一つの題材にすぎなかった。

ところがこの章はそれまでの章とは異なり、ひときわ大きな反響を呼ぶことになる。それに驚いた小林は十月九日号に掲載された章「おそるべき慰安婦問題の反響」のなかで、「こうもみなさんがマジになっちゃう問題とは……」と戸惑いつつ、「どさーーっとやって来た！」という読者からの手紙を紹介しながら、「朝日新聞が正しいか？ 産経新聞が正しいか？」「我々で結論を出そう！」と宣言する。

その後、十月二十三日号での「心からの謝罪の無意味」、さらに十一月十三日号での「老若男女・慰安婦問題大論争」のなかで小林は、強制連行があったとする『朝日新聞』の主張と、なかったとする『産経新聞』の主張とを天秤にかけながら徐々に後者寄りの立場を見せていく。その結果、十一月二十七日号での「戦場の性欲とフェミニズム」では、「したたかなプロの女と単純な男の交渉があっただけ」と断じ、ついに後者寄りの立場をはっきりと打ち出すに至る。

小林のそうした議論に対して十一月二十日には、四十三の市民団体の連名による抗議の文書が『SAPIO』編集部に届けられた。『SAPIO』誌上に謝罪広告を掲載すること、単行本化を見合わせることなどを求めるその文書と、さらにこの件を報じた『朝日新聞』の記事に対して小林は、十二月二十五日号での「四十三団体の言論弾圧にわしは屈せぬ」のなかで「完全な言論弾圧である！」と断じ、一気に対決姿勢を強めていく。九七年一月十日にはテレビ朝日系列の番組『田原総一朗の異議あり』のなかで、市民団体の代表者と小林との間の討論会がおこなわれた。

そうしたなかで「つくる会」が立ち上げられることになる。小林は自らもその呼びかけ人の一人となり、九六年十二月に開かれた記者会見に参加した。その様子は九七年一月十五日号での「「新しい歴史教科書をつくる会」に注目せよ！」に詳しく報告されている。以後、小林は歴史認識問題や歴史教科書問題に一段と深くコミットしていくことになる。戦時中のエピソードをロマンチックな調子で描いた二月五日号での「南の島に雪が降る」は、のちの『戦争論』の前哨となるものだった。[21]

そうした動きのなか、小林は新たな長篇の書き下ろし企画の執筆に取りかかる。そして『新・ゴーマニズム宣言SPECIAL 戦争論』（幻冬舎）という書籍を九八年七月に出版した。この本はたちまち大きな反響を呼び、その後引き続き第三巻まで刊行されたそのシリーズは大ベストセラーとなる。さらに十一月にはその編著として「つくる会」との共同で、『新しい歴史教科書を「つくる会」という運動がある』（扶桑社）という書籍も出版された。

このように小林は、反リベラル市民という従来のアジェンダを歴史修正主義という新しいアジェンダにあたかも接ぎ木するようにして新たな世界に踏み込んでいった。なお、『SAPIO』誌上で同様のアプローチを採ることになったもう一人の論者がいる。井沢元彦だ。やはり「つくる会」のメンバーとなった井沢もかつての連載「虚報の構造」のなかでとりわけ強く打ち出されていた朝日新聞叩きというモチーフをこのアジェンダに接ぎ木するようにして、九七年四月二十三日号から「逆説のニッポン歴史観」という新しい連載を開始する。その第一回では歴史教科書問題が、第二回では従軍慰安婦問題が取り上げられた。[22]

この時期、ほかにも『SAPIO』ではこれらの問題をめぐってさまざまな特集が組まれていく。九六年十月九日号には藤岡へのインタビュー記事が掲載された。さらに九七年一月十五日号での「「慰安婦問題」激突論争」、三月二十六日号での「徹底検証・日本人の歴史観をゆがめたのは誰か?」、十二月二十四日号での「徹底研究「国家の謝り方」」、九八年二月四日号での「愛国心はタブーではない」」、十二月二十三日号での「「南京事件」は本当に「虐殺」だったのか」など、論争的な議論がさまざまに繰り広げられていく。その過程で歴史修正主義というアジェンダは、嫌韓と反リベラル市民という従来のアジェンダをそのなかに飲み込むようにして肥大化しつつ、新保守論壇のなかに広く行き渡っていった。

5　権威主義と反権威主義との野合

このように歴史修正主義というアジェンダは、バックラッシュ保守クラスタのネットワークを基盤としつつ、さらに藤岡に率いられた自由主義史観研究会からの流れと、小林に率いられたサブカル保守クラスタからの流れとをそのなかに取り込みながらその版図を押し広げていった。

なお、自由主義史観研究会からの流れは、その底流ではサブカル保守クラスタからの流れに通じるものだったと見ることもできる。研究会に参加した学校教員のなかには、とりわけ日教組による左派的な言説の押し付け、「自由な発言を許さない雰囲気」を伴うというその「言論抑圧的な要素」(村井淳志)への反発から、あくまでも中立的な立場を押し通そうとするがゆえに、いいかえればある種のバランス感覚のゆえにあえて右派的な言説を支持するに至った者も多かったという。たとえばある若手教員は次のように発言している。「「戦争を起こしてはならない」という気持ちは人一倍もっているつもりです。でもだからこそ、戦争はなぜ起こったのかということを冷静に、複眼的に考えていかないと、これからの複雑な国際関係で、日本はやっていけるのかなという危惧があります[23]」

そもそも日教組では一九五二年六月にいわゆる「教師の倫理綱領」が制定され、「教師は平和をまもる」「正しい政治をもとめる」「労働者である」「団結する」などの項目が宣言されて以来、明瞭に左派的な言説が一貫してその指導原理に置かれてきたという経緯がある。しかし冷戦体制の終結という状況のなかで、特に若い世代の一部の教員がそうした言説の押し付けに違和感を感じ、さらに反発することになったのだろう。そうした動きが自由主義研究会からの流れの一つの支えとなっていたと見られる。

「学校的な優等生の場所」に「最も繁殖しやすい」というリベラル派の言説の押し付けへの反発から、反リベラル市民というアジェンダを開発するに至ったサブカル保守クラスタのスタンスに、それはきわめて近いところから出たものだったと言えるだろう。こうしたことからすると、学校教育の現場とサブカルチャーの領域という、まったく異質と見える二つの分野から現れてきたこれら二つの流れは、その底流では微妙につながり合ったものだったと捉えることができる。いいかえればそれらは同一の動きの二つの側面、いわば教員側の動きと生徒側の動きに当たるものだった。

しかしその後、バックラッシュ保守クラスタのネットワークのなかに取り込まれていく過程でこれら二つの流れは、ともにその当初のスタンスから大きく逸脱し、急速に「右旋回」していくことになる。その結果、ある種のバランス感覚のゆえになされたものだったはずの当初の選択が、かえってバランス感覚を大きく逸したものとなってしまう。

たとえば小林は、従軍慰安婦問題に取り組み始めた直後の『SAPIO』九六年十月二十三日号では、「日本が日本なりの理念を持ち／事情があったとしても／アジアを侵略したのは間違いない」と記していた。ところが『戦争論』ではそうした見解はすっかり影を潜めてしまう。先の戦争は自存自衛の戦争であり、アジア解放戦争だったという主張が堂々と繰り広げられるようになる[24]。

また、藤岡も同様に第三の道としての自由主義史観を徐々に後退させていく。明治期の戦争を肯定的に捉えようとする一方で、昭和期の戦争を無謀な侵略と見なして否定的に捉えようとする司馬史観が後退していき、代わって東京裁判史観との対決という構図から、当初は批判的に捉えられていたはずの大東亜戦争肯定史観が肯定され、むしろ積極的に押し出されるようになる。

九九年十月には『国民の歴史』が出版され、やはり大きな反響を呼ぶことになるが、そこではもはや何の躊躇もなく大東亜戦争肯定史観がはっきりと打ち出されていた。[25]

小熊英二によれば小林や藤岡のこうした急激な右旋回は、彼ら独自の「アモルフな（無定形の）問題意識」のゆえにもたらされたものだったのではないかという。つまり元来は右寄りでも左寄りでもなく、むしろアモルフなものだったその問題意識のゆえに、「歴史を語るうえでの確固たる自前の言葉をもっていなかった彼らは、急速に従来の保守派に接近し、「保守の言葉」をつぎあわせて自己の主張を固めて」いかざるをえなかったのではないかと。[26]

元来、自由主義史観研究会からの流れにしてもサブカル保守クラスタからの流れにしても、その原点にあったのはある種の反権威主義の精神だったと見られる。つまりリベラル派の言説という権威の支配に対抗しようとする精神だ。とりわけサブカル保守クラスタの思想は小林や井沢など、強烈な「反権威主義的パーソナリティ」の持ち主に支えられ、しかもサブカルチャーの成熟という状況のなかに新しい時代のリアリティを探ろうとするものだった。

一方でバックラッシュ保守クラスタのなかに強くみなぎっていたのは、逆にある種の権威主義の精神だったと見られる。つまり東京裁判によって否定され、踏みにじられてしまった戦前の日本の輝かしい権威、そのオーソドクシーとオーセンティシティを取り戻そうとする精神だ。「明治憲法下でエスタブリッシュメントだった人の子孫」から旧日本軍の軍人・軍属に至るまで、その思想は強烈な「権威主義的パーソナリティ」の持ち主に支えられたものだった。

このように一方にはサブカル保守クラスタに固有の進歩主義的な反権威主義の精神があり、他方にはバックラッシュ保守クラスタに特有の復古主義的な権威主義の精神があった。しかも前者は若い世代のナイーヴな心性、その反発心や敵愾心から形作られてきたものであり、一方で後者は戦前世代の老獪な執念、その深謀と政略から形作られてきたものだった。どう考えてもそりが合うとは思われないこれら二つの精神が合流し、合体し、混交するに至ったのが、歴史修正主義というアジェンダをめぐるポリティクスの場だった。その結果、そこでは権威主義と反権威主義との野合という錯綜した状況が現出することになる。

そうした野合の場で主導権を握ることになったのは、結局は権威主義の側だったと見られる。バックラッシュ保守クラスタの老獪さとその分厚いネットワークの前では、サブカル保守クラスタのナイーヴさと勢いまかせの無頼さなどひとたまりもなかったのではないだろうか。結局、「確固たる自前の言葉をもっていなかった」サブカル保守クラスタは、そのアモルフな問題意識のゆえにバックラッシュ保守クラスタの「保守の言葉」にからめ取られてしまうことになる。いいかえれば前者のナイーヴな反権威主義の精神は、まさにそのナイーヴさのゆえに、後者の老獪な権威主義の精神に取り込まれてしまうことになる。

やはり「つくる会」のメンバーとなり、九八年二月にはその事務局長に就くことになった大月隆寛は、九九年九月二十日に『戦争論』をテーマとしておこなわれたシンポジウムの場で、リヒャルト・ワーグナーの楽曲に合わせて「ファナティックな調子」で「声高なアジテーション」が流される様子を目の当たりにして強い違和感を覚えたという。[27] その後まもなく「つくる会」を去ることになる大月のその違和感とは、こうした錯綜した状況のなかで、彼ら本来の問題意識がどこか別のところへ連れ去られていってしまうことへの予感、そして危惧に由来するものだったのではないだろうか。元来は「大文字の言葉」としてのリベラル派の言説への強い違和感から発したものだった彼らの問題意識は、結局、皮肉にももう一方の側の「大文字の言葉」としての保守派の言説に取り込まれてしまうことになる。

6　戦前エスタブリッシュメントと戦後エスタブリッシュメント

サブカル保守クラスタによって提起された反リベラル市民というアジェンダは、先に見たように元来は、あくまでも市民主義への自己批判という問題意識から発したものだった。つまりそれは必ずしもリベラル市民主義の全否定を意図したものだったわけではなく、その部分否定と方向修正、たとえば庶民的・常民的なリアリティに根差したその新たな提案というかたちにもなりえたものだった。

しかし実際にはそうはならなかった。とりわけ小林の『戦争論』以降、それはリベラル市民主義そのものの、さらに戦後民主主義そのものの全否定へと一気に突き進んでいくことになる。

日高六郎は一九七一年三月の『市民』創刊号で、このときには「常民」ではなく「村民」という語を用いながら、「いわば「市民」席を一八〇度反対の席からだけではなく、六〇度ばかり斜め下の「村民」の席からもちらりと眺めるような視線を、わが「市民」はふくむことが肝心だ」と論じている。[28] しかし一方で『脱正義論』から『戦争論』へと至る間の小林の変化は、むしろ「六〇度ばかり斜め下の「村民」の席」から「一八〇度反対の席」へと一気にその位置を変え、視線をすっかり入れ替えてしまったようなものだった。

こうした小林の変化、つまり九六年の『脱正義論』から九八年の『戦争論』へと至る間のその変化の中継点に、経済学者の佐伯啓思による九七年七月の著書『「市民」とは誰か――戦後民主主義を問いなおす』（ＰＨＰ研究所）を置いてみることもできるだろう。

やはり「つくる会」のメンバーであり、その『新しい公民教科書』の執筆者の一人でもあった佐伯はこの本のなかで、古代ギリシャのポリスから中世ヨーロッパの“cite”や“Burg”へと至る市民社会の概念史を振り返りながら市民という概念を再検討し、やはり日高の場合と同様に、排他的な特権意識と公共的な規範意識とがそのなかに同居していたという事情を示している。そのうえで佐伯は市民という存在を、ヨーロッパの伝統文化や保守思想などを一つのよりどころとしながら、排他的な特権意識を強く持つがゆえに公共的な規範意識をも強く持ちうる存在として再定義しようとする。その結果、「市民社会」はむしろ「国家」の同義語となり、「市民」は「国民」と重なり合うものとなる。

佐伯のこうした議論には、歴史的な観点からしても理論的な観点からしてもそれなりに説得力はある。しかしそこで議論のよりどころとされていたヨーロッパの伝統文化や保守思想などは、主として上流階級のものであり、そのためそこから導き出されてくる市民像は、「市民的美徳」としての「シヴィックヴァーチュー」を備えたどこか高尚なもの、高級なものとして描き出されていた。いいかえればそこでは、かつての日本型市民社会論が提示していた「ご立派」な市民像よりもさらに「ご立派」な市民像が提示されていたと言えるだろう。日本の伝統文化のなかからも同様の論拠が示されているが、それも「士風」という、「古来日本の上流階級」としての武士階級の文化に基づくものだった。

日高のかつての議論が「土民土語の思想」（甲田寿彦）に触れ、市民という概念をいわば下から脱構築しようとするものだったのに対して、佐伯のこうした議論は「上流士人の気風」（福沢諭吉）に即し、それを上から再構築しようとするものだったと見ることもできるだろう。(29) バックラッシュ保守クラスタに特有のそうした「上から目線」の伝統主義的な志向が、サブカルチャーの成熟という状況のなかに新しい時代のリアリティを探ろうとしていたサブカル保守クラスタの志向と、そりが合うものだったとはやはりどうしても思われない。

しかしサブカル保守クラスタ本来のそうした問題意識は結局、「保守の言葉」にからめ取られてしまうことになる。「「個の確立」という考え」のもとで書き進められたという小林の『脱正義論』のスタンスは、「日本に

「確かな個人」など存在しない」と断じる佐伯の議論に引き寄せられるかのように、のちの『戦争論』では、「そうだった！／普通の人々が個を安定させ／美しいたたずまいを作れる思想が必要なんだ」というスタンスにすっかり置き換わってしまう。(30)

その結果、反リベラル市民というアジェンダの内実が変質していくことになる。元来は市民主義への自己批判という問題意識から発したものだったそれは、リベラル市民主義の全否定を意味するものへと一気に転換していく。以後、彼らはリベラル市民主義そのものの、さらに戦後民主主義そのものの全否定へと一気に突き進んでいくことになる。

なお、このときの小林の急激な右旋回の直接のきっかけとなったのは、「小林さんはつくづく普通の人の気持ちがわからないんだな」という浅羽通明の指摘だったという。(31) このエピソードに象徴的に示されているように、その際の動力となったのは保守派のイデオロギーそのものではなく、あくまでも普通の人々の生のリアリティに向き合おうとする「ゴーマニズム宣言」以来の小林の元来の構え、サブカル保守クラスタに固有の構えだったと見ることができる。

なおその後、特に二〇一〇年代になると小林は再びその立ち位置を変え、ある種の「左旋回」の結果、むしろリベラル市民主義を積極的に擁護する側に回ることになる。そうした変化もまた小林の元来の構え、そしてその独特のバランス感覚によるものだったと見ることができるだろう。

ここでサブカル保守クラスタの思想をあらためて振り返ってみよう。それは元来、学校やジャーナリズムなどの場でリベラル派の言説を「上から目線」で押し付けられがちだった当時の若い世代が、そうした権威の支配に反発するところから生み出されたものだった。その際、そうした権威は、戦後民主主義という立場がときに傾きがちな教条的・独善的な態度として表現されるのが常だった。つまり教師や知識人など、リベラル派の文化エリートが戦後民主主義という理念を掲げ、それを大上段から振りかざそうとする際の態度だ。いいかえれば彼らの反発は、いわば「戦後エスタブリッシュメント」とでもいうべきそうした人々の権威主義、そしてその「上から目線」に向けられたものだった。

そのための戦略として、リベラル派の言説に対立するものとしての保守派の言説が採用されることになる。ところがそこに立ち現れてきたのは、皮肉なことに今度は「戦前エスタブリッシュメント」の権威主義、そしてその「上から目線」だった。保守派の文化人や政治家から旧日本軍の軍人・軍属に至るまで、さらに強烈な権威主義の精神、さらに傲岸な「上から目線」の持ち主に彼らはまみえていくことになる。バックラッシュ保守クラスタの面々だ。

そうした人々といわば戦略的に提携しようとしながら、呉越同舟のイデオロギー戦争をともに戦っていくうちに、彼ら本来の問題意識は、そしてその反権威主義の精神は、いつのまにか錯綜した方向にねじ曲げられてしまったのではないだろうか。いいかえれば彼らは戦後エスタブリッシュメントの権威主義に反発し、楯突こうとしていながら、その過程で結局は戦前エスタブリッシュメントの権威主義に籠絡され、からめ取られてしまったのではないだろうか。

7　右からの引力と左からの斥力

自由主義史観研究会からの流れにしてもサブカル保守クラスタからの流れにしても、その急激な右旋回に際して強力な影響を及ぼすことになったのは、直接的にはもちろん「右からの引力」だった。つまり高橋や西尾をはじめとする保守派の言論人、さらに保守系の政治団体など、バックラッシュ保守クラスタの側が持っていた「確固たる自前の言葉」の力、保守派の言説の力だ。

しかし一方でそこでより本質的な役割を演じることになったのは、実はむしろ「左からの斥力」だったのではないだろうか。つまり彼らを「ウヨク」と見なし、その言説を言論文化の正常な秩序の外側へと押しやろうとするリベラル派の言説の力、逆にリベラル側が持っていた言葉の力だ。それはまさにリベラル市民主義の力、その啓蒙主義的・規範主義的な力でもあった。

つまり彼らはリベラル市民主義を強く批判する過程で、逆にリベラル市民主義から強く批判され、その理念の反対方向へと、そして対極地点へと追いやられることになった。その啓蒙主義的な規範意識を彼らが強く批判すればするほど、逆に彼ら自身が日本社会の後進性として位置付けられ、反動主義的・復古主義的な勢力として批判されるようになる。いいかえれば彼らがリベラル市民主義を「サヨク」と決め付ければ決め付けるほど、逆に彼ら自身が「ウヨク」と決め付けられるようになる。その結果、小熊によれば「皮肉にも彼らは、批判のまなざしを浴びるなかで、まなざされるとおりの存在、すなわちまなざす側が想定したとおりの存在となっていった」という(32)。

たとえば小林は『SAPIO』一九九七年十二月二十四日号に「論敵を悪魔化する「朝日新聞の正義」」という章を掲載した。「朝日新聞は以前 薬害エイズをやってた頃まではむしろ好意的にわしを取り上げてくれることが多かった」が、「従軍慰安婦/歴史教科書論争になってから急に批判的 悪意ある扱いに変化した」と言う小林は、彼のファンのある読者を「さらし者」にしたという『朝日新聞』の記事を取り上げ、その姿勢を厳しく批判した。以後、小林は井沢を追って反朝日の論戦に参戦していくことになる。

それは「左からの斥力」に対する一つの反応だったと捉えることができるだろう。ただしかなりの過剰反応ではあったが。というのも実際には八月十日付の『朝日新聞』のその記事には、小林を「悪魔化」しているというほどの特別な調子は見られなかったからだ(33)。しかし「左からの斥力」に晒され続け、過敏になっていた彼らは、その元来のナイーヴさもあってか、そうしたわずかな圧力にも大げさに反応し、過剰な反作用を引き起こさざるをえなかったのではないだろうか。その結果、彼らは「右からの引力」に引き込まれていくことになる。

とりわけサブカル保守クラスタの場合、彼ら本来の問題意識のなかでその根幹に置かれていたのは、あくまでも庶民的・常民的な生のリアリティに向き合おうとする構えだったと見ることができる。しかしそのための「確固たる自前の言葉」がなかなか見つからず、加えてそれをじっくりと聞き出そうとする周囲の姿勢もほとんど得られないなか、一方で出来合いの「保守の言葉」ばかりがやたらと取り立てられ、煽り立てられる。その結果、彼らの口からも出来合いの保守派の言説ばかりがやたらと威勢よく語られることになる。もしくは語らされることになる。

その過程で盛り上げられていったのが九〇年代後半の新保守論壇だったと見ることもできるだろう。そこでは左右両翼からの力学の磁場を一気に突き破ろうとするかのように、威勢のよい保守派の言説ばかりが次々と派手に打ち上げられていく。そうした動きへの拒否反応からリベラル派の言説がそれを叩き、押しのけようとすると、今度は逆にそうした動きへの過剰反応から保守派の言説がより強くそれを叩き、押しのけようとする。

それら一連の連鎖反応の過程で彼らの言説はますます過激化し、極端化していった。それは皮肉にも彼ら自身が反発したとおりのものへと「悪魔化」し、「怪物化」していく。その結果、ある種のモンスターとしての言説の体系がそこに作り上げられていくことになる。

そうしたなかでいくつかの事件が起きた。まず九七年一月二十九日に予定されていた評論家の櫻井よし子による講演会が、神奈川人権センターの抗議を受けて中止されるに至った。その前年の十月、「従軍慰安婦の強制連行を裏付ける事実はなかった」と櫻井が発言したことを受けてのことだった。一方でその後、二月二十・二十一日に予定されていた在日コリアンの小説家の柳美里によるサイン会が、「独立義勇軍」を名乗る者からの脅迫を受けてやはり中止されるに至った。(34)

これら一連の事件に際し、特に『朝日新聞』や『毎日新聞』が後者の件ばかりを取り上げ、「言論弾圧」などとして大きく問題化しようとしたことに対して、保守論壇からは一斉に抗議の声が上げられていく。たとえば『正論』九七年五月号には法学者の八木秀次により、「柳美里を守り、櫻井よし子を無視する「朝日」の言論感覚」という記事が寄稿された。

そうしたなかで小林は『SAPIO』三月二十六日号に「サヨク化右脳を常識の海に沈めよ」という章を掲載した。「朝日も毎日も大はしゃぎで連日これを取り上げ」、「櫻井よし子には勇気ある人と言わなかったくせに／柳美里には勇気ある人と絶賛し」ながら、柳を「英雄のように持ち上げるのは」、柳が「在日だから」であり、しかも柳を「昨今の従軍慰安婦問題にからめるために利用」しているからだとして、その姿勢を厳しく批判した。[35]するとそれを受け、柳本人からの抗議の文書が『SAPIO』編集部に届けられた。小林の議論にはいくつかの事実誤認があるとして、「もしきちんとしたケジメをつけていただけなければ、私は、あなたを殴りに行く覚悟でおります」とまでそこには記されていた。[36]同時に柳は雑誌『新潮45』九七年五月号（新潮社）から「仮面の国」という連載を開始し、この件をめぐる議論を繰り広げていく。

するとさらにそれを受け、保守派の側から一斉に反撃が開始されることになる。小林は『SAPIO』四月二十三日号に「柳美里に問う――サイン会って言論か？」という章を掲載し、「殴ったら犯すぞ！」などとして柳に応戦する構えを見せた。また、大月は『正論』八月号に「柳美里、このけったいな勘違い」という記事を寄稿し、「「在日」だから、「女性」だから」ということで「「民主主義的」な「善意」」を利用し、「「いじめの被害者」という自分を存分に演じ」ているとしてその態度を強く批判した。さらに西尾も『新潮45』十一月号に「柳美里さん、まあ聴いて下さい」という記事を寄稿し、「在日韓国朝鮮人であることの弱みを特権化」し、「弱い女であることの特権まで振り回して」いるとしてやはりその態度を強く批判した。[37]

のちに「在日特権を許さない市民の会（在特会）」などの活動を通じて二〇〇〇年代半ば以降に顕在化してくることになる「在日特権」という考え方のプロトタイプとなるものが、すでにこの時期、バックラッシュ保守クラスタとサブカル保守クラスタとのこうした「連携プレー」のなかから生み出されるに至ったことに注意しておく必要があるだろう。

ただしこのとき、柳の立場はリベラル派の言説に与するものだったわけでは必ずしもない。従軍慰安婦問題をめぐる立場を〈いた派〉と〈いない派〉とに分けたうえで、柳はむしろ両者から距離を置こうとする立場を取っていた。「〈いた派〉の一部ジャーナリストや進歩的文化人が、アジアの反日感情を自らのイデオロギーに利用していることを残念に思う」としたうえで、自らは「絶対の〈正義〉や〈常識〉の存在など信じていない」と論じるそのスタンスは、『朝日新聞』などによる「絶対正義」の押し付けを批判するところから一連の論争の口火を切った小林のそれと、実はむしろ通じ合うものだったと見ることもできるだろう。[38] つまり両者の立場の間には本来、決定的な対立があったわけではなかった。

ところが当時の左右対決の構図のなかで一方は左側に、一方は右側に位置付けられ、その分極化が推し進められるうち、両者の間の対立は一気に先鋭化していくことになる。「物語は混乱を拒否している」として、一方的な決着をつけようと躍起になっている両側の陣営の空気そのものを批判していた柳が、皮肉なことにそのなかに飲み込まれてしまう。その過程で現れてきたのが在日特権という考え方のプロトタイプとなるものだった。

のちにこの考え方が顕在化し、大きな社会問題として取り沙汰されるようになったころ、〇六年六月に出版されたムック『別冊宝島　嫌韓流の真実！　ザ・在日特権』（宝島社）のなかで大月はあらためてこの件に触れながら、「「弱者カード」を世渡りに利用してきた同胞の面汚し」として、柳の態度を次のように批判している。「在日や朝鮮人という立場に居直り、弱者や被害者であることをダシに恨みつらみだけを養って肥大させ、利権で囲ってうまい汁だけ吸おうとする、そういう態度こそが卑しい[39]」

そこには九〇年代後半以降、左右両翼からの力学の磁場に激しく晒されながら、過激化し、極端化し、そして頽落していった彼らの言説の一つの到達点を見いだすことができるだろう。

8　ホロコースト否定論と日本型歴史修正主義

ここで「歴史修正主義」という概念についてあらためて考えてみよう。この呼び名はこのアジェンダを主張する側の人々が自ら用いたものだったわけではない。むしろ彼らを批判する側の人々から与えられたものだった。元来は欧米で、第二次世界大戦中のナチスドイツによるユダヤ人の大量殺害、いわゆるホロコーストの存在を否定したり歪曲したりしようとする議論「ホロコースト否定論」を主張する人々が自らを「リヴィジョニスト（修正主義者）」と呼んだことに、それは由来するものだった。ホロコーストは存在しなかったなどと主張するリヴィジョニストの議論に、南京大虐殺問題や従軍慰安婦問題などは「でっちあげ」だと主張する彼らの議論が結び付けられて捉えられたことから、「日本版歴史修正主義」という呼び方が与えられることになった。[40]

なお、ホロコースト否定論の歴史は古く、欧米ではドイツばかりでなくフランス、アメリカ、カナダなどを中心に、終戦直後からこの種の議論がさまざまに繰り広げられてきたという経緯がある。反ユダヤ主義、白人至上主義、ネオナチズムなどの動きと密接に結び付きながら各国で繰り広げられてきた動きを統合するかのように一九七八年には、「歴史見直し研究所（ＩＨＲ：Institute for Historical Review）」という団体がアメリカに設立される。また、ヨーロッパでも特に八〇年代半ば以降、極右団体などの伸張に伴って新しい動きが目につくようになった。[41]

そうした動きは日本にも及ぶ。宇野正美による八六年の二冊の著書『ユダヤが解ると世界が見えてくる』『ユダヤが解ると日本が見えてくる』をきっかけに、さらに赤間剛、太田龍、木村愛二などの論者により、陰謀論的な思考と結び付いた独自の反ユダヤ主義のブームが日本中を席巻するに至ったことは先に見たとおりだ。日本版反ユダヤ主義のそうした動きのなかでホロコースト否定論が紹介されていくことになる。

そうしたなかで一つの事件が起きる。いわゆるマルコポーロ事件だ。雑誌『マルコポーロ』九五年二月号（文藝春秋）に寄稿された医師の西岡昌紀による記事「戦後世界史最大のタブー――ナチ「ガス室」はなかった」のなかで、ナチスドイツはユダヤ人を「絶滅」しようとしたわけではないとする主張が繰り広げられた。この件は内外から強い批判を呼び、アメリカのユダヤ人団体やイスラエル大使館からはとりわけ強い抗議の意が表明された。その結果、『マルコポーロ』は自主廃刊するに至る。[42] 歴史修正主義という思潮の存在を日本国内に広く知らしめることになった事件だった。なお、このときの編集長だった花田紀凱はこの件をきっかけに文藝春秋を辞し、のちに保守派の新しいオピニオン誌『ＷｉＬＬ』（ワック）を立ち上げることになる。

一方、この時点ではまだ「ゴーマニズム宣言」の連載を雑誌『ＳＰＡ！』（扶桑社）で続けていた小林は、九五年八月一日号に掲載された章「マルコ廃刊からジャーナリズムを考える」のなかで西岡を強く批判した。するとそれに反論した西岡の議論がその翌号の『ＳＰＡ！』に掲載される。そのことを一つのきっかけに『ＳＰＡ！』編集部と対立するに至った小林は、その後「ゴーマニズム宣言」の舞台を『ＳＡＰＩＯ』に移し、九月二十七日号からそこで「新・ゴーマニズム宣言」の連載を開始することになる。

のちに小林を「広告塔」として広く知られるようになる「つくる会」の運動、そしてそれに代表されるバックラッシュ保守クラスタの運動がホロコースト否定論に結び付けられて捉えられるようになったことの背景には、こうした一連の動きがあった。

そうしたなかから形作られていった「日本型歴史修正主義」のアプローチは、しかし実際には欧米のホロコースト否定論のアプローチとはかなり異なるものだったことに注意しておく必要があるだろう。それはある意味でよりしたたかなもの、より戦略的なものだった。

ホロコースト否定論のアプローチは多くの場合、歴史を科学的に検証し直すことによってその見直しを図ろうとするものだった。たとえばＩＨＲは *Journal of Historical Review* という学術誌風の雑誌を刊行し、歴史上の事実を実証的に明らかにしようとする姿勢を強く打ち出していた。とはいえ実際には、この雑誌は公正な査読に基づくものだったわけではない。そのためそこで打ち出されることになったのは、結局は似非科学的な見せかけの実証性にすぎず、その結果、彼らの議論はその内容面の偏りとともに、実証性の欠如という観点から厳しい批判を受けることになる。[43]

それに対して日本型歴史修正主義のアプローチは、歴史を物語として構成し直すことによってその語り直しを図ろうとするものだった。「つくる会」はその『新しい歴史教科書』を「物語としての筋」、それも「全体の筋」に沿って編もうとする姿勢を明確に打ち出していた。[44]「つくる会」の呼びかけ人の一人であり、その理事の一人でもあった坂本多加雄は九八年三月のその著書『歴史教育を考える――日本人は歴史を取り戻せるか』（ＰＨＰ研究所）のなかでそうした姿勢の論拠を示している。坂本によれば国民が統合されるためには、その民族性、言語、宗教など、さまざまな要素が共有されていることが望ましいが、しかしそのなかでも最も重要なのは物語が共有されていることだという。それぞれの国の来歴の物語、国民形成の物語だ。そうした「国民の物語」は、しかも個人の物語よりもフィクション性が強いものだという。なぜならアメリカの歴史学者のベネディクト・アンダーソンが言うように、国家とは「想像の共同体」であり、一種のフィクションにすぎないものだからだ。[45]「想像の共同体」という構築主義的な国民観をいわば逆手に取っているかのような坂本のこうした議論は、高橋哲哉によれば、本質主義的・実体論的な国民観に基づく従来のナショナリズムの地平を超えるものだった。[46]そこに彼らのある種のしたたかさを見て取ることができるだろう。

実証主義的なアプローチに基づくホロコースト否定論の場合とは異なり、構築主義的なアプローチに基づく彼らの議論は、実証性の欠如という観点から論破し尽くすことはできない。そこではそもそも実証性が最優先されているわけではないからだ。もちろんそれなりの実証性は担保されているものの、しかし坂本によれば個別の

「因果関係」を特定することよりも、むしろ大きな「筋」を設定することのほうがそこでは優先されている。そのため彼らの議論に対抗しようとすれば、彼らが持ち出してくる「筋」とはまた別の「筋」を提示し、彼らが打ち出してくる語り方とはまた別の語り方で歴史を語り直すしかなくなってくる。その結果、歴史認識問題、そして歴史教科書問題は、それぞれの物語がそれぞれの正当性を主張しながらその承認をめぐって相争う場となってしまう。つまり物語同士の抗争の場、さらにいえば物語作家同士の闘争の場だ。

実はこうした戦略のゆえにこそ、バックラッシュ保守クラスタはとりわけサブカル保守クラスタにアプローチする必要があったのではないだろうか。小林はマンガ家として、井沢は歴史小説家として、ともに当時のポピュラーな物語作家だった。かつて自由主義史観研究会が自由主義史観の確立にあたり、司馬遼太郎という傑出した物語作家の存在を持ち出してくる必要があったように、「つくる会」は大東亜戦争肯定史観の擁立にあたり、やはりポピュラーな物語作家としての彼らと連帯していく必要があったのではないだろうか。そうした意図が必ずしも明示的なものではなかったとしても、それは日本型歴史修正主義のアプローチにとってむしろ本質的なものだったのではないかと思われる。実際、小林は柳との論争のなかで、「物語は混乱を拒否している」として当時の空気を批判していた柳に対して、「優れた物語は優れた言説よりも優位である」と論じている。[47]

なお、こうして物語作家と連帯していくというバックラッシュ保守クラスタの戦略は、のちに二〇〇〇年代以降も百田尚樹などのケースに引き継がれていくことになる。

9　サブカル保守クラスタと歴史修正主義アジェンダとの親和性

一九九七年三月ごろに立ち上げられ、サブカル保守クラスタの一大拠点となったサイト「日本ちゃちゃちゃ倶楽部（日本茶掲示板）」ではその活動目的として、「教科書の従軍慰安婦についての記述」の「訂正または削除を求める」こと、その過程で「普通の人たちの心の片隅でくすぶっている（略）素朴な隠れた本音を引き出」すことなどが掲げられていた[48]。

普通の人々の生のリアリティに向き合おうとする構えから発し、反リベラル市民というアジェンダを経て歴史修正主義というアジェンダへと向かっていったサブカル保守クラスタの問題意識が、そこには如実に写し出されていたと言えるだろう。つまりこの時期、サブカル保守クラスタの運動は小林の「信者」のコミュニティを中心に、出版メディアのなかからネットメディアのなかへと引き継がれていったと見ることができる。

このサイトにはメインの掲示板のほかに「歴史ボード」などが設置され、歴史認識問題や歴史教科書問題をめぐって日夜熱心な議論が繰り広げられていた。しかも大学生を中心とするその運営メンバーは絶えず議論を重ね、必要に応じて年長の論者のアドバイスを仰いでいたという[49]。若い世代を中心とするサブカル保守クラスタが年長の世代を中心とするバックラッシュ保守クラスタの協力を仰ぎながら、彼らの「独立国」の運営に当たっていた様子がそこからうかがい知れるだろう。こうして両者の間の協業、「連携プレー」というスタイルもまた、出版メディアのなかからネットメディアのなかへと引き継がれていった。

しかしそこには一つの疑問が残る。当時、バックラッシュ保守クラスタが掲げていたアジェンダは歴史修正主義というものばかりではなかった。たとえば日本会議は憲法改正、ジェンダーフリー批判、教育改革など、さまざまなアジェンダを掲げて幅広い活動を展開していくことになる。しかしサブカル保守クラスタが反応を示し、両者の間に協業を成り立たせることになったのは歴史修正主義というアジェンダだけだった。のちのネット右派運動のなかでも、憲法改正、ジェンダーフリー批判、教育改革などが固有のアジェンダとして強く押し出されるようなことはなかった。

それはなぜだろうか。なぜサブカル保守クラスタは、ことさら歴史修正主義というアジェンダにのみ強く反応することになったのだろうか。その点について考えるためにはサブカル保守クラスタの運動で強く志向されていたサブカルチャー、戦闘サブカルチャーというジャンルの性格についてあらためて考えてみる必要がある。

先に見たように『宇宙戦艦ヤマト』から『機動戦士ガンダム』へと至る流れのなかで戦闘サブカルチャーは、戦後民主主義的な視座を自らのなかにさまざまに取り込みながらその成熟の度を増していった。元来はもっぱら子供向けのジャンルと考えられ、初期の戦記マンガのように単純で平板な世界が描き出されるだけの場でしかなかったそこに、複雑で奥行きのある世界が描き込まれるようになる。

そうした世界観を表現するにあたって特に『ガンダム』では、とりわけ二つのスタンスが強く打ち出されていたと見ることができる。その一つは「善悪二元論批判」とでもいうべきものだ。この作品では地球連邦軍がジオン公国と戦うが、しかしその対立の構図は必ずしも明確なものではなく、どこに真の正義があるのかも判然としない。ジオン側も絶対悪として描かれているわけではなく、地球連邦軍も一枚岩ではない[50]。

そこでは一方的に善とされるものにより、一方的に悪とされるものが駆逐されることに対して疑義が突き付けられることになる。とりわけ戦後民主主義と戦闘サブカルチャーとの関係にあっては、絶対善としての前者により、戦争という絶対悪に連なるものとしての後者が駆逐されることに対して疑義が突き付けられる。そこには戦闘サブカルチャーというジャンルの独特のスタンスが反映されていたと言えるだろう。戦後民主主義という立場がときに傾きがちな教条的・独善的な態度へのアンチテーゼというスタンスだ。

その後、『ガンダム』のシリーズ展開を通じてそうしたスタンスはさらに発展させられていく。八五年三月からの第二弾テレビシリーズ『機動戦士Ｚガンダム』では、地球連邦軍から出たティターンズとエゥーゴとの対立に、ジオン公国から出たアクシズが加わり、三つ巴の戦いが繰り広げられる。八六年三月からの第三弾テレビシリーズ『機動戦士ガンダムＺＺ』では、エゥーゴ、アクシズを継いだネオジオン、さらにネオジオンの内乱軍により、やはり三つ巴の戦いが繰り広げられる。そうした「三元論」的な構図の導入により、そこでは善悪二元論という枠組みそのものにより根本的な疑義が突き付けられることになる。

10　善悪二元論批判と歴史的物語観

そうしたスタンスの支えとなっていたのがもう一つのスタンスだった。「歴史的物語観」とでもいうべきものだ。地球連邦軍にもジオンにもそれぞれの側に込み入った歴史があり、さらにそれゆえの相克と分裂があり、そうした状況に目を向けながら歴史の複雑さを入念に描き込むことにより、善悪二元論の単純さを乗り越え、奥行きのある物語世界を描き込むことが初めて可能になるという考え方だ。物語を作り込むにあたってそれを歴史として捉えようとするこうしたスタンスのうえに、善悪二元論批判というもう一つのスタンスが成り立っていたと言えるだろう。

しかもこうしたスタンスは、作品の制作者にとってばかりでなくむしろその消費者、とりわけ「コア」なファンにとってより重要な意味を持つものだった。そもそも『ガンダム』はそのシリーズ全体としていわゆるサーガ、つまり叙事詩的な戦争年代記として構想されたものだった。大塚英志によればそこには「大きな物語」としての歴史が設定されており、それぞれの作品はその一部を断片的に表象しているだけの「小さな物語」にすぎない。ファンは一つひとつの「小さな物語」を消費しながら、その背後に広がっている「大きな物語」としての歴史を探り出そうとする。コンテンツ消費の際のそうした様式を大塚は「物語消費」と呼んだ。(51)

しかも特に『ガンダム』ではその第一作に引き続き、テレビアニメばかりでなく映画、マンガ、小説、ゲーム、OVA（オリジナルビデオアニメーション）など、さまざまなメディアを通じておびただしい数の「小さな物語」が提供されていく。そのためコアなファンの間では、物語消費としての歴史探索がとりわけ熱心におこなわれるようになる。作品のなかにちりばめられたさまざまな設定を読み解き、各種の設定資料なども駆使しながら、「宇宙世紀」の詳細な年表を完成させるべく彼らは議論を繰り広げていく。ときにはいくつかの作品の間で設定が食い違っていることなどもあり、そうした場合には「正史」をめぐる論争も繰り広げられた。

このように戦闘サブカルチャーというジャンルの成熟は、複雑で奥行きのある世界観の表現にあたり、とりわけ善悪二元論批判と歴史的物語観という二つのスタンスをその支えとして実現されたものだったと見ることができる。そして実はそれらは、歴史修正主義というアジェンダの支えとなっていた二つのスタンスに通じるところを多分に持つものだった。

その一つは「善玉悪玉史観批判」とでもいうべきものだ。東京裁判史観を見直そうとする考え方の原点にあったのは、要するに「日本悪玉史観」、つまり日本だけが悪かったとする歴史観を見直そうとするスタンスだった。そのためそこでは、「歴史に登場する行為主体を善玉と悪玉に振り分けて説明しようとする志向」（藤岡）そのものに疑義が突き付けられることになる。実際、自由主義史観研究会の最初の叢書には「善玉・悪玉史観を超えて」というサブタイトルが付けられていた。彼らのこうしたスタンスは、善悪二元論批判という戦闘サブカルチャーのスタンスに通じるところを多分に持つものだったと言えるだろう。

もう一つは「物語的歴史観」とでもいうべきものだ。日本型歴史修正主義のアプローチは、歴史を物語として構成し直すことによってその語り直しを図ろうとするものだった。そこでは個別の「因果関係」の背後に大きな「筋」を設定することによって「大きな物語」を作り直すことがもくろまれていた。実際、「つくる会」はその歴史教科書を「物語としての筋」、それも「全体の筋」に沿って編もうとする姿勢を明確に打ち出していた。歴史を物語として捉えようとする彼らのこうしたスタンスは、物語を歴史として捉えようとする戦闘サブカルチャーのスタンスに通じるところをやはり多分に持つものだったと言えるだろう。

このように戦闘サブカルチャーの支えとなっていた二つのスタンス、すなわち善悪二元論批判と歴史的物語観は、歴史修正主義というアジェンダの支えとなっていた二つのスタンス、すなわち善玉悪玉観批判と物語的歴史観に相同するものだった。実はこうした相同性のゆえにこそ、戦闘サブカルチャーというジャンルは歴史修正主義というアジェンダに強く結び付くことになったのではないだろうか。いいかえればサブカル保守クラスタは反リベラル市民というアジェンダを通じてこのジャンルに接近したのち、実はこうした相同性のゆえにこそ、次に歴史修正主義というアジェンダに接近することになったのではないだろうか。もしくはそれに強く引き付けられることになったのではないだろうか。

なお、戦闘サブカルチャーに固有のこれらの二つのスタンスは『ガンダム』以後も、さまざまなアニメ作品によってさらに発展させられていく。その一つの頂点となったのは、一九八八年十二月からその第一作がOVAとして発売されたアニメ『銀河英雄伝説』だろう。小説家の田中芳樹による八二年以来の同名小説（徳間書店）を原作とするこの作品は、その舞台を未来に置いたSF戦記物でありながら、後世の歴史家によって語られる歴史物語として構成されたものだった。そこでは銀河帝国と自由惑星同盟とが戦うが、しかしどちらか一方が善、他方が悪として位置付けられていたわけではなく、しかも第三の勢力としてのフェザーン自治領がそこに加わることにより、『三国志』さながらの「三元論」的な群像劇が複雑に繰り広げられる。その後、九七年三月に至るまで百十話にわたって展開されたこの作品ではこれら二つのスタンスが互いに支え合いながら、その壮大な作品世界を支えるための重要な原理として機能していた。

ちょうどこの時期、九七年三月ごろに立ち上げられた日本茶掲示板は当初、小林の信者のコミュニティだったと同時に、実はコアなアニメファンのコミュニティでもあった。そこではとりわけ『銀河英雄伝説』の人気が根強く、Merkatz、ヤン・ウェンリー、ビッテンフェルトなど、その登場人物の名前をハンドルネームとして用いていた常連の「論客」が何人もいるという状況だった。[52] そうしたことからも、サブカル保守クラスタが戦闘サブカルチャーというジャンルを通じて歴史修正主義というアジェンダに強く結び付いていた様子がうかがい知れる

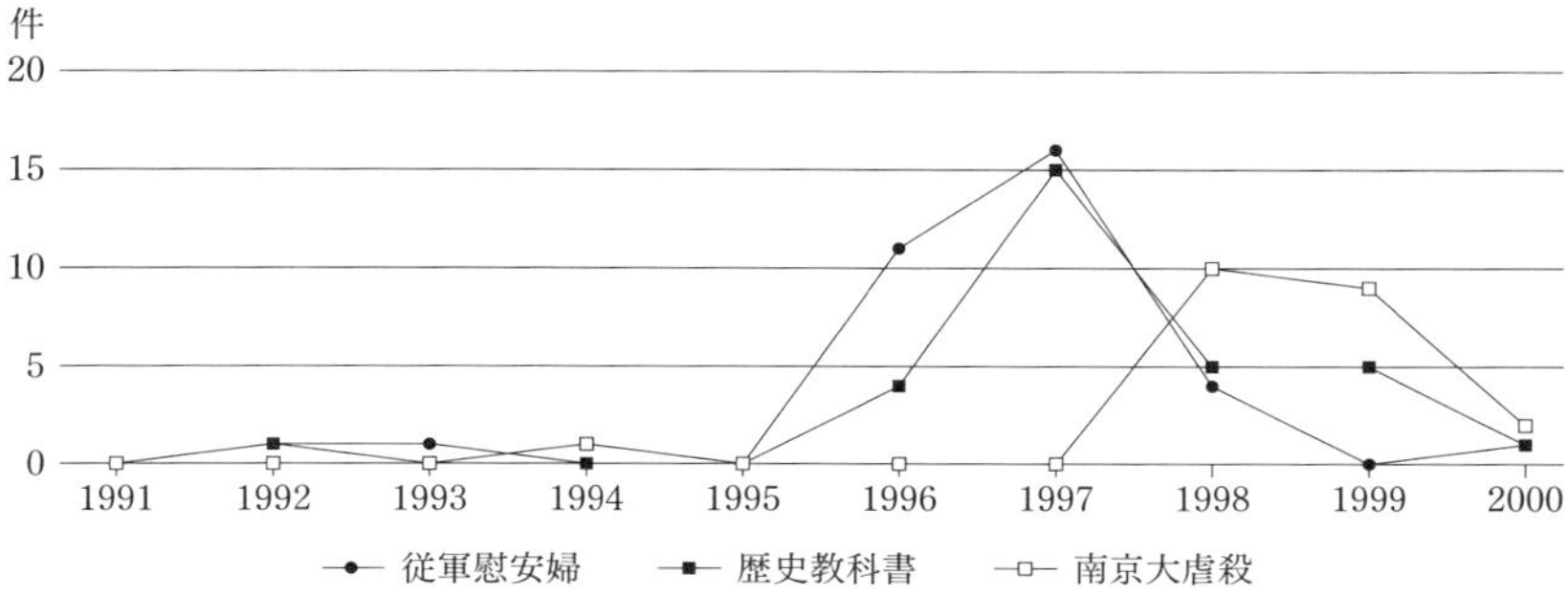

図8　『SAPIO』掲載歴史問題記事数（1990年代）

だろう。

11　三つのアジェンダの統合と新保守論壇の完成

　これまでに見てきた一連の動きをここでひとまずまとめておこう。まず図8は、一九九一年から二〇〇〇年までの間に『ＳＡＰＩＯ』に掲載されたすべての記事のなかで、歴史認識問題に関わると考えられる個別の問題として、特に従軍慰安婦問題、歴史教科書問題、南京大虐殺問題を直接のテーマとした記事がどれだけあったかという件数を年別に表したものだ。これら三つの問題はいずれも歴史修正主義というアジェンダの一部をなすもの、いわばそのサブアジェンダとして位置付けることができるだろう。

　それによればこれら三つの問題に関する記事の件数は九六年以降、順次急激な高まりを見せていることがまずわかる。九六年には従軍慰安婦問題、九七年には歴史教科書問題、九八年には南京大虐殺問題に関する記事がそれぞれ急増した。このようにいわば主役となるテーマを毎年入れ替えながら一連の問題意識を強く打ち出していくことにより、これら三つのサブアジェンダは全体として、より大きな問題設定としての歴史修正主義というアジェンダを複合的に構築していったと見ることができるだろう。九〇年代後半の『ＳＡＰＩＯ』の右傾化、そしてそれに伴う新保守論壇の形成という動きは、こ

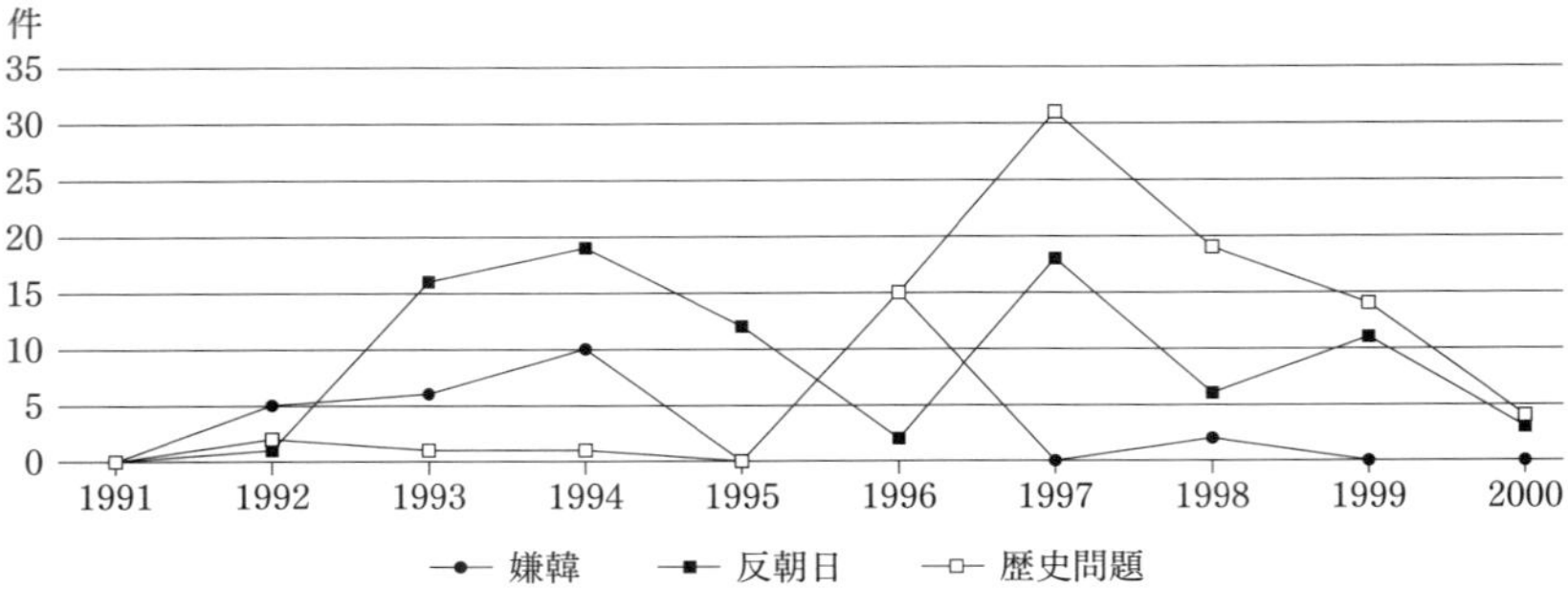

図9 『SAPIO』掲載嫌韓・反朝日・歴史問題記事数（1990年代）

うして歴史修正主義というアジェンダが順次構築されていく過程として推し進められていった。

次に図9は、やはり九一年から〇〇年までの間に『SAPIO』に掲載されたすべての記事のなかで、「嫌韓」という語をタイトルに冠した記事、すなわち明示的な「嫌韓記事」、『朝日新聞』による報道を直接のテーマとし、しかも批判的なスタンスからそれを論じた記事、すなわち「反朝日記事」、および歴史認識問題に関わると考えられる記事（前記の三つの問題に関する記事の合計）、すなわち「歴史問題記事」がどれだけあったかという件数を年別に表したものだ。ここで嫌韓記事は嫌韓というアジェンダを、反朝日記事は反リベラル市民というアジェンダを、歴史問題記事は歴史修正主義というアジェンダをそれぞれ代表するものとして位置付けることができるだろう。

それによれば嫌韓記事と反朝日記事の件数は、ともに九〇年代半ばを挟んで二つの高まりの山に大きく分かれていることがまずわかる。九〇年代前半の第一の山と後半の第二の山だ。嫌韓記事の場合には九二年から九四年にかけてまず第一の山が現れたのち、九五年にひとまずその動きが収まり、その後九六年からまた第二の山が現れる。反朝日記事の場合には嫌韓記事の動きからちょうど一年遅れるかたちで、九三年から九五年にかけてまず第一の山が現れたのち、九六年にひとまずその動きが収まり、その後九七年からまた第二の山が現れる。一方、歴史問題記事の件数は九〇年代後半、九六年から急激な高まりを見せている。

ここで嫌韓記事と反朝日記事の第二の高まりの山は、ともに歴史問題記事の高まりの山に連動して形作られたものだったと見ることができるだろう。つまり嫌韓と反リベラル市民という二つのアジェンダはともに九〇年代後半、歴史修正主義の盛り上がりという動きのなかで再活性化され、再争点化されていったと見られる。

その際、嫌韓というアジェンダは従軍慰安婦問題というサブアジェンダを媒介項として、その趣旨をほぼそのまま保ちながら歴史修正主義というアジェンダのなかに吸収されていった。従軍慰安婦問題は嫌韓というアジェンダのサブアジェンダだったと同時に、歴史修正主義というアジェンダのそれでもあったと位置付けられるだろう。

一方、反リベラル市民というアジェンダはその内実を変質させることにより、微妙にねじ曲げられたかたちで歴史修正主義というアジェンダのなかに接合されていった。市民主義への自己批判からリベラル市民主義の全否定へという転換がそこに生じ、サブカル保守クラスタ本来の問題意識は「保守の言葉」に取り込まれてしまう。

このようにその接続のされ方は異なっていたものの、これら二つのアジェンダはともに九〇年代後半、歴史修正主義という新しいアジェンダのなかに飲み込まれ、それを強化していくものとなる。いいかえれば九〇年代の前半と半ばにそれぞれ『ＳＡＰＩＯ』を一つの拠点として形作られてきたこれら二つのアジェンダは、ともに後半に立ち現れてきたもう一つのアジェンダのなかで統合され、『ＳＡＰＩＯ』の右傾化という動きを完成させることになる。

このように新保守論壇は、九〇年代前半には嫌韓、半ばには反リベラル市民、後半には歴史修正主義というアジェンダをそれぞれ提起しながら、九〇年代を通じて新しい言説の場としてのその陣容を徐々に整えていった。これら三つのアジェンダに順次引っ張られるかたちで推し進められていった『ＳＡＰＩＯ』の右傾化、そして新保守論壇の形成という動きは、こうして九〇年代末までにはその大方の段階を完了し、ひとまずの完成を見ることになったと言えるだろう。以後、そうした動きは出版メディアのなかからネットメディアのなかへとその舞台を移していくことになる。

注

(1)歴史・検討委員会編『大東亜戦争の総括』歴史・検討委員会、一九九五年、四四三―四四五ページ、俵義文『徹底検証あぶない教科書――「戦争ができる国」をめざす「つくる会」の実態』(シリーズ世界と日本)、学習の友社、二〇〇一年、五一ページ

(2)冨士信夫『私の見た東京裁判』下(講談社学術文庫)、講談社、一九八八年、五四二ページ、林房雄『大東亜戦争肯定論』(中公文庫)、中央公論新社、二〇一四年、七―三一ページ(初版:一九六四年)

(3)上丸洋一『『諸君!』『正論』の研究――保守言論はどう変容してきたか』岩波書店、二〇一一年、三三九―三四〇ページ、江藤淳「アメリカは日本での検閲をいかに準備していたか」『諸君!』一九八二年十二月号、文藝春秋

(4)松平永芳「誰が御霊を汚したのか――「靖国」奉仕十四年の無念」『諸君!』一九九二年十二月号、文藝春秋、「靖国神社 A級戦犯の合祀は東京裁判否定が動機 昭和天皇発言メモでもくろみ破綻」『しんぶん赤旗』二〇〇六年七月二十五日付(https://www.jcp.or.jp/akahata/aik4/2006-07-25/2006072502_02_0.html)

(5)青木慧『タカ派知識人――組織と人脈五百人』(同時代叢書)、汐文社、一九八四年、一五一―一九一ページ、教科書改善の会(改正教育基本法に基づく教科書改善を進める有識者の会)「教科書改善宣言!」二〇〇七年九月発行パンフレット

(6)板垣正『靖国公式参拝の総括』展転社、二〇〇〇年、前掲『『諸君!』『正論』の研究』一一一―一三〇ページ

(7)前掲『徹底検証あぶない教科書』五一ページ、「第二次世界大戦終結七十年 第二部 安倍首相と逆流の系譜」『しんぶん赤旗』二〇一五年一月十七―二十五日(http://www.jcp.or.jp/akahata/web_daily/2015/01/post-40.html)

(8)和田春樹「安倍路線の破産と新朝鮮政策――拉致問題、核問題をどう考えるか」、岩波書店編『世界』二〇〇七年十二月号、岩波書店(http://www.wadaharuki.com/abe.html)

（9）前掲「第二次世界大戦終結七十年 第二部 安倍首相と逆流の系譜」

（10）「日本会議をたどって（一―十）」『朝日新聞』二〇一六年十一月八日―二十一日付、「日本会議をたどって 二（一―九）」『朝日新聞』二〇一六年十一月三十日―十二月十二日付、菅野完『日本会議の研究』（扶桑社新書）、扶桑社、二〇一六年、上杉聰『日本会議とは何か――「憲法改正」に突き進むカルト集団』（合同ブックレット）、合同出版、二〇一六年、俵義文『日本会議の全貌――知られざる巨大組織の実態』花伝社、二〇一六年、山平重樹『ドキュメント新右翼――何と闘ってきたのか』（祥伝社新書）、祥伝社、二〇一八年、八七―一一八ページ（初版：一九八九年）

（11）「国民運動の歩み」『日本会議』（http://www.nipponkaigi.org/activity/ayumi）、「〝復古調〟の日本史教科書づくり原稿本で教育勅語礼賛」『朝日新聞』一九八六年五月二十四日付、「明成社版・高校日本史Ｂ教科書など二〇〇一年度検定についての見解」『子どもと教科書全国ネット二一』二〇〇二年四月九日（http://www.ne.jp/asahi/kyokasho/net21/seimei_03-04.htm#明）［二〇一七年三月三日アクセス。現在はリンク切れ］

（12）前掲『日本会議とは何か』三二ページ、前掲『徹底検証あぶない教科書』四六―八三ページ

（13）前掲「日本会議をたどって 二」、前掲『日本会議の研究』、前掲『日本会議の全貌』

（14）魚住昭「日本会議を形成する生長の家人脈 取り巻く宗教団体、根源に「明治憲法復元」」『Ｊｏｕｒｎａｌｉｓｍ』二〇一六年五月号、朝日新聞社ジャーナリスト学校、「ここが変わった〝復古調〟教科書 原稿本から内閲本へ」『朝日新聞』一九八六年五月二十八日付、前掲『靖国公式参拝の総括』

（15）藤岡信勝『近現代史教育の改革――善玉・悪玉史観を超えて』（「近現代史」の授業改革双書）、明治図書出版、一九九六年、一―三、一九―八九、一五三―一六四ページ、山田朗『歴史修正主義の克服――ゆがめられた〈戦争論〉を問う』高文研、二〇〇一年、二七―五九ページ

（16）村井淳志『歴史認識と授業改革』教育史料出版会、一九九七年、一一―二四、一八三―二一六ページ

（17）林雅行『天皇を愛する子どもたち――日の丸教育の現場で』青木書店、一九八七年、四八―六一ページ、前掲「日本会議をたどって 二」、高橋史朗「戦後五十年と占領政策」、前掲『大東亜戦争の総括』所収

（18）小林よしのり『新・ゴーマニズム宣言 三』小学館、一九九七年、一一九―一二七ページ、「趣意書」『新しい歴史

教科書をつくる会』(http://www.tsukurukai.com/aboutus/syuisyo.html)
(19)前掲「日本会議をたどって 二」、前掲『徹底検証あぶない教科書』四六―八三ページ
(20)前掲『新・ゴーマニズム宣言 三』一五―二三ページ
(21)同書三五―一三六ページ
(22)井沢元彦『逆説のニッポン歴史観』(小学館文庫)、小学館、二〇〇五年、六―二七ページ(初版:二〇〇〇年)
(23)前掲『歴史認識と授業改革』一九二―一九五ページ
(24)前掲『新・ゴーマニズム宣言 三』五三ページ、前掲『新・ゴーマニズム宣言SPECIAL 戦争論』二七―三八ページ、前掲『歴史修正主義の克服』八九―一三六ページ
(25)前掲『歴史修正主義の克服』二七―四四、一三七―一四二ページ、西尾幹二/新しい歴史教科書をつくる会編『国民の歴史』産経新聞ニュースサービス、一九九九年、五三九―六一六ページ
(26)小熊英二「「左」を忌避するポピュリズム――現代ナショナリズムの構造とゆらぎ」、小熊英二/上野陽子『〈癒し〉のナショナリズム――草の根保守運動の実証研究』所収、慶應義塾大学出版会、二〇〇三年
(27)大月隆寛『あたしの民主主義』毎日新聞社、二〇〇〇年、四五、五四ページ
(28)日高六郎「市民と市民運動」(一九七三年)、杉山光信編『日高六郎セレクション』(岩波現代文庫)所収、岩波書店、二〇一一年
(29)佐伯啓思『「市民」とは誰か――戦後民主主義を問いなおす』(PHP新書)、PHP研究所、一九九七年、九五―一八六ページ、前掲「市民と市民運動」
(30)同書一七三ページ、小林よしのり『新・ゴーマニズム宣言 六』小学館、一九九九年、一〇九ページ
(31)浅羽通明『ナショナリズム――名著でたどる日本思想入門』(ちくま文庫)、筑摩書房、二〇一三年、二二ページ
(32)前掲「「左」を忌避するポピュリズム」
(33)小林よしのり『新・ゴーマニズム宣言 五』小学館、一九九八年、一二一―一二八ページ、「「「この国」を想う」「よしりんウオッチ」見えぬ相手との議論」『朝日新聞』一九九七年八月十日付

（34）鈴木邦男『夕刻のコペルニクス 二』（扶桑社文庫）、扶桑社、二〇〇〇年、一二〇―一九一ページ（初版：一九九八年）、日本の前途と歴史教育を考える若手議員の会『歴史教科書への疑問――若手国会議員による歴史教科書問題の総括』展転社、一九九七年、四四八―四四九ページ、「柳美里さんサイン会脅迫事件を考える」『創』一九九七年八月号、創出版

（35）小林よしのり『新・ゴーマニズム宣言 四』小学館、一九九八年、一九―二一ページ

（36）柳美里「「サイン会中止事件」への大いなる誤解」『ＳＡＰＩＯ』一九九七年四月二十三日号、小学館、前掲『新・ゴーマニズム宣言 四』四一―四四ページ

（37）前掲『新・ゴーマニズム宣言 四』四〇ページ、大月隆寛「柳美里、このけったいな勘違い」『正論』一九九七年八月号、産経新聞社（http://d.hatena.ne.jp/king-biscuit/19970615/p1）

（38）柳美里『仮面の国』新潮社、一九九八年、七―二一ページ

（39）大月隆寛「柳美里――「弱者カード」を世渡りに活用してきた同胞の面汚し！」、野村旗守／宮島理／李策／呉智英／浅川晃広ほか『別冊宝島 嫌韓流の真実！ ザ・在日特権――朝鮮人タブーのルーツから、民族団体の圧力事件、在日文化人の世渡りまで！』所収、宝島社、二〇〇六年

（40）高橋哲哉『歴史／修正主義』（思考のフロンティア）、岩波書店、二〇〇一年、一―三二ページ、前掲『歴史修正主義の克服』九―一九ページ

（41）「ホロコースト否定の年代記」*United States Holocaust Memorial Museum*（https://www.ushmm.org/wlc/ja/article.php?ModuleId=10008003）

（42）David G. Goodman and Miyazawa Masanori, *Jews in the Japanese Mind: The History and Uses of a Cultural Stereotype*, Free Press, 1994.（デイヴィッド・グッドマン／宮澤正典『ユダヤ人陰謀説――日本の中の反ユダヤと親ユダヤ』藤本和子訳、講談社、一九九九年、四〇三―四一一ページ）

（43）*INSTITUTE FOR HISTORICAL REVIEW*（http://www.ihr.org/）、*The Mad Revisionist*（http://www.revisionism.nl/）［二〇一八年六月四日アクセス。現在はリンク切れ］

(44) 小林よしのり／新しい歴史教科書をつくる会編『新しい歴史教科書を「つくる会」という運動がある』扶桑社、一九九八年、六〇―七四ページ
(45) 坂本多加雄『歴史教育を考える――日本人は歴史を取り戻せるか』（ＰＨＰ新書）、ＰＨＰ研究所、一九九八年、五八―八八ページ、Benedict Anderson, *Imagined Communities: Reflections on the Origin and Spread of Nationalism*, Verso, 1983.（ベネディクト・アンダーソン『定本 想像の共同体――ナショナリズムの起源と流行』白石隆／白石さや訳〔社会科学の冒険、二期四〕、書籍工房早山、二〇〇七年）
(46) 前掲『歴史／修正主義』三三―七四ページ
(47) 前掲『仮面の国』一四ページ、前掲『新・ゴーマニズム宣言 四』三八ページ
(48)「Ｓ．Ｓさんへ：日本ちゃちゃちゃ倶楽部とは何か。」『新・ゴーマニズム宣言（十四章問題）その行方を探る！』一九九七年三月二十七日（http://www.bekkoame.ne.jp/~yamadan/mondai/rmal15/react801.html）［二〇一六年二月五日アクセス。現在はリンク切れ］
(49)「日本茶掲示板同窓会」『５ちゃんねる』二〇一四年七月十六日（https://anago.5ch.net/test/read.cgi/kova/1405456563/）
(50)「『ナウシカ』や『ガンダム』の「その先の物語」とは何か。」『Ｓｏｍｅｔｈｉｎｇ Ｏｒａｎｇｅ』二〇一〇年五月十二日（http://d.hatena.ne.jp/kaien/20100512/p1）、安彦良和インタビュー「ネット右翼の本質はガンダム世代なのか？」、『別冊宝島 ネット右翼ってどんなヤツ？――嫌韓、嫌中、反プロ市民、打倒バカサヨ』所収、宝島社、二〇〇八年
(51) 大塚英志『定本 物語消費論』（角川文庫）、角川書店、二〇〇一年、五―五四ページ（初版：一九八九年）
(52) 前掲ウェブサイト「日本茶掲示板同窓会」、「初代掲示板過去ログ 投稿ログ三十二」『田中芳樹を撃つ！』一九九九年二月三日―（http://www.tanautsu.net/bbs/log/board01-00032.html）

第4章　ネット右派論壇と保守系・右翼系の二つのセクター
――一九九〇年代後半まで

1　ネット右派論壇の形成

新保守論壇が形作られていった一九九〇年代は、同時に日本のネット文化が形作られていった時期でもあった。八〇年代後半からサービスを開始したパソコン通信が普及し、九三年のウィンドウズ３・１、九五年のウィンドウズ９５の発売とともにパソコンユーザーが増えていくと、それに伴ってパソコン通信ユーザーも増えていく。ブラウザソフトのインターネットエクスプローラがウィンドウズ９５に同梱されたことをきっかけに、インターネットユーザーが急速に増え始める九六年までの時点で、パソコン通信最大手のニフティサーブのユーザーはすでに二百万人を超えていた(1)。

当時、ニフティサーブの掲示板システムにはオフィシャルな場としての「フォーラム」のほか、プライベートな場としての「パティオ」「ホームパーティ」などが用意されていた。なかでもホームパーティは手軽に設置することができ、かつメンバーの管理も容易だったことから、さまざまな専門情報、とりわけ「アングラ情報」の

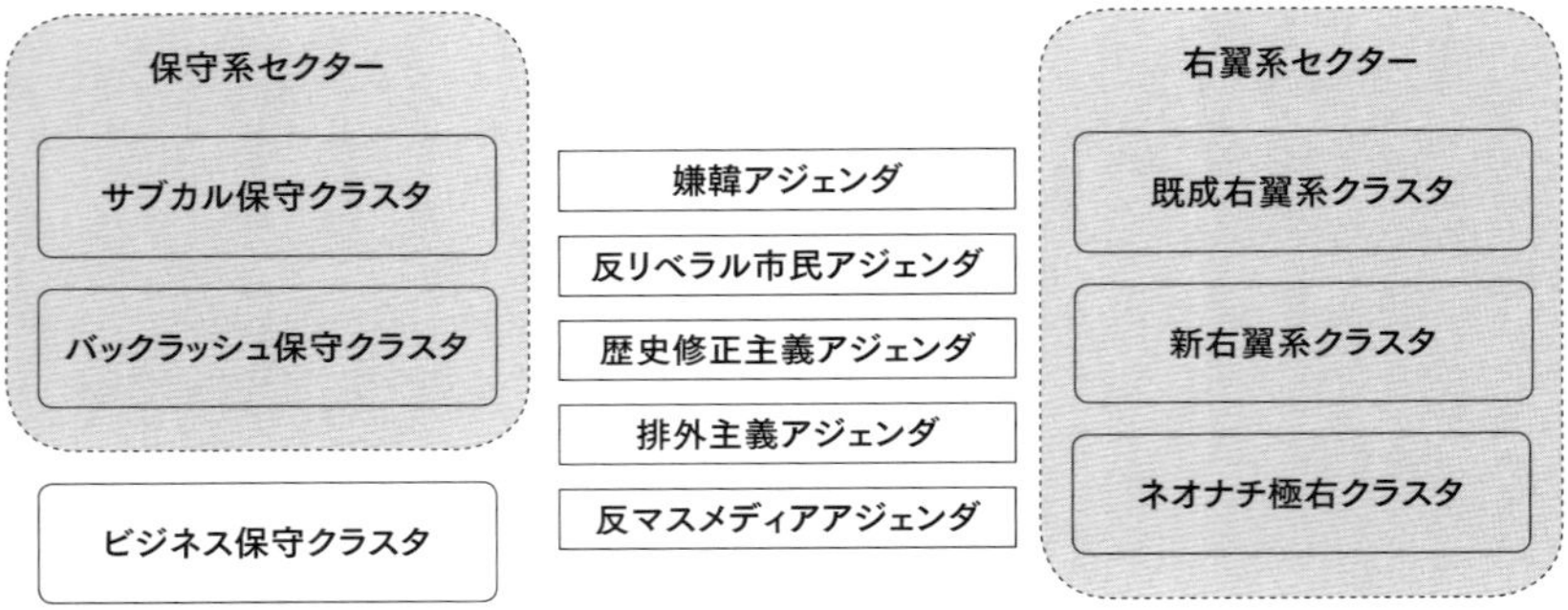

図10　第4章の主な対象

置き場として重宝されていた。ポルノ、オカルト、ハッキング、さらに各種のインサイダー情報など、裏情報や怪情報のたぐいがそこにはさまざまに集積されていく。

その後インターネットが普及し始めると、そうした掲示板の一部がインターネットに移行し、独立したサイトとして運用されるようになる。九七年から九八年にかけてさまざまな掲示板サイト、それもこのうえなく怪しげなサイトが続々と立ち上げられていった。「アングラ掲示板黄金時代」（ばるぼら）の到来だ。当時はまだインターネットが一般的なものではなく、一部の技術者や好事家などのアーリーアダプターのものだったため、そうした状況がまかり通るところもあったのだろう。

ほとんどのサイトは泡沫的なもので、すぐに立ち消えになるところも多かったが、そうしたなかで多くのユーザーを集め、メジャーな存在になっていった場もある。その最初の代表的なものが「あやしいわーるど」だろう。九五年十一月にニフティサーブのホームパーティとして立ち上げられたのち、九六年八月にインターネットに移行し、オープンな匿名掲示板の祖として知られることになったこのサイトはその後、九八年九月に閉鎖されるに至る。その際、多くのユーザーが「あめぞう」に移行したとされる。九七年八月に開設され、スレッドフロート型と呼ばれるスタイルの掲示板を実装することにより、巨大掲示板の祖として知られることになったこのサイトもまたその後、九九年六月に閉鎖されるに至る。その際、多くのユーザーが今度は「2

ちゃんねる」に移行したとされる。九九年五月に開設されたこのサイトは元来、「あめぞう」を模し、「あめぞうの2チャンネル」として立ち上げられたものだった。[2]こうして「あやしいわーるど」から「あめぞう」へ、そして2ちゃんねるへと多くのユーザーが移行していく過程でそこに独自の文化、「アングラネット文化」とでもいうべきものが形作られていくことになる。

一方、インターネットの普及は個人ユーザーの間に「ホームページ」作成ブームを巻き起こした。ホームページ作成ソフトのホームページビルダーが九六年四月に、フロントページが九七年十二月に発売される。さらにレンタル掲示板サービスのティーカップが九七年八月から、ホームページ作成サービスのジオシティーズが九月からサービスを開始した。それらによって個人ユーザーがサイトを開設し、さらにそこに掲示板を設置することが格段に容易になる。その結果、特に九七年以降、さまざまな個人サイトが続々と立ち上げられていった。それまで掲示板に出入りし、そこで議論を繰り広げるばかりだった人々もそれぞれのサイトを持ち、自らの立場をよりはっきりと表明するようになる。

そうしたなか、特に時事問題や政治問題、あるいは思想やイデオロギーに特化した議論のための場もさまざまに立ち上げられていった。いわゆるネット論壇の走りとなったものだ。とはいえ多くの場合、そこでは陰謀論やスキャンダル、あるいは過激思想や機密情報など、もっぱら裏情報や怪情報のたぐいが扱われることが多く、その意味ではそれらのサイトも他の掲示板サイトと同様に、やはり当時の「アングラネット世界」の一角をなすものではあったが。いわば「アングラネット論壇」とでもいうべき場だった。

やはりほとんどのサイトが泡沫的なものだったが、なかにはメジャーな存在になっていった場もある。「あめぞう」の「思想政治板」(「板」とはカテゴリごとの掲示板の集まりを意味する)、およびそれを引き継いだ2ちゃんねるの「政治思想板」のほか、九四年五月にニフティサーブから出発し、九五年十二月にインターネットに移行した掲示板サイト「★阿修羅♪」、九六年七月に開設された情報提供サイト「激裏情報」、九八年十一月に創刊さ

れたメールマガジン「サイバッチ！」などがその代表的なものだった。(3)

それらの場は文化的に見ればこのうえなく偏った極端な場だったが、政治的に見ればほぼニュートラルな場だった。そうしたなか、一方で特定のイデオロギーに特化した議論のための場もさまざまに立ち上げられていった。そのなかにはリベラル派の言説が支配的な場もあれば、逆に右派的な言説が優勢な場もあったが、全体として見れば後者のほうがはるかに多かった。そのなかには個人サイトもあれば掲示板サイトもあり、さらに各種の右翼団体のホームページなど、さまざまな種類のサイトがあった。

それらのサイトは相互リンクと掲示板でのやりとりを通じて緊密に結び付きながら、全体として一つの大きな言説の場を形作っていく。いわば「ネット右派論壇」とでもいうべき場だった。当時、出版メディアのなかでは何人かの論者に引っ張られるかたちで新保守論壇が形作られていくところだったが、そのプロセスをすぐその背後から追いかけるようにして、有象無象の多数の論者に担われるかたちで、草創期の混沌としたネットメディアのなかに形作られていったのがこの新しい場、ネット右派論壇だった。

2　密教を真に受けた人々

当時のアングラネット論壇では、ではなぜリベラル派の言説よりも右派的な言説のほうが優勢だったのだろうか。その背景にあったのはリベラル市民主義の盛り上がりという当時の大きな動きと、それに対抗するものとしての反リベラル市民、そして歴史修正主義というアジェンダの形成というもう一つの動きとの微妙な関係だった。

当時、草創期のネットメディアのなかでオピニオンリーダー的な役割を演じ、自らも「デア・アングリッフ」というサイトを一九九七年十月から運営していた河上イチローは、九八年十二月に出版されたその著書『サイバースペースからの挑戦状』（雷韻出版）のなかで評論家の保阪正康の議論を引きながら、当時のアングラネット論壇を「公開された密教化言論の場」と評している。つまり通常は限られた場のなかでしか語ることが許されないような言論がひそかに、しかし堂々と語られる場という意味だ。

河上のこうした議論のベースとなっていた保坂の議論は、そもそも歴史修正主義というアジェンダの形成という動きのなかで発せられたものだった。九八年七月に防衛庁防衛研究所で開かれた戦史研究発表会の場でおこなわれた講演のなかで保坂は、先の戦争を「太平洋戦争」として否定的に語ろうとする「顕教化した言論」と、「大東亜戦争」として肯定的に語ろうとする「密教化した言論」とを対比させて論じている。(4)

保坂のこうした見方は、当時のアングラネット論壇のなかでも緩やかに共有されていたものだった。そこでは顕教的な言論、つまり「「朝日新聞の社説」に代表される「良識」的な見解」としてのリベラル派の言説と、密教的な言論、つまり「大臣が口走ったらクビが飛ぶような発言」（河上）としての右派的な言説とを対比させて捉えようとする見方が広く共有されていた。(5)さらにそうした密教的な言論をひそかに、しかし堂々と語ることができるという点にネットという新しいメディアの、とりわけアングラネット論壇という場の可能性を見いだそうとする見方もまた広く共有されていた。その結果、そこでは右派的な言説を語ることが広く認定され、さらに称揚さえされるようになる。

いいかえれば当時のアングラネット論壇はまさにアングラネット論壇だったからこそ、ある種のタブーとして位置付けられていた右派的な言説にむしろ親和的な場だったと言えるだろう。リベラル市民主義の盛り上がりという「表側」の大きな動きの背後で、裏情報や怪情報のたぐいに引き寄せられる際の好奇心にどこか通じるような関心、どこか「怖いもの見たさ」的な関心から、人々は一種の思考実験に臨むつもりで右派的な言説に近づいていったのではないだろうか。さらにいえばそこで彼らは、密教的な言論と戯れるというゲームを楽しむためにあえて右派的な言説になじんでいったのではないだろうか。

ただしここで注意しておかなければならないことがある。「顕教」と「密教」という例えの位置付けについてだ。この例えを政治的な議論のなかに持ち込んできたのはそもそも久野収だった。久野は五六年十一月に出版された鶴見俊輔との共著『現代日本の思想──その五つの渦』（岩波書店）のなかで、明治期以降の天皇制の解釈について、「顕教とは、天皇を無限の権威と権力を持つ絶対君主とみる解釈のシステム、密教とは、天皇の権威と権力を憲法その他によって限界づけられた制限君主とみる解釈のシステム」だとしている。前者は当時の一般の人々の間で広く信仰されていた解釈、後者は特に西洋文明の洗礼を浴びた一部のエリートの間で共有されていた解釈だったという。こうしたダブルスタンダードが存在したのは、顕教によってナショナリズムの高揚を図るとともに、密教によって天皇への権力集中を防ぐという明治政府の意図によるものだった。ところがやがて両者の間のバランスが崩れ、前者が後者を駆逐していく。「顕教を真に受けた人々」（浅羽通明）の圧力が高じ、天皇機関説が攻撃されるなどして右傾化が進行していくことになる[6]。

久野のこうした議論では元来、顕教が右派的な解釈の側に、密教が中道的な解釈の側に位置付けられていたことに注意しておく必要があるだろう。保坂や河上のその後の議論ではそうした価値軸が転倒し、逆に顕教がリベラル派の言説の側に、密教が右派的な言説の側に位置付けられるようになる。戦後民主主義の定着の過程で生じたそうした価値軸の転倒が、歴史修正主義というアジェンダの形成という動きのなかであらためて明示されることになったのだろう。そこから立ち現れてきたアングラネット論壇、そしてネット右派論壇は、したがって浅羽の言葉を裏返していえば「密教を真に受けた人々」のための場だった。

なお、「密教」という語との関連からどうしても忘れることのできないもう一つの存在がある。オウム真理教だ。当時のアングラネット論壇は、実はオウム真理教をはじめとするカルト宗教とのいくつかの接点を持ちながら形作られてきたものだった。

たとえば「★阿修羅♪」は、九五年三月二十日の地下鉄サリン事件の前日に、警察による強制捜査がオウム教団に入ることを予言したことから一躍有名になったという経緯を持つ。またその後、この事件を題材としたゲームを配布するために開設されたというのが、「あやしいわーるど」のそもそもの出発点だった。さらに河上は「デア・アングリッフ」の開設に先立ち、オウム教団の熱心な信者として活動していたことが一部で報告されている。(7) 当時のアングラネット論壇が持っていた密教的な、そしてどこかカルト的な性格のなかには、とりわけオウム真理教とのこうした同時代的な関係がどこかで影を落としていたのかもしれない。この点については第5章であらためて取り上げることにしよう。

3　掲示板文化とメーリングリスト文化

一方で当時のネットメディアのなかで、顕教としてのリベラル派の言説のための場が存在しなかったわけではもちろんない。それどころかむしろ「表側」の世界では、右派的な言説よりもリベラル派の言説のほうがはるかに支配的だった。実際、『正論』一九九八年四月号には「インターネットを仕切るサヨク・市民派の勝手放題」（中宮崇）という記事が掲載されていたほどだ。

たとえば九五年八月に開設された朝日新聞社のニュースサイト「アサヒ・コム」などは、まさに「「朝日新聞の社説」に代表される「良識」的な見解」が語られる場だったと言えるだろう。さらにそうしたマスメディア主導の「上から」の場ばかりでなく、より草の根志向の「下から」の場もさまざまに立ち上げられていった。ただしそうした場は「表側」の世界に、つまり怪しげなアングラ掲示板が乱立するアングラネット世界などとは無縁のところに立ち上げられるのが常だったが。そうしたことからそれらは掲示板サイトとしてではなく、別の形態でしつらえられることが多かった。多くの場合、メーリングリストとしてだ。

当時、リベラル市民主義の盛り上がりという動きのなかでさまざまな市民団体が立ち上げられていったが、そこではメンバー間の情報交換や意見交換のためにもっぱらメーリングリストが用いられることが多かった。九三年四月に創設された市民運動団体「市民コンピュータコミュニケーション研究会(JCA、のちのJCAFE)」のメーリングリスト、九五年十月に立ち上げられ、のちに千八百人にも及ぶメンバーを擁するに至った「オルタナティブ運動情報メーリングリスト(AML)」、九八年十月に創設された市民派の政治団体「虹と緑の五百人リスト運動」のメーリングリストなどがその代表的なものだった。さらに九七年九月にはさまざまなメーリングリストの統合的なプラットフォームとなるものとして、市民運動のためのインターネットプロバイダ「JCA-NET」が設立される。それは九〇年にアメリカで設立された国際的な市民運動団体「APC(Association for Progressive Communications)」のメンバーとして設立されたものだった。[8]

元来、掲示板サイトという形態は八〇年代後半以降のパソコン通信の普及のなかで、日本独自の改良を重ねながら発展してきたものだったが、一方でメーリングリストという形態は九〇年代半ば以降のインターネットの急速な普及のなかで、いわばアメリカから直輸入されたものだった。そのため前者の場に生じた文化、すなわち「掲示板文化」は日本独自の大衆文化と結び付き、いわゆる「エロ・グロ・ナンセンス」などとも取り結びながら、サブカルチャー色を濃く持ったものとして形作られていくことになるが、一方で後者の場に生じた文化、すなわち「メーリングリスト文化」はアメリカのヒッピー文化やコミューン思想などを受け継ぎ、むしろカウンターカルチャー色を濃く持ったものとして形作られていく。[9]

当時のネットメディアのなかでリベラル派の言説と右派的な言説との住み分けが進められていったことの背景には、一つにはこうしてメーリングリスト文化と掲示板文化との色分けが進められていったという事情があったのではないだろうか。そうしたなか、日本独自の掲示板文化を最も色濃く持った場として形作られていったのが、特に当時のアングラネット論壇であり、ネット右派論壇だった。

しかしそこには一つの転倒があった。密教、すなわち閉じられた場で語られるべき言論としての右派的な言説が、実際には開かれた場である掲示板サイトで展開されていた一方で、顕教、すなわち開かれた場で語られるべき言論としてのリベラル派の言説が、実際には閉じられた場であるメーリングリストで展開されていたという点だ。もちろんどちらの場にも誰でも参加することはできたが、メーリングリストの内容を読み書きするためには、通常はメンバー登録などの手続きが必要だった。それに対して掲示板サイトの内容は、場所さえわかれば誰でも自由に読み書きすることができた。「公開された密教化言論の場」と評されたゆえんだろう。

その結果、皮肉なことに顕教としてのリベラル派の言説は、逆にどこか閉鎖的なイメージ、閉じられた言論であるかのようなイメージを帯びていくことになる。一部の「意識が高い」人々、リベラル派の文化エリートの間だけの関心事というイメージだ。それは反リベラル市民というアジェンダによって問題化された市民主義そのもののイメージ、お高くとまった選良としての「市民サマ」のなかに見られる排他的な特権意識のイメージに重なり合うものだった。

一方で密教としての右派的な言説は、有象無象の匿名の論者による「何でもあり状態」の書き込みを貪欲に飲み込みながら、逆にいかにも開かれた言論であるかのようなイメージを帯びていく。当時、アングラネット論壇への書き込みは「便所の落書き」などとしてそしられることも多かったが、しかし逆にそうした場だったからこそ、それは大衆文化の旺盛なエネルギーと結び付き、カーニバル的な活況をそこにもたらすことになったのではないだろうか。

その結果、メーリングリスト文化に裏打ちされたリベラル派の言説が、その後も一定以上の広がりを持つことはなかったのに対して、掲示板文化に裏打ちされた右派的な言説はその後、徐々に信奉者を増やしながら大きな広がりを持つものとなっていく。

4　ネット右派論壇を構成するサイト

　では当時のネット右派論壇の実際の様子を見てみよう。まず全体を概観しておこう。草創期のネット論壇の状況が記録されている国語問題研究者の野嵜健秀のリンク集サイト「Ｌｏｖｅ Ｃｒｅａｍ Ｐｕｆｆ」の「右翼」の欄には、一九九〇年代後半から二〇〇〇年代初頭にかけて活動していた主要なものとして九十七のサイトが記載されている。また、ゼロ年代初頭に更新を停止したと見られる当時の著名なリンク集「憂国ナビ」には六十八のサイトが記載されていた。当時、ほかにも同種のリンク集がいくつかあったが、それらにも数十から百数十のサイトが記載されていた。さらに九九年四月に結成されたネット上の右翼団体「鐵扇會」には、最盛期には個人サイトの主宰者を中心に二百人近くもの登録会員がいた[10]。こうしたことからすると当時のネット右派論壇は、少なくとも数十の主要なサイトと、それらの間のネットワークによって構成されていたと見ることができるだろう。

　それらのサイトの多くは個人の論者によって立ち上げられたものだった。ほとんどの場合、彼らは右翼団体に所属していたわけでもなければ出版メディアなどで活躍していたわけでもない。まさに有象無象の多数の論者、それも多くの場合、匿名の論者だった。

　現在ではほとんどのサイトがすでにリンク切れとなっているが、なかにはまだ何らかのかたちで確認可能なものもある。それらのなかでも特に初期の段階で立ち上げられ、明確なテーマを掲げていた個人サイトをいくつか拾い上げてみよう。たとえば小林よしのりの「十四章問題」について考えるためのサイト「新・ゴーマニズム宣言（十四章問題）その行方を探る！」（九六年八月、Ｎ・Ｙ）、「アングラ危険文書」とナチスドイツに関するサイト「遊撃インターネット」（九六年十一月、北のりゆき）、歴史認識問題や歴史教科書問題について考えるためのサイト「帝國電網省」（九七年二月、竹下義朗）、市民運動批判と朝日新聞批判のためのサイト「週刊言志人」（九七年四月、中宮崇）、南京大虐殺の真実を明らかにしようとするサイト「南京大虐殺はウソだ！」（九七年八月、松尾一郎、のちに「電脳日本の歴史研究会」）、ナチスドイツと各種のアングラ情報に関するサイト「デア・アングリッフ」（九七年十月、河上イチロー）、国防問題とゲーム情報に関するサイト「国防研究会」（九七年十月ごろ、ランス）、明治維新と武士道に関するサイト「ＳＡＭＵＲＡＩ」（九八年三月、村方認）、日教組・全教批判のためのサイト「九九九のホームページ」（九八年五月、九九九）、ホロコースト否定論と歴史修正主義に関するサイト「民族の監視者」（九八年六月、ドクター・メンゲレ）、反米保守の立場から幅広い話題を扱っていたサイト「思想と言論」（九八年十一月ごろ、南燎原）、北朝鮮をパロディカルに批判するためのサイト「金ちゃんのドーンと行ってみよう！」（九九年二月、朝鮮金主主義人参共和国）、戦史と軍事・安全保障問題に関するサイト「日本国と日本海軍の栄光」（九九年七月、高波ユキカゼ）、国粋主義の立場から幅広い話題を扱っていたサイト「悠久の神州」（九九年九月、光舟）、戦史と時事問題、およびゴジラに関するサイト「ガオガオ戦略情報研究所」（〇〇年一月、ゴジラワイフ）、時事問題を中心に幅広い話題を扱っていたサイト「長谷亭」（〇〇年一月、長谷川平蔵）、特攻隊に関するサイト「神風」（〇〇年五月、管理者）、「神国学」と詔勅・戦前文書について知るためのサイト「神国の森」（〇〇年八月、八神邦建）などがあった。[11]

また、ユニークなテーマを掲げていたサイトもさまざまにあった。たとえば日本人とユダヤ人が共通の祖先を持つという議論のためのサイト「日猶同祖論を考察する」（九九年六月、高橋博彦）、国粋主義ならぬ「国粋趣味」の立場から右翼・民族派の動向をシニカルに観察しようとするサイト「倭國萠國趣味同志會」（九九年十月、水野松太朗）、さまざまな街宣車の写真や仕様、さらにその模型の作り方などを紹介するサイト「街宣車ぎゃらりー」（〇〇年一月、ペストクック）などがあった。[12]

さらに自らのサイトを持ちつつ、あちこちの掲示板に出入りして活発な議論を繰り広げるユニークな「有名人」もいた。たとえばパソコン通信の時代からさまざまな論争を巻き起こし、相手を「あほ」呼ばわりして物議を醸すことも多かった「論客 完全変態」、ファッショ志向の戦前の過激な言論人、蓑田胸喜を敬愛し、「狂気乱舞」というサイトを主宰していた蓑田狂気、国粋主義を標榜し、ホームページならぬ「基幹頁」を拠点に正字正かなで議論することも多かった江藤學神などがいた[13]。

これらさまざまな個人の論者によるサイトに加えて、さらに右翼団体のホームページもさまざまにあった。九〇年代後半には特に新しいタイプの活動を目指すいくつかの組織のサイトが立ち上げられていく。たとえば民族主義を極限まで推し進め、超国家主義や極右思想を標榜するに至った組織のものとして「超国家主義『民族の意志』同盟」(九七年五月、森垣秀介)、「世界戦略研究所」(九七年七月ごろ、瀬戸弘幸)、「国家社会主義日本労働者党」(九九年六月、山田一成)などのサイトがあった。また、街宣活動よりも、あるいはそれと並んでネット上の言論活動に重きを置こうとした組織のものとして「国際愛国社」(九八年四月ごろ、堂本直紀)、「民族戦線社」(九八年ごろ、綿正幸)、「大日本憂國協議會」(九九年三月、岩井義公)などのサイトがあった[14]。

さらに九九年四月には個人サイトの主宰者を中心に個人の論者数十人を会員として、ネット上のバーチャルな右翼団体「鐵扇會」(「初心者・元気だぞ」)が結成され、そのサイトが開設された。また、右翼団体というよりもむしろカルト宗教団体と呼ぶべきかもしれないが、パソコン通信の時代からあちこちの掲示板に出入りしてはさまざまな論争を巻き起こし、差別的な言動を繰り返して物議を醸すことも多かった「日本平和神軍」(中杉弘)、さらに「大和維新塾」(小島露観)などもよく知られた存在だった[15]。

その後、ゼロ年代になるといわゆる既成右翼系の団体も次々とホームページを設置するようになる。たとえば「日本青年社」(〇〇年五月)、「皇國青年社」(〇〇年七月)、「大日本愛国党青年隊」(〇〇年八月ごろ)、「泰政会」(〇〇年十月)などのサイトだ。さらに〇二年には新右翼系の団体「一水会」のホームページも開設される。なお、その代表だった鈴木邦男のサイト「鈴木邦男をぶっとばせ!」は九九年八月ごろに、相談役だった見沢知廉のサイト「ＷｅｂＣｈｉｒｅｎ」は〇一年に開設されている。[16]

これらさまざまな個人や組織によって立ち上げられた数多くのサイトのなかでその中心に位置していたのは、いくつかの掲示板サイトだった。いいかえればそれらはネット右派論壇のネットワークのなかで、それをネットワークたらしめている中核的な存在だった。たとえば小林の「信者」によって立ち上げられ、歴史認識問題や歴史教科書問題について考えることを目指した「日本ちゃちゃちゃ倶楽部（日本茶掲示板）」（九七年三月ごろ、ラーメン屋二郎）、共和制という政治概念を再検討することにより、民族主義の新たなあり方を探ることを目指した「右翼共和派」（九七年十一月、橘正行・美杉麗子）、朝日新聞叩きのための方策を「笑いながら」考えることを目指した「朝日新聞をみんなで叩き潰す掲示板」（九七年ごろ、岩井信一）、民族主義を推し進め、反米右翼の立場から過激な議論を交わすことを目指した「超極右思想ＨＰ!!」の「憂國掲示板」（九八年ごろ、誠悟）、他の掲示板に「出撃」し、左派的な言論に論戦を仕掛けようとする「武闘派」の拠点となっていた「現世御利益掲示板」（九八年ごろ、柴犬ワン）などがあった。[17]

ほかにも個人や組織のサイトに付設された掲示板が数多くあり、そのなかにはかなりアクティブなものもあった。たとえば「帝國電網省」の「喫茶室」、「金ちゃんのドーンと行ってみよう！」の「金ドン掲示板」、「長谷亭」の「桃太郎掲示板」、「神国の森」の「ひもろぎの岡」、「民族戦線社」の「臥龍窟」、「大和維新塾」の「アブナイネタを教えて下さい」、さらに「日猶同祖論を考察する掲示板」、そして「電脳日本の歴史研究会」「思想と言論」「国際愛国社」「鐵扇會」の掲示板などだ。また、ほかにも「日本論・思想の十字路」（勝の小吉）の「雑談コーナー」、「鈴木小太郎商店」（鈴木小太郎）の「ブッかけられ牛乳にはご用心」、さらに「ＡＤＡＭのマスコミ批判・多事反論」「バチ当たり掲示板」「民族の掲示板」「硝子窟」「りりしいライヒ」「ＳＡＬＯＮ ＫＡＭＩＫＡＺＥ」「八紘一宇」などなど、実にさまざまな掲示板サイトがあった。[18] まさにアングラ掲示板黄金時代ゆえのことだったと言えるだろう。

5　新保守論壇の流れを汲む保守系セクター

このように当時のネット右派論壇は、その形式から見れば主として三つの種類のサイト群から構成されていた。個人サイト、右翼団体のホームページ、掲示板サイトだ。一方でその内実、つまりそこで交わされていた議論の性格から見ると、そこは大きく分けて二つの系統のサイト群から構成されていたと見ることができる。それらを「保守系セクター」「右翼系セクター」と呼ぶことにしよう。いいかえれば当時のネット右派論壇は、これら二つのセクターとしての二つの言説の場から構成されていたものだった。

まず保守系セクターから見ていこう。それは『SAPIO』を拠点に形作られてきた新保守論壇の流れを汲むもの、保守系の言説の場として定義される。

その母体となったのは新保守論壇の読者、とりわけ小林の「信者」のコミュニティだった。それまで彼らが『SAPIO』編集部宛てに書き送っていた手紙をネットメディアのなかに向け替え、いわば読者投稿欄のネット版となるものとして自らの手で作り上げていったのがこのセクターだったと位置付けられるだろう。その嚆矢となり、一九九六年八月に立ち上げられた「新・ゴーマニズム宣言（十四章問題）その行方を探る！」では、実際に読者からのメールがサイト上で公開されるという仕組みが取り入れられていた。

その後、九七年三月ごろに立ち上げられた「日本ちゃちゃちゃ倶楽部（日本茶掲示板）」から本格的な掲示板システムが導入され、メンバー間の意見交換が盛んにおこなわれるようになる。同時に「帝國電網省」「週刊言志人」「南京大虐殺はウソだ！」などの個人サイトがいずれも九七年のうちに次々と立ち上げられ、関連する情報発信も活発におこなわれるようになる。その結果、早くも九七年のうちにはこのセクターはすでにその大枠を形成し終わっていたと見られる。それは出版メディアのなかからネットメディアのなかへの新保守論壇の拡張、もしくはその重心移動を意味するものでもあった。その後、このセクターは九八年から九九年ごろにかけてその最盛期を迎えることになる。

そうした経緯からそこでは従軍慰安婦問題や南京大虐殺問題などの歴史認識問題、そして歴史教科書問題に関する議論が交わされることが多かった。また、市民運動批判や朝日新聞批判などが訴えられることもよくあった。いいかえればこのセクターは、反リベラル市民と歴史修正主義という二つのアジェンダを新保守論壇から引き継ぎ、ネットメディアのなかで発展させていくための場として出発したものだったと言えるだろう。前者のアジェンダのための最初の拠点となったのが「新・ゴーマニズム宣言（十四章問題）その行方を探る！」であり、後者のアジェンダのためのそれが日本茶掲示板だった。

このセクターはその担い手の点から見ると、主に二つのクラスタによって運営されていたと見ることができる。新保守論壇の場合と同様に、サブカル保守クラスタとバックラッシュ保守クラスタだ。そのなかでも主要な勢力となっていたのはサブカル保守クラスタだった。彼らは一様に若く、新しいメディアとしてのインターネットとの親和性を高く持っていたためだろう。さらにサブカルチャーへの志向が強かったことから、アングラネット論壇との親和性も高かったためと考えられる。

一方でバックラッシュ保守クラスタも彼らの動きに引っ張られ、徐々に議論に参加するようになる。たとえば日本茶掲示板ではサブカル保守クラスタの若い運営メンバーが、バックラッシュ保守クラスタの年長の論者のアドバイスを仰ぎながらモデレーターとしての任務に当たっていたという。[19]

とりわけ若い世代を中心とするサブカル保守クラスタの間には当時のもう一つのセクター、右翼系セクターに対する親近感はほとんどなく、いいかえれば右翼・民族派の思想や文化に対する理解はほとんどなく、いわゆる街宣右翼の粗暴なイメージ、あるいは任侠右翼の古臭いイメージなどから、右翼・民族派という存在そのものをむしろ強く忌み嫌う傾向が見られた。そのため彼らは「右翼」と呼ばれることに対して強い拒否反応を示し、一方で「保守」と呼ばれることを好んだ。

しかし2ちゃんねるが立ち上げられると、そこで彼らは皮肉交じりに「J右翼」などと呼ばれるようになる。それは右翼・民族派の国粋主義的なイメージに、「Jリーグ」「Jポップ」などに通じるような洋風のライトなイメージを掛け合わせた、いかにも2ちゃんねる的なシニカルな呼び名だった。また、小林の信者がやや嘲笑ぎみに「コヴァ」などと呼ばれることもよくあった。

6　右翼・民族派の流れを汲む右翼系セクター

次に右翼系セクターについて見てみよう。それはいわゆる右翼・民族派、つまり明治期以来の日本独自の右翼勢力の思想や文化の流れを汲むもの、右翼系の言説の場として定義される。

保守系セクターがその大枠を形成し終わったと見られる一九九七年末ごろから、右翼・民族派の思想や文化に関連するさまざまなテーマを掲げた個人サイトが続々と立ち上げられていった。「国防研究会」「SAMURAI」「九九九のホームページ」「思想と言論」「金ちゃんのドーンと行ってみよう!」「日猶同祖論を考察する」「日本国と日本海軍の栄光」「悠久の神州」「倭國蒴國趣味同志會」「ガオガオ戦略情報研究所」「街宣車ぎゃらりー」「神風」「神国の森」などだ。また、やはりこの時期から、それらのテーマに関連する掲示板サイトが次々と立ち上げられていった。「右翼共和派」「朝日新聞をみんなで叩き潰す掲示板」「憂國掲示板」「民族の掲示板」「SALON KAMIKAZE」などだ。そうした過程で形作られていったのがこのセクターだった。

さらにその後、各種の右翼団体のホームページも続々と立ち上げられていく。加えて「論客 完全変態」、蓑田狂気、江藤學神などの有名人も次々と登場し、ネット上の右翼人士のコミュニティがそこに形作られていく。そして九九年四月にはそうしたコミュニティの中核となるものとして、ネット上のバーチャルな右翼団体「鐵扇會」が結成された。その最盛期にはそこには二百人近くもの登録会員がいた。こうしてこのセクターは九九年から二〇〇〇年ごろにかけてその最盛期を迎え、保守系セクターを凌ぐ大きな盛り上がりを見せることになる。

既存の右翼団体の構成員がその活動の一環としてネットメディアのなかに出入りしていたケースもあれば、かつての民族派学生運動の経験者がその活動の延長として関わっていたケースもある。しかし多くの場合、これらのサイトの担い手となっていたのは、右翼団体とも学生運動とも直接の接点を持ったことのない一般の人々だった。以前から右翼・民族派の思想や文化に関心を持っていたものの、実際の活動に参加するまでには至らなかった人々や、一部の右翼系の言論人による当時の活動に惹かれて関心を持つようになった人々が多かったと見られる。一方でいわゆるミリオタ（ミリタリーマニア）、戦史マニア、さらに街宣車ファンなど、マニアックな関心から参入してきた人々も多かった。

このセクターはその担い手の点から見ると、主に三つのクラスタによって運営されていたと見ることができる。それらを「既成右翼系クラスタ」「新右翼系クラスタ」「ネオナチ極右クラスタ」と呼ぶことにしよう。

まず既成右翼系クラスタは、右翼・民族派のなかでも特に「既成右翼」と呼ばれる勢力の思想や文化の流れを汲むものとして定義される。既成右翼とは六〇年安保をきっかけに、当時の保守政権や財界と結び付きながら、とりわけ反共運動の担い手として形作られてきた勢力を指す。いわゆる行動右翼的な傾向を強く持ち、「街宣右翼」「任俠右翼」などと言われる勢力の土台となってきたものだ。一般に「右翼」と言われる際のイメージに最も近いものとしての右翼勢力だと言えるだろう。当時の右翼系セクターのなかでは既成右翼系の団体のホームページはもちろんのこと、実際にはほとんどの個人サイトや掲示板サイトがこのクラスタに属するものだった。そうしたなかで、そのネットワークの中核となっていた存在として挙げられるのが鐵扇會だろう。

次に新右翼系クラスタは、右翼・民族派のなかでも特に「新右翼」と呼ばれる勢力の思想や文化の流れを汲むものとして定義される。新右翼とは七〇年安保をきっかけに、当時の民族派学生運動を起点として、反体制的・革新的な右派運動の担い手として形作られてきた勢力を指す。いわゆる理論右翼的な傾向を強く持ち、出版のほかにもテレビや映画など、さまざまなメディアを通じて活動を展開してきた。当時の右翼系セクターのなかには「一水会」などの新右翼系の団体のホームページや、その主宰者の鈴木や見沢の個人サイトのほかにも、右翼団体とは直接の関係を持たない匿名の論者によって立ち上げられた個人サイトや掲示板サイトがあった。そうしたなかで、そのネットワークの中核となっていた存在として挙げられるのが右翼共和派だろう。

また、ネオナチ極右クラスタは日本の右翼・民族派よりも、むしろヨーロッパの右翼・極右の思想や文化の流れをより強く汲むものとして定義される。その背景の一つとしてあったのは、特に八〇年代半ば以降、排外主義的な政策を掲げる右翼政党・極右政党・極右団体が躍進するという現象がヨーロッパで広く見られるようになったことだった。その影響を強く受け、排外主義というアジェンダがそこに形作られていくことになる。当時の右翼系セクターのなかでは「超国家主義『民族の意志』同盟」「世界戦略研究所」「国家社会主義日本労働者党」など、一部の右翼団体・極右団体のホームページや、「民族の監視者」などの個人サイトがこのクラスタに属するものだった。なお、このクラスタについては第5章であらためて取り上げることにしよう。

これら三つのクラスタは、しかし完全に切り離されて存在するものだったわけではない。既成右翼系クラスタを中心に、そこに新右翼系クラスタやネオナチ極右クラスタの思想や文化が流れ込み、それらが混じり合いながら混然一体となって形作られていったのがこの新しい場、右翼系セクターだった。

そうした経緯からそこでは民族主義やナショナリズムなどを軸に広範な議論が交わされることになる。天皇中心主義、国粋主義、反共主義などに基づく既成右翼系のオーソドックスな主張が展開されることもあれば、ある種の国家社会主義などを志向する新右翼系のラディカルな主張が展開されることもあった。さらに国防問題、領土問題、軍事・安全保障問題などのプラクティカルな問題が論じられることも多かった。行動右翼的な傾向をネット上に移し替え、荒らし行為やいやがらせ行為に明け暮れている人々もいれば、一方で理論右翼的な志向をネット上に持ち込み、民族主義の新たなあり方を探るべく議論に没頭している人々もいた。

7　保守と右翼との位置付けをめぐって

ここで「保守」と「右翼」という二つの立場の位置付けを簡単に整理しておこう。それは当時の保守系セクターと右翼系セクターとの関係に微妙に関わるものでもあった。ただしそれを理解するためにはそこにもう一つの立場、「左翼」を含めて検討する必要がある。

ヨーロッパなどでは元来、「保守（conservative）」と「右翼（right wing）」は同じ志向性を持つものとして扱われてきた。そもそもはフランス革命ののち、議会の左側の席をジャコバン派やモンターニュ派が、右側の席を王党派やジロンド派が占めたことから、進歩的・革新的な勢力が「左」に、保守的・反動的な勢力が「右」に位置付けられるようになる。そのなかで「保守」と「右翼」はいずれも「右」に位置し、ごく大まかにいえばそのニュアンスから区別されるものだった。穏健で体制内的なイメージの「保守」と、過激で体制外的なイメージの「右翼」というほどのものだ。なお、それらのさらに「右」に位置付けられるのが「極右（far right）」だった。[20]

しかし日本の場合にはやや事情が異なっている。しかも戦前と戦後とでかなり状況が異なっている。

松本健一によれば明治期以降、日本では反体制派が「左」と「右」に分かれ、真ん中の「保守」を左右両翼から挟撃するという構図が作り上げられてきた。つまり当時の「右翼」は「左翼」と同様に、反体制的・革新的な勢力として「保守」に対抗する側に位置付けられていたわけだ。その結果、「わがくにでは保守派はかならずしも右翼と同義語ではなかった」という[21]。

そうした構図の原点にあったのは明治維新だった。ごく大まかにいえばそこでは王政復古という「右」向きの変革により、藩幕体制という「保守」を打破し、四民平等という「左」向きの変革を実現することが目指された。復古主義的な「右」への志向と進歩主義的な「左」への志向とが分かちがたく結び付き、それらがともに体制打破への原動力となっていたわけだ。ただしその時点で「右翼」「左翼」などの語が用いられていたわけではなかったが[22]。

その後、松本によれば「保守」としての「明治国家体制に対する反対者が、ふたつの方向にわかれることになった」。「「民族」の立場から近代化に反対する右翼と、「階級」の立場から反対する左翼」だ。自由民権運動の際の「国権論」「民権論」の立場とも微妙に重なり合いつつ、しかしそれらが「体制補完物」となっていったのに対して、「明治国家体制の補完物たることを拒もうとした親から生まれた（略）双生児」が「右翼」と「左翼」だったという[23]。

その結果、中江兆民から幸徳秋水へと至る流れのなかで社会民主党などの社会主義政党が誕生し、「左翼」が形作られていく一方で、頭山満から内田良平へと至る流れのなかで「玄洋社」「黒龍会」などの右翼団体が誕生し、「右翼」が形作られていく。大正期を経て戦前期に至るまで、両者は左右両翼に分かれながらも緊密に交流を持ちつつ、ともに当時の「保守」、すなわち官僚と財閥との癒着による腐敗した体制を打破しようとして運動を繰り広げてきた。

その際、「左翼」はヨーロッパの近代思想から輸入されたマルクス主義的な考え方から、特にプロレタリアートの立場に立つのが、一方で「右翼」は日本古来の民俗思想を踏まえた農本主義的な考え方から、特に農民の立場に立つのが常だった。また、後者の流れのなかからは天皇を頂点に置き、さらに軍部をその推進力に据えることにより、日本独自の「純正社会主義」を実現し、「日本改造」を断行しようとした北一輝の思想など、いわゆる国家社会主義の考え方も現れてくる。しかし「保守」が腐食し、軍部の膨張に侵されていくなかで、やがて「左翼」は厳しく弾圧され、「右翼」は軍部の暴走に飲み込まれてしまうことになる。(24)

その後、戦後になると戦前の構図に大きな変化が生じる。戦時中に軍国主義の一翼を担ったとして解散を命じられた右翼団体は、いわゆる逆コースの流れのなかで復権を許され、その活動を再開すると、アメリカの反共政策のもとで左翼勢力の伸長を抑え込もうとする保守政権と結び付き、もっぱら反共活動の先兵として行動するようになる。六〇年安保がその一つのきっかけとなった。右翼団体の指導者のもとで任侠勢力の結集が図られ、デモ隊を抑え込むための最前線部隊が組織されていく。

そうして「左翼」を弾圧する側に付くことになった「右翼」は、今度は「保守」と連帯し、体制的・保守的な勢力として「左翼」に対抗する側に位置付けられるようになる。戦前の構図がねじれてしまったわけだ。以後、右翼団体は保守政権や財界と強く結び付き、天皇中心主義や国粋主義などを標榜しながらも、一方で「親米反共」の旗印を掲げて活動するようになる。そこからは戦前の右翼が持っていた革新性ばかりか、その思想性そのものが失われていき、もっぱら「行動右翼」「街宣右翼」「任侠右翼」などのおどろおどろしいイメージとともにその存在が語られるようになる。(25)

しかし七〇年安保を目前にしてさらに新たな動きが生じる。民族派学生運動を起点とする「新右翼」の登場だ。全学連や全共闘などのいわゆる新左翼への対抗意識から、「日学同（日本学生同盟）」「全国学協（全国学生自治体連絡協議会）」「日本学生会議」などの学生組織が次々と誕生していく。彼らは「既成右翼」と区別するために自らを「民族派」と称し、民族主義の思想を基点に置いてその活動を展開するとともに、「ヤルタ・ポツダム（Y・P）体制打倒」などのラディカルな理念を掲げ、「反共右翼」として体制のなかに埋め込まれてしまった既成右翼を強く批判していく。

その後、一九七七年三月三日には野村秋介に率いられた「ヤルタポツダム体制打倒青年同盟」による経団連襲撃事件が起き、保守政権や財界と強く結び付いた既成右翼とは一線を画するものとしての「反体制右翼」の立場が表明された。また、全国学協の初代の委員長を務めたのち、一水会の代表となった鈴木邦男はさまざまな発言を通じて新左翼への共感を表明し続けた。こうして「右翼」は再び「左翼」と同様に、反体制的・革新的な勢力として「保守」に対抗する側に位置付けられるようになる。(26)

ただしその後、特に全国学協系の流れはそのOB組織「日本青年協議会(日青協)」を通じて日本会議の屋台骨を支える存在となり、バックラッシュ保守クラスタの運動の担い手となりながら、再び「保守」と連帯し、体制的・保守的な勢力として「左翼」に対抗する側に位置付けられるようになる。その際、その主な担い手となったのはかつての街宣右翼のような「軍服を着た右翼」ではなく、よりソフィスティケートされた「背広を着た右翼」(堀幸雄)だった。(27)

このように日本では「保守」と「右翼」という二つの立場の位置付けが、長い歴史のなかで幾重にもねじれながら複雑な様相を呈してきたという経緯がある。それらはほぼ同義語のように扱われることもあれば、ある種の対義語として扱われることもあった。(28)

九〇年代後半のネット右派論壇のなかにもそうした経緯が微妙に影を落としていたと言えるだろう。当時の右翼系セクターのなかには、一言で右翼・民族派といってもさまざまな時代のさまざまな立場を踏まえたさまざまな考え方があり、そのため保守系セクターと右翼系セクターとの関係も、連帯的な場合もあれば敵対的な場合もあるというような複雑なものだった。

8 右翼・民族派をめぐる当時の状況

次に右翼・民族派をめぐる当時の状況を簡単に振り返っておこう。特に一九九〇年代は、その存在に一般の人々の関心がそれまでになく強く向けられた時期だった。

八九年一月七日の昭和天皇の死去ののち、それまで自粛していた活動を再開した右翼・民族派は、その間に天皇の戦争責任をめぐってなされたいくつかの発言に強く反発し、その活動をにわかに過激化させていく。五月十二日には社会党書記長の山口鶴男が暴行されるという事件が起きた。さらに九〇年一月十八日には長崎市長の本島等が銃撃され、重傷を負わされるという事件が続く。八七年以来、朝日新聞社などをターゲットに繰り返されてきたいわゆる赤報隊事件などともあいまって（ただし一連の赤報隊事件は右翼・民族派によるものと断定されたわけではない）、これらの事件は大きな反響を呼び、「右翼テロ」の脅威があらためて問題視されるようになる。メディアでは連日のように反右翼のキャンペーンが繰り広げられた(29)。

そうしたなかで九〇年二月二十三日、テレビ朝日系列の番組『朝まで生テレビ！』で「徹底討論〝日本の右翼〟」という特集が放送された。右翼・民族派の側から右翼団体の関係者など、七人の論者が登壇し、左派系の言論人などのパネリストとの間で激論を戦わせたこの特集は、放送開始以来最高の視聴率を上げたという。

それまで一般の人々の間では謎の存在だった右翼・民族派の内実を当事者の声によって明らかにしたこの番組は大きな反響を呼ぶことになる。出演者の一人だった鈴木邦男によれば、それは「本当に驚くべき大変化」をもたらしたという。「この『生テレビ』のあと、ドッと右翼がマスコミに取り上げられることになった」という。

その後、四月五日からは『朝日新聞』で十一回にわたり、「右翼・現場からの報告」という連載がおこなわれた。その間、十二日には右翼・民族派を代表する三人の論客により、「平成の右翼を展望する」と題された座談会がおこなわれる。さらに二十二日にはTBS系列の報道番組『報道特集』で「密着取材・日本の右翼」という特集が放送される。ほかにも週刊誌や月刊誌などでさまざまな特集が組まれていった(30)。

そうした状況を受け、「右翼のイノベーション」（鈴木）が推し進められていくことになる。その先陣に立ったのは野村秋介だった。経団連襲撃事件ののち、八三年八月に出所し、「思想戦争」を主唱するに至った野村は従来の右翼の既成概念を打ち破るべく、言論の場を新しい舞台として幅広い活動を繰り広げていく。数々の著作を発表し、討論会や座談会などの場に積極的に登壇したほか、映画プロデューサーとしても活躍していく。九〇年十一月にはその映画作品の第一作『斬殺せよ――切なきもの、それは愛』（監督：須藤久）が、九一年十月には第二作『撃てばかげろう』（監督：澤田幸弘）が公開された。

そうしたなかで野村は、さらに全国の右翼・民族派の勢力を結集して参議院選挙に臨むという計画を掲げ、政治団体「たたかう国民連合・風の会」を九二年六月に立ち上げた。十人の候補者を立て、著名タレントなどの応援も仰ぎながらおこなわれたその選挙戦は大きな話題を呼び、野村は一躍「時の人」（猪野健治）となっていく。[31]

そうした「右翼のイノベーション」は、しかし当時の右翼・民族派の強い危機感に後押しされたものでもあった。いいかえればそれは「右翼の行き詰まり」という当時の状況の裏返しの表現でもあった。冷戦体制が終結し、九一年にソ連が崩壊すると、それまでもっぱら親米反共の旗印のもとで活動してきた既成右翼はその最大の敵を失い、自らの存在意義をも問われることになる。「急に「敵」がいなくなり、どうすればいいのかわからない、そんな状態」（鈴木）が訪れたという。[32]

そこで示された一つの方針は「民族主義への回帰」（堀）というものだった。それは元来、新右翼がその活動の基点に置いてきた理念でもある。既成右翼の存在意義が問われるなか、新右翼の基本的な理念があらためて浮かび上がってくるという状況が生じる。その結果、「ヤルタ体制の消滅によって、新右翼と既成右翼の垣根もまたなくなった」（堀）[33]。「風の会」には新右翼ばかりでなく既成右翼の一部の勢力も参加し、右翼・民族派の再生に向けてその大同団結が目指されることになる。

しかし九二年七月の参議院選挙で「風の会」は惨敗した。加えてその過程で野村は大きな傷を負うことになる。『週刊朝日』七月二十四日号（朝日新聞社）に掲載されたイラストレーターの山藤章二の作品のなかで、「風の会」が「虱の会」と揶揄され、野村が抗議するという事件が起きた。『週刊朝日』と山藤は全面的に非を認めて謝罪したものの、しかし野村はその後も『朝日新聞』の姿勢を厳しく問い続け、公開討論会を開くことを求めて話し合いを続けていく。そうしたなかで九三年十月二十日、朝日新聞社でおこなわれた社長との話し合いの場で、野村は突然拳銃自殺するに至る。この事件は大きな衝撃をもって世に迎えられた[34]。

その後、新右翼からもう一人の「スター」が登場することになる。見沢知廉だ。八二年九月十二日、新右翼系の団体「統一戦線義勇軍」で起きた「内ゲバ」リンチ殺人事件の実行犯の一人として逮捕された見沢は、服役中の九四年十月、獄中で執筆した小説『天皇ごっこ』で第二十五回新日本文学賞を受賞した。十二月に出所したのち、九五年十一月にこの小説（第三書館）が出版されると、それは大きな話題を呼ぶことになる。

その後、九六年四月に『囚人狂時代』（ザ・マサダ）、九七年七月に『獄の息子は発狂寸前』（ザ・マサダ）、十二月に『調律の帝国』（新潮社）と立て続けに話題作を発表するとともに、サブカルチャー評論などの分野でも多彩な活動を繰り広げるようになった見沢は、野村の後を追うようにして一躍時の人となっていく。しかしその後、やはり野村の後を追うようにして二〇〇五年九月七日に自死するに至る[35]。

なお、この見沢の「弟子」となって右翼・民族派の世界に飛び込んできたのが、のちに「転向」し、いわゆるプレカリアート運動などの場で活躍することになる雨宮処凛だった。九七年五月、右翼団体「超国家主義『民族の意志』同盟」に入会した雨宮は九八年から、「愛国パンクバンド」と名乗る「維新赤誠塾」で活動するようになる。その姿は九九年に制作された映画『新しい神様』（監督：土屋豊）に取り上げられ、「ミニスカ右翼」として大きな話題を呼んだ。〇〇年十月にはその最初の著書『生き地獄天国』（太田出版）が出版される[36]。また、この年の十二月にはのちに「ストリート系」の右翼映画として話題を呼ぶことになる『凶気の桜』（監督：薗田賢次、〇二年）の原作小説（ヒキタクニオ、新潮社）も出版されている。

このようにこの時期、九〇年代は、昭和から平成への改元、そして冷戦体制の終結という歴史上の大きな動きのなかで、右翼・民族派という存在に一般の人々の関心がそれまでになく強く向けられた時期だった。それは必ずしもポジティブな関心ではなかったが、しかしどこか「怖いもの見たさ」的なそうした関心が、やはりこの時期に成立したアングラネット論壇にはむしろプラスにはたらき、そこに格好の題材をもたらすことになったのではないだろうか。

9　日本ちゃちゃちゃ倶楽部（日本茶掲示板）——保守系セクターを代表する存在

では当時のネット右派論壇の実際の様子を見ていこう。まず保守系セクターを代表する存在として「日本ちゃちゃちゃ倶楽部」（略称「日本茶掲示板」「ＮＣ４」）を取り上げてみよう。この掲示板サイトは当時のネット右派論壇のなかでも最も広く知られ、最も強い影響力を持っていた存在だった。大月隆寛はそこを「ネットの寺子屋」と呼んでいる。[37]

その初代の管理人となったのは小林よしのりの熱心なファンだったという大学生、ラーメン屋二郎だった。一九九六年ごろから「よしりんウオッチ」というサイトを運営し、小林のファンの間では名の知れた存在だった二郎が、やはり大学生を中心とする他の四人の若者とともに九七年三月ごろに立ち上げたのがこのサイトだった。なお、当時の二郎の様子は九七年八月十日付の『朝日新聞』記事で取り上げられている。小林が反朝日の論戦に参戦していくきっかけとなった記事だ。つまりそこで「さらし者」にされた彼のファンというのが、実はこの二郎だったわけだ。[38]

このサイトの開設の際の趣旨文にはその活動目的として、「教科書の従軍慰安婦についての記述」の「訂正または削除を求める」こと、その過程で「普通の人たちの心の片隅でくすぶっている（略）素朴な隠れた本音を引き出」すこと、「異論を排除」せず、「本来の目的よりも人間関係に重点を置く組織にならないようにする」ことの三つの点が掲げられていた。さらにその運営方針として、「勉強会は基本的に行わない」こと、政党や団体の「勧誘は断固拒否する」こと、「戦闘的な断定的な言葉は使わない」ことの三つの点が掲げられていた。[39]

このようにそこは元来、小林の「十四章問題」、そして『脱正義論』の問題意識を踏まえつつ、歴史認識問題や歴史教科書問題、そして『戦争論』の問題意識を発展させていくための場として企図されたものだった。いいかえればそこは、反リベラル市民と歴史修正主義という二つのアジェンダを新保守論壇から引き継ぎ、ネットメディアのなかで発展させていくための場として構想されたものだった。

そこにはメインの掲示板のほかに「歴史ボード」と「未来思考ボード」という二つの掲示板が設置され、日夜熱心な議論が繰り広げられていた。右派系の論者ばかりでなくリベラル系の論者も参加し、「保守」と「サヨク」が激論を戦わせるための場としてこのサイトは一躍有名になっていく。個性豊かな、ときに「トンデモ系」の「論客」が集結し、にぎやかなコミュニティがそこに形作られていった。

「茶人」などと呼ばれていた当時の常連のなかには、たとえば小森誠、松尾一郎、ブラック・ジュッキ、笑ってポン、佐々木ぴょん吉郎、平山桃、狂五郎、長谷川平蔵、ＭＯＭＯ、うっけ、キラーカーン、会津の小鉄、ナイチャー、鈴木小太郎、不沈戦艦、ヤマトタケル、機械計算課長、サイバーグ、昼行灯、関東の工藤、デスザウラー、Merkatz、ホリー、ペパロニ、マッカートニー、加藤哲史、ヤン・ウェンリー、北の狼などなど、さまざまな有名人がいた。もっともそのなかにはいわゆる「電波系」として荒唐無稽な発言を繰り返したり、「粘着系」として他の論者にしつこくからんだり、「武闘派」としてあちこちの掲示板を荒らし回ったりするばかりの者もいたが。[40]

また、彼らのなかには日本茶掲示板とは別に自らの掲示板サイトを持ち、そこを拠点にそれぞれの活動を展開している者もいた。あたかも巨大な天体を取り巻く一連の衛星さながらに、日本茶掲示板本体の周囲に配置されたそれらの掲示板は「十二支掲示板」などと呼ばれていた。柴犬ワンの主宰する「戌板」、勝の小吉の主宰する「寅板」、昼行灯の主宰する「酉板」、池内晴紀の主宰する「巳板」などが有名なものだった。なかでもとりわけ戌板に位置付けられていた「現世御利益掲示板」は、過激な武闘派の拠点としてよく知られた存在だった。そこにたむろする人々はあちこちの掲示板を徘徊してリベラル派の言説を見つけてきては、そこに一斉に「出撃」していって論戦を仕掛け、ときに罵詈雑言を浴びせかけながら一方的に相手をやり込める。「Ｙａｈｏｏ！掲示板」や「あめぞう」の「思想政治板」などがそのターゲットとされることが多かった。(41)

一方、日本茶掲示板本体では管理人がモデレーターとしての役割を積極的に果たしていたため、少なくとも初期の時点では議論が荒れるようなことはあまりなかった。不穏当な発言に対しては管理人から「イエローカード」が出され、警告が発せられる。そのうえでさらに不穏当な発言に対しては「レッドカード」が出され、投稿が削除される。そうした仕組みに基づいて円滑な運営を図るために運営メンバーは絶えず議論を重ね、必要に応じて年長の論者のアドバイスを仰いでいたという。

その後、二〇一四年七月十六日に2ちゃんねるに立てられたスレッド「日本茶掲示板同窓会」のなかで当時の参加者の一人は、「中二病的に知的で、知性を誇ってて、正義感に溢れた場所・・・そんな印象」だったとして当時の様子を振り返っている（「スレッド」とは「板」のなかの個々の議論のまとまりを、「中二病」とは背伸びしがちな傾向を意味する）。(42)このようにそこは元来、当時の若い世代の青臭いまでの正義感と使命感に支えられ、真摯な議論が交わされる場として成り立っていたと見られる。

しかしゼロ年代になるとそうした雰囲気に変調が生じ、茶人の平和なコミュニティに徐々に崩壊の兆しが現れてくる。さまざまな論者の荒らし行為が高じて大規模な「内戦」が続発し、茶人同士が相争うという事態が打ち続くようになる。まず〇〇年四月には新しく参入してきた女性の論者、ＭＯＭＯとラムジーを擁護するかどうかをめぐり、長谷川平蔵一派とうっけ一派との間に「第一次内戦」が勃発した。その後もさまざまな論点から、続いて五月には狂五郎一派とうっけ一派との間に「第二次内戦」が、さらに〇二年五月にはシーザー一派と鈴木小太郎一派との間に「最終決戦」が勃発する。２ちゃんねるにはその様子を面白おかしく実況するためのスレッドが次々と立てられていく。[43]そうして「観戦」の対象となってしまった日本茶掲示板は、もはや真摯な議論のための場ではなくなり、意味不明な内紛と抗争が繰り返されるばかりの奇々怪々たる場へとその姿を変えていくことになる。

そうしたなかで〇一年九月十一日、大きな事件が起きる。アメリカ同時多発テロ事件だ。それを受けて小林は『ＳＡＰＩＯ』十月号に掲載された章「アメリカ帝国主義ｖｓ．イスラム原理主義」、およびその直後に出版された書籍『新・ゴーマニズム宣言ＳＰＥＣＩＡＬ 戦争論 二』（幻冬舎）のなかで、反米テロを賛美するような議論を繰り広げた。小林のそうした態度は茶人の間に大きな動揺をもたらすことになる。あくまでも小林を支持しようとする熱心な信者と一般の論者との間に深い亀裂が生み出された。運営メンバーは前者の立場を取っていたため、一般の論者の通常の発言に対してもイエローカードが連発されるようになり、そうした状況に嫌気がさした多くの論者が次々と去っていくという事態が生じる。[44]保守とサヨクという元来の対立軸がぼやけ、代わって小林の態度をめぐる「踏み絵」が大きな論点となってしまったわけだ。その結果、歴史認識問題や歴史教科書問題をめぐる議論が次第に置き去りにされていくことになる。

こうして日本茶掲示板はその本来の目的を見失ってしまった。前記の「同窓会」での談話のなかの表現を借りれば、その時点でその「歴史的使命」は尽きたという。その後、このサイトはゼロ年代半ばにひっそりと閉鎖され、その活動はネット文化の歴史の古層に深く埋もれてしまうことになる。

10　鐵扇會——既成右翼系クラスタを代表する存在

次に右翼系セクターのなかでも、特に既成右翼系クラスタを代表する存在として「鐵扇會」を取り上げてみよう。掲示板サイトであるとともにネット上のバーチャルな右翼団体でもあったこの会は、日本茶掲示板と並び、当時のネット右派論壇のなかでも最も広く知られた存在だった。とはいえそれはむしろその「悪名」によるところが大きかったが。

日本茶掲示板が保守系セクターの「ハブ」、つまり人脈の交流拠点としての役割を果たしていたのに対して、右翼系セクターのハブとしての役割を果たしていたのが鐵扇會だったと言えるだろう。しかも鐵扇會の場合にはあくまでも右翼団体であることが強く意識されていたため、掲示板にも一般用のものと会員専用のものとがあり、会員の間ではより濃密な交流がおこなわれていた。総会に加えて忘年会など、各種のオフ会が開催されることもよくあった。

その設立のきっかけとなったのは一九九八年十二月、三島由紀夫の命日の直後におこなわれた「憂国オフ」の場に何人かの論者が会し、話し合いの場を持ったことだった。それを受けて九九年四月二十九日の「昭和節」に、「初心者・元気だぞ」（元木田蔵）を初代の会長として立ち上げられたのがこの会だった。なお、初心者の「正体」は、九七年四月に出版された書籍『「巨人の星」伝説——星一徹と五十の名言』（読売新聞社）などの著者で、「『巨人の星』傳説」というサイトを主宰していた小川雅也だったと言われている。[45]

その後、初心者は個人サイトの主宰者を中心に有力な論者に次々と声をかけ、会員を増やしていく。そのなかにはたとえば牢人、兒玉源太郎、霧島錬太郎、舊、蓑田狂気、江藤學神、九九九、高波ユキカゼ、降下猟兵、

jazzman、遠藤時世、白鳥誠志郎、人吉侯彦、hidexie、黒瓜、ランス、堂本直紀、旗御飯、高橋博彦、ゴジラズワイフ、源さん、池内晴紀、光輝八紘、大和士魂などなど、さまざまな有名人がいた。ほかにももちろん一般の論者もおり、さらに一部には既存の右翼団体の構成員もいたという。一方で初心者と対立し、その対抗勢力として「反鐵扇會」側に回った有力な論者もいた。「思想と言論」の南燎原、「朝日新聞をみんなで叩き潰す掲示板」の岩井信一、「帝國電網省」の竹下義朗などだ。

九九年末の時点で鐵扇會には七十七人の登録会員がいたという。二〇〇〇年代になるとその数はさらに増え、設立から三年後の〇二年四月の時点では百九十六人もの会員を擁するに至る。ただしそのなかにはすでに退会した会員や幽霊会員なども含まれており、さらに同一の人物が複数の会員名を使って登録していたケースもあったと見られる。なお、中国社会科学院日本研究所からこの年に刊行された雑誌『日本学刊』〇二年第六号には、日本の新しい右翼運動の一つとして鐵扇會の活動を取り上げた論文が収録されているが、それによればこの時点でそこには百六十数人の会員がいたという[46]。

右翼団体としての鐵扇會の主な活動は、街宣右翼の街頭での活動をネット上に移し替えたようなものだった。その主な手法となっていたのは掲示板へのマルチポスト、つまりあちこちの掲示板に同じ内容の書き込みを大量に貼り付けることや、メールの大量送信、つまり特定の相手に同じ内容のメールを大量に送り付けたり、多くの人々に同じ内容のメールを大量にばらまいたりすることだった。また、特定の運動を展開する際にはバナーを作成し、それをあちこちのサイトに貼り付けるようはたらきかけることなどもおこなわれていた。要するに街宣右翼が街頭でがなり立て、威嚇的に何かを訴えたり恫喝的に誰かを吊るし上げたりするという手法を彼らはネット上で実現しようとしていたと言えるだろう。そのため彼らはその主張とは関係なく、荒らし行為といやがらせ行為を専門とするネット上のゴロツキ集団として捉えられることも多かった[47]。

また、そのイデオロギーの面でも彼らの立場は一般の街宣右翼に通じるものだった。天皇中心主義、国粋主義、反共主義などに基づく既成右翼系のオーソドックスな主張がその活動の基点に置かれていた。そのため天皇中心主義を強化しようとする尊王運動や、左派的な勢力を排除しようとする反共運動がネット上でさまざまに繰り広げられることになる。

たとえば〇〇年六月、当時「みどりの日」として定められていた四月二十九日を「昭和の日」に改めようとする法案が廃案になったことに反発し、彼らは首相や主要政党の党首、さらに報道各社などに抗議のメールを送り付けるとともに、抗議行動を呼びかける旨の書き込みをあちこちの掲示板に貼り付けていった。その後、毎月二十九日が「昭和の日」制定運動」の活動日として定められ、掲示板へのマルチポストとメールの大量送信が繰り返されていく。また、十月には左寄りの論調で知られる雑誌『週刊金曜日』(金曜日)の編集部に、さらに十一月には東京都の人権施策を推進している都の総務局人権部にそれぞれむちゃな言いがかりをつけ、送られてきた謝罪のメールをやはりあちこちの掲示板に貼り付けていった。(48)

彼らのこうした行動は、しかし右翼・民族派の元来の文化からすれば、むしろその精神に反するものだったと見ることもできるだろう。戦前のいわゆる昭和維新運動以来、「一人一殺」の伝統を持ち、顕名の個人によるテロ行為と、その責を引き受けるものとしての自決という行動のなかに独自の美学を追い続けてきた右翼・民族派の文化からすれば、匿名の集団による荒らし行為という彼らの行動はそのモラルに反し、美意識にもとるものだったはずだ。ネット上の彼らの発言は、右翼・民族派に固有の「肉体言語」(野村)とはむしろ対極の地点にあるものだったのではないだろうか。(49)

しかしそのことを実は十分にわきまえたうえで、そうした行動をむしろ冗談半分で楽しんでいたようなところが彼らにはある。実際、とりわけ会長の言動を中心に、そこではさまざまな茶番がひっきりなしに繰り広げられていた。たとえばその「生前」、「天皇の次に大事にしよう」などとして一部の会員からかしずかれていた初心者は、九九年十一月二十五日、三島の命日に突然「ネット自決」を決行し、姿をくらましてしまう。その際、その潔い振る舞いに対して多くの会員から賛辞が寄せられたという（ただしその後、初心者は「ダビ男」「棺光一」などの別名で復活することになる）[50]。

このように彼らには、右翼・民族派というやや時代錯誤的な存在をどこかパロディカルに演じているようなところ、いわば「右翼ごっこ」を楽しんでいるようなところがあった。いいかえれば彼らは街宣右翼のネット版を目指していたばかりでなく、実はそのパロディー版をも同時に目指していたのではないだろうか。そうした彼らのスタンスは、見沢の小説『天皇ごっこ』の発想を地でいくようなものだった。

大澤真幸は九六年五月に出版されたその著書『虚構の時代の果て――オウムと世界最終戦争』（筑摩書房）のなかで、オウム真理教信者の心性を論じるにあたって『天皇ごっこ』の例を引きながら、「アイロニカルな没入」というメカニズムを指摘している。ある設定を「虚構」と見なしてそこからアイロニカルに距離を置こうとする態度と、それを「現実」と見なしてそこに本気で没入しようとする態度とがごく自然に両立してしまうというものだ[51]。当時の彼らのスタンスのなかにもやはりそうしたメカニズム、むしろ「パロディカルな没入」とでもいうべきものが組み込まれていたと見ることができるだろう。

ただしそこで彼らは必ずしも「悪事」ばかりをはたらいていたわけではない。たとえば〇一年三月、その翌年に予定されていた日韓共催ワールドカップサッカーの開催に向け、鐵扇會では「日韓韓日呼称交換運動」なるものが提起され、日韓間の友好を深めていくことが呼びかけられた。当時、日本茶掲示板では歴史修正主義というアジェンダに引き寄せられるようにして、嫌韓というアジェンダが頭をもたげつつあったが、そうした動向を批判してのことだった[52]。こうした両面性、しかも二重の両面性、つまりその行動が「ネタ」なのか「ベタ」なのかよくわからず、しかもその設定が「悪党キャラ」なのか「善人キャラ」なのかよくわからないというところもまた彼らの特徴の一つだった。

しかしその後、彼らのコミュニティもやはりさまざまな内紛と抗争の末に崩壊に向かっていくことになる。まず彼らの圧力を受け、さまざまな掲示板サイトが活動停止に追い込まれていった。〇〇年二月には「右翼共和派」が、三月には「八紘一宇」と「民族の掲示板」が、さらに〇一年十二月には「アジア・太平洋情報会議」がその活動を停止するに至る。そうしたなか、「日猶同祖論を考察する掲示板」と「ひもろぎの岡」の常連だった四人の論者、八神邦建、紫門鬼一、ゴジラズワイフ、山本直樹を中心に〇二年一月、鐵扇會に対抗するための組織として「斬鐵會」が結成され、そのサイトが立ち上げられた。彼らは鐵扇會を「右翼もどき」と呼び、「インターネットの「悪用」にのみ挙措の重きを置いた」その活動を断罪すべく「斬鐵活動」なるものを繰り広げていく。その結果、六月二十九日には岩井と竹下を立ち会い人として、謝罪と会長の辞任を迫る旨の「念書」が初心者に手渡された。彼らの間のこうした内戦はやはり2ちゃんねるで面白おかしく実況され、観戦されていく。

その後も同様の内紛と抗争に明け暮れ、「右翼ごっこ」の場から「戦争ごっこ」(2ちゃんねるのスレッドから)の場へとその姿を変えていった鐵扇會は、やはりゼロ年代半ばにその活動に幕を下ろすことになる。(53)

11 右翼共和派——新右翼系クラスタを代表する存在

しかし当時の右翼系セクターでは、何もこうした茶番じみた内輪騒ぎばかりが繰り広げられていたわけではない。そこには民族主義の新たなあり方を探るべく議論に没頭している人々もいた。次に右翼系セクターのなかでも、特に新右翼系クラスタを代表する存在として「右翼共和派」を取り上げてみよう。

鐵扇會が行動右翼的な傾向をネット上に移し替えることにより、当時の右翼人士のコミュニティのなかでも、悪くいえばゴロツキの溜まり場となってしまっていたのに対して、この掲示板サイトは理論右翼的な志向をネット上に持ち込むことにより、理論家や思想家のための一種のサロンとなっていた。その中心にいたのは運営メンバーの一人の橘正行だった。橘はかつて「旧日学同系の組織で右翼活動をして」いたことを明らかにしている。[54]

一九六六年十一月に結成された日学同は、六九年五月に結成された全国学協とともに当時の民族派学生組織を代表する団体だった。「Y・P体制打倒」など、戦後体制の枠組みそのものを全否定しようとするラディカルな理念を掲げつつ、民族主義の思想を基点に置いてその活動を展開していった民族派学生組織のなかでも、これら二つの団体のスタンスはやや異なるものだった。「反Y・P」論を最初に掲げた日学同があくまでもラディカルな志向を強く持つものだったのに対して、宗教団体「生長の家」を基盤としていた全国学協は天皇中心主義を強く奉じ、復古主義的な志向を強く持つものだった。「日学同が民族主義から出発しているのに対し」、全国学協は「むしろ皇国史観から出発している」（堀）とされていた。

全国学協の初代の委員長を務めていた鈴木はその後、新右翼を代表する論客となる。また、全国学協の母体となり、六七年七月に結成された「長大学協（長崎大学学生協議会）」の議長を務めていた椛島有三はその後、「日本を守る会」の事務局長から日本会議の事務総長となり、バックラッシュ保守クラスタの運動の中核を担う存在となっていく。一方、日学同もさまざまに分派し、いくつかの組織をそこから輩出することになる。[55]

その後、そうした組織の一つに身を置いていたという橘を中心に、何人かの運営メンバーによって九七年十一月に立ち上げられたのがこのサイト、右翼共和派だった。とはいえそれは日学同系の組織の公式な活動の一環として位置付けられるようなものではなく、当時のアングラネット論壇の一角で営まれていたごくマイナーな活動にすぎなかったが。しかしそこで繰り広げられていた議論は、かつての日学同のラディカルな問題意識を思い起こさせるような独特のものだった。

掲示板に付設された「右翼共和派の主張」のページには彼らの考え方が掲げられていた。そこではまず戦後民主主義のもとでの象徴天皇制と、皇道派的な立場からの天皇親政論とがともに否定される。前者は反民族主義的な思想であるがゆえに。一方で後者は、自主独立的な「国民」概念ではなく家族主義的な「臣民」概念、つまり国民を天皇の「私民」として捉えようとする概念を想定しているという点で、前民族主義的な思想であるがゆえに。代わって彼らが提起するのは、かつて三島が提唱した「文化概念としての天皇」という考え方と、「政治概念としての共和制」という考え方とを組み合わせたものだった。彼らによれば「共和制こそが真の民族国家の政治形態」だという。なぜなら「ナショナリズムの核心を形成するのは、国民であり、国民主権こそが、王朝主義に替わるナショナリズムの内実にほかならないから」だ。[56]

このように民族主義の思想を理論的に推し進め、一方で戦後民主主義の思想を否定しながらも、もう一方で戦前回帰的な志向をやはり強く否定しているという点に彼らの考え方の大きな特徴があったと言えるだろう。彼らによれば天皇親政は、皇道派的な右翼によって情緒的に理想化されているだけの「エピソード」にすぎず、たとえ天皇機関説がどれだけ攻撃されようとも、それが歴史上の事実に基づく見解であることは否定しようがない。そのため天皇には「本来の皇居である「京都御所」へご帰還いただき、一切の国事行為からも離れて、神社の宗家として存続していただきたい」という。[57] 彼らのこうした考え方は、全国学協系の天皇中心主義や復古主義などの思想とは異なるアプローチで、民族主義の新たなあり方を探ることを目指したかつての日学同の問題意識を受け継ぎ、それを発展させようとしたものだったと言えるだろう。

彼らのそうした主張を受け、掲示板ではさまざまな議論が繰り広げられていく。天皇中心主義や国粋主義などの立場に立つ論者の間では、彼らの考え方は強く批判を受けた。そこでは天皇の存在が軽視もしくは無視されており、したがってそれはもはや右翼の思想ではなく、単なるファシズムなのではないかなどと指摘された。一方で理論右翼的な志向を強く持つ人々の間では、それは一つの試論として歓迎され、活発な議論が繰り広げられていく。そうしたなかからやがて一つの動きが浮かび上がってくる。国家社会主義のイデオロギーを再評価し、再検討しようとするものだ。

元来、日本の右翼イデオロギーのなかには大きく分けて二つの流れがあると見ることができる。天皇中心主義

（橘の言葉では「国粋皇道主義」）の流れと国家社会主義の流れだ。前者は戦前・戦後を問わず、多くの右翼団体の主張の原点に置かれてきたものだった。「親米反共」「安保保持」を掲げる既成右翼の場合にも、「反米反ソ」「安保反対」を掲げる新右翼の場合にも、その主張の原点に等しく置かれていたのはこのイデオロギーだった。戦後、その最大のイデオローグとなったのは葦津珍彦《うずひこ》だった。葦津は天皇を「祭り主」として位置付けることにより、国家神道のイデオロギーのなかにではなく、神社神道のそれのなかにその存在をあらためて理論付けることを試みた。その思想はその後、日本会議の母体となった日青協の活動にも影響を与え、バックラッシュ保守クラスタの運動の骨格を支える存在となっていく。

一方、国家社会主義はむしろ左翼イデオロギーに近いもので、ヨーロッパから輸入された社会主義の理念を日本の土壌のうえでいかに実現するかという点をその元来の眼目とするものだった。その結果、ある種の天皇機関説を媒介として社会主義と民族主義との結合が図られることになる。大正期から昭和期にかけての社会主義思想家、高畠素之や赤松克麿などによって提唱されたのち、戦前の右翼思想家、大川周明や北一輝などによってより具体的に構想され、二・二六事件を頂点とする昭和維新運動を突き動かしていくイデオロギーとなる。天皇信仰を「土民的迷妄と断じた」（橘）という、北の透徹した態度に見られるように、「国民の天皇」をいわゆる「玉」として政治利用しようとする考え方が示されることもあった。戦後、その流れを受け継ぎ、そのイデオローグとなったのは小島玄之だった。(58)

近年の右翼・民族派による議論のなかで国家社会主義のイデオロギーが真剣に顧みられたことは、実はあまりなかったのではないだろうか。そうしたなか、右翼共和派では高畠から北へ、そして小島へと至る流れのなかで築かれてきたこのイデオロギーを再評価し、再検討しようとする動きが浮かび上がってくる。それは「右翼の行き詰まり」という当時の状況のなかで、天皇中心主義のイデオロギーに飲み込まれることなく、しかも戦前回帰的な志向に取り込まれることなく、民族主義の新たなあり方を探ろうとしておこなわれた一つの貴重な試みだったと言えるだろう。

なお、彼らのこうした問題意識は、実はサブカル保守クラスタの若い世代の問題意識に緩やかに連なるものでもあった。日本茶掲示板の趣旨文のなかで二郎は自分たちのスタンスについて、「「共和国的愛国者?」(天皇陛下には敬意を感じるが、天皇至上主義者ではありません)」と記している。(59)

このように当時のネット右派論壇では、保守系・右翼系の二つのセクターの枠を超え、バックラッシュ保守クラスタと既成右翼系クラスタでは天皇中心主義のイデオロギーがなおも奉じられていたのに対して、サブカル保守クラスタと新右翼系クラスタではそうした傾向は見られず、いわば「天皇によらない民族主義」が追い求められていたと見ることができる。昭和から平成への改元を経て、天皇信仰を「天皇ごっこ」などとしてアイロニカルに、もしくはパロディカルに捉えようとする見方も現れてくるなかで、それは一つのリアルな反応だったのではないだろうか。

ただしサブカル保守クラスタと新右翼系クラスタの立場が同じだったわけではもちろんない。当時、日本茶掲示板では歴史修正主義というアジェンダが強く追い求められていたが、右翼共和派はそうした動向をむしろ批判し、「我々は、戦後の所謂「太平洋戦争」史観はもとより、右翼に浸透している「大東亜戦争」史観のいずれにも立ちません」と宣言していた。両者は「同じ土俵の上で自分たちに都合の良いネタ(資料)を集めているだけで、堂々めぐりのメダルの裏表的関係にあるにすぎないから」だとされていた。(60)

しかしその後、右翼共和派は鐵扇會の圧力を受け、二〇〇〇年二月に活動停止に追い込まれてしまう。その結果、その活動はやはりネット文化の歴史の古層に深く埋もれてしまうことになるが、しかしネット右派運動の起点に、こうした議論が真剣に交わされていた場が存在していたことは忘れ去られるべきではないだろう。

注

（1）「ＮＩＦＴＹ－Ｓｅｒｖｅ、会員二百万人を達成」『ＰＣ Ｗａｔｃｈ』一九九六年九月十九日（https://pc.watch.impress.co.jp/docs/article/960919/nifty.htm）

（2）ばるぼら『教科書には載らないニッポンのインターネットの歴史教科書』翔泳社、二〇〇五年、一九〇―二一五、二五六―二七六ページ

（3）『★阿修羅♪』（http://www.asyura2.com/）、『激裏情報』（https://gekiura.com/）、『サイバッチ！』（http://www.cybazzi.com/）、河上イチロー『サイバースペースからの挑戦状』雷韻出版、一九九八年、一七四―一八七ページ、同『サイバースペースからの攻撃』雷韻出版、一九九九年、八六―九五、三一〇―三一七ページ

（4）保坂正康「大東亜戦争・太平洋戦争はいかに語られてきたか」、防衛研究所戦史部編『防衛研究所戦史部年報』第二号（一九九九年三月号）、防衛研究所戦史部（http://www.nids.mod.go.jp/publication/senshi/pdf/199903/04.pdf）

（5）前掲『サイバースペースからの挑戦状』五〇―五三ページ

（6）久野収／鶴見俊輔『現代日本の思想――その五つの渦』（岩波新書）、岩波書店、一九五六年、一一七―一八二ページ、浅羽通明『右翼と左翼』（幻冬舎新書）、幻冬舎、二〇〇六年、一五一―一五三ページ

（7）「★阿修羅♪プロフィール」『★阿修羅♪』（http://www.asyura2.com/profile.htm）、前掲『教科書には載らないニッポンのインターネットの歴史教科書』一九〇ページ、井口秀介／小西誠／井上はるお／津村洋『サイバーアクション――市民運動・社会運動のためのインターネット活用術』社会批評社、二〇〇一年、八五ページ、野村旗守『Ｚ（革マル派）の研究』月曜評論社、二〇〇三年、一八五ページ

（8）前掲『サイバーアクション』、民衆のメディア連絡会編著『市民メディア入門――あなたが発信者！』創風社出版、一九九六年、ＡＣＴ編集委員会『ＡＣＴ――市民の政治』各号、アクト新聞社、「ＭＬ（メーリングリスト）の紹介」『市民平和ネットワーク』（http://lovepeace.org/ks-m/peace/ml.html）、「私たちの紹介」『ＪＣＡＦＥ 市民コンピュータコミュニケーション研究会』（http://www.jca.apc.org/jca/aboutus/）、『オルタナティブ運動情報メーリングリ

スト（AML）』（http://list.jca.apc.org/manage/listinfo/aml）、『虹と緑の五百人リスト運動』（http://www.nijitomidori.org/）［現在はリンク切れ］、『JCA-NET ICTによる社会運動支援とコミュニケーションの権利を！』（http://www.jca.apc.org/）

（9）Katie Hafner and Matthew Lyon, *Where Wizards Stay Up Late: The Origins of the Internet*, Simon & Schuster, 1996.（ケイティ・ハフナー／マシュー・ライアン『インターネットの起源』加地永都子／道田豪訳、アスキー、二〇〇〇年、一八三―二一六ページ）、古瀬幸広／廣瀬克哉『インターネットが変える世界』（岩波新書）、岩波書店、一九九六年

（10）「右翼」『Love Cream Puff』（http://www7b.biglobe.ne.jp/~w3c/ksmiracle/Politics/Right.html）、『憂国ナビ』（http://page.freett.com/shamon/patriots.html）［二〇一六年三月十一日アクセス。現在はリンク切れ］、「リンク集」『それでも地球は回ってる！ 国民に知らせる会』（http://www.geocities.co.jp/MusicStar-Keyboard/7597/rink2.htm）［二〇一六年二月九日アクセス。現在はリンク切れ］、「りんく1」『桜会』（http://www.geocities.co.jp/WallStreet/9044/link/kojin1.html）［二〇一六年八月二十三日アクセス。現在はリンク切れ］、「鐵扇會に対する基礎認識・二六六二年昭和節版」『★阿修羅♪』二〇〇二年四月二十九日（http://www.asyura2.com/2002/bd17/msg/743.html）

（11）『新・ゴーマニズム宣言（十四章問題）その行方を探る！』一九九七年三月二十七日（http://www.bekkoame.ne.jp/~yamadan/mondai/rmal15/react801.html）［二〇一六年二月五日アクセス。現在はリンク切れ］、『遊撃インターネット』（http://www.uranus.dti.ne.jp/~yuugeki/top.htm）、前掲『サイバースペースからの挑戦状』二一二―二二三、二四二―二六三、二八七―二九九ページ、『帝國電網省』（http://teikoku-denmo.jp/）、『週刊言志人』（http://www.interq.or.jp/world/mado/）、『南京大虐殺はウソだ！』（http://www.history.gr.jp/nanking/）、『電脳日本の歴史研究会』（http://www.history.gr.jp/）、『デア・アングリッフ Der Angriff』（http://www2.baynet.or.jp/~aasasaa/）［現在はリンク切れ］、同アーカイブサイト（http://web.archive.org/web/19990417233744/http://www2.baynet.or.jp/~aasasaa/）、『国防研究会』（http://www.kokubou.com/）、『SAMURAI』（http://www.geocities.co.jp/Milkyway/

7346/)［二〇一六年八月二十三日アクセス。現在はリンク切れ］、『九九九のホームページ』(http://www.geocities.co.jp/WallStreet/4759/)［二〇一六年三月十一日、現在はリンク切れ］、『民族の監視者 Völkischer Beobachter』(http://members.xoom.com/v_b/)［現在はリンク切れ］、『思想と言論』(http://cgi.members.interq.or.jp/kanto/just/)、『金ちゃんのドーンと行ってみよう！』(http://www.geocities.co.jp/HeartLand/9101/kindex.html)［二〇一八年六月八日アクセス。現在はリンク切れ］、『日本国と日本海軍の栄光』(http://www.geocities.co.jp/WallStreet/4792/)［二〇一六年三月十一日アクセス。現在はリンク切れ］、『悠久の神州』(http://www.geocities.co.jp/WallStreet-Bull/1388/)［二〇一六年八月二十二日アクセス。現在はリンク切れ］、『日本を築く庶民の会 ガオガオ戦略情報研究所』(http://www.ac.auone-net.jp/~tigre/gwife2670/senryaku/g-senryaku.joho.htm)［二〇一六年九月十八日アクセス。現在はリンク切れ］、『長谷亭』(http://www.geocities.co.jp/WallStreet/3147/)［二〇一八年六月八日アクセス。現在はリンク切れ］、『神風』(http://www.geocities.jp/kamikazes_site/)［二〇一六年八月二十三日アクセス。現在はリンク切れ］、『八神邦建正式電脳頁 神国の森』(http://www.geocities.co.jp/WallStreet/4669/)［二〇一六年八月二十九日アクセス。現在はリンク切れ］

（12）『日猶同祖論を考察する』(http://www.geocities.co.jp/Berkeley/6261/)［二〇一六年八月二十三日アクセス。現在はリンク切れ］、『爆笑的祭政壱致趣味遊國秘密結社 倭國萠國趣味同志會』(http://www.geocities.co.jp/Milkyway-Vega/6529/kokusui/)［二〇一六年八月二十二日アクセス。現在はリンク切れ］、『街宣車ぎゃらりー』(http://gaisen.hoops.ne.jp/)［現在はリンク切れ］、同アーカイブサイト（https://web.archive.org/web/20000622031908/http://gaisen.hoops.ne.jp/)

（13）『論客 完全変態のホームページ』(http://kh.sagesword.com/)、『狂気乱舞 蓑田狂気のホームページ』(http://www.geocities.co.jp/WallStreet/3271/)［二〇一六年九月三日アクセス。現在はリンク切れ］、(http://www2s.biglobe.ne.jp/~fdj/)［現在はリンク切れ］、「自己紹介」『狂気乱舞』(http://www.geocities.co.jp/WallStreet/3271/jikosyoukai.html)［二〇一六年三月十一日アクセス。現在はリンク切れ］、『至誠 君臣 江藤學神の基幹頁』(http://www.freepage.total.co.jp/gakushin/)［現在はリンク切れ］

（14）『超国家主義『民族の意志』同盟』（http://www2u.biglobe.ne.jp/~isi/）、『世界戦略』（http://strategy.co.jp/）［現在はリンク切れ］、同アーカイブサイト（http://web.archive.org/web/19970710012502/http://strategy.co.jp/）、『国家社会主義日本労働者党』（http://www.nsjap.com/jp/）、『国際愛国社』（http://aikoku.webcrow.jp/）［二〇一六年三月十一日アクセス。現在はリンク切れ］、『民族戦線』（http://www.meix-net.or.jp/~minsen/）、『政治結社功新塾 大日本憂國協議會』（http://www.geocities.co.jp/WallStreet/1273/）［二〇一六年八月二十四日アクセス。現在はリンク切れ］

（15）『鐵扇會』（http://www.tetsusenkai.net/）［現在はリンク切れ］、同アーカイブイメージ（http://www.angelfire.com/id2/memo/tetsulog/10000.PNG）［現在はリンク切れ］、『日本平和神軍のホームページ』（http://www.jade.dti.ne.jp/~shingun/index2.html）［現在はリンク切れ］、同アーカイブサイト（http://web.archive.org/web/20000302201327/http://www.jade.dti.ne.jp/~shingun/index2.html）、『大和維新塾』（http://www.geocities.co.jp/WallStreet/2434/）（http://www.club-kamikaze.net/）［ともに現在はリンク切れ］、「「ワンダーライフ」「大和維新塾」の思い出」『宇宙の真実にできるだけ近づきたい!!』二〇一六年三月三十日（https://ameblo.jp/yoriyokimiraie-2013/entry-12144683214.html）

（16）『日本青年社』（http://www.seinensya.org/）、『皇國青年社』（http://www.geocities.co.jp/MusicStar-Piano/2317/）［二〇一六年八月二十四日アクセス。現在はリンク切れ］、『大日本愛国党青年隊』（http://www.geocities.co.jp/WallStreet/6551/）［二〇一八年六月七日アクセス。現在はリンク切れ］、『大日本愛国党』（http://aikokutou.net/）、『「檄」政治結社泰政会総本部』（http://www.geocities.co.jp/Milkyway-Vega/5889/taiseikai.html）［二〇一六年三月十一日アクセス。現在はリンク切れ］、『一水会』（http://www.issuikai.jp/）、『鈴木邦男をぶっとばせ!』（http://kunyon.com/）、同アーカイブサイト（http://web.archive.org/web/20010805194541/http://www.geocities.co.jp/HeartLand-Gaien/2207/）、『ＷｅｂＣｈｉｒｅｎ』（http://www.cam.hi-ho.ne.jp/misawa/）［現在はリンク切れ］、同アーカイブサイト（http://web.archive.org/web/20010414013645/http://www.cam.hi-ho.ne.jp/misawa/）

（17）『日本ちゃちゃちゃ倶楽部』（http://www.nc4.gr.jp/）［現在はリンク切れ］、『右翼共和派 Rechtsrepublikaner Nippon』（http://www.geocities.co.jp/WallStreet/2414/uyoku.html）［二〇一六年八月二十六日アクセス。現在はリン

ク切れ〕、前掲『サイバースペースからの挑戦状』二六四―二六五ページ、『朝日新聞をみんなで叩き潰す掲示板』（http://258.teacup.com/noasahi/bbs）〔現在はリンク切れ〕、『超極右思想ＨＰ!!』（http://www2.gol.com/users/toei/）、「憂國掲示板」『超極右思想ＨＰ!!』（http://www.ptweb.co.jp/~outlaw/minibbs.cgi）〔現在はリンク切れ〕、『現世御利益掲示板』（https://156.teacup.com/sibainu/bbs）

（18）「喫茶室」『帝國電網省』（http://ojhec.web.fc2.com/）（https://323.teacup.com/yoshiro/bbs）、「金ドン掲示板」『金ちゃんのドーンと行ってみよう』（http://6010.teacup.com/kinchandazo/bbs）〔現在はリンク切れ〕、「桃太郎掲示板」『長谷亭』（https://jbbs.shitaraba.net/study/6914/）、「ひもろぎの岡」『神国の森』（http://6413.teacup.com/mikuni/bbs）〔現在はリンク切れ〕、「臥龍窟」『民族戦線』（http://www.meix-net.or.jp/cgi-bin/sbbs/user/minsen/）、「アブナイネタを教えて下さい」『大和維新塾』（http://www1.odn.ne.jp/~aal99510/lady_w/lady_3.htm）〔現在はリンク切れ〕、「日猶同祖論を考察する掲示板」『日猶同祖論を考察する』（http://161.teacup.com/hirohiko/bbs）〔現在はリンク切れ〕、「電脳日本の歴史研究会掲示板」『電脳日本の歴史研究会』（http://6416.teacup.com/7867zxlotion5/bbs）〔現在はリンク切れ〕、『日本論・思想の十字路』（http://ueno.cool.ne.jp/mad2001）〔現在はリンク切れ〕、「雑談コーナー」『日本論・思想の十字路』（http://6005.teacup.com/kokichi/bbs）〔現在はリンク切れ〕、『鈴木小太郎商店』（http://www2.justnet.ne.jp/~jingu/）〔現在はリンク切れ〕、「ブッかけられ牛乳にはご用心」『鈴木小太郎商店』（http://6112.teacup.com/haruna/bbs）〔現在はリンク切れ〕、『ＡＤＡＭのマスコミ批判・多事反論』（http://6006.teacup.com/adam/bbs）〔現在はリンク切れ〕、『バチ当たり掲示板』（http://6033.teacup.com/bachiatari/bbs）〔現在はリンク切れ〕、『民族の掲示板』（http://324.teacup.com/nippon/bbs）〔現在はリンク切れ〕、『硝子窟』（http://obando.mine.nu/garasu/light.cgi）〔現在はリンク切れ〕、『りりしいライヒ』（http://www2.freeweb.ne.jp/~hitler/bbs/）〔現在はリンク切れ〕、佐藤卓己編著、日本ナチ・カルチャー研究会『ヒトラーの呪縛』飛鳥新社、二〇〇〇年、資料編六六―六九ページ、前掲『サイバースペースからの挑戦状』二六六―二八五ページ

（19）「日本茶掲示板同窓会」『5ちゃんねる』二〇一四年七月十六日（https://anago.5ch.net/test/read.cgi/kova/1405456563/）

(20) 前掲『右翼と左翼』一七―一二五ページ、Jean Christian Petitfils, *La Droite En France: de 1789 à nos jours*, Presses Universitaires de France, 1998.（ジャン＝クリスチャン・プティフィス『フランスの右翼』池部雅英訳〔文庫クセジュ〕、白水社、一九七五年）、畑山敏夫『フランス極右の新展開――ナショナル・ポピュリズムと新右翼』（〔国際社会学叢書――ヨーロッパ編〕第二巻）、国際書院、一九九七年

(21) 松本健一『思想としての右翼 新装版』論創社、二〇〇七年、五―一六ページ（初版：一九七六年）

(22) 中島岳志『アジア主義――西郷隆盛から石原莞爾へ』（潮文庫）、潮出版社、二〇一七年、九九―一〇七ページ（初版：二〇一四年）、中島岳志／島薗進『愛国と信仰の構造――全体主義はよみがえるのか』（集英社新書）、集英社、二〇一六年、二八―四四ページ、橋川文三『ナショナリズム――その神話と論理』（ちくま学芸文庫）、筑摩書房、二〇一五年（初版：一九六八年）、村上一郎『草莽論――その精神史的自己検証』筑摩書房、一九七二年、鈴木邦男『これが新しい日本の右翼だ――「恐い右翼」から「理解される右翼」へ』日新報道、一九九三年

(23) 前掲『思想としての右翼 新装版』五―一六ページ

(24) 同書、堀幸雄『戦前の国家主義運動史』三嶺書房、一九九七年、前掲『アジア主義』、中島岳志『超国家主義――煩悶する青年とナショナリズム』筑摩書房、二〇一八年、橋川文三『昭和維新試論』（講談社学術文庫）、講談社、二〇一三年（初版：一九八四年）、田原総一朗『日本近現代史の「裏の主役」たち――北一輝、大川周明、頭山満、松井石根……「アジア主義者」の夢と挫折』（PHP文庫）、PHP研究所、二〇一三年（初版：二〇一一年）、鈴木邦男『右翼は言論の敵か』（ちくま新書）、筑摩書房、二〇〇九年

(25) 猪野健治『日本の右翼』（ちくま文庫）、筑摩書房、二〇〇五年（初版：一九七三年）、同『右翼・行動の論理』（ちくま文庫）、筑摩書房、二〇〇六年（初版：一九八九年）、同『やくざ・右翼取材事始め』平凡社、二〇一四年、堀幸雄『〔増補〕戦後の右翼勢力』勁草書房、一九九三年（初版：一九八三年）、同『最新 右翼辞典』柏書房、二〇〇六年、社会問題研究会編『右翼事典――民族派の全貌』双葉社、一九七〇年、別冊宝島編集部編『日本の右翼と左翼がわかる本』宝島社、二〇一六年

(26) 山平重樹『ドキュメント新右翼――何と闘ってきたのか』（祥伝社新書）、祥伝社、二〇一八年（初版：一九八九

年）、鈴木邦男『新右翼〈最終章〉――民族派の歴史と現在 新改訂増補版』彩流社、二〇一五年（初版：一九八八年）、木村三浩『お手軽愛国主義を斬る――新右翼の論理と行動』彩流社、二〇一三年、千坂恭二『思想としてのファシズム――「大東亜戦争」と一九六八』彩流社、二〇一五年、「前衛としての右翼」『レコンキスタ』一九七五年十月一日号、一水会

(27) 菅野完『日本会議の研究』（扶桑社新書）、扶桑社、二〇一六年、前掲『〔増補〕戦後の右翼勢力』二七五―二七六ページ

(28) 「鈴木邦男さん×中島岳志さん～新右翼×リベラル保守～思想をめぐる対論：貧困問題から憲法まで」『マガジン9』（http://www.magazine9.jp/taidan/007/index1.php）、大石規雄「保守≠右翼」、デルクイ編集部編『デルクイ』第一号、彩流社、二〇一一年

(29) 「平成二年 警察白書 第七章 公安の維持」『警察庁』（http://www.npa.go.jp/hakusyo/h02/h020700.html）、社会評論社編集部編『右翼テロ！』社会評論社、一九九〇年、鈴木邦男『民族派最前線――明確なる敵を求めて』島津書房、一九九二年、七三―一〇五ページ

(30) 前掲『これが新しい日本の右翼だ』一九二―一九七ページ、前掲『新右翼〈最終章〉』一八二―一九一ページ、『激論！日本の右翼――朝まで生テレビ！』全国朝日放送、一九九〇年

(31) 前掲『これが新しい日本の右翼だ』一九七―二〇一ページ、前掲『右翼は言論の敵か』二二八―二四三ページ、前掲『新右翼〈最終章〉』二〇二―二二二ページ、前掲『日本の右翼』三五五―三六八ページ、野村秋介『さらば群青――回想は逆光の中にあり』二十一世紀書院、一九九三年、一六八―二二五ページ、山平重樹『激しき雪――最後の国士・野村秋介』幻冬舎、二〇一六年、一一六―二六二ページ

(32) 鈴木邦男「いま反共右翼の意味とは」、文藝春秋編『日本の論点』所収、文藝春秋、一九九二年

(33) 前掲『〔増補〕戦後の右翼勢力』前文一―三ページ

(34) 前掲『右翼は言論の敵か』二二八―二四三ページ、前掲『新右翼〈最終章〉』二〇二―二二二ページ、前掲『日本の右翼』三五五―三六八ページ、前掲『激しき雪』八―七七ページ

（35）鈴木邦男『夕刻のコペルニクス 一』（扶桑社文庫）、扶桑社、二〇〇〇年、六七―九五ページ（初版：一九九六年）、前掲『ドキュメント新右翼』三六二―三六八、四四七―四五五ページ、『天皇ごっこ――見沢知廉・たった一人の革命』（監督：大浦信行）、DVD、二〇一二年、TOブックス

（36）雨宮処凛『生き地獄天国』太田出版、二〇〇〇年、一二一―二六九ページ

（37）大月隆寛「ネット世論と「嫌韓」の歴史――『マンガ嫌韓流』はここから生まれた！」、大月隆寛／野村旗守／黄文雄／西村幸祐／中宮崇／宮島理ほか『別冊宝島 マンガ嫌韓流の真実！――〈韓国／半島タブー〉超入門』所収、宝島社、二〇〇五年

（38）小林よしのり『新・ゴーマニズム宣言 五』小学館、一九九八年、一二一―一二八ページ、「［「この国」を想う］「よしりんウオッチ」見えぬ相手との議論」『朝日新聞』一九九七年八月十日付、『よしりんウオッチ』（http://www.wink.co.jp/~yosirinwatch.html）［現在はリンク切れ］

（39）「S．Sさんへ：日本ちゃちゃちゃ倶楽部とは何か。」『新・ゴーマニズム宣言（十四章問題）その行方を探る！』一九九七年三月二十七日（http://www.bekkoame.ne.jp/~yamadan/mondai/rmal15/react801.html）［二〇一六年二月五日アクセス。現在はリンク切れ］、「「日本ちゃちゃちゃ倶楽部」の趣旨文の追加」『新・ゴーマニズム宣言（十四章問題）その行方を探る！』一九九七年三月二十七日（http://www.bekkoame.ne.jp/~yamadan/mondai/rmal15/react814.html）［二〇一六年二月五日アクセス。現在はリンク切れ］

（40）「★＝輝け、第一回日本茶論客大賞＝★」『5ちゃんねる』二〇〇〇年十一月二十日（http://ebi.5ch.net/test/read.cgi/sisou/974731196/）、「今日の日本茶」『5ちゃんねる』二〇〇〇年二月十七日（http://ebi.5ch.net/test/read.cgi/sisou/950785234/）、「新・今日の日本茶」（後続スレッドを含む）『5ちゃんねる』二〇〇〇年七月十一日―（http://ebi.5ch.net/test/read.cgi/sisou/963318747/）、「【日本】保守について考える【ちゃ？】」『ログ速』二〇〇五年一月十五日（https://www.logsoku.com/r/2ch.net/sisou/1105715776/）

（41）「荒らし集団〝戊板〟監視スレッド」（後続スレッドを含む）『5ちゃんねる』二〇〇〇年七月二十七日（http://ebi.5ch.net/test/read.cgi/sisou/964686301/）

（42）前掲ウェブサイト「日本茶掲示板同窓会」

（43）「日本茶内戦 戦場案内」『5ちゃんねる』二〇〇〇年四月二十六日（http://ebi.5ch.net/test/read.cgi/sisou/956735544/）、「うっけ都に行く〜日本茶の自浄能力〜」『5ちゃんねる』二〇〇〇年四月二十七日（http://ebi.5ch.net/test/read.cgi/sisou/956818030/）、「第二次日本茶内戦スレッド」『5ちゃんねる』二〇〇〇年五月二十七日（http://ebi.5ch.net/test/read.cgi/sisou/959412228/）、「♪♪♪日本茶滅亡♪♪♪」（後続スレッドを含む）『5ちゃんねる』二〇〇二年四月二十一日—（https://tmp.5ch.net/test/read.cgi/sisou/1019317938/）、「♪♪♪日本茶滅亡　最終決戦♪♪♪」『5ちゃんねる』二〇〇二年五月二十五日（https://tmp.5ch.net/test/read.cgi/sisou/1022273085/）

（44）小林よしのり『新・ゴーマニズム宣言 十一——テロリアンナイト』小学館、二〇〇二年、一二三—一三〇ページ、同『新・ゴーマニズム宣言ＳＰＥＣＩＡＬ 戦争論 二』幻冬舎、二〇〇一年、九—三一ページ、前掲ウェブサイト「日本茶掲示板同窓会」

（45）「Re: アジア太平洋軍事・諜報ニュースが廃刊、ＨＰも閉鎖 鐵扇會が妨害」（後続記事を含む）『★阿修羅♪』二〇〇一年十二月四日—（http://www.asyura2.com/sora/bd15/msg/551.html）、前掲ウェブサイト「鐵扇會に対する基礎認識・二六六二年昭和節版」、「サイバー右翼／鐵扇會「ゴロツキ紳士録」平成十四年十月版（初版）」『★阿修羅♪』二〇〇二年十月六日（http://www.asyura2.com/2002/bd20/msg/399.html）、「鐵扇会ｖｓ斬鉄会しょの一一（アフォは死んでも編）」『2ちゃんねる（過去ログサイト）』二〇〇二年六月十六日（https://tmp.5ch.net/test/read.cgi/sisou/1024198047/）

（46）前掲ウェブサイト「右翼」、前掲ウェブサイト「鐵扇會に対する基礎認識・二六六二年昭和節版」、前掲ウェブサイト「サイバー右翼／鐵扇會「ゴロツキ紳士録」平成十四年十月版（初版）」、「鐵扇會「ゴロツキ紳士録」補記」『★阿修羅♪』二〇〇二年十月八日（http://www.asyura2.com/2002/bd20/msg/428.html）、高洪「日本ナショナリズム政治家の言行の哲学透視」『日本学刊』二〇〇二年第六号、中国社会科学院日本研究所

（47）「鉄扇会について教えてください」『2ちゃんねる（過去ログサイト）』二〇〇一年九月二十三日（http://mimizun.com/log/2ch/sisou/1001221480/）

（48）「「昭和の日」制定運動」『2ちゃんねる』二〇〇〇年十二月二十九日（http://www.mentai.2ch.net/history/kako/978/978076904.html）［二〇一六年九月三日アクセス。現在はリンク切れ］、前掲ウェブサイト「鐵扇會に対する基礎認識・二六六二年昭和節版」

（49）前掲『右翼は言論の敵か』二二八―二三一ページ

（50）前掲ウェブサイト「鐵扇會に対する基礎認識・二六六二年昭和節版」、前掲ウェブサイト「サイバー右翼／鐵扇會「ゴロツキ紳士録」平成十四年十月版（初版）」

（51）大澤真幸『虚構の時代の果て――オウムと世界最終戦争』（ちくま新書）、筑摩書房、一九九六年、一九六―二三一ページ

（52）「■W杯 日韓・韓日 呼称交換運動にご協力を■」『5ちゃんねる』二〇〇一年三月六日（http://mentai.5ch.net/test/read.cgi/sociology/983824841/）、「■「付記2」――日韓韓日呼称交換運動に寄せて■」『5ちゃんねる』二〇〇一年三月二十四日（http://mentai.5ch.net/test/read.cgi/doboku/985435310/）、前掲ウェブサイト「鐵扇會に対する基礎認識・二六六二年昭和節版」

（53）前掲ウェブサイト「Re: アジア太平洋軍事・諜報ニュースが廃刊、HPも閉鎖 鐵扇會が妨害」、前掲ウェブサイト「鐵扇會に対する基礎認識・二六六二年昭和節版」、「斬鐵活動終結宣言（斬鐵掲示板閉板の辞）」『★阿修羅♪』二〇〇二年六月二十九日（http://www.asyura2.com/2002/bd18/msg/680.html）、「鐵扇會初心者・元気だぞの問題点」（後続記事を含む）『★阿修羅♪』二〇〇二年八月二十九日―（http://www.asyura2.com/2002/bd19/msg/581.html）、「鐵扇会ｖｓ斬鉄会」（後続スレッドを含む）『5ちゃんねる』二〇〇二年一月二十六日―（https://tmp.5ch.net/test/read.cgi/sisou/1012007267/150）

（54）「右翼共和派掲示板・過去ログ（五）」『右翼共和派』一九九八年一月二十八日―（http://www.geocities.co.jp/WallStreet/2414/kako5.html）［二〇一六年三月十五日アクセス。現在はリンク切れ］

（55）前掲『〔増補〕戦後の右翼勢力』六七―七七ページ、前掲『最新 右翼辞典』二八九―二九一、三三三―三三四、四七〇―四七一、五七五ページ、前掲『ドキュメント新右翼』

(56)「文化概念としての天皇と、政治概念としての共和制」『右翼共和派』(http://www.geocities.co.jp/WallStreet/2414/uyokukyowa.1.html)［二〇一六年三月十日アクセス。現在はリンク切れ］

(57)「右翼共和派・概要」『右翼共和派』(http://www.geocities.co.jp/WallStreet/2414/gaiyou.html)［二〇一六年八月二十六日アクセス。現在はリンク切れ］、「右翼共和派掲示板・過去ログ（一）」『右翼共和派』一九九七年十一月二十一日―(http://www.geocities.co.jp/WallStreet/2414/kako1.html)［二〇一六年三月十五日アクセス。現在はリンク切れ］

(58) 前掲『戦前の国家主義運動史』前文一―七、三九―一三四ページ、前掲『〔増補〕戦後の右翼勢力』一〇八―一三三ページ、前掲『最新 右翼辞典』一八―一九、二三二、二三五―二三六ページ、前掲『右翼は言論の敵か』一五三―一八四ページ、前掲『日本近現代史の「裏の主役」たち』二三九―四九七ページ、北一輝『日本改造法案大綱』(中公文庫)、中央公論新社、二〇一四年、一二―二六ページ（初版：一九二三年）、渡辺京二『北一輝』(ちくま学芸文庫)、筑摩書房、二〇〇七年、一〇五―二〇六ページ（初版：一九八五年）、前掲『日本の右翼』三四一―三五四ページ、「右翼共和派掲示板・過去ログ（四）」『右翼共和派』一九九八年一月二十日―(http://www.geocities.co.jp/WallStreet/2414/kako4.html)［二〇一六年三月十五日アクセス。現在はリンク切れ］

(59) 前掲ウェブサイト「S．Sさんへ：日本ちゃちゃちゃちゃ倶楽部とは何か。」

(60) 前掲ウェブサイト「右翼共和派・概要」

第5章　ネオナチ極右クラスタと排外主義アジェンダ
——二〇〇〇年前後まで

1　ヨーロッパ極右の流れを汲むネオナチ極右クラスタ

一九九〇年代後半、草創期のネットメディアの混沌とした状況のなかから生まれたネット右派論壇は、九〇年代末から二〇〇〇年ごろにかけてその最盛期を迎えたのち、ゼロ年代になるとさまざまな内紛と抗争の末に崩壊に向かっていく。

そうしたなか、保守系セクターの担い手となっていた二つのクラスタ、サブカル保守クラスタとバックラッシュ保守クラスタは、出版メディアのなかの新保守論壇にすでにその地歩が築かれていたこともあり、日本茶掲示板がその活動を停滞させていったのちも、2ちゃんねるをはじめとするより一般的なサイトに軸足を移しながらその活動を続けていく。

一方で右翼系セクターの主な担い手となっていた二つのクラスタ、既成右翼系クラスタと新右翼系クラスタは、右翼・民族派という存在そのものが九〇年代の「断末魔的」な盛り上がりののち、にわかに退潮していったのに

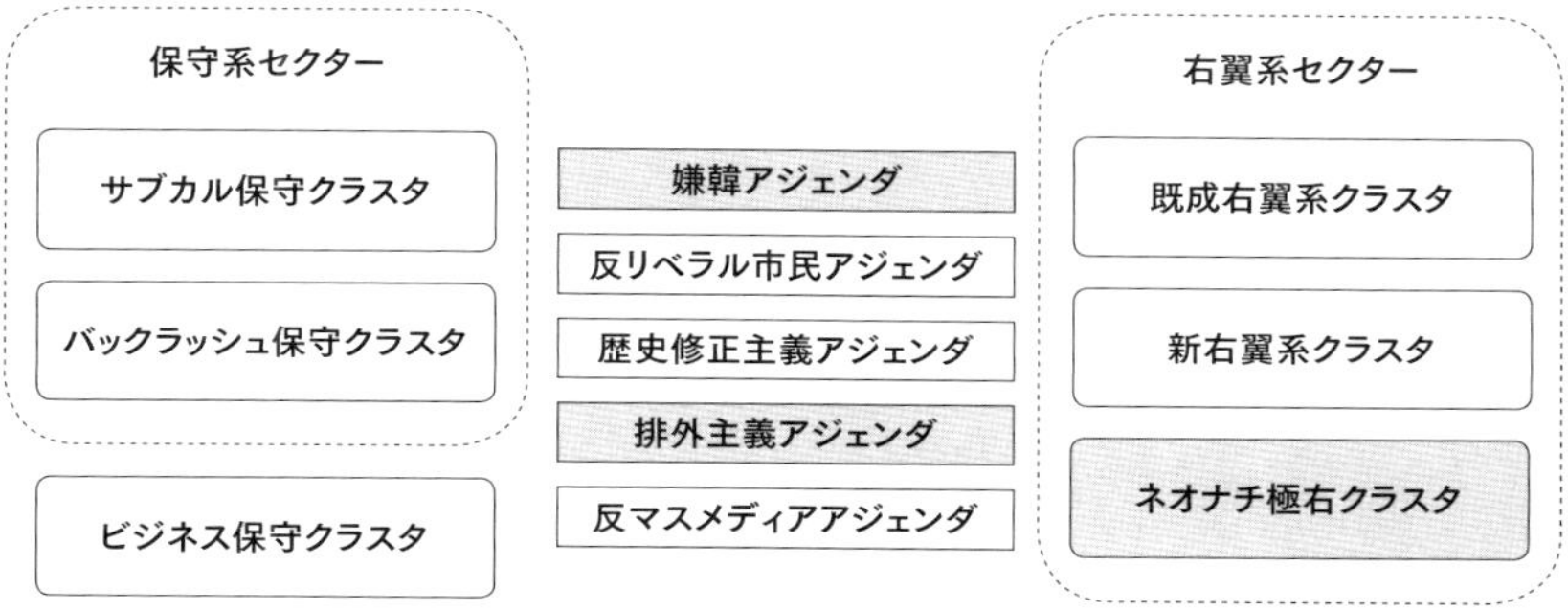

図11　第5章の主な対象

伴ってやがて姿を消していく。鐵扇會や右翼共和派がその活動を停止してからは、のちにチャンネル桜などのより新しいメディアが登場するまで、そこでまとまった活動が展開されることはなかった。

結局、これら二つの右翼系クラスタでは「右翼のイノベーション」が成し遂げられることはなかったと言えるだろう。そこで提起されていたアジェンダ、天皇中心主義や国家社会主義などは旧来の右翼イデオロギーに沿ったものであり、右翼共和派などでその一部の見直しが図られたとはいえ、新たな流れがそこから生み出されることはなかった。

一方でその間、右翼系セクターのなかのもう一つの勢力が徐々にその存在感を増していく。ネオナチ極右クラスタだ。その結果、そこからもう一つのアジェンダが形作られていくことになる。「排外主義」というアジェンダだ。以下、その経緯を見ていこう。

他の二つの右翼系クラスタが形作られていくのと並行してやはり九七年ごろから、特にヨーロッパの右翼・極右の思想や文化の影響を強く受けたいくつかのサイトが立ち上げられていった。「超国家主義『民族の意志』同盟」「世界戦略研究所」「国家社会主義日本労働者党」など、一部の右翼団体・極右団体のホームページや、「遊撃インターネット」「デア・アングリッフ」「民族の監視者」などの個人サイトだ。そうした過程で形作られていったのがこのクラスタだった。なお、これらのうちでも特に「世界戦略研究所」「国家社会主義日本労働者党」「民族の監視者」は、九一年四月に設立された極右団体「国家社会主義者同盟」に関連するものだった。[1]
多くの場合、これらのサイトの担い手となっていたのは右翼団体・極右団体の関係者だった。いいかえればこのクラスタは、その母体となったいくつかの組織がその活動を「ネット展開」していく過程で形作られていったという経緯を持つ。一方でそうしたコアなメンバー以外の参加者のなかには、かつてのナチスドイツの思想や文化、あるいはその軍装、兵器、儀式などへのマニアックな関心から参入してきた人々も多かった。
このクラスタの母体となった組織のなかでも元来、たとえば「『民族の意志』同盟」の場合には、日本の右翼・民族派、とりわけ新右翼の思想や文化をあくまでも継承しつつ、ヨーロッパの右翼・極右の考え方をそこに部分的に取り入れることにより、民族主義のあり方を批判的に発展させるというアプローチが採られていた。この団体は、日学同の委員長を務めていた三浦重周によってそのOB組織として七七年四月に結成された団体「重遠社」から分離するかたちで、森垣秀介によって九五年十二月に結成されたものだった。日学同の「直系」に当たるものであり、そうしたことからもそこでは新右翼の思想や文化が色濃く受け継がれていたと見られる。なお、雨宮処凜が入会したのもこの団体だった。[2]
一方で国家社会主義者同盟に属する組織の場合には、日本の右翼・民族派の思想や文化をむしろ意識的に断ち切り、ヨーロッパの右翼・極右の考え方をそこに全面的に取り込むことにより、民族主義のあり方を抜本的に転換させるというアプローチが採られていた。
その後、ネット右派論壇が成立し、右翼系セクターが形作られていく過程で主流となっていったのは後者のアプローチ、すなわち日本の右翼・民族派の思想や文化を意識的に断ち切ろうとするものだった。だからこそ逆にいえば、このクラスタは他の二つの右翼系クラスタから独立し、それらとは異質の思想や文化に支えられた独自の場として成立することになったと見ることもできるだろう。[3]
こうした経緯からそこでは民族主義という概念が、さらにとりわけ国家社会主義という概念が、日本の右翼・

民族派の思想や文化のコンテクストのなかで理解されるのではなく、いいかえれば「右翼用語」として用いられるのではなく、ヨーロッパの右翼・極右、とりわけかつてのナチスドイツの思想や文化のコンテクストのなかで理解され、「ナチス用語」もしくは「ヒトラー用語」として用いられるようになる。

日本の右翼・民族派にとっては元来、民族主義とは天皇中心主義や国粋主義などと結び付き、「尊王攘夷」の思想として確立されたものであり、また、国家社会主義とは北一輝の思想を一つの頂点に（北自身がこの呼び方を用いていたわけではないが）、高畠素之から小島玄之へと至る流れのなかで築かれてきた独自のイデオロギーの体系を意味するものだった。

一方でナチスドイツにとっては元来、民族主義とはアーリア人種の優越性という半ば神話的な観念に基づき、自民族中心主義やレイシズム、そしてそれらに基づく排外主義、さらに優生思想などを含意するものであり、また、国家社会主義とはそうした思想を体現するためのイデオロギーとしてのナチズムそのもの、すなわち“Nationalsozialismus”を意味するものだった。アドルフ・ヒトラーは党大会の演説で、「ナチズムはもっぱら人種に関する諸認識から生まれた一つの民族的政治理論である」と述べていたという。(4)

こうしたことからこのクラスタでは、とりわけ排外主義的な主張が強く打ち出されていくことになる。ただしかつてのナチスドイツの場合のように、生物学上の見解に基づく自民族の優越性という信念から、「劣った民族」としての外国人を排斥しようとする考え方が明確に表明されていたわけではない。むしろ昨今のヨーロッパの右翼政党の場合のように、いわゆる「福祉ショーヴィニズム（福祉排外主義）」の考え方が表明されるのが常だった。つまり外国人の流入によって福祉国家としての財政基盤が脅かされ、自国民に対するサービスレベルが低下していくのではないかという危惧から、とりわけ自国の福祉を「食い物にしている」という移民を排除しようとする考え方、端的にいえば、外国人の福祉のために自分たちの税金を使ってほしくなどないという考え方だ。(5)

いいかえればそこで訴えられていたレイシズムは、少なくともその表面上は、いわゆる「古典的レイシズム」

よりも「現代的レイシズム」の性格をより強く持つものだった。[6] そのためそこでは特に経済効率の観点から、外国人労働者問題を中心に議論が進められていくことになる。

しかしその深層には、ナチスドイツ以来の古典的レイシズムの記憶がなおも色濃く息づいていた。とりわけ外国人犯罪問題をめぐる議論では特に社会秩序の観点から、そうした記憶と取り結んでいるかのような過激なゼノフォビア（外国人嫌悪）が顔をのぞかせることがよくあった。

2　外国人労働者問題と外国人犯罪問題

こうして形作られていったのが排外主義というアジェンダだった。では当時、そこで想定されていた外国人とは具体的に何人を指すものだったのだろうか。

のちにネット上のヘイトスピーチの主要なターゲットとされることになるのは在日コリアンだが、しかし当初の時点では彼らの存在が問題視されることはほとんどなかった。彼らのような「オールドカマー」よりも、いわゆる外国人労働者としての「ニューカマー」の流入により、当時の日本社会のなかに突如として浮かび上がってきた「移民問題」を新種の社会問題として告発することが、このアジェンダの元来の目的だったからだ。ここで当時の状況を簡単に振り返っておこう。

一九八〇年代半ば以降、バブル経済の高まりのなかで日本は外国人労働者の受け入れ国へと転じた。フィリピン人を中心とする「女性エンターテイナー」を嚆矢に、いわゆる重筋労働に従事する男性労働者として、まずフィリピン人、タイ人などが、続いてバングラデシュ人、パキスタン人などが続々と入国してくるようになる。その背景の一つにはこの時期、アラブの産油国が出稼ぎ労働者の受け入れを制限し始めたという事情もあった。

単純労働の分野で外国人を雇用することは禁止されていたものの、人手不足にあえいでいた一部の中小企業は背に腹は代えられず、観光目的で入国した外国人を非合法で就労させるようになる。その結果、いわゆる不法就労問題が論議を呼ぶようになる。

そうした状況を受け、八〇年代末には政・財界を巻き込んでの「開国・鎖国論争」が大々的に繰り広げられた。「労働鎖国」を堅持すべきだとする法務省などの見解と、「部分開放」に踏み出すべきだとする労働省などの見解とが対立し、両者の間で調整が図られた結果、八九年十二月には出入国管理法が改正される。雇用者への罰則が新たに設けられ、不法就労対策が強化される一方で、日系人と研修生を対象に長期滞在資格が与えられることになり、単純労働の分野で外国人を「合法的」に雇用するための道が開かれた。

なお、当時の議論では少なくともその表面上は、極端な意見はそれほど見られなかったという。「日本の労働市場を完全に自由化すべきという主張や外国人労働者を徹底的に締め出すべきであるという主張はほとんどなく、両極の中間に着地点を模索」（依光正哲）することが論争の眼目とされていた。(7)

一方でそうしたなか、「締め出し」側の極論を掲げていたごく一部の人々の主張がその後、排外主義というアジェンダにつながっていったと見ることができるだろう。そうした動きを加速していったのは、とりわけ八〇年代末から九〇年代初頭にかけて現れた新たなニューカマーの存在だった。イラン人だ。

八八年にイラン・イラク戦争が停戦を迎えると、イラン政府は復員兵士のための雇用促進策として海外への出稼ぎ労働を奨励するようになる。石油貿易などを通じて従来から結び付きが強かった日本とイランとの間では七四年以降、ビザ免除協定が結ばれていたこともあり、多くのイラン人が日本に入国してくることになった。

しかしその後、バブル経済が崩壊すると彼らの多くは職を失い、その一部は違法行為に手を染めるようになる。代々木公園や上野公園には彼らの大規模なコミュニティが作られ、そこを拠点にその一部は麻薬取り引きや、変造したテレフォンカードの売買などに従事するようになる。彼らの多くはイラン南部の貧しい地域の出身で、しかも復員兵士が多かったことから、ある種のモラルハザードに陥りやすい傾向も強かったのだろう。そうしたことから九二年四月にはビザ免除協定が停止され、イラン人の入国が制限されることになる。しかしその時点でイラン人の不法滞在者はすでに四万人を超えていたという(8)。

そうした状況を受け、とりわけ在日イラン人、それも特に不法滞在者としての彼らを主要なターゲットに、外国人犯罪問題という新たな枠組みに基づく問題提起がなされるようになる。そのことを一つのきっかけに、排外主義というアジェンダはより先鋭的なものとして形作られていった。それは外国人労働者問題という従来の枠組みを超え、社会問題、それもいわば平和な日本社会のうえに突如として降りかかってきた新種の社会問題として、経済効率の観点よりもむしろ社会秩序の観点から感情的に語られるようになる。

その後、不法滞在者の帰国が進められるにつれ、在日イラン人をめぐる問題は次第に沈静化していく。そうしてそのそもそもの要因が消え去ってしまっても、しかしこのアジェンダそのものが消え去ることはなく、それは新たなターゲットを求めてさまよい続けた。その結果、さまざまな国からの出稼ぎ労働者が次々とそのターゲットとされるようになる。バングラデシュ人、パキスタン人、イラン人など、「炎天下の工事現場で働く」男性労働者のほか、フィリピン人、台湾人、中国人など、「夜の盛り場で歌う」(瀬戸弘幸)女性労働者もやはり論議の的とされ、同様の議論が繰り返されていく(9)。

そうした過程でこのアジェンダは一般化され、いわば緊急事態的なものから恒常的なものへと、さらに経済効率に関わるものから社会秩序に関わるものへとその問題意識を押し広げながら、より普遍的なアジェンダとして形作られていった。

3　ヨーロッパ極右をめぐる当時の状況

次にヨーロッパの右翼・極右をめぐる当時の状況を簡単に振り返っておこう。また、それが当時の日本にどのように紹介されたかについても見ておこう。

ヨーロッパでは特に一九八〇年代半ば以降、民族主義的・排外主義的な政策を掲げる右翼政党が躍進するという現象が広く見られるようになった。ジャン゠マリー・ルペンに率いられたフランスの国民戦線、イェルク・ハイダーに率いられたオーストリアの自由党を嚆矢に、九〇年代にはベルギーのフラームスブロック、イタリアのイタリア社会運動、ノルウェーの進歩党などが躍進し、ヨーロッパ議会でも右派系の議員団が勢力を伸ばしていく。九九年にはオーストリアの国政選挙で自由党が第二党となった。また、二〇〇二年にはフランスの大統領選挙でルペンが第二位となる。さらにロシアでもウラジーミル・ジリノフスキーに率いられた自由民主党が勢力を伸ばしていく。

これらの政党はいずれも既成政党を激しく批判し、とりわけ移民問題にフォーカスしつつ、民族主義的・排外主義的な政策を掲げることによって人々の広範な支持を得ようとするものだった。そのため議会制民主主義そのものを否定しようとはせず、議会のなかでその地位を向上させていくにつれて次第に穏健な政策を採るようになる。その際、自分たちは戦前のドイツのナチ党やイタリアのファシスト党とは一線を画するものであり、いわゆるネオナチズムやネオファシズムの流れに連なるものではないことを強調するのが常だった。(10)

こうした「右翼ポピュリスト政党」の背後には、一方でかつてのナチスドイツなどとの連続性を否定することなく、人権の抑圧や議会の軽視など、議会制民主主義そのものの否定につながりかねない過激な主張を繰り広げる存在として、さまざまな極右政党があった。ドイツの場合にはドイツ民族同盟、共和党、ドイツ国家民主党などがその代表的なものだった。これらの政党もまたこの時期、緩やかに伸長を続け、次第にその存在感を増していく。九二年の時点でドイツ民族同盟には二万五千人、共和党には二万三千人、ドイツ国家民主党には七千人ほどの党員がいたという(11)。

さらにこうした極右政党の背後には、政党要件を満たすことなく、ナチスドイツなどとの連続性をむしろあえて強調しながら、ヘイトスピーチやヘイトクライム、ときに過激なテロなどの暴力行為に訴えることをいとわないより急進的な存在として、さまざまな極右団体があった。いわゆる「ネオナチ」だ。ドイツの場合にはヴァイキングユーゲント、民族主義戦線、さらにネオナチのカリスマ的指導者として知られたミヒャエル・キューネンに関連するいくつかの組織、すなわち国家社会主義者運動戦線、民族行動隊、ドイツ自由労働者党、民族主義統一運動、ドイチェアルタナティーヴェ、新戦線同志共同体などがその代表的なものだった。これらの組織はときに活動禁止処分を受けつつも、頻繁に離合集散を繰り返しながらやはり緩やかに伸長を続け、次第にその存在感を増していく。

さらにこうした極右団体の背後には、音楽やファッションなどの領域で一部の若者の間で強い支持を得ていた独自のサブカルチャーの様式「ネオナチサブカルチャー」の広がりがあった。パンクムーブメントのなかから生まれた「オイ！パンク」と呼ばれるジャンルの音楽や、いわゆるスキンヘッドのスタイルのファッションなどがその典型的なものだろう。白人至上主義のメッセージを掲げるイギリスのパンクバンド「スクリュードライヴァー」などがその代表的な存在だった。これらの様式は元来、慢性的な不況にあえいでいた七〇年代のイギリスから生まれたものだったが、特に九〇年十月のドイツ統一ののち、深刻な不況に見舞われることになった旧東ドイツ地域を中心にドイツ全域に、さらにヨーロッパ全域に広がり、ネオナチと結び付いてその文化的なアイコンとなっていく(12)。

このように当時のヨーロッパの右翼・極右は、右翼政党、極右政党、極右団体とネオナチ、そしてネオナチサブカルチャーという四つの層により、広い裾野を持った重層的な構造として形作られていたものだった。そしてそれらの層のさらに深部には、戦前のナチ党やファシスト党、とりわけナチスドイツの記憶があった。

そうしたなか、ドイツでは特に九二年から九三年にかけてネオナチによる過激な暴力事件が相次いで起きるようになる。八九年の東欧革命の結果、「鉄のカーテン」が崩れたことにより、東欧諸国などから大量の難民がドイツに流入してきたこと、さらにドイツ統一ののち、特に旧東ドイツ地域が深刻な不況に見舞われることになったことなどがその背景にあった。

九二年八月二十二日には旧東ドイツ地域に位置するロストックで、主にルーマニア人が居住する難民収容施設が襲撃されるという事件が起きた。その後、そうした動きは旧西ドイツ地域にも波及していく。十一月二十三・二十四日にはメルンでトルコ人の家屋が放火され、三人が死亡するという事件が起きる。さらに九三年五月二十八日にはゾーリンゲンで再びトルコ人の家屋が放火され、五人が死亡するという事件が続く。

これら一連の事件は日本でも大きく報じられることになる。特に九二年十月、ドイツ統一から二周年となった時期には、統一後のドイツの現状が報告されるなかで、かつての東欧革命の原動力となった市民団体に代わって今度は極右団体という、まったく逆の志向性を持った政治団体の動きが歴史の前面に躍り出てきたことがセンセーショナルに紹介された。『読売新聞』では十月二日から五回にわたり、「揺れる欧州の巨人 二歳の統一ドイツ」という連載がおこなわれ、ロストックでの事件をめぐる背景が詳細に報告された(13)。

当時、日本では在日イラン人をめぐる問題が最高潮に達していた時期だった。九二年四月にはイランとの間のビザ免除協定が停止されている。そうしたなか、ヨーロッパから伝えられたこうした新しい動きは、外国人労働者問題を「移民問題」として、つまりドイツの場合と同様に、日本社会が抱え込むに至った新種の社会問題として捉えることを可能とする一つの視点、新しい「フレーム」を一部の人々に与えることになったのではないだろうか。

4　瀬戸弘幸と世界戦略研究所

では当時のネオナチ極右クラスタの実際の様子を見ていこう。特に国家社会主義者同盟に関わりのあった三人のキーパーソンの来歴を振り返りながら、このクラスタが、そして排外主義というアジェンダがどのようにして形作られていったのかを見ていくことにしよう。

まず最も代表的な存在として瀬戸弘幸と、瀬戸によって立ち上げられた「世界戦略研究所」を取り上げてみよう。瀬戸は自らを積極的に「ネット右翼」と称し、二〇〇〇年代後半には右翼政党「維新政党・新風」から参議院選挙に出馬したり、「在日特権を許さない市民の会（在特会）」などと連携して「行動する保守」の運動をプロデュースしたりするなど、多彩な活動を繰り広げながらネット右派運動の中核を担っていくことになる人物だ(14)。当時のネオナチ極右クラスタのなかでも、ひいてはネット右派論壇のなかでもその存在感は群を抜いたものだった。

瀬戸の活動の原点には、日本の右翼・民族派とヨーロッパの右翼・極右との両者の思潮をめぐるいくつかの体験があった。しかも既成右翼と新右翼、ナチズムとネオナチという、それぞれの思潮の新旧の動きをめぐる体験をそこに見て取ることができる。

一九七一年に福島市役所の職員となった瀬戸は、当時の最左派の研究集団「社会主義協会」の影響を強く受けた公務員労働組合の教条主義的な方針に反発し、その反動から反共主義者となる。街宣活動のために市役所にやってきた右翼団体「大日本愛国党」のアジテーションに共鳴し、その総裁だった大物右翼運動家、赤尾敏の街頭演説を聞くために東京に赴いたことなどもあるという。このあたりに瀬戸と既成右翼との最初の接近遭遇があったと見られる。

一方で少年時代からヒトラーを英雄視し、強い憧れを抱いていたという瀬戸は、ナチズムやファシズムを再評価しようとした評論家、長沼博明による七三年五月の著書『ヒトラーの闘争――情念の革命家』（青年書館）に感銘を受け、長沼を訪ねたところ、当時の民族派学生組織「日本学生会議」の関係者を紹介されたことから、その機関紙『JASCO』の熱心な読者になったという。[15] このあたりに瀬戸と新右翼との最初の接近遭遇があったと見られる。しかもそれがヒトラーを経由したものだったことが瀬戸ならではの独特なところだろう。

なお、日本学生会議は日学同や全国学協とともに、当時の民族派学生組織を代表する団体の一つだった。その出自は古く、五二年九月に結成された右翼団体「殉国青年隊」の学生組織「全学生運動純正会」が六〇年五月に改称し、成立したものだ。その後、民族派学生運動の高まりのなかで六七年に「Y・P体制打倒」などの理念を打ち出し、新右翼の活動の一翼を担っていくことになる。新右翼にとっての主要な闘争の場として知られ、新左翼にとっての反安保闘争に対応するものとして位置付けられている、いわゆる反核防闘争（核拡散防止条約反対闘争）を主導する役割を果たしたとされる。その先陣に立ち、『JASCO』の編集長を務めていた牛嶋徳太朗はファシストとして知られた論者であり、ナチズムやファシズムを肯定する議論を積極的に繰り広げていた。[16] そうした議論が当時の瀬戸を魅了したと見ることは難くないだろう。

その後、七四年七月の参議院選挙で自民党候補の選挙活動を手伝ったことをきっかけに、当時の大物右翼運動家、児玉誉士夫の系列の右翼団体「民族思想研究会」を知ることになった瀬戸は、その代表だった篠原節がやはりヒトラーの信奉者だったことから、即座にその会員となる。篠原とのこの出会いをのちに瀬戸は「運命の悪戯」と評している。その結果、既成右翼への参入とナチズムへの傾斜が瀬戸のなかで同時に達成されることになったと言えるだろう。ただしその後しばらくの間は、とりわけ前者としての活動ばかりが前面に押し出されることなるのだが。

その後、篠原の都合のために民族思想研究会が七六年に福島から撤退することになったため、一部の会員とともに右翼団体「憂国青年同志会」を立ち上げ、その会長となった瀬戸は、以後街宣活動の前線に立ち、もっぱら既成右翼としての活動に従事することになる。「心情的にナチやヒトラーはすごいな」とは思いつつも、当時の瀬戸は「日の丸とか君が代の運動ばかり」だったという。七七年には山口組系の暴力団員とのいざこざから傷害事件を起こし、逮捕・勾留されるに至るが、八一年には憂国青年同志会を「日本憂国同志会」と改名し、活動を再開することになる。[17]

なおこの年、八一年九月にはいくつかの右翼団体を横断するかたちで若手の活動家が参集し、新右翼系の団体「統一戦線義勇軍」が結成された。その中心となったのは木村三浩の率いる「北方領土奪還青年委員会」だった。そこに一水会の若手が参加し、さらに瀬戸の率いる日本憂国同志会が合流することにより、七月には「七・一四教育はこれでいいのか！市民連合」、八月には「反ソ統一戦線・義勇軍」という連合体が設立され、瀬戸がその代表に就いた。この組織を母体に結成されたのが統一戦線義勇軍だった。その議長には木村が、書記長には清水浩司（見沢知廉）が就いた。この団体はその後、「反米愛国・自主独立」というスローガンのもとで池子米軍住宅建設反対運動に参入するなど、既成右翼とは明らかに一線を画したひときわ先鋭的な活動を展開していくことになる。[18] こうして瀬戸は新右翼としての活動にもまた関与することになる。

そうしたなか、しかし大きな事件が起きる。八二年九月十二日の「内ゲバ」リンチ殺人事件だ。その実行犯の一人となった見沢に十二年にも及ぶ服役生活をもたらすことになったこの事件の被害者は、実は日本憂国同志会に身を寄せていた若手会員だった。そのため他の実行犯から犯行を打ち明けられた瀬戸は、即座に自首することを勧めたものの、しかし見沢は「スパイセンメツは当然のこと」として逃亡することを主張したという。

この事件ののち、日本憂国同志会は統一戦線義勇軍から離脱することになる。加えて瀬戸は長きにわたり、この事件を「スパイ粛清事件」として片付けようとする一水会側の論者、木村や鈴木との間に「わだかまり」を抱え続けた。[19]瀬戸自身はこの事件について多くを語ることはなかったが、しかしそれは瀬戸を新右翼としての活動から遠ざけ、新たな活動に駆り立てていくための一つの契機となったのではないだろうか。

一方、七七年の傷害事件のために市役所を免職されるに至った瀬戸はその後、ジャーナリストとして身を立てるようになる。『読売新聞』の元記者で、六七年一月に「正論新聞社」を立ち上げた三田和夫に師事し、福島でミニコミ紙の発行に携わったのち、東京に拠点を移し、政・財界の内幕物を中心に数々の著作を発表していく。『使途不明金――政官界を揺るがす小針暦二〝福交疑惑〟』（笠倉出版社、八四年一月）、『東南アジアの反日感情を煽る〝味の素〟』（展転社、八六年十二月）、『日米友好時代は終った』（展転社、八七年八月）などだ。その間、八三年には「民族派の若手勉強機関」として「世界戦略研究所」を設立し、その機関紙『世界戦略』『世界戦略情報』の発行を開始した。

そうしたなかで瀬戸は、八六年ごろから街宣活動の前線に立つのを控えるようになる。そのきっかけとなったのは、「右翼の街宣車が怖い」と娘に言われたことだったという。[20]

こうして瀬戸のなかから既成右翼としての活動が徐々に影を潜めていくことになる。また、新右翼としての活動も統一戦線義勇軍での一件以来、すっかり影を潜めたままだった。代わって前面に押し出されてきたのはナチズムへの強い関心、そしてネオナチとしての活動だった。その際、瀬戸の随伴者となったのは「運命の悪戯」によって結ばれたその師、篠原だった。

5　篠原節と民族思想研究会

篠原は多彩な相貌を持った人物だった。瀬戸よりも十歳ほど年上だが、瀬戸と同じく福島の出身で、のちに大宮に拠点を移しながらさまざまな活動に取り組んでいく。当初はマンガ家として活動し、『土曜漫画』(土曜出版社)などの雑誌に作品を寄稿するほか、東映動画でアニメーターを務めるなどしていたが、のちに建設業を営むようになり、大宮市の土木建設業協同組合の代表を務めるまでになる。その間、やはり福島の出身だった児玉のもとで右翼運動に取り組み続けた。空手家でもあり、やはり児玉の門下の右翼運動家、高橋信義によって一九八一年一月に設立された日本テコンドー協会で初代の専務理事を務めている。また、「アソシエーション」という芸能プロダクションを立ち上げたこともあったという。なお、民族思想研究会は七六年に福島から撤退することになったが、それは篠原が東映動画からの誘いを受け、大宮に拠点を移したためだったという。

篠原の場合にもやはり瀬戸と同様に、しかも瀬戸にはるかに先立ち、その活動の原点には日本の右翼・民族派とヨーロッパの右翼・極右との両者の思潮をめぐる体験があった。しかもやはりそれぞれの思潮の新旧の動きをめぐる体験をそこに見て取ることができる。

農本主義と国家社会主義という、戦前の右翼イデオロギーの一角をなしていた二つの思想にその青年期から深く傾倒していたという篠原は、そうした思想を掲げて活動している右翼団体を探したものの見つからず、結局、六一年ごろに民社党に入党することになる。その際のポイントとなったのは、やはり瀬戸と同様に、少年時代からヒトラーに強い憧れを抱いていたという篠原ならではの独特の理由だった。戦時中、ヒトラーやムッソリーニに倣った政策を断行するよう近衛文麿首相に進言したことで知られる政治家、西尾末広が民社党の委員長を務めていたからだ。そのため西尾の死後、篠原は民社党を離れ、あらためて右翼・民族派に転じることになる。「もう自分で団体を作ってやるしかないかな」と考えるようになったという。[21]

なお、農本主義とは一般に農業を立国の基礎に置こうとする考え方を意味するものだが、特に日本の場合には戦前、権藤成卿や橘孝三郎などによって唱道された運動を指す。資本主義と中央集権を強く批判し、農村共同体を基礎として国家を再構築することにより、貧窮した農村を救済することを目指したものだった。権藤は「社稷」という概念（土地と穀物を意味する）に基づく「農本自治主義」の必要性を説き、橘は私塾「愛郷塾」を拠点に農村啓蒙運動、農村組合運動、理想部落建設運動などに取り組んでいった。理想主義的な傾向を強く持った運動だったが、しかしそれだけに当時の農村の絶望的な窮状に苛立ち、やがてテロリズムに接近していく。血盟団事件や五・一五事件などに関与し、その過程で国家社会主義の思潮と交差していくことになる。[22]当初、福島をはじめとする東北地方を拠点に活動を展開していくことを強く意識していたという篠原が、そうした思想をそのよりどころとしていたと見ることは難くないだろう。

そうしたなかで篠原は、戦前からの右翼思想家、白井為雄が事務局長を務めていた右翼団体「日本青年講座」を知ることになる。この団体は特に若い世代の教化を目的に、六七年四月に児玉によって設立されたものだった。篠原は七〇年にこの団体に加入したが、その際、団体として加入することも認められていたため、それを機に自らの右翼団体「民族思想研究会」を立ち上げた。また、同じころに「ヒトラー・ナチス研究会」という別の団体も立ち上げる。こうしてやはり瀬戸と同様に、篠原の場合にもこの時期、既成右翼への参入とナチズムへの傾斜が同時に達成されることになったと言えるだろう。

その後、東北地方での活動の幅を広げていくべく篠原は、米沢市の市会議員を務めながら運動に取り組んでいた右翼運動家、鳥海茂太とともに右翼団体「国民統一戦線」を七三年に立ち上げる。鳥海もまたヒトラーやムッソリーニの信奉者だったという。[23]

なお、鳥海はその後、野村秋介や鈴木邦男とともに新右翼系の団体「日本を創る青年集会」を七六年に立ち上げることになる。六月二十三日にはその第一回集会が米沢で、十月二日には第二回集会が仙台で開かれた。その後、この団体は東北地方を中心に各地で集会や合宿を繰り返しながら精力的に活動を繰り広げていく。鈴木によれば当時、「学生運動家の「OB会」」にすぎなかった一水会が「〈行動的〉になったのは（略）「日本を創る青年集会」運動を始めてから」だったという。「この集会、合宿が基になって、いわゆる「新右翼」運動は軌道に」乗ったという。このようにこの団体は民族派学生運動を新右翼へとつなぎ、新右翼を実体的な運動として離陸させていくための重要な中継点となったものだった。

七七年三月十九日に会津若松で開かれた第三回集会からは篠原も鳥海の誘いを受け、青年集会に参加するようになる。以後、篠原はその中心的なメンバーの一人となり、野村や鈴木とともに新右翼の運動を盛り立てていくことになる。[24] こうして篠原は新右翼としての活動にもまた関与することになる。しかもそれはまさにその立ち上げ、運動そのものの形成に関わるより重要な局面でのことだった。

一方でその間、篠原は従来の右翼・民族派の枠に収まりきらないような幅広い活動を展開していく。まず「弱者救済」のためとして「日本生活互助会」という組織を立ち上げた。その機関誌『互助会新報』によればそれは、「弱肉強食の資本主義社会で（略）さまざまな重圧に苦しんで」いる人々の「民事的トラブルについて」「さまざまな御相談に応じ、正確な指針を与え、時には国家権力（各官庁）や大企業の横暴に泣かされている人達と共に闘い、それらの人々を救済することを目的としている」というものだった。実際、「インチキレジャークラブの会員権を買わされた被害者たちを支援して、全額返金という成果」を上げたこともあったという。

そうしたなか、篠原にとって「救済」すべき「弱者」の最たるものとしてあったのは農民という存在だった。「近年とくに農政や農協というものが非常にデタラメをやっている」という状況から、篠原は『農政コンセンサス』という新聞を発刊し、農村と農政を焦点に据えた独自の活動を展開していく。その趣旨は「特に農家の人たちに運動を理解してもらい、かつ彼らの意見を反映吸収しようと思い」、そのために「農家農村を歩きまわろうと」するというものだった。「荒廃する農業行政を糺すべく（略）農村をオルグして歩くという」（『レコンキスタ』八一年二月一日号）その活動は、当時の新右翼のなかでも高く評価されていたものだった。[25]

そこから浮かび上がってくるのはいわば現代の農本主義者としての篠原の姿だろう。資本主義と中央集権を強く批判し、貧窮した農村を救済することを目指して農村啓蒙運動などに取り組んでいった戦前の農本主義運動の理念を、その理想主義的な傾向とともに、戦後の経済成長から取り残されるようにして荒廃していく東北地方の農村のなかによみがえらせることを、当時の篠原は目指していたのではないだろうか。つまり篠原にとって農民という存在は、ある種の棄民、打ち捨てられ、忘れ去られた人々としてあったと見ることができる。

実際、すでに七〇年代後半から篠原は、そうした問題意識を次のように繰り返し表明していた。「いま日本〈村〉に何が起こっているのか！生きている土地を国や自治体や企業が寄ってたかって殺してしまう。そして、農民は土地を去る」「農家の人が土地を捨てて地下鉄工事するなんておかしいですよ」「今、地方にいる人は（略）中央集権の犠牲になってる。（略）こうした体制、制度は一日も早く打倒しなくてはならない[26]」

なお、農民と農村への共感、そして農本主義への志向という点は、同様に瀬戸のなかにも早くから見られたものだった。農家に生まれ、農業高校を卒業したのち、当初は実家の農家を継ぐことを目指していたという瀬戸は、一貫して農民と農村への共感を表明し続け、二〇一〇年代になると「せと農園」の経営に乗り出すなど、農業経営の実務にも関わるようになる。その肩書にも「政治運動家」などのほか「農業家」と記されることが多かった。[27]こうした点も彼らを結び付けるうえでの大きなよすがとなっていたのではないだろうか。

6　農本主義とエコロジー

のちに篠原は、排外主義運動の担い手の間でその「祖」として祭り上げられるようになる。たとえば瀬戸の元弟子で、二〇〇〇年代以降の排外主義運動の中核を担っていくことになる人物、有門大輔の率いる極右団体「外国人犯罪撲滅協議会」の主催で一四年一月十九日に川口と蕨でおこなわれたデモでは、ナチスドイツのシンボルのハーケンクロイツが大々的に掲げられ、大きな物議を醸すことになったが、有門によればそこには、篠原が「埼玉県を拠点とされていたことから、故篠原先生への鎮魂歌の意味合いもあった」という。(28)

しかし当初の篠原の活動のなかには、のちの「排外主義の祖」としてのそうした姿を見いだすことはできない。一水会の機関紙『レコンキスタ』一九八一年二月一日号には篠原の活動を紹介する記事が掲載されているが、それによれば篠原は当時、『互助会新報』『農政コンセンサス』に加えてさらに『国民ジャーナル』『国民の総意』と、計四紙の新聞を発行していたという。「これからますます地元住民に密着した市民運動、住民運動を展開してゆきたい」と語っていた篠原はそこで、「オルガナイザーとしての素質・才能・技術において、我が陣営の頂点、（略）トップクラスの一人」だと評されていた。八〇年十一月七日には民族思想研究会の結成十周年を祝うパーティーが開催されたが、その席では篠原の活動、とりわけ「互助会運動」について、「会場のあちこちで、その斬新な運動形態について話題になった」という。(29)

そこから浮かび上がってくるのは「排外主義の祖」どころか、つまり「弱者排斥」の思想の権化どころか、むしろ「弱者救済」のために奔走し、打ち捨てられた人々と連帯しながら八面六臂の活動を繰り広げている現代の農本主義者、エキセントリックなまでの理想主義者としてのその姿だろう。

そうした志向をひときわ強く持っていたにもかかわらず、篠原は、そして瀬戸は、ではなぜそこから遠く離れ、結果的にそことは正反対の地点にまで行き着いてしまったのだろうか。

しかし実際には皮肉なことに、むしろそうした志向を持っていたからこそ、と言ったほうが正しいのかもしれない。つまりまさにそうした志向のゆえにこそ彼らは、以後、より本質的な部分でナチズムに結び付いていくことになる。その結果、おそらくはそうと明確に意識されることもないまま、排外主義というアジェンダの萌芽がそこに育まれていくことになる。以下、その経緯を見ていこう。

篠原は当時、青年集会のなかでとりわけ自然保護、動物保護、反公害などの環境問題を取り上げ、新右翼に固有の問題意識からそれらを論じることが多かった。たとえば七八年四月二十九日にその差配のもとで、その拠点となっていた大宮で開かれた第九回大会は、「「自然の保護」を真正面に打ち出してのいわば〝日本の山河を守ろう〟集会といったところ」（七八年五月一日号）だったという。「ブルドーザーが山を切り崩している写真をバックにした」そのポスターには次のように記されていた。「大気汚染、土壌汚染、森林の伐採による自然の破壊は今や地球を滅亡へと導いている。我々人類が生きのびるにはもう遅すぎるかもしれない……。新右翼各派代表による熱血の獅子吼を聞け！」[30]

篠原のそうした問題意識を受けるかたちで『レコンキスタ』では七八年九月から十月にかけて、「祖国回復運動としての自然保護」「体制変革運動としての〝自然保護〟」という特集が組まれていく。そこでは篠原を中心に太田龍などを交え、権藤成卿の社稷の概念を軸に、農本主義運動と自然保護運動とが結び付けられて論じられていた。[31]

その間、青年集会での篠原の活動はさらに熱を帯びていく。七八年六月二十五日に岩槻で開かれた第十回大会は「再び自然環境問題を考えるティーチ・イン」として、「実際に農業に従事している人々が多数参加し、かなりに異色の青年集会になった」（七八年九月一日号）という。また、八〇年三月九日に浦和で開かれた第十三回大会のスローガンは、「反YP、反権力、反公害」というものだった。さらに四月十二・十三日に会津若松で開かれた研修会ではニホンカモシカの保護が訴えられ、篠原はそこで「民族運動の中でなぜカモシカなのか?」と自問しながら、「自然は多くの日本文化と情緒をはぐくんで来た」として、民族文化と自然環境との結び付きを強調している。なお当時、篠原はニホンカモシカをはじめ、さまざまな動物の扱いをめぐって環境庁などとやり合っていたという[32]。

一方、篠原のこうした志向は瀬戸にも受け継がれていく。八一年二月十八日に大宮でおこなわれた青年集会の街宣には瀬戸も参加し、「日本は数々の公害の悲惨さを経験して来たにもかかわらず」、なおも「山河を亡ぼしている」として、「自然を無視して人間は生存が出来るのか」と訴えた。それを受けてさらに篠原は、「戦後民主主義によって物質万能主義になってしまった」として、「このままでは日本民族は亡びてしまうのではないか」と訴えた[33]。

このように元来の農本主義への志向は当時の篠原の、そして瀬戸のなかで、ある種の過激なエコロジー思想、それも民族主義の理念に密接に結び付いたそれへと発展していったと見ることができる。そこでは日本古来の民族文化と日本固有の自然環境とが分かちがたく結び付いたもの、しかもともに失われつつある崇高なものとして捉えられ、一方が危機に瀕しているのはもう一方が危機に瀕しているからだと訴えられた。また、それゆえに一方を救い出すためにはもう一方を救い出す必要があると説かれた。

民族意識と環境意識、ナショナリズムとナチュラリズムとが一体化するに至ったそうした思考のなかで、国粋主義と自然崇拝、民族主義とエコロジーとは同根の問題、というよりもむしろ同一の主題として語られるようになる。その結果、そこでは「山河を亡ぼしている」ことが「日本民族は亡びてしまう」ことに直結するものとして捉えられるようになる。

7 「血と土」のイデオロギー

彼らのそうした考え方の一つの源流は、実はナチスドイツにあったと見ることができる。いわゆる「血と土(Blut und Boden)」のイデオロギーだ。「血」すなわち血統・人種への執着としての民族主義と、「土」すなわち土地・風土への愛着としての自然崇拝とが分かちがたく結び付いたものとしてのそれは、ナチズムの骨格を支えるイデオロギーとなり、ナチスドイツの数々の政策の基礎となったものだった。

まず「土」を重んじようとする考え方から当時のナチスドイツでは、数々の環境政策が打ち出されていった。一九三三年の動物保護法、三四年の国家狩猟法、三五年の国家自然保護法と、当時としてはきわめて先進的な環境保護法案が次々と制定されていく。その原点にあったのは、「人間中心の構図の拒否――動物は人間の利益のためではなく、動物それ自体のために保護すべきとする考え方」（ボリア・サックス）、あるいは「動物や木の権利を重視する」（保坂稔）という考え方だった。ヒトラーの「右腕」として知られたハインリヒ・ヒムラーは、「土壌・植物・動物・人間の生物学的共生」というスローガンを掲げていたという。(34)

一方、「血」を「土」に結び付いたものとして捉えようとする考え方から当時のナチスドイツでは、排外主義や優生思想に基づく人種政策が打ち出されていった。人間は土地に結び付いたものだという考え方から、よその土地からやってきた流浪の民、すなわち移民は排斥されるべきだという発想が生まれ、そこから排外主義という考え方が形作られていく。また、人間も農作物などと同様に土地から生み出されたもの、家畜などと同様に土地によって養われるものだという考え方から、土地改良、そして農作物や家畜などの品種改良と同様に、人間の品種改良という発想が生まれ、そこから優生思想という考え方が形作られていく。

当時、ヒトラーのもとでこのイデオロギーの推進役となっていたリヒャルト・ヴァルター・ダレーは農業技術者として出発したのち、ナチスドイツの食糧・農業大臣となった人物だった。その後、さらに人種・移住局長官となり、親衛隊の人種改良などに取り組んでいくことになる。とはいえダレーは元来、狂信的な差別主義者のたぐいだったわけでは決してない。むしろ農民と農村への共感に満ち溢れた農本主義者であり、理想主義者であり、純粋なエコロジストだった。三〇年のその著書『血と土からの新しい貴族』では農民を「新しい貴族」と呼び、「自然との結びつき」によるその「生命の充溢」を、都市生活者の「損得勘定の思想」、そしてそれによる「自然の荒廃」と対比させて論じている。

しかしそうした純粋なエコロジズムのゆえにこそダレーは、排外主義や優生思想という考え方へといとも簡単に踏み込んでしまうことになる。ダレーによれば「庭園に植物を放っておくと、そのうち周囲へ雑草がはびこり、そして肝心の植物の状態が、まるで一変して」しまうため、「造園家は、自分の意志で」特定の「植物の栄養を奪い、これに空気と太陽の光を与えないようにし、雑草を取り除く必要がある」という。そして「この話を民族主義に移しかえ」、雑草を除去するのと同じようにして他の民族を殲滅することが可能だとダレーは論じた。そこで「雑草」として想定されていたのは、生来の土地を離れて流転する「漂流本能」と「寄生虫根性」の持ち主、都市生活者の「損得勘定の思想」の権化としてのユダヤ人だった。その結果、藤原辰史の言葉を借りれば、「自然との共生」という理念が「民族の絶滅」という事態を生むことになる。(35)

ダレーのそうした思想の一端はとりわけ「土」を重んじようとする考え方として、篠原のなかには早くから見られたものだった。『レコンキスタ』七八年九月一日号の特集のなかで篠原は、「土」への強いこだわりを次のように表明している。「動物、植物、土地を同じ〈いのち〉として大事にするという気持ちがないとダメです」「この辺で、土をもう一度生き返らす、(略)農業を見直すといった点に金をかけて重点を移すべきですよ」「本当の自由は(略)土を基盤にしてしかないんです(36)」

その後、九〇年十二月に篠原と瀬戸はその共著として『ヒトラー思想のススメ――自然と人類を救済するナチス・ヒトラー世界観の一二〇％肯定論。』（展転社）という書籍を出版した。そこではダレーの名こそ挙げられていなかったものの、「血と土」のイデオロギーが現代風にアレンジされて再提起されていた。篠原によれば「酸性雨による森林の枯死、フロンガスによるオゾン層の破壊、地球の温暖化、海洋汚染などの地球環境の破壊、これらはなぜ起こるかというと、ユダヤ的経済至上主義そのものに歯止めがないこと、人口増加が抑止できない、つまり欲望の野放し状態」からだという。そこで「ヒトラーの思想およびナチズムが、地球救済の処方箋たらんか、という問題提起が本書発刊の意図である」（瀬戸）として上梓されたというこの本では、「自然保護を確実に遂行するならば、ある種の人間達を隔離しなければならない」（篠原）と訴えられていた(37)。

8　民族主義とディープエコロジー

篠原にとっても瀬戸にとっても少年時代からヒトラーに抱いていたという憧れは、ある種のヒロイズム、それもとりわけ「悪のヒーロー」に対するややひねくれた、少年らしい好奇心によるものだったと思われる。実際、篠原はその中学時代、尊敬する人物としてヒトラー、スターリン、ナポレオンなど、「個性的な連中」ばかりを挙げていたという(38)。

しかしその後、「血と土」のイデオロギーに触れるに至り、特に農本主義への志向という点で、おそらくはそれが彼ら自身のアイデンティティにその深い部分で触れたという実感から、彼らのなかでヒトラーへの憧れはナチズムへの傾倒へと、それも思想的なコミットメントに基づく確信犯的な傾倒へと変わっていったのではないだろうか。以後、彼らはより本質的な部分でナチズムに結び付いていくことになる。

そうした過程で、やはり農本主義者であり、理想主義者であり、純粋なエコロジストだったダレーがかつてたどったのと同様の道を、まさにそうした志向のゆえにこそ、彼らもまたたどることになったのではないだろうか。排外主義や優生思想という考え方へと至る道だ。その結果、おそらくはそうと明確に意識されることもないまま、排外主義というアジェンダの萌芽がそこに育まれていくことになる。

彼らのそうした考え方は、しかし単に復古的なもの、時代錯誤的なものだったわけでは必ずしもない。同時代のいくつかの動きと水面下でつながっているところがそこにはあった。もちろんヨーロッパの右翼・極右、とりわけネオナチをめぐる動きと連動しているところは明確に見られたが、一方でより深層の部分で、より広範な動きとつながっているところもそこにはあった。そうした動きの一つとして挙げられるのは当時のエコロジー運動、とりわけ「ディープエコロジー運動」だろう。

ディープエコロジーとはノルウェーの哲学者のアルネ・ネスによって一九七三年に提起された考え方だ。ネスはエコロジー運動を「浅い」ものと「深い」ものとに分けて考えた。先進国に住んでいる人々の健康と繁栄のために、環境汚染や資源の枯渇という事態を避けることを眼目としておこなわれる運動を「シャロウ（浅い）エコロジー運動」と呼び、一方で自然界に存在するすべてのものへの見方を問い直し、必ずしも人間の利益になるわけではない新たな価値観を構築することを目的としておこなわれる運動を「ディープ（深い）エコロジー運動」と呼んだ。その支えとなるものとしてネスは、「人間中心主義」ではなく「生態圏平等主義」、つまり人間・動物・植物がみな同等の権利を持ち、平等に扱われるべきだという主張や、そのなかで人間は自然と一体化しながら自己を拡張し、「自己実現」を果たすべきだという主張を提起した。(39)

ネスのこうした考え方はその後、特にドイツなどでは「緑の党」による環境運動やエコロジー運動の理論的な支えの一つとなっていく。一方、日本でもとりわけ九〇年代以降、関連する著作が次々と翻訳されるなどしてその紹介が進められていった。

そうした動きと歩みを合わせるかのようにして現れてきた篠原と瀬戸の議論も、実はそこに連なるものの一つだったと見ることができるだろう。もちろん彼らは「ディープエコロジー」という語を用いていたわけではないし、ネスなどの著作に触れていたわけでもない。しかし『ヒトラー思想のススメ』のなかで篠原は、「人間は主人公でもなんでもない、自然こそこの地球の主人であって、人間は単なる一生命にすぎない」、さらに「人間は二次的存在なんだよ、自然が第一義にある」などと、ディープエコロジー的な、とりわけ生態圏平等主義に通じるような考え方を随所で披露している。しかもこの本の参考文献のなかにはヒトラーやナチスドイツに関する文献に交じり、ジャーナリストの永井清彦による八三年六月の著書『緑の党――新しい民主の波』（講談社）が挙げられていた。この本は緑の党の運動をいち早く日本に紹介した先駆的なものだった。[40]

また、さらにさかのぼれば『レコンキスタ』七八年十月一日号の特集のなかで篠原は、そうした問題意識を次のように表明している。「自然界に存在する生物は全て必要があるから存在しているわけですから害鳥も害虫もいません。害をおよぼしてきたのはむしろ人間の方だ」「人間の存在そのものの矛盾に突き当るわけですよね、生態学をやってると。人間が地球に存在しないのが本当は一番よかったんだというように」[41]。なお、ここに「生態学をやってる」とあるように、すでに当時から篠原はエコロジーへの関心を明確に持っていたと見られることに注意しておく必要があるだろう。

現在、環境運動やエコロジー運動は一般に「左寄り」の運動と見なされている。とりわけディープエコロジー運動などのやや「過激」なものは、ときに「極左」の運動として捉えられている。日本でも六〇年代の反公害運動、七〇年代の大規模開発反対運動、八〇年代の生活公害反対運動など、歴代の環境運動はいずれも市民運動の一環として、主として左派的な勢力によって担われてきたものだった。[42]そのため篠原と瀬戸が右翼・民族派という立場からそうした運動に取り組んでいったという経緯は、一見奇異に見えるかもしれない。

しかし実際には、たとえばドイツの緑の党はその初期の時点ではむしろ「右寄り」の勢力だった。七〇年代末のその草創期、その主な母体となっていたのはドイツ国家民主党などの極右政党や、第一次世界大戦時の猛将、エーリヒ・ルーデンドルフの未亡人によって創始された「ルーデンドルフ運動」のほか、ドイツ協会、独立ドイツ人行動、連帯的民族運動、自然政策的民族党、生活防衛世界連盟など、さまざまな極右団体だった。いわば「血と土」のイデオロギーの残党だ。また、反原発運動などの参加者も当初は、「ブドウ畑をもつ農民・漁民・地元名士ら保守層が中心」（永井）だったという。[43]

永井の著書にはそうした経緯が詳細に記されていた。それを踏まえ、「左旋回」していった当時のエコロジー運動をいわば右側に呼び戻すことを篠原と瀬戸が企図していたと考えることも不可能ではないだろう。つまり彼らはディープエコロジー的な考え方を民族主義の思想に結び付けることにより、当時の新たな潮流としてのエコロジー運動を右側に呼び込むとともに、民族主義運動の新たな活路をそこに見いだすことをもくろんでいたのではないだろうか。

フランスの哲学者のリュック・フェリによればディープエコロジー運動のなかには、かつてのナチスドイツの環境思想に通じるような考え方が多分に見られるという。たとえば人間中心主義ではなく生態圏平等主義というその主張は、「人間中心の構図の拒否」「土壌・植物・動物・人間の生物学的共生」というナチスドイツの考え方に通じるものだった。また、自然と一体化しながら自己を拡張し、自己実現を果たすべきだというその主張は、「生存圏」の拡大を通じて民族の拡張を志向したナチスドイツの考え方にやはり通じるものだった。さらに排外主義や優生思想というその考え方にひそかに連なるものとしてフェリは、アメリカのエコロジストのウィリアム・エイキンの次のような発言を挙げている。「われわれの現人数の九〇％を除去することが、われわれの環境に対する人類の義務である」[44]

こうした見方からすると、篠原と瀬戸がナチズムへの傾倒からディープエコロジー的な考え方に近づいていったのもある意味で自然な成り行きだったと言えなくもないだろう。彼らは「血と土」のイデオロギーを現代風にアレンジしようとする過程で、当時の新たな潮流としてのエコロジー運動に着目するようになり、そこからディープエコロジー的な考え方にごく自然になじんでいったのではないだろうか。その結果、やはりある意味で自然な成り行きとして、排外主義というアジェンダの萌芽がそこに育まれていくことになる。

9　反ユダヤ主義から外国人労働者排斥へ

彼らのそうしたアプローチは、少なくとも当初の時点では、当時の右翼・民族派の状況にそれなりに即したもの、戦略的なものだったと見ることができる。まずディープエコロジー的な考え方は、日本の右翼・民族派の思想や文化との親和性を伝統的に高く持つものだった。そのはるかな源流に位置し、江戸末期の国学者の平田篤胤などによって提起されたいわゆる復古神道の考え方は元来、自然崇拝やアニミズムなどとの結び付きを強く持つものだったからだ。さらにエコロジー運動という潮流は、当時の新右翼の綱領との整合性をいわば論理的に持つものだった。「緑」への志向は反資本主義的であるとともに反社会主義的でもあり、その意味で「反米反ソ」、さらに「反Y・P」というそのスローガンに一つの内実を与えうるものだったからだ。実際、創刊から間もないころの『レコンキスタ』では、「山河を取り戻そう」という趣旨の特集が繰り返し組まれていた。(45)

そうしたことも踏まえて彼らは彼らなりの「右翼のイノベーション」に向け、「民族主義的ディープエコロジー運動」とでもいうべき道に邁進していくことになったのではないだろうか。

しかしやがてそこではディープエコロジー運動としての側面よりも民族主義運動としての側面のほうが強く打ち出されてくるようになる。その結果、排外主義というアジェンダがその前面に押し出されてくることになる。

その一つのきっかけとなったのは一九八〇年代後半に日本中を席巻した奇妙なブーム、日本版反ユダヤ主義だった。

　宇野正美による八六年の二冊の著書『ユダヤが解ると世界が見えてくる』『ユダヤが解ると日本が見えてくる』をきっかけに、陰謀論的な思考と結び付いた独自の反ユダヤ主義のブームが日本中を席巻するに至ったことは先に見たとおりだ。そうしたなか、篠原と瀬戸もやはりその影響を強く受けることになった。というよりもむしろ、反ユダヤ主義のいわば総本山としての「血と土」のイデオロギーを現代の日本によみがえらせることを企図していた彼らにとって、このブームは願ってもないものだったのではないだろうか。あるいはこのブームがあったからこそ、彼らはそうした企図に大真面目に取り組んでいくことになったと見ることもできる。

　宇野のほかにも赤間剛や太田龍など、日本版反ユダヤ主義のさまざまな論者との接触を彼らは繰り返していく。宇野や赤間の講演会を企画したり、赤間を国家社会主義者同盟の顧問格に迎え入れたりするなどしてその議論を吸収し、その語彙や思考法を取り込んでいった。その結果、日本版反ユダヤ主義はやがて彼らの運動に一つの方向性を示し、独自の行動目標を与えるものとなる。『ヒトラー思想のススメ』の冒頭にはヒトラーの肖像写真に続き、宇野のそれが大きく掲載されるまでになった[46]。

　しかしそうした過程で彼らの運動に変質が生じる。右翼・民族派の状況に即した戦略性という観点は徐々に薄れていき、日本版反ユダヤ主義の「トンデモ系」の議論に引き寄せられるかのように、それはどこか荒唐無稽なもの、さらにいえばどこかカルト的なものへと変質していった。

　たとえば『ヒトラー思想のススメ』のなかで篠原は、ディープエコロジー的な考え方を日本版反ユダヤ主義の議論に結び付け、いわばSF的な次元にまで膨れ上がった壮大なユダヤ陰謀論を展開している。「ユダヤ世界戦略には地球汚染、地球破壊はプログラム済みで、さらには宇宙移民計画にまで繋がる」と論じる篠原によれば、「地球が滅びれば、ユダヤ民族は新しいイスラエルを宇宙に建国する気でいる」という。「ユダヤ人のみが脱出できる」というその「選民思想」、そして「バビロン捕囚以来一貫している」というその「世界戦略」により、いまや地球滅亡を企て、宇宙移民計画を推し進めるに至ったユダヤ人に対抗し、「人間は地球を滅ぼしてはならないと考える」のがナチズムであり、その「哲学こそユダヤの世界戦略に対する最大最強の防波堤」となるものだと篠原は訴えた。[47]

篠原のこうした現実離れした発想の背後には、その多彩な相貌との関係を見て取ることもできるだろう。農本主義者であり、理想主義者であり、純粋なエコロジストだった篠原は、同時にサブカルチャーの熱烈な愛好家でもあった。当初はマンガ家として活動し、東映動画でアニメーターを務めるなどしていたというその経歴を思い出してみよう。さらに篠原は当時の「カルト系」の雑誌『月ノ光』（東京デカド社）に連載を持っていたことなどもある。そうしたことからすると、「地球滅亡」や「宇宙移民」という発想は篠原にとってそれなりになじみ深いものだったのかもしれない。なお、この雑誌の編集を手がけていた編集者の南原四郎は篠原の新聞『国民ジャーナル』の編集を手伝っていたこともあるという。[48]

しかしそうした発想は単にSF的な次元にとどまるものではなかった。八七年ごろから彼らは実際にユダヤ人排斥運動に乗り出していくことになる。ハーケンクロイツが描かれ、「フリーメーソンを日本から追放せよ！」などと書かれたビラを、彼らは東京を中心に埼玉、群馬、福島などの各地に貼って回った。さらに「日本の政財界に隠然たる力を持つメーソンの人間を実名入りで暴露した」（篠原）こともあるという。八七年四月二十三日には篠原の自宅が全焼するという火災事故が起きたが、出火した場所にハーケンクロイツ旗が燃えずに置かれていたことから、それもフリーメーソンの仕業によるものだと考えられた。[49]こうして「見えない敵」としてのユダヤ人勢力との対決姿勢がますます強められていく。

このように彼らの排外主義運動はまずユダヤ人排斥運動、それもとりわけ「反フリーメーソン運動」として開始されたことに注意しておく必要があるだろう。それは「見えない敵」、実体のはっきりしない抽象的な敵に対するどこか非現実的で非実体的な運動だった。だからこそ逆にそこでは特段の抵抗もなければ格別の躊躇もなく、過激なヘイトスピーチに踏み込んでいくことが可能となったのではないだろうか。
しかしその後、彼らの運動にあらためて変質が生じる。『ヒトラー思想のススメ』の刊行後、三十人ほどの全国の読者から連絡を受けたのをきっかけに、「じゃあ大衆運動しなきゃしょうがない」(瀬戸)ということになり、九一年四月、国家社会主義者同盟が設立された。その際、フリーメーソンというターゲットは「大衆運動からすれば捉えにくい」と考えられたため、新たなターゲットが選ばれることになる。「代々木公園に外国人が一杯集まって問題があるから」ということで選ばれたのは、在日イラン人をはじめとする外国人労働者だった。「法務省が三十万人いると公式的に認めている」こともあり、「外国人運動は捉えやすい」と考えられたという。「そういうことに着目したほうが運動としては注目される」というように、戦略性という観点がそこにあらためて浮上してくる。[50]
以後、彼らは外国人労働者排斥運動に積極的に乗り出していくことになる。バングラデシュ人、パキスタン人、イラン人など、「炎天下の工事現場で働く」男性労働者のほか、フィリピン人、台湾人、中国人など、「夜の盛り場で歌う」(瀬戸)女性労働者もやはり攻撃の的とされ、過激なヘイトスピーチが繰り返されていく。[51]
こうして排外主義というアジェンダが形作られていった。その過程でそれは非現実的なものから現実的なものへと、非実体的なものから実体的なものへと徐々に変化していったことに注意しておく必要があるだろう。さらにいえばそこでターゲットとされることになった外国人は、当初のユダヤ人からイラン人を経てバングラデシュ人、パキスタン人へと、さらにフィリピン人を経て台湾人、中国人へと、日本人にとって縁遠い存在から身近な存在へと徐々に「接近」していったと見ることができる。その果てに、やがて最も身近な外国人としての韓国人、それも在日コリアンというターゲットが見いだされることになるわけだ。

10　山田一成と国家社会主義日本労働者党

一九九一年四月の国家社会主義者同盟の設立に際し、そこに加わったもう一人の人物がいた。山田一成だ。民族思想研究会と世界戦略研究所のほか、篠原の率いる「自然社会主義協会」に、さらに山田の率いる「国家社会主義日本労働者党」を加えた四つの組織の緩やかな連合体として設立されたのがこの極右団体だった。その代表に就いたのは篠原、副代表に就いたのは瀬戸だった。一方で山田は当時、瀬戸の回想によれば「暴走族の親分みたいのだった」という[52]。

山田は篠原よりも二十歳ほど、瀬戸よりも十歳ほど年下で、ネオナチ極右クラスタのなかではいわば第三世代に当たる。そのため篠原や瀬戸の場合とは異なり、既成右翼や新右翼との関係をめぐる濃密な体験をそこに見て取ることはできない。新右翼との接点はそれなりにあり、統一戦線義勇軍と共闘していたことなどもあるが、しかしその考え方は新右翼的なものではなく、ましてや既成右翼的なものでももちろんなく、徹頭徹尾ネオナチ的なものだった。日本の右翼・民族派の思想や文化をむしろ忌避し、代わってヨーロッパの右翼・極右の考え方を導入するところから出発した新しい世代の右翼運動家だったと言えるだろう。

その思想はラディカルで、より正確にいえばネオナチ的というよりもむしろナチズム的なものだった。つまりそこに見られるレイシズムは、福祉ショーヴィニズムの考え方に基づく現代的レイシズムよりも、むしろ生物学上の信念に基づく古典的レイシズムの性格を強く持つものだった。いいかえれば現代的レイシズムの論理によって古典的レイシズムの感情を粉飾しようとする構えなど持たない、いわばむき出しのレイシズムだった。そのためそこでは「ツラン人種」としての日本人の優越性という観念に基づき、排外主義や優生思想という考え方が徹底的に追い求められることになる。人種隔離政策を断行することによって民族浄化を推進し、人種改良に取り組んでいくべきだという主張を山田ははっきりと訴えていた。

そうした信念に基づき、当初から山田は排外主義的な姿勢を明確に打ち出しながら過激な活動を繰り広げていく。八二年四月にはかつてのナチ党の正式名称「国家社会主義ドイツ労働者党」に倣い、極右団体「国家社会主義日本労働者党」（略称「ＮＳＪＡＰ」）を立ち上げた。八五年にはフィリピン人女性を「農家の嫁」として迎え入れる政策を推進していた山形県朝日町に赴いて抗議行動をおこなった。さらに八九年四月二十日にはヒトラーの生誕百周年に際し、反ユダヤ主義を訴えて在日イスラエル大使館とユダヤ教会の前で街宣活動をおこなった。また、旧来の右翼・民族派の場合とは大きく異なり、海外展開にも積極的で、ドイツのキューネンと同志関係を結んだり、さらにヨーロッパばかりでなくアメリカやロシアなども含め、世界各国のネオナチ組織と同盟関係を結んだりするなど、ネオナチの国際的なネットワークに連なろうとする姿勢を強く打ち出していた。

『レコンキスタ』八九年五月一日号では、「日本国内で唯一といわれるネオナチ組織」として国家社会主義日本労働者党の活動が紹介されている。そこには迷彩服にサングラスというでたちで、モヒカン頭の部下を従え、ハーケンクロイツ旗と旭日旗をあしらった街宣車の前で身構えている山田の姿が写し出されていた。また、九〇年二月に出版されたムック『別冊宝島　日本が多民族国家になる日』（ＪＩＣＣ出版局）では、外国人労働者排斥運動の急先鋒としての山田の意見が紹介されている。そこで山田は外国人労働者の受け入れに「断固反対し、排撃運動を行なう」こと、さらに「混血ははっきりいって劣等者」なので、「彼らを排撃しなければ、大変なことになる」ことなどを訴えていた。さらに日本語学校に脅迫文を送り付けたり、難民センターに街宣車を繰り出したりするなど、その「勇ましい」行動の実績や計画がさまざまに紹介されていた。(53)

篠原がいわばヴィジョナリストであり、瀬戸がストラテジストだったとすれば、このように山田はむしろ根っからのアクティヴィストだったと位置付けることもできるだろう。そうした意味からすれば、彼ら三人のなかでは行動右翼的な傾向を最も強く持った人物だったと言えるだろうが、しかし一方で、そうした傾向を旧来の右翼・民族派に固有のものとして忌み嫌う傾向を最も強く持った人物でもあった。

なお、山田はのちに雷韻出版という出版社を立ち上げ、九八年から書籍の出版を手掛けるようになる。河上イチローや竹下義朗などのアングラネット論壇の論者、赤間剛や太田龍などの反ユダヤ主義の論者、木村三浩や見沢知廉などの新右翼の論者の著書などに加えて、特にカルト系やオカルト系の「怪しい」本を数多く手掛けてきた。さらに二〇〇〇年五月には、衆議院選挙の直前に『誰も知らない日本共産党のホンネ――ソフト路線の仮面を剝ぐ』（大岩悠吾）という書籍を出版している。この本の広告という体裁で、共産党を誹謗する内容のビラが全国で三千万枚近くもばらまかれたことから、自民党と雷韻出版との、ひいては国家社会主義日本労働者党との関係が取り沙汰され、一部で話題を呼ぶことになった。(54)

11　ネオナチ極右クラスタの形成

国家社会主義者同盟が設立されると、篠原・瀬戸・山田の三人は緩やかに連携しながら外国人労働者排斥運動に乗り出していく。「ビザ切れ不法残留外国人を日本から追い出せ！」「代々木公園を日本人の手に取り戻せ！」「不法滞在の外国人に医療保障の必要はない！」などと書かれたビラを毎月数千枚ほども、彼らは代々木公園や上野公園の近辺、さらに新宿、渋谷、埼玉などの各地に貼って回った。その中心にはハーケンクロイツが描かれ、さらにその上下には「自然環境保護」「生態系を守れ」などと記されていた。なお、一九九三年四月三十日付の『朝日新聞』ではこのビラに触れ、「従来の右翼と違って、「環境」「生態系」など、だれもが抵抗なく近づける言葉の裏に問題の本質をひそませる巧妙な方法が出てきた」と評されていたが、しかし実際にはむしろ「環境」

「生態系」などのほうが元来、彼らにとっての「問題の本質」であり、彼らは別に「巧妙な方法」などを用いていたわけではないという経緯は皮肉なものだろう。[55]

彼らのそうした動きは徐々に注目を浴び、特に九二年から九四年ごろにかけてさまざまなメディアで取り上げられるようになる。たとえば雑誌『週刊プレイボーイ』（集英社）では九二年十二月八日号に「日本にも〝ネオ・ナチス〟出現の危機？」という記事が掲載された。また、『朝日新聞』では九三年四月七日に「外国人排斥ビラ出回る」という記事が、続いて三十日に「外国人に『警告』ビラ」という記事が掲載された。さらにテレビでも取り上げられるようになり、九三年四月八日にはテレビ朝日系列の報道番組『スーパーモーニング』で、九四年九月十四日にはＴＢＳ系列の報道番組『情報スペースＪ』で彼らの活動が紹介されている。[56]

なおこの時期、著述家の鶴見済は彼らの活動に注目し、関連する記事をいくつかの雑誌に寄稿している。『ＦＲＩＤＡＹ』九四年三月二十五日号（講談社）の記事「敬礼！「日本ネオナチ」の入団式」では、国家社会主義者同盟の秘儀的な入団式の様子が報告されていた。「入団式は毎月開かれ、会員は増える一方」で、しかも「入団希望者には若い層が多」かったという。また、『宝島』九四年六月二十四日号（ＪＩＣＣ出版局）の記事「日本にも存在したネオナチ団体」では、そこに最年少で入団したという十七歳の少年へのインタビューが掲載されていた。そこには当時、すでに四百人近くもの団員がいたという。[57]

こうして排外主義というアジェンダが確立され、伝播され、流布されていった。それは九〇年代を通じて成長を続け、日本社会の深部にその見えない根を徐々に張り巡らしていくことになる。

一方でそうしたなか、九〇年代後半からインターネットが普及し始め、それに伴ってアングラネット論壇が、ネット右派論壇が、そして右翼系セクターが形作られていった。そうした動きに彼らも早くから参入していく。篠原はそれほど積極的ではなかったものの、瀬戸と山田はその可能性にいち早く注目し、自らの組織の「ネット展開」に積極的に乗り出していく。

瀬戸は世界戦略研究所のホームページ「世界戦略」を九七年七月ごろに立ち上げた。そこにはいくつかのコンテンツページに加えて「ディスカションフォーラム」という掲示板が設置され、さらに「外国人犯罪対策本部」というコーナーが付設されていた。また、同じドメインのなかには「ヒトラー・ナチス研究会」というサイトも併設されていた。当時、「一台のパソコンは百万人の動員力に勝る」と考え、「自分ところのサーバー持って、専用線引いてやってる」と語っていた瀬戸は、「インターネット上だけで、日本の国家社会主義の伝統に基づく政治団体を立ち上げようと」もくろんでいたという。実際にその後、「ＮＩＰＰＯＮ・再生党」という「ネット政党」を二〇〇〇年五月に立ち上げることになる。「形骸化した民主主義より全員が参加できる全体主義が我々の目指す政治」だと瀬戸は語っていた。[58]

一方、山田は国家社会主義日本労働者党のホームページを九九年六月に立ち上げた。ただしそれに先立ち、党の「副総統」だったドクター・メンゲレによって「民族の監視者」が九八年六月に立ち上げられている。ホロコースト否定論と歴史修正主義に関するさまざまな情報が掲載されたこのサイトは、「リヴィジョニスト」として世界的に有名なカナダ系ドイツ人、エルンスト・ツンデルによる「ツンデルサイト」に倣って作成されたものだった。さらにそのサイト名は、かつてのナチ党の機関紙の名称 *Völkischer Beobachter* を和訳したものだった。また、歴史修正主義に関する議論のための掲示板サイト「りりしいライヒ」も党の関係者によって立ち上げられている。なお、九七年十月に「デア・アングリッフ」を立ち上げた河上は、九八年十二月に雷韻出版から出版されたその著書『サイバースペースからの挑戦状』のなかで、メンゲレと対談しながらこれらのサイトについて論じている。[59]

こうしてネオナチ極右クラスタが形作られていった。そこには国家社会主義者同盟の関係者のほかにも、『『民族の意志』同盟」などの一部の右翼団体の関係者から、「怖いもの見たさ」的な関心から近づいてきたやじ馬に至るまで、さまざまな人々が参入してくるようになる。さらにナチスドイツの思想や文化、あるいはその軍装、兵器、儀式などへのマニアックな関心から参入してきた人々も多かった。いわゆるミリオタ（ミリタリーマニア）、戦史マニア、軍装コスプレファンなどだ。

ただしそこでは単に情報交換や意見交換、あるいは人的な交流など、穏便な活動だけが平和におこなわれていたわけではない。それまで路上や街頭などのリアルな場で恫喝的なビラをまき散らしたり、威嚇的な街宣活動を繰り広げたりしてきたのと同じようにして彼らは、ネットのなかでもさまざまなサイトに押しかけていっては過激なヘイトスピーチをまき散らし、荒らし行為やいやがらせ行為を繰り広げるようになる。現世御利益掲示板や鐵扇會など、サブカル保守クラスタや既成右翼系クラスタの一部でおこなわれていたそうした行為から、いわばネット上の街宣活動の可能性を彼らは学び取ったのではないだろうか。

しかも彼らの場合にはそもそも「その道のプロ」だったため、そうした行為もいわばレベルが違うものだった。その執拗さと周到さと激烈さのゆえに、ターゲットとされた者はとことんまで追い詰められ、心身ともにボロボロになるまで徹底的にやり込められるのが常だった。

九九年十一月ごろからいくつかのリベラル系のサイトをターゲットに、彼らはひときわ激しい攻撃を繰り広げるようになる。在日外国人の人権を擁護する活動をおこなっていた団体「東京エイリアンアイズ」、日本の戦争責任を追及する活動をおこなっていた団体「戦争被害調査会法を実現する市民会議」など、いくつかの市民団体のホームページがそのターゲットとなった。〇〇年一月十八日付の『毎日新聞』夕刊には「〝人権サイト荒らし〟横行」という記事が掲載され、「人権問題を扱うサイトが立て続けに狙われている」ことが報告されている。少なくとも四つのサイトが被害を受け、そのうちの二つは掲示板を閉鎖するに至ったという。あるサイトの開設者は、「パソコンを開くのがいやになってしまうほどで、どうしてこんな目に会わなければならないのか」などと語っていた。ただし瀬戸によれば、彼らは決して匿名で「攻撃」していたわけではなく、実名で「抗議」していただけだったというが。[60]

12　ナチサブカルチャーへの強い志向

こうして形作られていったネオナチ極右クラスタのなかで、その発想の原点に置かれていたのはナチスドイツの思想、とりわけ「血と土」のイデオロギーだったが、一方でその文化、というよりもむしろサブカルチャーへの関心も彼らのなかでは同様に重要なものだった。つまりナチスドイツの軍装、兵器、儀式、さらにさまざまなシンボリズムなどへのマニアックな関心だ。

前記の鶴見の記事によれば国家社会主義者同盟の入団式は、そうした「ナチサブカルチャー」のさまざまなガジェットに彩られた秘儀的なものだった。リヒャルト・ワーグナーの楽曲が流れ、赤いろうそくの炎が揺らめくなか、ハーケンクロイツ旗とナチス親衛隊旗を前にして、銀の短剣を伝ってグラスに注ぎ込まれた赤ワインを飲み干した新入団員の肩に、ナチス風の軍服を着た篠原がその剣を順次当てていき、最後に全員でナチス式の敬礼をしながら「ジークハイル！」と連呼する、というものだ。また、その党員証には親衛隊のシンボルだった「ＳＳ」という文字が大きく記されていたし、その機関紙にも『Der Ganze Held』というドイツ語の名称が用いられていた。[61]こうしたことからするとこの団体は政治団体だったと同時に、実はナチサブカルチャーの愛好家団体でもあったと見ることができるだろう。

ナチサブカルチャーへのこうした強い志向は、しかし当時、彼らのなかだけに見られたものだったわけではない。佐藤卓己によれば「ナチカル」、すなわち「メディアを中心に消費されるナチズム関連の大衆文化」は、日本のサブカルチャーの一つのジャンルとして定着し、広く育まれてきたという経緯を持つ。[62]特に一九九〇年代になるとオタク文化の成熟、そしてネットの普及という状況にも関連し、いわゆるミリタリー趣味に関連するいくつかの分野でそうした動きが独自の盛り上がりを見せていく。

その一つとして挙げられるのはプラモデル、とりわけミリタリーモデルの分野だろう。六〇年代から七〇年代にかけて大きな盛り上がりを見せたこの分野は、八〇年代の停滞ののち、九一年の湾岸戦争の勃発をきっかけに、九〇年代になると再び大きな盛り上がりを見せるようになる。冷戦体制の終結を受け、東側諸国の兵器情報が公開されたこと、さらにドイツ統一を受け、かつての第三帝国への関心が呼び覚まされたことなどがその背景にはあった。その際、特に人気が高かったアイテムは、とりわけドイツ戦車を中心とするドイツ国防軍の兵器だった。田宮模型の「ミリタリーミニチュアシリーズ」の発売は七五年の第一のピークののち、九四年から九五年にかけて第二のピークを迎えることになるが、このときの発売点数の八割以上を占めていたのはドイツ国防軍の兵器だったという。

もう一つは雑誌、とりわけミリタリー雑誌の分野だろう。この分野には六六年創刊の『軍事研究』（ジャパン・ミリタリー・レビュー）、六九年創刊の『月刊ホビージャパン』（ホビージャパン）、八〇年創刊の『コンバットマガジン』（ワールドフォトプレス）など、さまざまな領域に特化した老舗雑誌があったが、九〇年代になるとミリタリーモデルの復興に伴い、とりわけドイツ戦車にフォーカスした「戦車モデル専門誌」が創刊されるようになる。九二年創刊の『ミリタリーモデリングマニュアル』（ホビージャパン）、九六年創刊の『アーマーモデリング』（アートボックス）などだ。また、『月刊グランドパワー』（ガリレオ出版）などでもドイツ戦車の特集が頻繁に組まれていく。そうしたなか、九一年一月に創刊された雑誌『グラフィックアクション』（文林堂）では、兵器ばかりでなくナチスドイツの思想や文化など、その全体像を詳しく掘り下げることを目指した特集が続々と組まれていく。九九年十月に廃刊されるに至ったこの雑誌は、九〇年代を通じて「ナチマニア」の一大拠点となった[63]。

さらにもう一つはコスプレ、とりわけ軍装コスプレの分野だろう。コスプレというジャンルはオタク文化の成立にやや先立ち、特にコミケ（コミックマーケット）での扮装として七〇年代末から見られるようになったものだが、しかしそれに先立ち、ミリタリー趣味の領域では「ナチス軍装」という独自の分野が古くから存在していた。その草分けとなったのは渋谷のミリタリーショップの老舗「アルバン」だろう。その後、九〇年代になると「エリカクラブ」「クラウゼ」などが活動を開始し、特に『コンバットマガジン』を広告媒体としつつ、その伝統を広めていくことになる。その間、八〇年代半ばごろからコミケでもナチス軍装が取り入れられるようになり、九〇年代になるとそうした傾向は一般的なものになっていく。九六年十二月のコミケでは大使館の書記官と名乗る人物からの抗議を受け、主催者側が対応を迫られるという事件も起きた。九八年十一月には同人誌系のサークル「海病七不思議」により、軍装コスプレの話題を取り上げたサイト「海病の園」が立ち上げられたが、そこで扱われていたのもほとんどがナチス軍装だった。なお、アルバンの店員を経てクラウゼの店長となった山下英一郎は九七年十一月、親衛隊の詳細な解説書『SSガイドブック』（新紀元社）を出版している[64]。

こうしてミリタリーモデル、ミリタリー雑誌、軍装コスプレなどのジャンルを通じて九〇年代のサブカルチャーのなかには、ナチサブカルチャーへの志向が広く育まれていった。そうした動きのなかで形作られていったのがネオナチ極右クラスタだったと捉えることもできるだろう。なお、これら一連の動きを詳しく紹介している二〇〇〇年七月の佐藤の編著『ヒトラーの呪縛』（飛鳥新社）には、当時の「ナチな人々」の先陣を切って瀬戸が登場している。

ネオナチ極右クラスタの「祖」として位置付けられている篠原は、先に見たようにサブカルチャーの熱烈な愛好家でもあった。マンガ家であり、アニメーターであり、カルト系雑誌の寄稿者でもあった篠原はその新しい運動の立ち上げにあたり、ナチサブカルチャーをめぐる当時のこうした動きからも多大なインスピレーションを得ていたのではないだろうか。

13 「三国人発言」と外国人参政権問題

そうしたなかで一つの事件が起きる。二〇〇〇年四月九日、東京都知事の石原慎太郎が陸上自衛隊練馬駐屯地の創隊記念式典で、「不法入国した多くの三国人・外国人が非常に凶悪な犯罪を繰り返している」「大きな災害が起きたときには大きな騒擾事件ですら想定される」などと発言した。いわゆる「三国人発言」だ。

「三国人」という語は元来、日本の旧植民地だった地域に出自を持つ人々を指して用いられてきたものだが、そのなかでもとりわけ在日コリアンを指し、彼らを「厄介者扱いするところから生まれた」（『民団新聞』〇〇年四月十二日付）という一面を持つ。戦後の闇市の時代をいわば力づくで生き抜いてきた在日コリアンに対する、どこか差別的なイメージがそこには深く染み込んでいたと言えるだろう。石原の発言はそうしたイメージをよみがえらせるとともに、さらに関東大震災の際の朝鮮人虐殺事件を想起させ、しかもその被害者だった在日コリアンを新たな加害者に見立てようとするかのようなものだった。

石原のそうした発言を受け、各方面から強い抗議の意が表明された。十日には韓国民団中央本部から抗議声明が発表され、十一日にはその代表が都庁を訪れて抗議の意を正式に伝えた。文化人や知識人、さらに市民団体などからも日増しに抗議の声が高まっていき、十四日には都庁前広場で抗議集会が開かれるに至る。(65)

そうした動きを受け、一方でネオナチ極右クラスタからの反撃も開始される。そこでターゲットとして選ばれたのは、十四日の抗議集会に参加し、抗議のメールを都庁に送るよう呼びかけるなどしていた小金井市の女性市会議員だった。十六日ごろからそのサイトの掲示板に非難のメッセージが書き込まれるようになり、同時にいやがらせのメールが市議に送り付けられた。続いて十七日には2ちゃんねるにスレッドが立てられ、誹謗中傷のメッセージが大量に書き込まれる。市議は自らのサイトの掲示板を閉鎖するとともに、2ちゃんねるへの書き込みを削除するよう管理者に要請したが、しかしさらに激しい攻撃を被るに至る。やがて極度の心労から政務に支障をきたすまでになった市議は五月二十九日、市の委員会の長を辞任するに至った(66)。

ただしこの件に関する「犯行声明」は出されていない。したがってそれがネオナチ極右クラスタによるものだったのかどうかを断定することはできない。その一部は2ちゃんねるを舞台におこなわれたものだったこともあり、一般の「やじ馬」がそこに関与していたと見ることもできる。しかし少なくともそこで訴えられていた主張は、外国人犯罪問題をめぐって彼らが繰り返し訴えてきた議論に重なるものだった。なお、この件については第6章であらためて取り上げることにしよう。

一方で当時、とりわけ在日コリアンをめぐって論議を呼んでいたもう一つの問題があった。外国人参政権問題だ。いわゆる特別永住者の在日コリアンのグループが一九九〇年十一月に大阪地裁に提訴した裁判の最高裁判決が九五年二月に下されると、その訴えは退けられたものの、地方参政権に関する含みが「傍論」として残されたため、地方参政権を永住者に付与しようとする動きが浮上してくる。特に九八年以降、そのための法案が公明党、民主党、共産党などから繰り返し提出されるようになる。〇〇年ごろには自民党内でも活発な議論が交わされるようになった。その際、特別永住者の大部分が在日コリアンだったため、この問題は事実上、彼らの立場をめぐるものとして受け取られるようになる。

そうしたなかで〇〇年六月、瀬戸は『外国人犯罪――外国人犯罪の全貌に迫る』（セントラル出版）という書籍を出版した。「治安大国・日本を揺るがし始めた不良外国人の実態を追う衝撃のドキュメント」と銘打たれたこの本では、その冒頭で石原の「三国人発言」をめぐる問題が大きく取り上げられていた。なお、この本の取材スタッフを務めたのは当時の瀬戸の弟子の有門だった(67)。

とはいえ当時のネオナチ極右クラスタのなかには、韓国人や在日コリアンを特別にターゲットにしていこうなどという発想があったわけではない。彼らにとって韓国人はイラン人などと同様に、在日外国人の一角を占めている一般的な存在でしかなく、しかもニューカマーとしての外国人労働者を主要なターゲットとしてきた彼らのアジェンダにとって、オールドカマーとしての特別永住者というターゲットは必ずしも適切なものではなかった。いいかえれば彼らのなかには嫌韓というアジェンダは存在していなかった。それどころか特に篠原と瀬戸は元来、その来歴からすれば、むしろ「親韓」の側に位置付けられてしかるべき人物だったと見ることもできる。

先に見たように篠原は、八一年一月に設立された日本テコンドー協会で初代の専務理事を務め、韓国の国技のテコンドーの普及に努めてきたという経緯を持つ。また、瀬戸も七〇年代から、韓国の農村近代化運動として知られる「セマウル運動」にたびたびボランティアとして参加してきたという経験を持つ。さらに瀬戸がジャーナリストとして活動するようになったきっかけは、在日コリアンの冤罪事件に取り組んだことだった。瀬戸と一緒に福島で収監されていた在日コリアンの男性にかけられた殺人事件の嫌疑を晴らすために書いた記事が雑誌『政経東北』七八年六月号（東邦出版）から連載され、それがジャーナリストとしての瀬戸の「第一歩」となったという。瀬戸はその際、「この日本に生まれ、同時代を一緒に生き、日本に骨を埋めようとする者を、なぜ日本社会が受け入れないのか？」と考えていたという。[68]

篠原や瀬戸のそうした「親韓」の姿勢は、しかも単にその個人的な体験に基づくものだったわけではない。むしろ当時の右翼・民族派に一般的に見られる傾向だったと言えるだろう。そもそも日本の右翼・民族派の文化のなかには、韓国および在日コリアンに対する親和的な姿勢が伝統的に見られたことは先に見たとおりだ。戦前にはアジア主義の考え方に基づいて朝鮮と連帯しようとする構想があり、戦後の既成右翼には反共運動の一環として韓国民団や勝共連合などと共闘しようとする戦略があり、さらに新右翼には野村秋介などに見られたように在日コリアンの立場を擁護しようとする気運があった。そうした「伝統」が彼らのなかにも根付いていたと見ることができるだろう。そのため少なくとも当初の時点では、韓国人や在日コリアンを敵視し、特別にターゲットにしていこうなどという発想がそこに現れることはなかった。

ところがその後、瀬戸は「ブログを始めた頃」（〇五年六月）から「韓国嫌いになり始め」たという。その背景の一つには当時のブログランキングで、「政治ランキングの上位が韓国批判ブログで占められている」という事情があった。そのブログ「極右評論」の〇六年六月八日の記事のなかで瀬戸は、「韓国との連携は必要不可欠である」としながらも、「しかし、現在ネットでは私のような意見はどうも受け入れられないよう」だとして、「この私の考えが間違いなのか？　もう古臭い考えなのか？　それを自分に問いかけているところ」だと記している。このように瀬戸のなかではこのころから、「親韓」から「嫌韓」への転回が徐々に始められたと見ることができる。

しかしそれに先立つ時期、少なくとも〇〇年以前の時期には、そうした問いかけがそこに現れることはなかった。「韓国は共産主義者から日本を守る防波堤と教えられ」てきたという瀬戸は当時、「韓国は日本の同盟国」だと考え、「日本を共産主義から守るには韓国を助けなければならないと思っていた」という。[69]そこには嫌韓などという発想はまったく存在していなかった。

14　日本茶掲示板と民団掲示板との論戦

ところがそうした発想がまったく別のところから、しかも意外なところから現れてくる。当時のネット右派論壇のなかではネオナチ極右クラスタから最も遠い位置にいたと思われる集団、サブカル保守クラスタだ。その拠点となっていた「日本ちゃちゃちゃ倶楽部（日本茶掲示板）」では二〇〇〇年の夏ごろから一部の論者により、とりわけ在日コリアンをターゲットとする排外主義的な発言が繰り返されるようになる。

その一つのきっかけとなったのはその常連の一人、平山桃によるいくつかの投稿だった。独特の言い回しによる「電波系」の発言のゆえに「吟遊詩人」などと称されていた平山は、当時の「茶人」の間ではよく知られた存在だった[70]。その発言の一部を拾い出してみよう。

「在日の犯罪は酷かったらしく、戦後の混乱期がすぎようが治ま／らなかった」「日本人女性を犯し殺し、おとなしい一般の日本／人を脅し騙し奪うなどの無法のかぎりを尽くした」「今はさすがにおとなしくなってくれたけど、ヤクザには／在日がたっぷりいるし、事件はたびたびのことだから本質には変化な／し」（〇〇年七月十一日）

「唐辛子と白菜を朝鮮半島に広めたのは、日本だ」「朝鮮半島を併合した後、日本人が発明した様々な漬け物を、君たち朝鮮人に教えてやった」「「キムチ」は朝鮮人が独自に作った伝統的なもの。なんて嘘を堂々と言ってたりして」「もし君たち朝鮮人に羞恥心と言う言葉があれば、反省してみてはいかが？」（〇〇年九月十三日）

「大金持ちになった弟（日本）の家に居候して、嫉妬の固まりになってしまった兄（コリア）が、今の私達在日コリアの姿なんだ」「その嫉妬が高じて意固地になってしまった兄が、弟の家で開き直って大騒ぎをしているというのが、今騒いでいる一部の在日コリア達だ」「住まわさせてもらっているのに嫉妬のせいで感謝もお礼もできない、大人になれない兄が、嫉妬の鬼と変わったのが、いま騒いでいる一部の在日コリアだ」（〇〇年九月二十五日）

するとと平山のこうした発言に応えるように、やはり常連の一人だったデスザウラーがより過激な発言を繰り返していく。どこかもったいぶった調子の平山の発言と比べると、平素から「反不良在日外人」などのモットーを掲げていたデスザウラーの発言はより直接的で、かつ戦闘的・威嚇的なものだった。その発言の一部を拾い出してみよう。

「偉っそうな韓国人に告ぐ！」「「第三国人」が政治家が使って行け（ママ）ない言葉か？」「日本国民は、外国人の内、日本を侮蔑し、あるいは秩序を破壊する不良外人と共生する気／も、自国の安全を度外視してまで国際化を進める気も全く無いのだ。／これを差別と呼ぶならば、自由に呼んで良い」（〇〇年七月二十日）

「ワシントンの日本大使館で「謝罪しろ！」と喚いた売春婦ども!!／お前達にくれてやる銭など、我々の払った税金からはビタ一文だって／出してやるものか。大人しくこのまま人生を終えよ。／我々日本国民をなめるな！」「こいつら、我軍将兵から莫大な銭をしゃぶり取ったくせに」（〇〇年九月二十日）

「私の知人の中学教師が、現在在日コリアンの横暴によって職場を／荒されて苦しめられている。在日の生徒が、教師に言われた事で「傷付けられた」と騒ぎ／立て、職員会議に乗りこんで、職員でもないにも関らず、「共生の時代だ」と、学校運営／内容に口を出す」「日本で暮らす以上、この程度野《ママ》ことで「差別だ」と騒ぐとはふざけている」「在日のいう「差別反対」とか「共生」とは、要するに在日／に対する「特別扱い」とか「特権付与」に他ならない」「群れて横暴を働き、日本人を脅す事しかできないのは、在日の方ではないか」（〇〇年九月三十日）

　彼らのこうした言動は茶人の間ばかりでなく、他のコミュニティからも注目を浴びるようになる。いち早くそれに反応したのはもちろん在日コリアンのコミュニティだった。九月二十四日には韓国民団のサイトの掲示板（「民団新聞 会議室」）に次のような書き込みが投稿された。

「小林＊$%り氏のファンのホームページだが、民族憎悪を膨らませる／掲示板がある。こんな一部日本人の凶悪な感情論をそのままにして／いいのか？　韓国の若者は殆ど日本人に対し悪い感情などないのに・・・。／一部日本人の凶悪な暴力的民族主義思想はオウムと同じぐらい危険である」「このような暴力を扇動する日本人に対し、徹底的な抗議行動し、／国際法に照らし合わせて厳しく罰していくべきだ」（POWERS）

　するとこうした発言に今度は日本茶掲示板の側が反応し、韓国民団との対決姿勢が一気に強められていく。デスザウラーを中心にサイバーグ、ホリー、まほろば、星野丈己、ブラストファーネスなど、何人かの論者が「民団掲示板」に「遠征」していき、激しい舌戦を繰り広げた。その様子を実況していた2ちゃんねるのスレッド「新・今日の日本茶」によれば、二十六日の「紛争勃発」ののち「前線で孤立」するに至ったデスザウラーの援護に次々と茶人が駆けつけ、二十九日には「民団への遠征」が「日本茶の最近のトレンド」となった。三十日にはそれが「民団との全面戦争に発展」していったという。

一方、こうして突然の荒らし行為を被ることになった民団掲示板の側からも何人かの論者が日本茶掲示板に遠征してくる。たとえば三十日には次のような書き込みが日本茶掲示板に投稿された。

「はじめまして。私は皆さんが嫌ってらっしゃるであろう在日韓国人です。／民団新聞の掲示板が最近とても熱いのでこちらの方にお邪魔しました。／皆さんとても仲がよろしいようですね」「さすが〝和〟を重んじる民族性だなと／思いました」「ただ、みんなで固まって行動する（略）より、／一人でどうどうとやる人の方が潔いですね。そういう気概のある人は／ここにいますか？」「日本人諸君、期待してますよ！」（YOON）

するとこうした発言に日本茶掲示板の側はさらに強く反発し、茶人の「集団攻撃モード」はますますその勢いを増していく。十月二日にはその「数の力」により、「民団のやつらぜんいんぼこられとる」という状態となり、やがて「全て終わった感じ」（2ちゃんねる）になったという(71)。

こうして「戦争」はとりあえずの終結を迎える。しかしこの件を一つのきっかけに日本茶掲示板では、韓国民団が、そして在日コリアンのコミュニティが彼らにとっての共通の「敵役」として記憶されることになった。その後、ゼロ年代半ば以降に大々的に開花することになる「嫌韓ヘイトスピーチ」の一つの起源をそこに見いだすことができるだろう。

15　嫌韓アジェンダと排外主義アジェンダとの結合

ここで特にデスザウラーの前記の発言にあらためて注目してみよう。それは平山の発言をより過激で戦闘的・威嚇的なものへと、つまりヘイトスピーチとして位置付けられるべきものへと「レベルアップ」したものだったと言えるだろう。しかもそこにはいくつかの重要なロジックが含まれていた。

まず「ワシントンの日本大使館で「謝罪しろ！」と喚いた売春婦ども!!」「こいつら、我軍将兵から莫大な銭をしゃぶり取ったくせに」というその発言のなかには、特に従軍慰安婦問題に関連し、嫌韓というアジェンダの明らかな影響を見て取ることができる。

一方、「日本を侮蔑し、秩序を破壊する不良外人と共生する気も、自国の安全を度外視してまで国際化を進める気も全く無いのだ」というその発言のなかには、特に外国人犯罪問題に関連し、排外主義というアジェンダの明らかな影響を見て取ることができる。

先に見たように嫌韓というアジェンダは、一九九〇年代前半に新保守論壇のなかで提起されたのち、歴史修正主義というアジェンダのなかに吸収され、バックラッシュ保守クラスタからサブカル保守クラスタへと受け渡されてきたものだった。その後、九〇年代後半にネット右派論壇のなかに引き継がれ、保守系セクターの主要な担い手となったサブカル保守クラスタによって保持されていくことになる。

したがってこのときのデスザウラーの発言は、サブカル保守クラスタによって展開されてきた嫌韓というアジェンダと、ネオナチ極右クラスタによって展開されてきた排外主義というアジェンダとが結び付いたところから生み出されたものだったと見ることができるだろう。ネオナチ極右クラスタからもたらされた排外主義というアジェンダが、サブカル保守クラスタのなかに息づいていた嫌韓というアジェンダを刺激し、それをより過激で戦闘的・威嚇的なものへと「パワーアップ」することになったのではないだろうか。いいかえればこれらの発言は、サブカル保守クラスタとネオナチ極右クラスタとの暗黙の「連携プレー」のなかから生み出されたものだった。

さらに「お前達にくれてやる銭なぞ、我々の払った税金からはビタ一文だって出してやるものか」というその発言の背後には、排外主義というアジェンダの論拠の一つとなっていた福祉ショーヴィニズムの考え方を見て取ることができる。端的にいえばそれは、外国人の福祉のために自分たちの税金を使ってほしくなどないという考え方、それゆえに自国の福祉を「食い物にしている」という移民を排除しようとする考え方だ。

そうした「福祉」の事例としてデスザウラーが挙げていたのが、「在日に対する「特別扱い」とか「特権付与」」という点だったと言えるだろう。つまり「「傷付けられた」と騒ぎ立て」、「「差別だ」と騒ぐ」ことによって在日コリアンは、「特別扱い」され、「特権付与」されるという「福祉」を勝ち得ているのではないかという考え方だ。そこから「偉っそうな韓国人」という見方が導き出されることになる。

のちに在特会などの活動を通じて二〇〇〇年代半ば以降に顕在化してくることになる「在日特権」という考え方の原典となるものが、すでにこの時期、サブカル保守クラスタとネオナチ極右クラスタとのこうした連携のなかから生み出されるに至ったことに注意しておく必要があるだろう。なお、そのプロトタイプとなったものはさらにそれに先立ち、九七年二月の柳美里の事件をめぐり、バックラッシュ保守クラスタとサブカル保守クラスタとの連携のなかから生み出されるに至ったことは先に見たとおりだ。

したがってこのときのデスザウラーの発言は、さらに踏み込んで考えれば、バックラッシュ保守クラスタとサブカル保守クラスタとのかつての連携のなかからもたらされた在日特権という発想を介して、サブカル保守クラスタとネオナチ極右クラスタとの新たな連携が可能になったところから生み出されたものだったと見ることができるだろう。いいかえればこれらの発言は、総じて考えれば、バックラッシュ保守クラスタ、サブカル保守クラスタ、ネオナチ極右クラスタという三つのクラスタの間の暗黙の連携プレーのなかから生み出されたものだった。

こうして嫌韓と排外主義という、出自を異にする二つのアジェンダが結び付くことになった。その結果、それぞれのアジェンダの内実に変質が生じることになる。元来は特に外国人労働者問題に関連し、もっぱら在日イラン人をはじめとするニューカマーに向けられるものだった排外主義というアジェンダが、オールドカマーとしての在日コリアンに向けられるようになる。また、元来は特に日韓間の外交問題に関連し、もっぱら「外なる敵」としての韓国に向けられるものだった嫌韓というアジェンダが、「内なる敵」としての在日コリアンに向けられるようになる。

ここで嫌韓というアジェンダの成り立ちを思い出してみよう。『醜い韓国人』の真の著者と目されていた加瀬英明が外交評論家だったことに端的に示されているように、それはあくまでも日韓間の外交問題という次元から発したものであり、在日コリアンをめぐる国内のポリティクスがそこで問題化されることはなかった。この本でもその続篇でも在日コリアンの話題はまったく取り上げられていない。また、『ＳＡＰＩＯ』の当時の「嫌韓記事」をまとめたムック『日本人と韓国人』には、在日コリアンに関する記事が三件掲載されているが、それらはいずれも在日コリアン自身によって内在的な視点から書かれたものだった。[72] そこに「内なる敵」を発見しようなどという発想は、したがってこのアジェンダに固有のものだったわけではなく、やはり他の集団、他の言説からもたらされたものだったと見るべきだろう。つまりネオナチ極右クラスタ、そして排外主義というアジェンダだ。

こうして嫌韓というアジェンダは排外主義を志向するものとなり、一方で排外主義というアジェンダは嫌韓を志向するものとなる。その結果、とりわけ在日コリアンをターゲットとする排外主義的な発言が繰り返されるようになる。日本茶掲示板では、そしてサブカル保守クラスタではこの時期、ネオナチ極右クラスタの影響を受けながら、こうした事態がひそかに進行していたのではないだろうか。そしてそれが表面化し、嫌韓ヘイトスピーチという形態としてはっきりと発現するに至った最初のケースが、民団掲示板との論戦という事件だったのではないだろうか。

16 ネット右派論壇内部のカルチュラルポリティクス

その後、嫌韓ヘイトスピーチの風潮はサブカル保守クラスタのなかに徐々に浸透していくことになる。しかも日本茶掲示板ばかりでなく2ちゃんねるの「ハングル板」や「ニュース速報板」など、より一般的な場でもその種の言動が次第に目につくようになる。

一方、右翼系セクターではそうした風潮が幅を利かせるようなことはなかった。日本の右翼・民族派の文化影響から、韓国および在日コリアンに対する親和的な姿勢という「伝統」がそこにもやはり流れ込んでいたためだろう。そこでは従来から折に触れ、そうした伝統が顔をのぞかせることがしばしばあった。

たとえば一九九八年九月、その前月に北朝鮮が本格的なミサイル発射実験に踏み切り、テポドン一号が日本近海に落下するという事件が起きたことを受け、右翼共和派には一部の論者により、韓国・朝鮮人を「チョン」などと呼んで罵ろうとする書き込みが投稿されたことがある。するとそれを受け、管理人が次のように発言した。「批判は自由ですが、蔑称（略）の使用は、やめましょう」「右翼共和派は、民族排外主義ではないので、いかに相手が日本民族の不倶戴天の敵であろうとも、相手を蔑んだり、嘲笑するような蔑称については使用するつもりはありません」「民族派や愛国者は、そのようなことをすべきではないと思います」。以後、投稿者と管理人との間でしばらく論戦が繰り広げられたが、やがて多くの論者が管理人の側に回り、投稿者の姿勢を厳しく糾弾するようになる。その結果、そうした発言は封じ込められるに至った。(73)

このように当時の右翼系セクターでは、その種の言動に対する抑止力がそれなりにはたらいていたと見ることができる。その後、嫌韓ヘイトスピーチの風潮がサブカル保守クラスタに広まっていってからも、そうした伝統が変化することはなかった。そればかりかそうした風潮に対する批判の動きも現れるようになる。

たとえば二〇〇一年三月、その翌年に予定されていた日韓共催ワールドカップサッカーの開催に向け、鐵扇會では「日韓韓日呼称交換運動」なるものが提起された。「二国共催という形によって、今回のW杯には、両国間の軋轢を超克し、両民族があらたな未来を創造するというテーマが存在していることは既に明らか」だとして、「世界的なイベントであるこの大会を機に、西欧的なナショナリズムを越え、両民族が広く世界に東洋独自の「互譲」の精神を示すこと」を目指すという趣旨から提起されたものだった。そこで「この運動の思想的背景」として位置付けられていたのは、「浅薄な保守ブームを憂う」という問題意識だった。[74] 嫌韓ヘイトスピーチの風潮に侵食されていくサブカル保守クラスタに対する強い批判の意識がそこには込められていたと言えるだろう。

元来、荒らし行為といやがらせ行為を専門とするネット上のゴロツキ集団として忌み嫌われる存在だった彼らから、こうした「まっとう」な声明が出されたことにあらためて注意しておく必要があるだろう。

しかしそうした動きにもかかわらず、サブカル保守クラスタでは嫌韓ヘイトスピーチの風潮がますます顕著になっていく。いいかえればサブカル保守クラスタとネオナチ極右クラスタとの結び付きがますます強固になっていく。

その背後にあったのは当時のネット右派論壇内部の独自のポリティクス、それも特に文化的な志向性に基づくそれ、いわゆるカルチュラルポリティクスだったと見ることができる。先に見たようにサブカル保守クラスタの間には右翼系セクターに対する親近感はなく、いいかえれば右翼・民族派の思想や文化に対する理解はなく、その粗暴なイメージや古臭いイメージから、右翼・民族派という存在そのものを強く忌み嫌う傾向が見られた。その結果、右翼系セクターの主な担い手となっていた二つのクラスタ、既成右翼系クラスタと新右翼系クラスタへの強い斥力がそこに生じることになる。

そうした斥力は一方で、右翼系セクターのなかのもう一つの勢力、ネオナチ極右クラスタへの強い引力に転じることになる。そこでは日本の右翼・民族派の思想や文化を断ち切り、ヨーロッパの右翼・極右の考え方を取り込むことにより、民族主義のあり方を抜本的に転換させるというアプローチが採られていたからだ。そうしたアプローチはサブカル保守クラスタからすれば、どこか新鮮で好ましいものとして捉えられたのではないだろうか。既成右翼系クラスタや新右翼系クラスタの時代遅れのイメージ、「ダサい」イメージを断ち切り、新しい何かをそこに持ち込もうとしているものとしてだ。

そうした独自のカルチュラルポリティクス、そしてそこから生じた斥力と引力が、サブカル保守クラスタを一方で既成右翼系クラスタや新右翼系クラスタから遠ざけ、もう一方でネオナチ極右クラスタに近づけることになったのではないだろうか。

17 サブカル保守クラスタとナチサブカルチャーとの親和性

その際、サブカル保守クラスタをネオナチ極右クラスタに近づけることになった文化的な志向性のなかでも、ひときわ重要な役割を演じていたと見られる要素がある。ナチサブカルチャーへの志向だ。先に見たようにそれはネオナチ極右クラスタのなかにひときわ強く見られたものだったが、一方で特にマンガやアニメなどのジャンルとの関係から、サブカル保守クラスタのなかにもしばしば見られたものだった。

ここでサブカル保守クラスタの運動で強く志向されていたサブカルチャー、戦闘サブカルチャーというジャンルを思い出してみよう。そこでは作品の敵役のキャラクターがナチスドイツのスタイルを模して造形されるのが常だった。たとえば『宇宙戦艦ヤマト』では、ガミラス帝国の指導者の名前にいかにもナチスドイツ的なものが用いられていた。デスラー総統（ヒトラー）、ヒス副総統（ヘス）、ドメル将軍（ロンメル）、ゲール副官（ゲーリング）などだ。さらに『機動戦士ガンダム』では、ジオン公国の軍装や儀式にいかにもナチスドイツ風のものが用いられていた。翼を広げている鷲の紋章が描かれた軍服、裾が広がったヘルメット、「ジークジオン」という合言葉などだ。

さらにこれらの敵役は単なる悪役ではなく、むしろ「悪のヒーロー」、それもどこかシンパシーを抱かせるような複雑なキャラクターとして造形されるのが常だった。たとえば『ヤマト』の敵役、デスラーは冷酷な独裁者として登場しながらも、シリーズが進むにつれて尊敬すべき人物として描かれるようになり、やがて主人公と共闘しながら地球のために奮闘するまでになる。さらに『ガンダム』の敵役、シャアは卓越した戦闘能力を持ちながらも、その強さと裏腹の弱さ、非情さと裏腹の傷つきやすさという二面性を持ち、複雑な運命に翻弄されていく孤独な人物として描かれていた。

なお、そうした描き方の思想的な支えとなっていたのは善悪二元論批判という考え方であり、さらにその支えとなっていたのは歴史的物語観という考え方だったことは先に見たとおりだ。

敵役のキャラクター設定に関わるこうした方法論のゆえに、戦闘サブカルチャーというジャンルでは、そしてそれを強く志向していたサブカル保守クラスタでは、ナチスドイツという存在がむしろ身近なもの、どこか「カッコいい」ものとして捉えられるようになる。しかも善悪二元論批判というその考え方から、それは必ずしも絶対悪としてではなく、どこかシンパシーを抱かせるような複雑な存在として理解されるようになる。さらに歴史的物語観というその考え方から、物語消費としての歴史探索の営みがガミラス帝国やジオン公国ばかりでなく、その「本元」となったドイツ第三帝国にも向けられるようになり、ナチスドイツそのものへの関心が強く掻き立てられていく。[75]

こうした経緯からサブカル保守クラスタのなかには、戦闘サブカルチャーへの志向を通じてナチサブカルチャーへの志向が育まれていったのではないだろうか。その結果、サブカル保守クラスタとネオナチ極右クラスタとの間にはどこか親和的な、もしくは共犯的な関係が築かれていくことになる。だからこそサブカル保守クラスタはネオナチ極右クラスタの影響をいとも簡単に受け、特段の抵抗もなければ格別の躊躇もなく、排外主義というアジェンダを受け入れることになったのではないだろうか。

ここであらためてデスザウラーという存在に注目してみよう。そのハンドルネームの「デスザウラー」とはそもそも、トミーから一九八三年に発売が開始されたプラモデルのシリーズ「ゾイド」のなかのモデルの一つだった。ゾイドとは動物をモチーフにしたロボット型の兵器「メカ生体」の総称で、これまでに優に百を超えるモデルが発売されている。そこには物語消費のための「大きな物語」が設定されており、マンガやアニメなど、さまざまなメディアを通じてその歴史が語り紡がれてきた。そこではヘリック共和国とゼネバス帝国とが戦うが、ゼネバスによって開発された最強のゾイドがデスザウラーだった。その後、ゼネバスはガイロス帝国に吸収され、デスザウラーもそこでさらにパワーアップされることになる。「暗黒軍」と呼ばれた強大な軍事国家のガイロスは、やはりドイツ第三帝国を模したものだった。[76]

このように「デスザウラー」というハンドルネームのなかには、ナチスドイツを源流とする「悪のヒーロー」のイメージが色濃く流れ込んでいたと見ることができる。いいかえればそこには戦闘サブカルチャーへの志向を通じてナチサブカルチャーへの志向が色濃く含み込まれていた。サブカル保守クラスタとネオナチ極右クラスタとの結び付きをいわば体現する存在だったデスザウラーのキャラクターのなかでは、そうしたシンボリズムが実は重要な意味を持っていたのではないだろうか。

また、マンガやアニメなどのジャンルからの影響という点は、そもそもネオナチ極右クラスタの形成にあたっても重要な意味を持つものだったと見ることができる。当初はマンガ家として活動し、東映動画でアニメーターを務めるなどしていたという篠原の経歴を思い出してみよう。九〇年代初頭、ネオナチズムのヴィジョンをＳＦ

的な次元で展開することになる篠原の発想の原点となったものを、たとえば八〇年代初頭、『ガンダム』のなかで提起された「宇宙世紀のナチズム」（戸松幸一ほか）のなかに見いだすことはできないだろうか。その第四十話でジオンの総帥、ギレン・ザビは自らを「ヒトラーの尻尾」と称し、次のように語っている。「せっかく減った人口です。これ以上増やさずに、優良な人種だけを残す。それ以外に人類の永遠の平和は望めません」[77]

なお、瀬戸が新右翼を知る最初のきっかけとなった日本学生会議の機関誌『ＪＡＳＣＯ』の編集長だった牛嶋徳太朗はその後、西日本短期大学の教員となり、アイドルを養成するための学科を二〇一一年に立ち上げることになる。そこでは「烈風」「晴嵐」など、旧日本軍の戦闘機の名称にちなんだアイドルユニットが結成され、それらは「右翼アイドル」などとして話題を呼ぶことになった。[78]あるいはこうしたところにも、戦闘サブカルチャーを介してサブカル保守クラスタとネオナチ極右クラスタとの結び付きがもたらされた事例の一つを見いだすことができるかもしれない。

18　民族主義の構造転換

「右翼のイノベーション」は結局、こうして皮肉なかたちで成し遂げられることになった。元来は昭和から平成への改元、そして冷戦体制の終結という歴史上の大きな動きを受け、「民族主義への回帰」という理念のもとに出発したものだったそれは、しかしさまざまな経緯のなかで排外主義というアジェンダを、さらに嫌韓ヘイトスピーチという風潮を生み出し、結果としてある種のモンスターとしての言説の体系をそこに作り上げてしまった。その結果、民族主義という概念そのものが構造転換を被ることになる。

右翼・民族派の思想や文化の原点に位置し、元来は「尊王攘夷」の思想として誕生した日本の民族主義は、逆説的に聞こえるかもしれないが、当初は排除的な志向を持つものではなく、むしろ包摂的な志向を強く持つものだったと見ることができる。「一君万民」のもとでの「四民平等」を目指し、封建的な身分制度のもとで差別されてきた人々、とりわけ農民階級を社会的に包摂しようとする思想として誕生したという一面がそこにはあるからだ(79)。

そうした考え方の始祖として位置付けられる江戸末期の思想家、吉田松陰は橋川文三によれば、「日本人によって形成される政治社会の主権が天皇の一身に集中されるとき、他の一切の人間は無差別の「億兆」として一般化される」と考えたという。その際、「論理的には、もはや諸侯・士大夫・庶民の身分差はその先天的妥当性を失うことになる」。当時、欧米の帝国主義列強からの圧力に晒され、ともすれば被植民地化への道をたどりかねないという危機感を強く募らせていた一部の武士階級は、被支配階級を含めて「忠誠心の全国的統合をはかり、さらにそれにもとづいて攘夷を実行しようと」考えた。

いわゆる水戸学から提起されたそうした考え方を、農民階級や商人階級によって支持されていた国学が側面から支援していく。その際、それは古代天皇制のユートピア的なイメージをもとに、「政治が神意によってなり立つという神秘的なイメージを提示することによって、現在の藩幕体制の政治そのものを」相対化し、それも「また絶対的に服従さるべきものとして示した」という。つまり「治者と被治者の一体性が神意にしたがって自然に存在しているような世界」が、「封建領主層と武士団により統治されている社会」に対置され、そのことによって古代天皇制は藩幕体制への「新鮮な批判原理となりえた」。その結果、藩幕体制への反発が王政復古への支持を後押しすることになる(80)。

こうして水戸学と国学とが支え合い、支配階級と被支配階級とが暗黙のうちにその利害を一致させながら尊王攘夷の思想を成立させたとき、そこに日本の民族主義が独自のかたちで誕生することになった。そしてそこが右翼・民族派の思想や文化の原点ともなった。それは元来、欧米の帝国主義列強から押し付けられつつあった「外からの差別」に抗するための社会統合に向け、「内なる差別」を撤廃するための一つの仕掛けとして生み出されたものだったと見ることができるだろう。

しかし橋川が「日本人によって形成される政治社会」と記したことに示されているように、そこでは「日本人」を定義するための仕掛けとしてその「中心」を求めようとする動き、すなわち天皇中心主義が強力に推し進められる一方で、その「外縁」すなわち「日本人の境界」（小熊英二）を定めようとする動きも同時に推し進められることになる。その間、日本は自らも帝国主義への道に踏み出すに至り、今度は「外からの差別」をアジアの国々に押し付ける側の立場になっていく。その過程で「日本人の境界」も徐々に押し広げられていった。そうした存在として扱われてきたのが沖縄人であり、アイヌ人であり、さらに台湾人であり、朝鮮人だった(81)。

その後、昭和期の大戦を経て帝国主義の時代は完全に終焉し、「外縁」を外側に押し広げていくことはもはやできなくなる。さらに昭和から平成への改元を経て天皇中心主義のリアリティが失われていくなかで、「中心」を求めようとする動きも次第に後退していく。代わってそこに立ち現れてきたのが、いわば「外縁」を内側に探ろうとする動きだったと言えるだろう。「日本人の境界」が日本社会の内側に探し求められ、その内部にありながら外部にあるべきだとされる存在、そこに包摂されていながらそこから排除されるべきだとされる存在が特定されていく。そこで注視されることになったのがとりわけ在日イラン人であり、さらに在日コリアンだった。

その結果、日本の民族主義はむしろ「内なる差別」を生産するものとなってしまったと言えるだろう。元来はそれを撤廃するための仕掛けとして生み出されたものだったというその原点の精神はいつのまにか忘れ去られ、そこでは排除的な志向のみが前面に押し出されるようになる。現在ではもはや、そこに包摂的な志向を読み取ることそのものが困難になってしまったのではないだろうか。

なお、日本の民族主義のそうした矛盾は、やはりその成り立ちそのもののなかに含み込まれていたものだったと見ることもできる。「一君万民」とともに強調されていた「万世一系」、つまり血筋によって天皇の絶対的な優越性を根拠付けようとする考え方は、「血統によって人間を評価すること、それによって人間を差別する論理」に連なるものでもあったからだ。その結果、「そこに人間の序列がつくられることに」（ひろたまさき）なる。[82]そうした意味ではそこには、むしろ包摂的な志向と排除的な志向とがともに根源的な次元で含み込まれていたと見るべきだろう。

ここで排外主義というアジェンダの原点にあった篠原や瀬戸のかつての思想にあらためて目を向けてみよう。現代の農本主義者としての彼らの思想は、元来は現代社会の「弱者」としての農民層を「救済」しようとするものだった。戦後の経済成長から取り残され、打ち捨てられた人々としての農民層と連帯しながら八面六臂の活動を繰り広げていた彼らの姿を思い出してみよう。それは日本の民族主義の原点の思想、すなわち被差別階級としての農民層を社会的に包摂しようとする思想に確かに連なるものだったと言えるだろう。

そうした地点から出発したにもかかわらず、しかしそれがその後、その原点の精神から遠く離れ、結果的にそれとは真逆の志向を持ったものへと反転し、そことは正反対の地点にまで行き着いてしまったという経緯は何とも皮肉なものだろう。つまり「弱者救済」の思想が「弱者排斥」の思想へと反転してしまったわけだ。

彼らが『ヒトラー思想のススメ』の執筆に取り組み、民族主義的ディープエコロジー運動の方向に大きく舵を切りつつあったころ、『レコンキスタ』一九九〇年九月一日号では「「外国人労働者」問題」と題された特集が組まれた。そこでは「日本人の内面に根付く〝アジアの人々への差別・蔑視意識〟」が問題化され、在日コリアンの人権問題なども含め、いかにしてそれを乗り越えていくかがさまざまな角度から論じられていた。また、この年の二月に出版された『日本が多民族国家になる日』では、外国人労働者を断固排撃しようとする姿勢を山田が勇ましく示す一方で、一水会の木村は、「アジア人が困っているのであれば助けるべきではないか」と語っていた。[83]そこには日本の民族主義の原点の精神がアジア主義というその伝統とともになおも濃密に受け継がれていたと言えるだろう。

一方で「右翼のイノベーション」を急ぐあまり、当時の新右翼のそうした問題意識からあえて遠ざかり、さらに日本の右翼・民族派の思想や文化からもはるかに遠ざかっていく過程で形作られていったのが、のちのネオナチ極右クラスタであり、排外主義というアジェンダであり、さらにサブカル保守クラスタとネオナチ極右クラスタとの連携プレーであり、嫌韓ヘイトスピーチという風潮だった。その後、それらを原資としてさらに形作られていくことになるネット右派言説、そして「ネット右翼」という存在は、だとすれば「右翼」という存在から生み出されたものだったわけではなく、むしろその不在のゆえにこそ作り出されたものだったのではないだろうか。

19　差別主義への志向とカルト宗教

赤松啓介によれば人間は古来、「あらゆる隙を見つけては差別をつくっていた」という。「「人の上に人を作らず」というのは上向きの人間がいうことで、しもじもの者は「人の下に人を作る」ために一生懸命に努力しているという構造はなんとも無惨なこと」だと赤松は嘆じている。[84]

そうした「無惨さ」の広がりを防ぐうえで、「左翼」の思想とともに「右翼」の思想もまた一定の役割を果たしてきたと見ることができる。先に見たように前者の流れはマルクス主義的な考え方から特にプロレタリアートの立場に立ち、一方で後者の流れは農本主義的な考え方から特に農民の立場に立ち、ともに社会的弱者を擁護するための論理として立ち働いてきたという一面を持つ。特に後者の流れの原点に位置する「一君万民」の思想は、少なくともその理念上は、農民ばかりでなくいわゆる被差別部落民なども含め、広い意味での被支配階級を想定したものだった。[85]

しかし当時のネット右派論壇では、結果的にそれら両方の思想の流れが断ち切られてしまったと言えるだろう。

それはまず「右派論壇」であるがゆえにリベラル派の言説を遮断し、さらに「右派論壇」であるにもかかわらずその一部では、すなわちネオナチ極右クラスタやサブカル保守クラスタではそのカルチュラルポリティクスのゆえに、日本の右翼・民族派の思想や文化に基づく言説を遮断してしまった。そのためそこでは「左翼」の思想とともに「右翼」の思想もまたその本来の役割を果たすことができなくなる。その結果、社会的弱者を擁護するための論理がことごとく立ち働かなくなり、差別的な言説が増殖していくがままになる。さらにその再生産がおこなわれるようになる。

そうした傾向に拍車をかけたのは、アングラネット論壇としてのネット右派論壇の基本的な性格だったと見ることもできるだろう。先に見たようにそこでは密教的な言論をひそかに、しかし堂々と語ることができるという点にネットという新しいメディアの、とりわけアングラネット論壇という場の可能性を見いだそうとする見方が広く共有されていた。その結果、ある種のタブーとして位置付けられていた言説を語ることが広く認定され、さらに称揚さえされるようになる。そうした言説の代表的なものとして扱われていたのは、右派的な言説に加えて差別的な言説、つまり被差別部落民、在日コリアン、障害者などへの差別をめぐる言説だった。

一九九九年九月十日付の『朝日新聞』には「差別ネタ、ネットに増加」という記事が掲載され、「少数者や弱者をあざけりの対象とするなど、「差別ネタ」を取り上げたホームページ（HP）や電子掲示板がインターネット上で増えている」ことが報告されている。「アングラ系」と称されていたそれらのサイトは、ある人権団体の調査によれば九七年と九八年にはそれぞれ二十件、九九年には前半だけで十五件確認され、その「あざけりの対象は被差別部落や在日韓国・朝鮮人、障害者に集中して」いたという。(86)

その後、二〇〇〇年代半ばになると嫌韓ヘイトスピーチばかりでなく、いわゆる「部落地名総鑑」のデータがネット上に流出するなどの事件も起き、ネット上の差別的な言説の広がりが大きな社会問題として取り沙汰されるようになるが、そうした動きはこのようにすでにこの時期から始められたものだった。(87)当時、アングラネット論壇の成立とともに差別的な言説が急激に増殖し、その再生産が進められていった様子がそこからうかがい知れるだろう。

そうしたなかで当時、草創期のネットメディアのなかで差別主義運動の「祖」として広く知られた存在があった。右派的な言説と差別的な言説とを結び付け、独特の「教義」を喧伝することによって独自の活動を早くから繰り広げてきた右翼団体「日本平和神軍」だ。むしろカルト宗教団体と呼ぶべきかもしれないが、「総帥」の中杉弘によって九〇年代半ばに設立されたこの団体は、パソコン通信の時代からあちこちの掲示板に出入りしてはさまざまな論争を巻き起こし、差別的な言動を繰り返して物議を醸すことも多かった。その後、インターネットにホームページを開設し、さらに2ちゃんねるなどにも出入りするようになる。

その「ウォッチャー」として知られた「平和神軍観察会」によれば、その思想は「極右的思想とオカルト的思考」「反社会的な差別主義」「宗教的排他主義」などが入り交じったものだった。そのホームページでは「日本の中心は天皇であり日本国は世界の中心である」「天皇こそ現人神であり時空をこえた神の証明である」など、天皇中心主義に基づく民族主義的な主張が訴えられるとともに、「朝鮮奴隷」「この世界には犬を食らい人間を食らう民族がいる」「朝鮮人を見たら怒鳴り飛ばせ！」など、とりわけ韓国・朝鮮人に対する差別的な言動、それも「異常なまでの差別主義」に基づく言動が繰り広げられていた。[88]

なお、中杉はかつて「宗教法人ブローカー」として報じられたこともある人物であり、オウム真理教との交渉などにも携わっていたという。平和神軍のほかにも「日本睡眠大学校」「イオンド大学」などの怪しげな教育機関を運営していた。雑誌『ＴＩＴＬｅ』〇〇年十二月号（文藝春秋）ではその活動が「カルト右翼」として紹介されている。[89]

ここで当時のアングラネット論壇のもう一つの性格を思い出してみよう。先に見たようにそれは、実はオウム真理教をはじめとするカルト宗教とのいくつかの接点を持ちながら形作られてきたものだった。その密教的な、そしてどこかカルト的な性格のなかには、当時のカルト宗教との同時代的な関係がどこかで影を落としていたのかもしれない。

たとえばオウム真理教信者の心性を論じるにあたって大澤真幸が指摘した「アイロニカルな没入」というメカニズムは、先に見た鐵扇會のケースばかりでなく、ネット右派論壇全般にわたってその一つの駆動原理となっていたと見ることもできる。ある設定を「虚構」と見なしてそこからアイロニカルに距離を置こうとする態度と、それを「現実」と見なしてそこに本気で没入しようとする態度とがごく自然に両立してしまうというものだ。(90) 当時、一部の人々は一種の思考実験に臨むつもりで、さらに密教的な言論と戯れるというゲームを楽しむためにあえて「右翼ごっこ」や「差別ごっこ」に興じるうちに、やがてその設定に本気で没入するようになっていったのではないだろうか。

その結果、彼らの言論は独特の性格を帯びていくことになる。まさに密教的な性格だ。そこでは「ごっこ遊び」の参加者にしか通じないような独特の語彙や話法を通じて独自の信条が語り合われるようになる。しかもその際、合理的に、つまり誰にでも通じるような一般的な思考法で考えるという態度があえて捨象され、代わって秘儀的な、ときに非合理的な思考法があえて是認されるようになる。その結果、常識的な配慮や分別、理性的な判断や反省がことごとく駆逐されていくことになる。

ネット右派論壇の一部に見られた差別主義への強い志向は、そうしたメカニズムからもたらされたある種の極端さ、過激さの一つの現れだったのではないだろうか。一方でオウム真理教など、当時の一部のカルト宗教に見られたテロリズムへの強い志向が、やはりそうしたメカニズムゆえのラディカリズムの一つの現れだったと考えられることからすると、両者の間にはやはりどこかで通じ合うところがあったのかもしれない。

20　ナショナリズム・ナチュラリズム・スピリチュアリズム

ドイツの歴史学者のシュテファニー・フォン・シュヌーアバインによれば、現代のさまざまなカルト運動の中核には「ネオゲルマン異教」という宗派があり、さらにその背景には「ニューエイジ運動」の広がりが、そしてその源流には「神智学」の伝統があるという。

ロシア生まれの思想家のヘレナ・ペトローヴナ・ブラヴァツキーにより、オカルティズム、東洋思想、進化論などが結び付いた神秘思想として十九世紀末に提唱された神智学の教義によれば、人類はいくつかの「起源人種」から発展してきたが、そのなかでも特にアトランティス大陸から発した「第五起源人種」がいくつかの「亜人種」を経てアーリア人種に至ったという。その後二十世紀になると、そうした教義に民族主義のイデオロギーを持ち込み、アーリア人種の優越性という観念を明示的に提示するに至ったオカルト運動「アリオゾフィー」を介して、神智学の人種起源説はナチズムの骨格を支えるイデオロギーとなる。その際、神智学をもとにより体系化された神秘思想としての「人智学」を提唱したドイツの思想家のルドルフ・シュタイナーにより、その実践のための活動の一環として提唱された有機農法「バイオダイナミック農法」の理論から、ダレーによって提起されたのが「血と土」のイデオロギーだった。先に見たようにそれはナショナリズムとナチュラリズムとの結び付きによるものだったが、その媒介となったのは神智学以来のスピリチュアリズムだったと言えるだろう。

その後ナチスドイツが崩壊したのちも、しかしこれら一連の流れがそこで途絶えることはなく、特に一九六〇年代後半のカウンターカルチャー運動の大きな盛り上がりを経て七〇年代になると、西欧的な合理主義に基づく産業主義や管理主義などへのアンチテーゼとして、これらの思想、および古代ゲルマン神話をもとにネオゲルマン異教という宗派が形作られていく。それに伴ってさまざまなカルト宗教団体が結成されていった。ドイツのアルマーネン教団、アメリカのオーディン協会、さらに「アサ神」を信仰する欧米各地のグループなどだ。特にドイツではそうした動きがネオナチ勢力と結び付き、極右団体として実現されるケースも見られた。一方で八〇年代になると、エコロジー運動の浸透を背景により一般的な文化運動として、いわゆるニューエイジ運動が大きな盛り上がりを見せていく。その際、その指導者が神智学運動の経験者だったことなどもあり、それもまた神智学以来のスピリチュアリズムの伝統を汲むものとなる。そうした経緯から、やがてネオゲルマン異教とニューエイジ運動とが接近し、カルト運動と文化運動とが交差していくことになる[91]。

九〇年代の日本ではオウム真理教をはじめ、法の華三法行、ライフスペース、パナウェーブ研究所など、さまざまなカルト宗教団体の活動が世上を騒がせていったが、そうした動きも欧米でのこれら一連の動き、よりグローバルな動きのなかに位置付けられるものだったと言えるだろう。さらにいえば篠原や瀬戸による当時の民族主義的ディープエコロジー運動もまた、実はそれらの動きとどこかでつながり合ったものだったのではないだろうか。

シュヌーアバインによればネオゲルマン異教は、古代ゲルマン神話に基づく土着的な自然崇拝や儀礼崇拝に固執しつつ、そこから独自の宇宙観や科学論に基づいて秘教的な世界像を提示しようとするものだった。一方で篠原や瀬戸の運動は日本古来の民族文化と日本固有の自然環境に愛着しつつ、そこからSF的な次元で独自のディープエコロジー的な世界観を提示しようとするものだった。両者の間に具体的な連携関係などがあったとは見られないが、その発想のなかには多分に通じ合うところを見て取ることができる。そこではナショナリズムとナチュラリズム、そしてスピリチュアリズムが混然一体のものとして結び付いていた。

こうしたことからすると篠原や瀬戸の運動は、そしてそこから形作られていったネオナチ極右クラスタの運動は、オウム真理教をはじめとする当時の日本のカルト宗教ばかりでなく、その背後にあったよりグローバルな動きとも、その思考様式という点で通じ合うところを多分に持つものだったと言えるだろう。

なお、ここで彼らの運動のさらに原点にあったもの、その発想の出発点となっていたものにあらためて目を向けてみよう。戦前の農本主義運動だ。先に見たようにそれは理想主義的な傾向を強く持った運動だったが、やがてテロリズムに接近し、血盟団事件や五・一五事件などに関与していくことになる。その際、権藤成卿や橘孝三郎などと親しく交わりつつ、農村啓蒙運動に熱心に取り組んでいった右翼運動家の井上日召が「一人一殺」というスローガンを掲げ、血盟団を扇動していくに至るうえで重要な役割を演じたのは、中島岳志によれば「日蓮主義」だった。明治期の宗教家、田中智學によって提唱されたホーリスティックな仏教思想だ。そこに傾倒し、「スピリチュアルな革命」を志向するに至った井上は、「神がかり体験をもとにカリスマ的宗教家へと転身し、悩める若者たちを従えていった」という。

このようにそこでもやはりナショナリズムとナチュラリズム、そしてスピリチュアリズムが混然一体のものとして結び付いていた。そうした結び付きのなかからテロリズムという過激な行動が生み出されるに至ったプロセスを通じて中島は、戦前の超国家主義と現代のカルト宗教との間に通じ合うものを見て取っている[92]。

こうしたことをさらに踏まえて考えると、篠原や瀬戸の運動は、そしてネオナチ極右クラスタの運動は、ドイツのかつてのナチズムから現代のさまざまなカルト運動に至るまで、さらに日本のかつての超国家主義から現代のさまざまなカルト宗教に至るまで、時間と空間を超えてより大きな流れとして現代史のなかに形作られてきたある種の対抗的な思考様式の枠組みのなかに、一つの変種として生まれ出てきたものだったのかもしれない。

注

（1）『超国家主義『民族の意志』同盟』（http://www2u.biglobe.ne.jp/~isi/）、『世界戦略』（http://strategy.co.jp/）［現在

はリンク切れ］、同アーカイブサイト（http://web.archive.org/web/19970710012502/http://strategy.co.jp/）、『国家社会主義日本労働者党』（http://www.nsjap.com/jp/）、『遊撃インターネット』（http://www.uranus.dti.ne.jp/~yuugeki/top.htm）、河上イチロー『サイバースペースからの挑戦状』雷韻出版、一九九八年、二一二―二二三、二五四―二六三、二八七―二九九ページ、『デア・アングリッフ Der Angriff』（http://www2.baynet.or.jp/~aasasaa/）［現在はリンク切れ］、同アーカイブサイト（http://web.archive.org/web/19990417233744/http://www2.baynet.or.jp/~aasasaa/）、『民族の監視者 Völkischer Beobachter』（http://members.xoom.com/v_b/）［現在はリンク切れ］、河崎吉紀「インターネット・電脳ナチズムのインパクト」、佐藤卓己編著、日本ナチ・カルチャー研究会『ヒトラーの呪縛』所収、飛鳥新社、二〇〇〇年、資料編六六―六七ページ

（2）前掲ウェブサイト『超国家主義『民族の意志』同盟』、山平重樹『ドキュメント新右翼――何と闘ってきたのか』（祥伝社新書）、祥伝社、二〇一八年、三八六―四〇二、四五五―四五八ページ（初版：一九八九年）、「「重遠社」の沿革・歴史」『新民族主義運動』（http://nippon-nn.sakura.ne.jp/zyusyu/enkaku/）、雨宮処凜『生き地獄天国』太田出版、二〇〇〇年、一二一―二六九ページ

（3）瀬戸弘幸「《極右》と右翼の相違点とその簡単な定義について。」『せと弘幸BLOG『日本よ何処へ』』二〇〇五年九月二日（http://blog.livedoor.jp/the_radical_right/archives/30927067.html）、同「極右とは何か・・・懐かしの2ちゃんねる大論争 連載（一）」（後続記事を含む）、同ブログ、二〇〇五年六月三十日―（http://blog.livedoor.jp/the_radical_right/archives/2005-06-30.html）

（4）南利明「民族共同体と法（十一）――NATIONALSOZIALISMUSあるいは「法」なき支配体制」、静岡大学法経学会編『静岡大学法経研究』第四十一巻第一号、静岡大学人文学部、一九九二年

（5）宮本太郎「新しい右翼と福祉ショービニズム――反社会的連帯の理由」、斎藤純一編著『福祉国家／社会的連帯の理由』（「講座・福祉国家のゆくえ」第五巻）所収、ミネルヴァ書房、二〇〇四年

（6）高史明『レイシズムを解剖する――在日コリアンへの偏見とインターネット』勁草書房、二〇一五年、一二―一八ページ

（7）依光正哲「外国人労働者問題の軌跡と今後の課題」『労働調査』二〇一〇年十一・十二月号、労働調査協議会(http://www.rochokyo.gr.jp/articles/1011.pdf)

（8）エッテハディー・サイードレザ「今の在日イラン人と九〇年代のイラン人は別！ 犯罪に手を染めたのは昔の話」『日経ビジネスオンライン』(http://business.nikkeibp.co.jp/article/opinion/20140404/262378/)〔二〇一六年九月二十九日アクセス。現在はリンク切れ〕、「国籍（出身地）別 性別 不法残留者数の推移」『法務省』(http://www.moj.go.jp/nyuukokukanri/kouhou/press_010413-1_010413-1-1.html)

（9）瀬戸弘幸『外国人犯罪——外国人犯罪の全貌に迫る！』世界戦略研究所、二〇〇〇年、三七一ページ

（10）山口定／高橋進編『ヨーロッパ新右翼』（朝日選書）、朝日新聞社、一九九八年、古賀光生「欧州における右翼ポピュリスト政党の台頭」、山崎望編『奇妙なナショナリズムの時代——排外主義に抗して』所収、岩波書店、二〇一五年、畑山敏夫『フランス極右の新展開——ナショナル・ポピュリズムと新右翼』（「国際社会学叢書——ヨーロッパ編」第二巻）、国際書院、一九九七年、Walter Laqueur, *Black Hundred: The Rise of the Extreme Right in Russia*, Harpercollins, 1993.（ウォルター・ラカー『ジリノフスキーがヒトラーになる日——日本を否定する新・極右集団の狙い』福田素子訳、徳間書店、一九九四年）

（11）Franziska Hundseder, *Rechtsextremismus*, Wilhelm Heyne Verlag, 1993.（フランツィスカ・フンツエーダー『ネオナチと極右運動——ドイツからの報告』池田昭／浅野洋訳〔三一新書〕、三一書房、一九九五年、九—七五ページ）、井関正久『戦後ドイツの抗議運動——「成熟した市民社会」への模索』（岩波現代全書）、岩波書店、二〇一六年、一四五—一九五ページ

（12）*Ibid.*（同書七六—一六二ページ）、Ingo Hasselbach, *Die Abrechnung: Ein Neonazi Steigt aus*, Aufbau Verlag, 1993.（インゴ・ハッセルバッハ『ネオナチ——若き極右リーダーの告白』野村志乃婦訳、河出書房新社、一九九五年）、井関正久「極右問題をめぐる社会学的論考——統一ドイツを事例に」『ヨーロッパ研究』第二号、東京大学大学院総合文化研究科・教養学部ドイツ・ヨーロッパ研究室、二〇〇三年 (http://www.desk.c.u-tokyo.ac.jp/download/es_2_Izeki.pdf)、戸松幸一「絶叫パンクスは鉤十字がお好き?」、前掲『ヒトラーの呪縛』所収

（13）増井三夫「現代ドイツにおけるネオナチ・ユーゲントの文化（六）」、上越教育大学編『上越教育大学研究紀要』第十九巻第一号、上越教育大学、一九九九年

（14）瀬戸弘幸「私はなぜネット右翼を主張するのか！」、『別冊宝島 ネット右翼ってどんなヤツ？——嫌韓、嫌中、反プロ市民、打倒バカサヨ』所収、宝島社、二〇〇八年、同「ネット右翼について」『せと弘幸ＢＬＯＧ『日本よ何処へ』』二〇〇七年六月七日（http://blog.livedoor.jp/the_radical_right/archives/51500124.html）

（15）瀬戸弘幸「日の丸右翼からナチズム極右へ、そして今……。」、前掲『ヒトラーの呪縛』所収、前掲「私はなぜネット右翼を主張するのか！」、同「自分の昭和史」『せと弘幸ＢＬＯＧ『日本よ何処へ』』二〇一〇年四月二十九日（http://blog.livedoor.jp/the_radical_right/archives/52477644.html）、同「自分の昭和史（二）」同ブログ、二〇一〇年四月二十九日（http://blog.livedoor.jp/the_radical_right/archives/52477900.html）、同「「自由か、共産（独裁）か」原点に返って」同ブログ、二〇〇六年一月一日（http://blog.livedoor.jp/the_radical_right/archives/50405347.html）

（16）前掲『ドキュメント新右翼』一九三—二〇三ページ、千坂恭二「「新右翼」とは何か。」『時の過ぎ去るがごとく』二〇一一年八月十七日（https://ameblo.jp/abenteuerliche-herz/entry-10988971048.html）、堀幸雄『最新 右翼辞典』柏書房、二〇〇六年、八七、二七四—二七五ページ

（17）前掲「日の丸右翼からナチズム極右へ、そして今……。」、前掲「私はなぜネット右翼を主張するのか！」、前掲ウェブサイト「自分の昭和史（二）」、瀬戸弘幸「二十一年前の逮捕事件について」『せと弘幸ＢＬＯＧ『日本よ何処へ』』二〇〇七年二月二十四日（http://blog.livedoor.jp/the_radical_right/archives/51350531.html）、同「暴力と思想（日米の事件）を考える」『せと弘幸ＢＬＯＧ『日本よ何処へ』』、二〇〇七年四月十八日（http://blog.livedoor.jp/the_radical_right/archives/51430824.html）。なお、瀬戸はいくつかのインタビューやブログなどで自らの団体を「日本憂国会」「大日本憂国会」などと呼んでいるが、その正式名称は「日本憂国同志会」だったと見られる。「北方領土奪還！日ソ会館粉砕！「日ソ友好函館会館」現地レポート＝日本憂国同志会」『レコンキスタ』一九八一年十一月一日号、一水会

（18）前掲『ドキュメント新右翼』三三六—三六二ページ、鈴木邦男『新右翼〈最終章〉——民族派の歴史と現在 新改

訂増補版』彩流社、二〇一五年、一四九―一五二ページ（初版：一九八八年）、前掲『最新 右翼辞典』四二五―四二六ページ、瀬戸弘幸「初めて明かす義勇軍創設と私の立場」『せと弘幸BLOG『日本よ何処へ』』二〇〇九年一月三十日（http://blog.livedoor.jp/the_radical_right/archives/52154182.html）、「教育是正！文部官僚糾弾!! 七・一四 文部省・経団連弾劾行動レポート」『レコンキスタ』一九八一年八月一日号、一水会、「八・九 反ソ統一戦線 義勇軍、ソ大前街頭戦を完遂！」『レコンキスタ』一九八一年九月一日号、一水会

（19）鈴木邦男『夕刻のコペルニクス 二』（扶桑社文庫）、扶桑社、二〇〇〇年、六七―九五ページ（初版：一九九六年）、前掲『ドキュメント新右翼』三六二―三六八ページ、瀬戸弘幸「スパイ粛清事件の真相を語る（Ⅰ）」『せと弘幸BLOG『日本よ何処へ』』二〇一五年五月二十六日（http://blog.livedoor.jp/the_radical_right/archives/53116262.html）、同「スパイ粛清事件の真相を語る（Ⅱ）」『せと弘幸BLOG『日本よ何処へ』』二〇一五年五月二十七日（http://blog.livedoor.jp/the_radical_right/archives/53116451.html）、同「スパイ粛清事件の真相を語る（Ⅲ）」『せと弘幸BLOG『日本よ何処へ』』二〇一五年五月二十八日（http://blog.livedoor.jp/the_radical_right/archives/53116585.html）、同「スパイ粛清事件の真相を語る（Ⅳ）」『せと弘幸BLOG『日本よ何処へ』』二〇一五年五月三十日（http://blog.livedoor.jp/the_radical_right/archives/53116905.html）

（20）前掲「日の丸右翼からナチズム極右へ、そして今……。」、瀬戸弘幸「故三田和夫・読売OB記者魂」『せと弘幸BLOG『日本よ何処へ』』二〇〇六年二月十五日（http://blog.livedoor.jp/the_radical_right/archives/50556157.html）、「世界戦略研究所」『世界戦略』アーカイブページ（http://web.archive.org/web/200202220813/http://www.strategy.co.jp/contact/）、瀬戸弘幸「二十年前の八月十三日」『せと弘幸BLOG『日本よ何処へ』』二〇〇八年八月十三日（http://blog.livedoor.jp/the_radical_right/archives/52004114.html）

（21）「市民運動から大衆動員へ 篠原節氏（民族思想研究会々長）に聞く」『レコンキスタ』一九八一年二月一日号、一水会、「役員紹介」『二十一世紀文化財団 アジア和平日本委員会』（http://www.seinensya.org/a/member.html）、南原四郎「Sさんのその後」『明日はどっちだ七』二〇一四年一月二十四日（http://dotti7.blog.fc2.com/blog-entry-26.html）、「新電波EVANGELION」『麻由美ヶ原』一九九九年七月十日―（http://www.geocities.co.jp/

Colosseum-Acropolis/8313/past-geo7.html)［二〇一八年六月十三日アクセス。現在はリンク切れ］、「協会概要・アクセス」『ＮＰＯ法人福島県テコンドー協会』（http://fukushima-tkd.or.jp/kyoukai/）、「沿革 概要」『全日本テコンドー連盟』（http://taekwondo-fed.or.jp/aboutus.html）、Ｖ林田『ツイッター』二〇一四年十二月五日（https://twitter.com/vhysd/status/540824104253669376）

（22）鈴木邦男『右翼は言論の敵か』（ちくま新書）、筑摩書房、二〇〇九年、一八四―二〇四ページ、松本健一『思想としての右翼 新装版』論創社、二〇〇七年、四〇―四八ページ、前掲『最新 右翼辞典』三―四、二四四―二四五、三九九―四〇〇、四九五ページ、保阪正康『五・一五事件――橘孝三郎と愛郷塾の軌跡』（中公文庫）、中央公論新社、二〇〇九年（初版：一九七四年）、長山靖生『テロとユートピア――五・一五事件と橘孝三郎』（新潮選書）、新潮社、二〇〇九年、「今よみがえる権藤成卿の思想（Ⅰ―Ⅲ）」『レコンキスタ』一九七八年十二月一日号―七九年四月一日号、一水会

（23）前掲「市民運動から大衆動員へ 篠原節氏（民族思想研究会々長）に聞く」、篠原節／瀬戸弘幸、世界戦略研究所編『ヒトラー思想のススメ――自然と人類を救済するナチス・ヒトラー世界観の一二〇％肯定論。』展転社、一九九〇年、一五二―一五七ページ、前掲『右翼は言論の敵か』八九―一〇五ページ、前掲『最新 右翼辞典』二八八―二八九ページ

（24）前掲『新右翼〈最終章〉』五四ページ、前掲『右翼は言論の敵か』二三五ページ、鈴木邦男「鳥海茂太さんの表彰と「新しい日本」運動」『鈴木邦男をぶっとばせ！』二〇〇八年二月十一日（http://kunyon.com/shucho/080211.html）、「六・二三 米沢 民族主義ヤングパワー大演説会 聴聞記」『レコンキスタ』一九七六年七月一日号、一水会、「一〇・二 仙台 新しい日本を創る青年集会 インサイドレポート」『レコンキスタ』一九七六年十一月一日号、一水会、「三・一九 会津若松 新しい日本を創る青年集会 アウトサイド・レポート」『レコンキスタ』一九七七年四月一日号、一水会

（25）前掲「市民運動から大衆動員へ 篠原節氏（民族思想研究会々長）に聞く」

（26）「六・二五 岩槻 再び自然環境問題を考えるティーチ・イン 第十回新しい日本を創る青年集会」『レコンキスタ』一

九七八年九月一日号、一水会、「祖国回復運動としての自然保護 日本の美しさを破壊する勢力との対決を」『レコンキスタ』一九七八年九月一日号、一水会、「体制変革運動としての〝自然保護〟社稷を基軸とした失地回復を」『レコンキスタ』一九七八年十月一日号、一水会

(27) 前掲ウェブサイト「自分の昭和史」、『せと農園』(http://setonouen.shisyou.com/)

(28) 有門大輔「一・一九西川口〜蕨、究極の決戦!」『侍蟻ＳａｍｕｒａｉＡｒｉ 保守市民運動を担う未来の尖兵!』二〇一四年一月二十日 (http://blog.livedoor.jp/samuraiari/archives/2014-01-20.html)

(29) 前掲「市民運動から大衆動員へ 篠原節氏(民族思想研究会々長)に聞く」、「盛大に十周年記念パーティー 東京に本部移設の民族思想研究会」『レコンキスタ』一九八〇年十一月一日号、一水会

(30)「四・二九 大宮 自然環境をまもるティーチ・イン 第九回新しい日本を創る青年集会」『レコンキスタ』一九七八年五月一日号、一水会

(31) 前掲「祖国回復運動としての自然保護 日本の美しさを破壊する勢力との対決を」、前掲「体制変革運動としての〝自然保護〟社稷を基軸とした失地回復を」

(32) 前掲「六・二五 岩槻 再び自然環境問題を考えるティーチ・イン 第十回新しい日本を創る青年集会」、「反ＹＰ、反権力、反公害をスローガンに 第十三回「新しい日本を創る青年集会」浦和大会を開催」『レコンキスタ』一九八〇年四月一日号、一水会、「八〇年代を勝ち抜く戦線構築を 会津若松で「新しい日本」の研修会」『レコンキスタ』一九八〇年五月一日号、一水会

(33)「「新しい日本」再び大宮駅で街宣 二・一八」『レコンキスタ』一九八一年三月一日号、一水会

(34) Boria Sax, *Animals in the Third Reich: Pets, Scapegoats, and the Holocaust*, The Continuum International Publishing Group, 2000.(ボリア・サックス『ナチスと動物――ペット・スケープゴート・ホロコースト』関口篤訳、青土社、二〇〇二年、六二ページ)、保坂稔「ナチス環境思想のインパクト――ドイツ環境運動と緑の党」『長崎大学総合環境研究』第十巻第二号、長崎大学環境科学部、二〇〇八年、藤原辰史『ナチス・ドイツの有機農業――「自然との共生」が生んだ「民族の絶滅」新装版』柏書房、二〇一二年、二〇ページ(初版:二〇〇五年)、Frank Uekoetter, *The*

Green and the Brown: A History of Conservation in Nazi Germany, Cambridge University Press, 2006.（フランク・ユケッター『ナチスと自然保護――景観美・アウトバーン・森林と狩猟』和田佐規子訳、築地書館、二〇一五年）

（35）前掲『ナチス・ドイツの有機農業』五九―九八ページ、北のりゆき「『血と土』復刻版前書き」『遊撃インターネット』(http://www.uranus.dti.ne.jp/~yuugeki/tito.htm)

（36）前掲「祖国回復運動としての自然保護 日本の美しさを破壊する勢力との対決を」

（37）前掲『ヒトラー思想のススメ』一三四、一四二―一四三、一九五ページ

（38）同書一三六ページ

（39）Arne Naess, *Ecology, Community and Lifestyle: Outline of an Ecosophy*, Cambridge University Press, 1989.（アルネ・ネス『ディープ・エコロジーとは何か――エコロジー・共同体・ライフスタイル』斎藤直輔／開龍美訳〔ヴァリエ叢書〕、文化書房博文社、一九九七年）、Alan Drengson and Yuichi Inoue eds., *The Deep Ecology Movement: An Introductory Anthology*, North Atlantic Books, 1995.（アラン・ドレングソン／井上有一編『ディープ・エコロジー――生き方から考える環境の思想』井上有一監訳、昭和堂、二〇〇一年）、「ディープ・エコロジー／シャロー・エコロジー〔deep ecology / shallow ecology〕」『ＡＳＬＥ－Ｊａｐａｎ／文学・環境学会』(https://www.asle-japan.org/環境文学用語集／ディープ - エコロジー - シャロー - エコロジー -deep-ecology-shallow-ecology/)、森岡正博「ディープエコロジーの環境哲学――その意義と限界」、伊東俊太郎編『環境倫理と環境教育』（「講座 文明と環境」第十四巻）所収、朝倉書店、一九九六年

（40）前掲『ヒトラー思想のススメ』一四三―一四四、一九七ページ

（41）前掲「体制変革運動としての〝自然保護〟社稷を基軸とした失地回復を」

（42）西城戸誠「日本における環境運動の組織構造と運動戦略――一九六〇年―一九九〇年代の環境運動を事例として」『現代社会学研究』第十一号、北海道社会学会、一九九八年(https://www.jstage.jst.go.jp/article/hokkaidoshakai1988/11/0/11_0_70/_pdf)

（43）永井清彦『緑の党――新しい民主の波』（講談社現代新書）、講談社、一九八三年、一〇三―一八九ページ

(44) Luc Ferry, *Le Nouvel Ordre Le nouvel ordre écologique: L'arbre, l'animal et l'homme*, Bernard Grasset, 1992.（リュック・フェリ『エコロジーの新秩序——樹木、動物、人間』加藤宏幸訳〔叢書・ウニベルシタス〕、法政大学出版局、一九九四年、一三八、一五九—一八〇ページ）、前掲『ナチス・ドイツの有機農業』一一—一五ページ

(45) 猪野健治／宮谷一彦『右翼』（Ｆｏｒ ｂｅｇｉｎｎｅｒｓシリーズ）、現代書館、一九八七年、七六—七七ページ、「失われた山河を求めて」『レコンキスタ』一九七六年二月一日号、一水会、「日本の山河は慟哭ている」『レコンキスタ』一九七六年十月一日号、一水会、「日本の山河を取り戻すために 民族派地方運動の一つの挑戦」『レコンキスタ』一九七八年二月一日号、一水会

(46) 前掲「日の丸右翼からナチズム極右へ、そして今……。」、前掲『ヒトラー思想のススメ』一七ページ

(47) 前掲『ヒトラー思想のススメ』一八四—一八六ページ

(48) 前掲ウェブサイト「新電波ＥＶＡＮＧＥＬＩＯＮ」、前掲サイト「Ｓさんのその後」

(49) 前掲『ヒトラー思想のススメ』一六一—一七〇ページ

(50) 前掲「日の丸右翼からナチズム極右へ、そして今……。」

(51) 前掲『外国人犯罪』三七一ページ

(52) 前掲「日の丸右翼からナチズム極右へ、そして今……。」

(53) 前掲ウェブサイト『国家社会主義日本労働者党』、米本和広「日本の右翼が外国人を「排撃」しきれない理由」『別冊宝島 日本が多民族国家になる日』ＪＩＣＣ出版局、一九九〇年、「国家社会主義日本労働者党ヒットラー生誕日に街宣」『レコンキスタ』一九八九年五月一日号、一水会

(54) 「自民党が活用指示した謀略本 出版社社長は右翼団体の代表 ナチスの旗を掲げ行動」『しんぶん赤旗』二〇〇〇年六月二十一日付、「高市総務相・稲田自民党政調会長がネオナチ代表と写真」『しんぶん赤旗』二〇一四年九月十一日付（http://www.jcp.or.jp/akahata/aik14/2014-09-11/2014091101_04_1.html）、瀬戸弘幸「謀略本報道で共産党が隠していること。」『せと弘幸ＢＬＯＧ『日本よ何処へ』』二〇一四年九月十四日（http://blog.livedoor.jp/the_radical_right/archives/53069664.html）

（55）「外国人排斥ビラ出回る「危険な現象」の声 東京・埼玉で二千五百枚」『朝日新聞』一九九三年四月七日付、「「「みる・きく・はなす」はいま」排除の予兆〈閉じた輪の中で〉外国人に「警告」ビラ」『朝日新聞』一九九三年四月三十日付、「「外国人出ていけ」血税叫び排斥ビラ 医療保障ヤリ玉 横浜」『神奈川新聞』一九九三年六月六日付、前掲「日の丸右翼からナチズム極右へ、そして今……。」

（56）瀬戸弘幸「若者の至純な祖国愛」『せと弘幸BLOG『日本よ何処へ』』二〇〇七年四月八日（http://blog.livedoor.jp/the_radical_right/archives/51416092.html）、前掲ウェブサイト『国家社会主義日本労働者党』、前掲「日の丸右翼からナチズム極右へ、そして今……。」

（57）鶴見済『無気力製造工場』太田出版、一九九四年、七四―七六、一一九―一二三ページ

（58）前掲「日の丸右翼からナチズム極右へ、そして今……。」、前掲「インターネット・電脳ナチズムのインパクト」、「インターネット極右政党設立の背景」『★阿修羅♪』二〇〇〇年五月五日（http://www.asyura2.com/sora/bd6/msg/520.html）

（59）前掲ウェブサイト『国家社会主義日本労働者党』、前掲『サイバースペースからの挑戦状』二五四―二六三ページ、前掲「インターネット・電脳ナチズムのインパクト」資料編六六―六七ページ

（60）「〝人権サイト荒らし〟横行 ネット掲示板に「外国人怖い」人権や戦争責任考えるサイトに攻撃集中」『毎日新聞』二〇〇〇年一月十八日付夕刊、瀬戸弘幸「毎日新聞・TBSに「在日」入社採用枠は本当なのか!?」『せと弘幸BLOG『日本よ何処へ』』二〇〇六年七月二日（http://blog.livedoor.jp/the_radical_right/archives/50921025.html）

（61）前掲『無気力製造工場』七四―七六、一一九―一二三ページ、若手ヒトラー信奉者「日本とドイツが戦う場合は、日本捨てますよね」、前掲『ヒトラーの呪縛』所収

（62）佐藤卓己「日本人にとって「ナチカル」とは何か」、前掲『ヒトラーの呪縛』所収

（63）新健太郎「密室のナチ趣味、消費砂漠の軍事マニア」、同書所収、小川篤彦「ナチ・マニア世界のクールな案内人。」、同書所収

（64）山下英一郎「一番高いのはヒムラーで、襟章だけで千八百万円します。」、同書所収、「軍服禁猟区 MILITARY

SERVICE UNIFORMS COSPLAY SITE」『海病の園』(http://kaibyou.web.fc2.com/cosplay/index.html)、「コミケの中の「コスプレ」小史 コミケとコスプレの分化編」『駄チワワ：旅と怪獣舎』(http://zubunuretiwawa.ldblog.jp/archives/662730.html)

(65)「石原都知事の「三国人」妄言 在日同胞が猛反発 民団も抗議の談話文」『民団新聞』二〇〇〇年四月十二日付、「石原発言、全国同胞怒りの声止まらず 民団中央、「釈明を」と面談申し入れ」『民団新聞』二〇〇〇年四月十九日付

(66)井口秀介／小西誠／井上はるお／津村洋『サイバーアクション――市民運動・社会運動のためのインターネット活用術』社会批評社、二〇〇一年、二〇三―二〇八ページ、井上トシユキ／神宮前.org『2ちゃんねる宣言――挑発するメディア』文藝春秋、二〇〇一年、一八三―一八六ページ、「「レイプする」と女性市議をネット脅迫 三国人発言批判で標的に?」『朝日新聞』二〇〇〇年四月二十日付

(67)前掲『外国人犯罪』一一―二六ページ

(68)瀬戸弘幸「韓国、在日問題への私の思い」『せと弘幸ＢＬＯＧ『日本よ何処へ』』二〇〇六年六月八日(http://blog.livedoor.jp/the_radical_right/archives/50865365.html)、同「〈殺人鬼〉で思い出す」『せと弘幸ＢＬＯＧ『日本よ何処へ』』二〇〇七年七月一日(http://blog.livedoor.jp/the_radical_right/archives/51532145.html)、同「福島市 冤罪事件」『せと弘幸ＢＬＯＧ『日本よ何処へ』出張所』二〇〇八年十月三十一日(http://izukohe.jugem.jp/?eid=35)、同「匿名ブログと事実無根記事」『せと弘幸ＢＬＯＧ『日本よ何処へ』』二〇〇九年十月八日(http://blog.livedoor.jp/the_radical_right/archives/52349855.html)

(69)瀬戸弘幸『現代のカリスマ、桜井誠――ジャパンファースト！時代を変える英雄、遂に登場！』青林堂、二〇一六年、八―一〇ページ、前掲ウェブサイト「韓国、在日問題への私の思い」

(70)「～『平山桃短編集』制作委員会スレッド～」『5ちゃんねる』二〇〇一年一月二十八日(http://ebi.5ch.net/test/read.cgi/sisou/980659960/)

(71)「新・今日の日本茶」『5ちゃんねる』二〇〇〇年七月十一日(http://ebi.5ch.net/test/read.cgi/sisou/963318747/)、『日本ちゃちゃちゃ倶楽部』(http://www.nc4.gr.jp/)［現在はリンク切れ］、「民団新聞 会議室」『在日本大韓民国民

団』(http://www.mindan.org/old/cgi-local/guest/view.html)［現在はリンク切れ］

(72) 鄭大均「在日韓国人の非差別意識の根源には何があるのか」、ＳＡＰＩＯ責任編集『日本人と韓国人――反日嫌韓五十年の果て』(ポスト・サピオムック)所収、小学館、一九九五年、辺真一「「在日」朝鮮・韓国人実業家はいかにして成功の果実を手にしてきたか」、同書所収、呉善花「在日コリアン二世、三世にみなぎるニッポンを支える自信」、同書所収

(73)「右翼共和派掲示板・過去ログ(二十五)」『右翼共和派』一九九八年九月十五日―(http://www.geocities.co.jp/WallStreet/2414/kako25.html)［二〇一六年三月十五日アクセス。現在はリンク切れ］

(74)「■W杯 日韓・韓日 呼称交換運動にご協力を■」『5ちゃんねる』二〇〇一年三月六日(http://mentai.5ch.net/test/read.cgi/sociology/983824841/)、「■「付記二」――日韓韓日呼称交換運動に寄せて■」『5ちゃんねる』二〇〇一年三月二十四日(http://mentai.5ch.net/test/read.cgi/doboku/985435310/)

(75) 戸松幸一/石田あゆう「デスラー総統はドイツ人か」、前掲『ヒトラーの呪縛』所収、近藤瑠漫/谷崎晃編著『ネット右翼とサブカル民主主義――マイデモクラシー症候群』三一書房、二〇〇七年、八一―一一〇ページ、安彦良和インタビュー「ネット右翼の本質はガンダム世代なのか?」、『別冊宝島 ネット右翼ってどんなヤツ?――嫌韓、嫌中、反プロ市民、打倒バカサヨ』所収、宝島社、二〇〇八年

(76)「ゾイドとは・・・―進化の歴史―」『十年後も好きですか?』(http://hanegaru.main.jp/e99his_001.htm)

(77) 前掲「デスラー総統はドイツ人か」

(78)「アイドル、大学が養成 西日本短大、国内初の「学科」デビューへ進路指導」『朝日新聞』二〇一三年一月三十日付、「右翼がアイドルの養成を手掛ける理由――民族派右翼の思想家・牛嶋教授かく語りき」『日刊ＳＰＡ!』二〇一三年四月十四日(https://nikkan-spa.jp/409177)

(79) 中島岳志『アジア主義――西郷隆盛から石原莞爾へ』(潮文庫)、潮出版社、二〇一七年、九九―一〇七ページ(初版:二〇一四年)、中島岳志/島薗進『愛国と信仰の構造――全体主義はよみがえるのか』(集英社新書)、集英社、二〇一六年、二八―四四ページ、橋川文三『ナショナリズム――その神話と論理』(ちくま学芸文庫)、筑摩書房、二

〇一五年（初版：一九六八年）
(80) 前掲、橋川文三『ナショナリズム』九九―一三三ページ
(81) 小熊英二『〈日本人〉の境界――沖縄・アイヌ・台湾・朝鮮 植民地支配から復帰運動まで』新曜社、一九九八年、黒川みどり／藤野豊『差別の日本近現代史――包摂と排除のはざまで』（岩波現代全書）、岩波書店、二〇一五年、二七―一一七ページ
(82) ひろたまさき『差別の視線――近代日本の意識構造』吉川弘文館、一九九八年、七六―九三ページ、同『差別からみる日本の歴史』解放出版社、二〇〇八年、一九四―一九七ページ
(83)「「外国人労働者」問題」『レコンキスタ』一九九〇年九月一日号、一水会、前掲「日本の右翼が外国人を「排撃」しきれない理由」
(84) 赤松啓介『差別の民俗学』（ちくま学芸文庫）、筑摩書房、二〇〇五年、四三ページ（初版：一九九五年）
(85) 前掲『差別の日本近現代史』三―一四ページ、前掲『差別の視線』七六―八七ページ
(86)「差別ネタ、ネットに増加 削除の要請も無視 部落解放研究会指摘」『朝日新聞』一九九九年九月十日付
(87)「部落地名総鑑に電子版 業者に流出、三十六枚回収 大阪」『朝日新聞』二〇〇六年十月一日付、「パソコンで「差別通信」解放同盟が調査 大阪」『朝日新聞』一九八九年八月九日付
(88)『日本平和神軍のホームページ』(www.jade.dti.ne.jp/~shingun/index2.html)［現在はリンク切れ］、同アーカイブウェブサイト (http://web.archive.org/web/20000302201327/http://www.jade.dti.ne.jp/~shingun/index2.html)、中杉弘「平和神軍について」『中杉弘の徒然日記』二〇一四年九月十八日 (https://ameblo.jp/nakasugi-hiroshi/entry-11926232178.html)、『平和神軍観察会 逝き逝きて平和神軍』(http://homepage3.nifty.com/kansatsukai/)［二〇一六年八月二十三日アクセス。現在はリンク切れ］
(89) 田中康男「有名ラーメンチェーンと〝カルト右翼〟の奇妙な関係」『ＴＩＴＬｅ』二〇〇〇年十二月号、文藝春秋、「イオンド大学（IOND University）」『ネット闇世界～新・健康本の世界』(https://netsociety.exblog.jp/10750068/)
(90) 大澤真幸『虚構の時代の果て――オウムと世界最終戦争』（ちくま新書）、筑摩書房、一九九六年、一九六―二三一

ページ
(91) Stefanie v. Schnurbein, *Religion als Kulturkritik: Neugermanisches Heidentum im 20. Jahrhundert*, Heidelberg, 1992.（S・V・シュヌーアバイン、池田昭編訳『現代社会のカルト運動――ネオゲルマン異教』浅野洋／伊藤勉訳、恒星社厚生閣、二〇〇一年）、大田俊寛『現代オカルトの根源――霊性進化論の光と闇』（ちくま新書）、筑摩書房、二〇一三年、二一一―一〇四ページ、前掲『ナチス・ドイツの有機農業』三〇―九八ページ
(92) 中島岳志『血盟団事件』文藝春秋、二〇一六年（初版：二〇一三年）、前掲『アジア主義』四五四―四七八ページ、前掲『愛国と信仰の構造』七七―一〇二ページ、前掲『超国家主義』一三―八二ページ、中島岳志「ナチュラルとナショナル 日本主義に傾く危うさ」『中日新聞』二〇一七年三月二十八日付

第6章　2ちゃんねる文化と反マスメディアアジェンダ
――二〇〇〇年代前半まで

1　ネット常民としての2ちゃんねらー

一九九九年五月に開設された掲示板サイト「2ちゃんねる」（現在は「5ちゃんねる」）は、九八年九月に閉鎖された「あやしいわーるど」、九九年六月に閉鎖された「あめぞう」など、先行するいくつかのサイトから多くのユーザーを引き継ぐとともに、そこで形作られてきた独自の文化を受け継ぐところから出発した。そこに花開くことになる「2ちゃんねる文化」は、したがって九〇年代後半を通じて形作られてきたアングラネット文化の集大成となったものだった。

2ちゃんねるが開設された当時、インターネットの世帯普及率はまだ三〇％に満たないほどだった。そのため当時のネットユーザーの多くはいわゆるアーリーアダプターであり、特にコアなユーザーとしての「2ちゃんねらー」にはパソコンやインターネットの専門家やマニアが多かった。その中心となっていたのはプログラマーやSEなど、若い世代のIT技術者、およびその予備軍としての理系の学生だったと見られる。

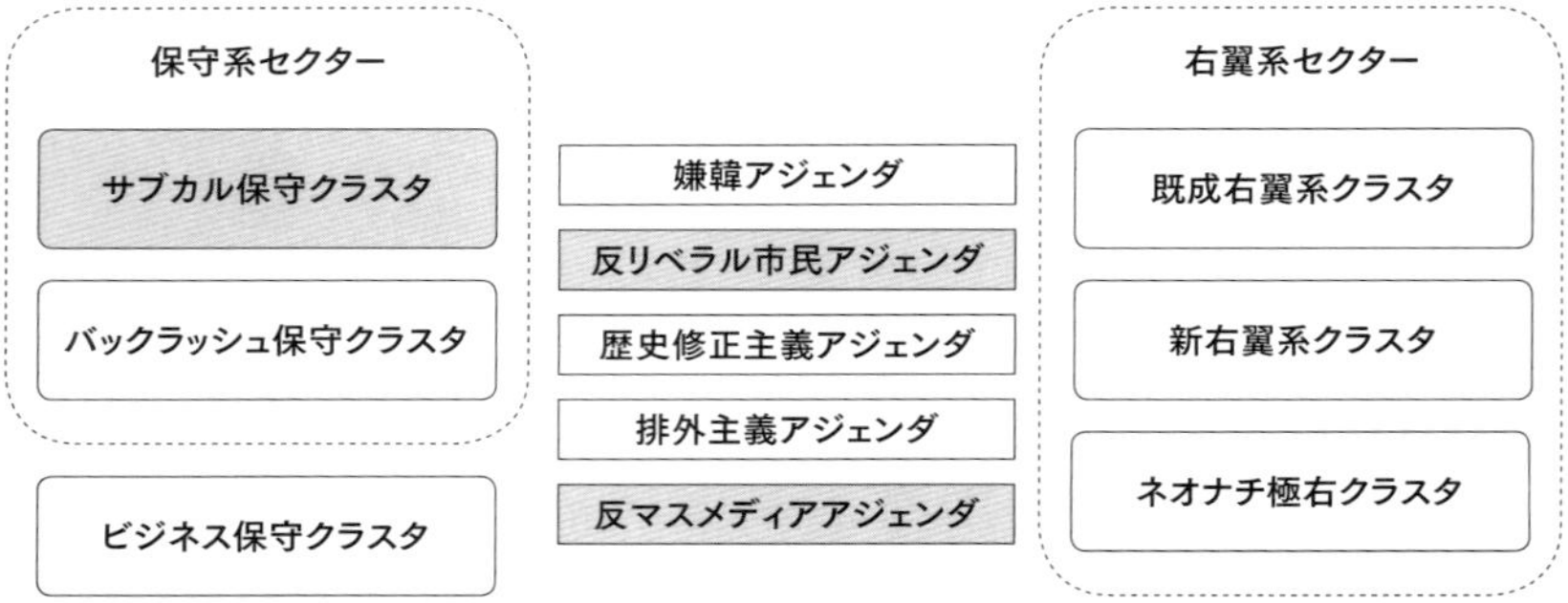

図12　第6章の主な対象

彼らは仕事や勉強のために四六時中パソコンに向かいながらプログラムを書いたりマニュアルを読んだりする。そしてその合間に2ちゃんねるにアクセスしては、互いに情報交換したり意見交換したりする。そこでは他愛もない談笑が交わされることもあれば、反社会的な暴論や極論が繰り広げられることもあった。いわゆる2ちゃんねる語やアスキーアートなど、彼ら独自の語彙や話法、シンボルやキャラクターがそこから生み出されていく。

その際、特に趣味に関する談義の場では、マンガ、アニメ、ゲームなどのサブカルチャーの話題が交わされることが多かった。それらの作品を彼らは批評するばかりでなく自ら創作するようになる。ショートストーリー、イラスト、ライトノベル、フラッシュアニメなど、さまざまなジャンルの作品が投稿されたり改変されたりする。サブカルチャーの批評と創作、消費と生産とが表裏一体となった多彩な活動の場がそこに作り出されていった[1]。

当時、リベラル市民主義の盛り上がりという動きのなかで、「ネット市民」を意味する「ネティズン」という語が用いられることがよくあったが、しかし彼らはむしろその対極に位置する存在だったと見るべきだろう。というのも「ネット市民」であるためにはまず「市民」でなければならず、さらに「市民」であるためには、久野収のかつての議論に従えば「職業と生活との分離」という「区分の論理」が確立されていなければならないが、しかし彼らの場合には仕事も勉強も趣味も、さらに消費も生産もすべてがネットのなかで混然一体となっており、「区分の論理」がむしろ無化されていたからだ。

そこには職業と生活との分離という論理もなければ、消費と生産との区別という発想もなかった。そうした「ごちゃまぜの論理」を実践することにより、彼らはむしろ「常民的人間」であろうと、つまり新しい時代の庶民的・常民的なリアリティを新しい情報環境のなかに求めようとしていたのではないだろうか。「直接生産にたずさわって」いるとともに「くりかえしの類型的文化感覚に執着している人たち」(和歌森太郎)という、かつての民俗学での「常民」の定義が、新しい時代のなかであらためて彼らに適合するものとなった。[2] だとすれば彼らは、むしろ「ネット常民」とでもいうべき存在だったと言えるだろう。

先に見たようにサブカル保守クラスタでは元来、サブカルチャーの成熟という状況のなかで「市民的人間」に「常民的人間」を対置させることにより、リベラル派の言説の空疎さや尊大さをあぶり出し、その権威を突き崩すことがもくろまれていた。

2ちゃんねる文化のなかにはその強烈な反権威主義の精神という点でも、サブカルチャーの濃密な世界という点でも、さらに「市民的人間」に「常民的人間」を対置させようとする態度という点でも、サブカル保守クラスタの思想が色濃く流れ込んでいたと見ることができる。いいかえればそれは元来、「日本ちゃちゃちゃ倶楽部(日本茶掲示板)」などの場合とはまた別のより一般的なかたちで、サブカル保守クラスタの思想の一つの表現として開花したものだったと位置付けられるだろう。そのため2ちゃんねるは、日本茶掲示板と並び立つようにしてやはりサブカル保守クラスタの一大拠点となる。

そもそもサブカル保守クラスタは、反リベラル市民というやや漠然としたアジェンダを共通の信条として形作られてきたものだった。しかしその一部はバックラッシュ保守クラスタと結び付き、歴史修正主義というアジェンダを（さらに付随して嫌韓というアジェンダも）強く信奉するようになる。また、他の一部はネオナチ極右クラスタと結び付き、排外主義というアジェンダを（さらに付随して嫌韓というアジェンダも）強く信奉するようになる。こうして他のクラスタのイデオロギーと結び付きながら、政治的に先鋭化していった一部の勢力は日本茶掲示板をはじめ、ネット右派論壇のなかのいくつかのサイトで活発な活動を繰り広げていくことになる。

しかしそうした勢力がサブカル保守クラスタのマジョリティをなしていたわけではない。その背後にはより穏健な、というよりもむしろよりシニカルなスタンスを取りながら、その本来の問題意識に根差して「まったりと」活動を続けていった多くの人々がいた。そうした勢力はより一般的なサイトで独自の活動を繰り広げていくことになる。その拠点となったのが「あやしいわーるど」であり、「あめぞう」であり、そして2ちゃんねるだった。

いいかえればサブカル保守クラスタの拠点となったサイトのなかでも、その「タカ派」の一大拠点となったのが日本茶掲示板だったのに対して、「ハト派」の一大拠点となったのが2ちゃんねるだったと見ることができるだろう。前者の場では直接的に政治的な議論が繰り広げられるのが常だったのに対して、後者の場では一部の「板」を除き、そうした議論はむしろ強く忌み嫌われるのが常だった。そこは文化的に見ればこのうえなく偏った場だったが、政治的に見ればほぼニュートラルな場だった。そのため少なくとも当初の時点では、特定のイデオロギー、とりわけ右寄りのそれがそこで幅を利かせるようなこともなかった。

しかし他のクラスタと結び付いた一部の勢力のアプローチにより、やがて2ちゃんねる文化の、そしてサブカル保守クラスタのハト派の「政治的中立」が徐々に脅かされるようになる。そうしたアプローチは2ちゃんねるの開設直後から散発的に繰り返されていたが、二〇〇〇年代になるとより大々的に繰り広げられるようになり、その結果、ゼロ年代半ばには2ちゃんねる文化そのものが政治的に先鋭化し、右傾化していくことになる。

一方でそれまでの間には、他のクラスタからの影響を大きく受けることもなく、サブカル保守クラスタ本来の問題意識に根差した独自の文化がそこに花開いていった。そこでは反リベラル市民というアジェンダが練り上げられる一方で、その新たな展開として「反マスメディア」というアジェンダが形作られていくことになる。以下、そうした「初期2ちゃんねる文化」の様子を見ていこう。

2 「ニホンちゃん」と観客民主主義

初期2ちゃんねる文化の政治的なスタンスを端的に表しているものとして、当時流行していたコンテンツ「ニホンちゃん」にまず目を向けてみよう。それは二〇〇一年七月に「ニュース速報板」から生まれた「国際情勢風刺寓話集」だった。世界の国々を擬人化したキャラクターを小学校の生徒として設定し、国際情勢に関するニュースをもとにさまざまなショートストーリー、イラスト、マンガなどを創作し合うというものだ。

そこには「地球町小学校五年地球組」の生徒として日本を擬人化した「ニホンちゃん」のほか、「カンコくん」（韓国）、「チューゴくん」（中国）、「アメリーくん」（アメリカ）、「ロシアノビッチくん」（ロシア）などが登場する。カンコくんはそこで一種の敵役としての役回りを与えられていたが、しかし決して憎々しい悪役としてではなく、むしろ「愛すべきトリックスター」として描くべきことがキャラクター設定上の約束事とされていた。「ニホンちゃんファンクラブ」による解説書『ニホンちゃんマニアックス』（サンデー社、〇六年十月）によれば、カンコくんは「何かというとニホンちゃんにちょっかいをかけてくる男の子なのですが（略）根は単純で、それほど悪いことを考えられる子でもありません」とされている。

のちの山野車輪の著書『マンガ嫌韓流』（晋遊舎、〇五年七月）でもこうした「教室内的シチュエーション」が用いられることになるが、しかしそこに登場する韓国人や在日コリアンなどと比べると、カンコくんやその妹の「ザイちゃん」などは多少厄介なところはあるものの、どこかほのぼのとしたキャラクターとして設定されていた。前記の解説書では「ニホンちゃんを一方的な被害者、ニホンちゃんをいじめる人たちを悪の権化のように描く」のではなく、「一見悪役のように見える他のキャラクターにも、ある程度の愛情を注いで描いてみようとすることが、よい作品を作るための秘訣だ」とされている。そうしたスタンスは、サブカル保守クラスタに特有の善悪二元論批判というスタンスからもたらされたものだったと見ることもできるだろう。こうした点から見るかぎり、当時の2ちゃんねるでは嫌韓などという一面的な感情が広く支持されていたとは考えにくい。

また、そこにはニホンちゃんの親族としてその弟の「ウヨくん」、祖父の「ニッテイさん」などの「右側」のキャラクターとともに、いとこの「アサヒちゃん」、叔父の「サヨックおじさん」などの「左側」のキャラクターも登場する。そこでウヨくんは日本刀を持ち歩いている危ない男の子、ニッテイさんはかつて「第二次町内大喧嘩」を引き起こし、「巨大花火」を投下されたショックで亡くなった頑固者、アサヒちゃんは新聞部に所属しているませた女の子、サヨックおじさんはかつてニッテイさんに反発し、いまは時代遅れの喫茶店を営んでいる中年男とされていた。(3)このようにそこでは左右両側のキャラクターがいずれもやんわりと戯画化され、多少面倒なところはあるものの、やはりどこかほのぼのとしたキャラクターとして設定されていた。

このように当時の2ちゃんねる文化のなかには、左右いずれのイデオロギーからも距離を置きながらそれらをシニカルに観察し、「ネタ」として面白がろうとするスタンスが広く共有されていた。それはアングラネット文化の一つの「伝統」だったとも言えるだろう。たとえば河上イチローの著書『サイバースペースからの挑戦状』では、「共産主義という幽霊――革命的ウォッチャー」という章と「自虐からの解放――民族の真実」という章が並置され、左右両側の過激思想をシニカルに観察しようとするスタンスが打ち出されていた。また、そうした趣旨を掲げたサイトもさまざまにあった。その嚆矢となったのは一九九六年十月に立ち上げられたサイト「マルチメディア共産趣味者連合」だろう。そこでは共産主義を「共産趣味」として振り返ることが目指されていた。その後、九九年十月にはその「右側バージョン」として「倭國萠國趣味同志會」が立ち上げられることになる。(4)

当時の2ちゃんねらーのこうしたスタンスを大月隆寛は「観客民主主義」と呼んでいる。「ネットの世界では、表現は右であれ左であれ、思想を（略）「ネタ」として使い回す身振りが普遍的なものになっている」として大月は、「「おたく」的知性にとっての「思想」の脱文脈化、価値相対主義的使い回し」という「その冗談めかした無責任さの背後」に、「観客民主主義の可能性」を見て取ろうとした。大月によれば彼らは「決してのめり込むことはしないで、観察し続ける」が、「だからと言ってそれは当事者性を回避する無責任一辺倒というわけでもない」。そこには「確信なき当事者よりも、信頼できる「観客」を」、「自ら硬直をほぐすことのできない痩せた味方よりも、闊達な心を持った無数の野次馬を」という、独特の「「正義」の感覚」が込められていると大月は論じた。(5)

当時、とりわけ「ハングル板」や「ニュース速報板」などではバックラッシュ保守クラスタと結び付いた一部の勢力により、特に従軍慰安婦問題や歴史教科書問題などに関連し、荒らし行為まがいの論戦が繰り広げられることがよくあった。しかし一般の2ちゃんねらーの間では、その独特のシニカルさに基づくバランス感覚のゆえに、そうした論調が広く支持されることはなかった。その結果、〇一年八月には「ニュース速報板」から分離されるかたちで「極東アジアニュース板（ニュース極東板）」が設置され、そうした勢力による政治的な議論が隔離されるに至る。(6) こうした点から見るかぎり、当時の2ちゃんねるでは特定のイデオロギー、とりわけ右寄りのそれが広く支持されていたとはやはり考えにくい。

3　2ちゃんねる初の大規模な炎上騒ぎ

一方で当時、時事関係のいくつかの板ではネオナチ極右クラスタと結び付いた一部の勢力により、特に外国人労働者問題や外国人参政権問題などに関連し、やはり荒らし行為まがいの論戦が繰り広げられることがしばしばあった。リベラル系のサイトをターゲットとする攻撃を一九九九年ごろから開始したネオナチ極右クラスタは、2ちゃんねるが開設されるとそこでより一般向けの「キャンペーン」を展開するようになる。特に瀬戸弘幸はその開設直後から2ちゃんねるに出入りし、実名で頻繁に投稿を繰り返していたという。

そうしたキャンペーンの最初の大きな事例となったのが先に見た、小金井市の女性市会議員をターゲットとしたものだった。石原慎太郎東京都知事の「三国人発言」に伴うものだ。その経緯をあらためて振り返ってみよう。

二〇〇〇年四月九日の石原の「三国人発言」を受け、抗議のメールを都庁に送るよう呼びかけるなどしていた市議のサイトの掲示板に、十六日ごろから非難のメッセージが書き込まれるようになる。同時にいやがらせのメールが市議に送り付けられた。続いて十七日には2ちゃんねるの「都知事・府知事板」に「●●反石原派・〇〇〇〇〇〇市議のＨＰ●●」というスレッドが立てられ、誹謗中傷のメッセージが大量に書き込まれる。そのなかには性暴力を教唆するような表現も含まれていた。市議は自らのサイトの掲示板を閉鎖するとともに、2ちゃんねるへの書き込みを削除するよう管理者に要請したが、しかしそのことがかえって2ちゃんねらーの強い反発を呼び、さらに激しい攻撃を被るに至る。やがて極度の心労から政務に支障をきたすまでになった市議は五月二十九日、市の委員会の長を辞任するに至った。一方、2ちゃんねるではその後もスレッドが立てられ、なおも執拗な攻撃が繰り返されていく。[7]

2ちゃんねる初の大規模な炎上騒ぎとなったこの件は（とはいえ当時はまだ「炎上」という語は用いられていなかったが）、ネオナチ極右クラスタとサブカル保守クラスタとの「連携プレー」によるものだったと見られる。というのもそこには明らかに雰囲気の異なる二つのタイプの書き込みが共存していたからだ。前記のスレッドの特に初めのころの書き込みには、外国人犯罪問題をめぐる専門的な知見に基づくシリアスな調子のものが多い。しかしその後、後続のスレッドが立てられて騒ぎが大きくなっていくにつれ、揶揄やちゃかしの表現が目立つようになり、2ちゃんねる語やアスキーアートを用いたシニカルな調子の書き込みが多くなる。

こうしたことからするとこの騒ぎは、まずネオナチ極右クラスタによって仕掛けられたのち、サブカル保守クラスタとしての2ちゃんねらーに引き継がれ、半ばやじ馬気分で彼らが続々と参戦してくるなかで、より大規模な炎上騒ぎへと発展させられていったと見ることができるだろう。つまりネオナチ極右クラスタがまずそこに火をつけ、燃え上がらせたのち、それをサブカル保守クラスタが燃え広がらせ、大火へと延焼させていったわけだ(8)。

ではそこでサブカル保守クラスタは、それもそのハト派としての2ちゃんねらーは、ネオナチ極右クラスタから提起された外国人犯罪問題をめぐる議論に賛同し、それゆえにその攻撃を引き継ぐことになったのだろうか。いいかえれば彼らは排外主義というアジェンダにコミットし、外国人排斥という考えを強く訴えたいがために、その対立者としての市議を攻撃することになったのだろうか。

ここでネオナチ極右クラスタによって主導されていたと見られる初期のスレッドと、サブカル保守クラスタによって主導されていたと見られる後続のスレッドとを比較してみよう。「三国人」「外国人」「犯罪」「右派／左派」という四つのカテゴリを設定し、そのそれぞれに該当する語の出現回数をカウントすることにより、各カテゴリの出現頻度を調査した。初期のスレッドとして四月十七日に立てられた前記のスレッドを、後続のスレッドとして、市議が市の委員会の長を辞任したことが報じられた直後の六月一日に立てられたスレッド「〇〇〇〇〇〇飲酒事件、暫定スレッド」を対象としている。

メッセージ千件あたりの出現頻度を見てみると、まず初期のスレッドでは「三国人」カテゴリが六十二・八回、「外国人」カテゴリが四十六・七回、「犯罪」カテゴリが三十八・九回、「右派／左派」カテゴリが三十三・二回となる。一方、後続のスレッドでは「三国人」カテゴリが二十三・七回、「外国人」カテゴリが十五・一回、「犯罪」カテゴリが四・三回、「右派／左派」カテゴリが〇回となる(9)。

このように初期のスレッドでは、「三国人」「外国人」というテーマとともに「犯罪」「右派／左派」という話題が頻繁に出現していることがまずわかる。つまりそこでは「三国人問題」に言及される際、それが外国人犯罪問題として扱われ、さらに左右のイデオロギー対立という枠組みのなかで論じられることが多かったことがうかがわれる。

ところが後続のスレッドではそうした論点がすっかり後退してしまう。「右派／左派」カテゴリへの言及は一件も現れないし、「犯罪」カテゴリへの言及は二件のみ現れるが、それらはいずれも外国人犯罪に関するものではない。さらに「外国人」カテゴリへの言及の多くは、市議の夫がドイツ人であることに関するものだった。つまりそこでは「三国人問題」に言及されてはいるものの、それを外国人犯罪問題として扱おうとする見方や、左右のイデオロギー対立という枠組みのなかで論じようとする見方は示されていない。「三国人」カテゴリへの言及の多くは、あくまでもこの騒ぎの発端となった事件に関するものだった。

このようにサブカル保守クラスタとしての2ちゃんねらーは、ネオナチ極右クラスタからこの騒ぎを引き継ぎはしたものの、その議論の枠組みをそのまま引き継いだわけではなかった。いいかえれば彼らにとって、外国人犯罪問題や左右のイデオロギー対立という論点は実はそれほど重要なものではなかった。つまり彼らは外国人排斥という考えを強く訴えたいがために、もしくは右寄りのイデオロギーを強く信奉していたがために、その対立者としての市議を攻撃することになったわけではなかった。だとすれば、ではなぜ彼らはこの騒ぎに参戦してきたのだろうか。

4　屈折した反権威主義の精神

六月一日のスレッドを見てみると、そこでひたすら目につくのは市議その人に対する激しい反感の表現だ。「ムカつく」「腹立つ」「怒り心頭」など、市議を個人攻撃するための表現がそこでは際限なく繰り返される。つまり彼らの多くは、あくまでも市議その人が気に入らないという理由だけからこの騒ぎに参戦してきたと見られる。

もちろん彼らがそうした行動を取るよう仕向けることがネオナチ極右クラスタの戦略だったのだろう。つまり彼らが敏感に反応するようなターゲットを、もしくは「獲物」を彼らの前にうまくぶら下げておいたわけだ。

ではなぜ彼らはそれに反応したのだろうか。いいかえればこの市議のどこが彼らにそれほどの反感を抱かせたのだろうか。ここで六月一日のスレッドのなかから、彼らの率直な感情を表していると見られる書き込みの一部を拾い出してみよう。

「なんか腹立つんだよね。／彼女は自分を中心に地球がまわっていると思っているような感じがするのだ。（略）２ｃｈに削除命令（依頼ではない）するときの市議市議と強調する傲慢さ、石原発言に抗議する／理由のひとつとして「私も国際結婚してるのでこれは無関係ではない」などといやらしく自慢する／ところ、自分のＨＰにおける2ちゃんねらの書き込みの削除、などなど独善的で高慢ちきな匂いが／臭っさーなのだ。（略）彼女は事の本質を理解／できないで形だけを真似する、こうするものだという思い込みだけで行動する、／私はハイソでみんなが羨みチヤホヤすると信じて疑わない、そんな浅はかな人間なのだろう。（略）私は屈折したゲス野郎であるから彼女をこういう風にしか捉えられない。／どうせ俺は２ｃｈがお似合いの害基地だよーん」（「害基地」とは「気違い」を意味する）（二〇〇〇年六月三日）[10]

ここに示されている反感は、かつて小林よしのりが示した「市民主義者」への、あるいは大月が示した「市民サマ」への違和感に通じるものだったと言えるだろう。「市議市議と強調する傲慢さ」や、「こうするものだという思い込みだけで行動する、私はハイソでみんなが羨みチヤホヤすると信じて疑わない」というその「独善的で高慢ちきな匂い」のなかに彼らは、「市民主義者」や「市民サマ」に通じる特質を見いだしたのではないだろうか。すなわち啓蒙主義的な規範意識と、選良としての特権意識、そしてそれらのうえで繰り広げられる硬直したユートピア論の空疎さという特質だ。

つまり彼らの反感は反リベラル市民というアジェンダに基づくものだったと見ることができる。それはサブカル保守クラスタのマジョリティとして、その本来の問題意識を受け継ぐことになった彼らならではの反応だったと言えるだろう。

しかもそうした反感を表明するにあたって彼らは、自らの立場を「屈折したゲス野郎」「2ｃｈがお似合いの害基地」などとして意識的に、それも半ば戯画的に貶めていることに注意しておく必要があるだろう。こうした「偽悪のポーズ」と「自虐のポーズ」を取り混ぜながら振る舞うことによって彼らは、卑劣で下劣な存在にあえて身を落としながら、そこから「ハイソ」な存在の「傲慢さ」や「独善的で高慢ちきな匂い」を浮かび上がらせようとしていたのではないだろうか。

そこに示されているのは彼ら独自の批判精神の表現、反権威主義の精神の表現だったと言えるだろう。とはいえそれはストレートで公明正大な性質のものではなく、どこかいじけていてひがみっぽく、それでいて鋭利で機知に富んだ性格のものだった。そこでは批判の眼差しが正々堂々と相手に向けられるのではなく、いわば薄暗がりのなかから冷笑とともに相手に注がれる。そして相手を論断することよりもむしろ仲間とともに笑い倒し、笑い殺すことが目指される。そうした精神、いわば屈折した反権威主義の精神もまたアングラネット文化の一つの伝統であり、その密教的な雰囲気のなかで培われてきたものだった。

このようにサブカル保守クラスタとしての2ちゃんねらーは、ネオナチ極右クラスタから提起された排外主義というアジェンダを彼ら本来の問題意識、すなわち反リベラル市民というアジェンダに変換することにより、この騒ぎに参画し、それを大規模な炎上騒ぎへと発展させていったと見ることができる。つまりこの騒ぎは両者の間の息が合った連携プレーのように見えながら、実際にはそこで同じ問題意識が共有されていたわけではなかった。

なお、この騒ぎに彼らが参戦してくるきっかけを作ったものとして、実はもう一つの重要な論点があった。それは市議が2ちゃんねるへの書き込みを削除するよう要請したことだ。その「削除命令」に見られる「傲慢さ」や「独善的で高慢ちきな匂い」に彼らはひときわ強く反応することになった。実際、「削除」というもう一つのカテゴリの出現頻度を見てみると、四月十七日のスレッドでさえ実に百四十四・二回にも及び、「三国人」カテゴリのそれ（六十二・八回）の優に二倍以上にも達している。[11]このように彼らにとっては市議が都知事の発言に抗議したことよりも、むしろ2ちゃんねるへの書き込みを削除するよう「命令」したことのほうが重大な問題だったわけだ。こうした点にも初期2ちゃんねる文化の独特なスタンスを見て取ることができるだろう。

5　プロ市民概念の発明

こうして当時、サブカル保守クラスタのなかでもそのタカ派が他のクラスタと結び付き、歴史修正主義や排外主義というアジェンダにコミットしていったのに対して、ハト派としての2ちゃんねらーはその本来の問題意識に忠実に、反リベラル市民というアジェンダを追い求めていった。そうしたなかで彼らの活動の一つの「成果」となったのは、「プロ市民」という概念を「発明」したことだろう。のちの反リベラル運動の場で必ずと言ってよいほど持ち出されることになる語、いわば反サヨクのキラーワードとなった語だ。

「プロフェッショナル市民」の略語としてのこの語は、現在ではもっぱら反市民主義の立場からネガティブなニュアンスで用いられているが、元来は一部の地方自治の場などで、逆に市民主義の立場からむしろポジティブなニュアンスで用いられていたものだった。「市民としての自覚と責任感をしっかりと持った人」というほどの意味だろう。[12]そうした概念をシニカルに反転させたのが当時の2ちゃんねらーだった。

そのそものきっかけとなったのは二〇〇一年八月七日、「新しい歴史教科書をつくる会」の事務所が放火されたことだった。新左翼系の過激派組織による犯行だったと見られているが、しかしその翌日の『産経新聞』では「採択妨害ついにゲリラ」という記事のなかで、「つくる会」の教科書の不採択を呼びかけているいくつかの市民団体の名前が挙げられていた。[13] それを受けて2ちゃんねるでは八月十九日、「マスコミ板」に「市民団体にふさわしい名前を・・・」というスレッドが立てられ、次のような呼びかけがおこなわれる。「マスコミ（特に朝日）の言う市民団体、自由と民主主義を掲げながら反対者／を弾圧し、放火までする連中。／こいつらにもっとふさわしい名前をつけよう。珍走団みたいに」

実はこの件もやはり他のクラスタからのアプローチによるものだったと見られる。特に当時、ネット右派論壇のなかでもひときわ大きな勢力となっていた既成右翼系クラスタによる関与が考えられる。その一つの拠点となっていた掲示板サイト「朝日新聞をみんなで叩き潰す掲示板」などで同様の議論が繰り広げられていたことに加えて、このスレッドの特に初めのころの書き込みには、「売国団体」「中朝親衛隊」「紅衛兵」「日教糞」「元左翼学生」など、旧来の反共運動のキーワードを用いたやや時代錯誤的な名称案が数多く出されていたからだ。[14] 若い世代を中心とするサブカル保守クラスタとしての2ちゃんねらーにとって、それらの語はほとんどなじみのないものだった。

しかしその後、やはり途中から一般の2ちゃんねらーが参入してきたと見られ、いかにも彼ららしい、シニカルで機知に富んだ案が次々と寄せられるようになる。そうしたなかで「プロの市民」という名称が提案されると、「プロ市民いいね」「センスのいい人にはかなわない」「「プロの市民」に決まりかな」などの声が相次ぎ、賛同の意が数多く寄せられた。こうして彼らの間でこの語がオーソライズされていくことになる。

しかしそもそもなぜこの語がネガティブなニュアンスを持つものだとされたのだろうか。つまり市民が「プロフェッショナル」であることがなぜよくないことだとされたのだろうか。いいかえれば「市民」を「プロ市民」

と呼び換えることにより、市民という立場の何を彼らは批判しようとしたのだろうか。ここでこのスレッドのなかからいくつかの書き込みを拾い出してみよう。

「市民にとって、平日の朝九時にいるところが職場ですよね。／抗議の集会に、毎日出てるあの団体は、あの人達にとって、／そこが職場と定義できます。／まさに「プロ」の「市民」ですよ」（〇一年九月九日）

「平日集会可能市民（略）羨ましい」（〇一年九月九日）

「平日自由な時間を持て余すプチ特権階級」（〇一年九月十一日）

「所得・住民税、社会保障料を納めないのに、／納税者、納付者のやる事なす事に因縁をつけたがる奴」（〇一年九月十三日）[15]

このように市民が「プロフェッショナル」であることとは彼らからすれば、要するに「平日の朝九時に（略）抗議の集会に、毎日出てる」こと、つまり「平日集会可能」であり、「平日自由な時間を持て余す」立場であることを意味するものだった。そうした「プチ特権階級」に向けて「羨ましい」というシニカルな批判が投げかけられる。なお、そうした人たちは「所得・住民税、社会保障料を納めない」とされていることから、そこでイメージされていたのはとりわけ一部の専業主婦や年金生活者など、比較的安定した境遇のシニア世代の有閑層だったと見られる。

実際、のちに『マンガ嫌韓流』に「プロ市民」として登場することになる市民団体のメンバー（「アジア歴史研究会」のOB・OG）は、四人のうち三人が中高年女性、一人が中高年男性だった。いずれも上品で裕福そうな身なりをしており、特にそのうちの一人の女性は「ざます」言葉を連発しながら高飛車にしゃべる。[16]いかにも「ハイソ」な存在の「傲慢さ」や「独善的で高慢ちきな匂い」がそこでは辛辣に戯画化されていたわけだが、そうしたイメージはすでにこの時期、このスレッドでのやりとりのなかにはっきりと示されていたと言えるだろう。

では一方で彼ら自身の立場はどのようなものとして意識されていたのだろうか。ここでこのスレッドのなかから別の書き込みの一部を拾い出してみよう。それは「川の堤防を清掃する団体」に「隣組」の都合で参加させられたという投稿者が「町工場に寄付をもらいにいった」ところ、左派系の市民団体と間違われ、「勘違いからなじられて」しまったというエピソードに関するものだった。

「川の堤防を清掃する団体なのに／あんなくそ左翼とかと関係ないのに／町会議員の支援をようよう取り付けてるのに／金がない地方税も払えないとピーピーいうのに／あいつらのせいで、新設の中小団体が苦しんでいます」（〇一年八月二十日）

「こんな感じのドロドロでベタベタな団体多いと思うよ。／おいらなんか、おかんの命令で人身御供に出されてんだからね。／トホホ。（略）（愚痴スマソ）／朝日の誤用団体と違って泥臭いヨナ。／つーかあいつらマジでムカツク」（〇一年八月二十日）[17]

ここに示されているのはいかにもリアルな庶民の生活感、愚痴や恨み言に満ちた「ドロドロでベタベタな」リアリティだったと言えるだろう。そうした「リアル庶民」のリアリティは一見、四六時中パソコンに向かいながらネットのなかに住み着いているかのような彼らの感覚、「ネット常民」のリアリティとは相容れないもののように見えるかもしれない。しかし実際にはそれらは重なり合うものだった。というのも当時の2ちゃんねるはとりわけプログラマーやSEなど、若い世代のIT技術者の愚痴や恨み言に満ちた場、いわばその「苦界」のうえに築かれた場でもあったからだ。

たとえば「IT土方」など、IT技術者の苦境を表すいくつかの2ちゃんねる語もそうしたなかから発明されたものだったし、さらに「ブラック企業」という語も元来は、〇七年十一月二十四日に「ニュース速報（VIP）板」に立てられたスレッド「ブラック会社に勤めてるんだが、もう俺は限界かもしれない」に由来するものだった。その翌年に同名の書籍（新潮社）として出版され、さらに映画化されて一躍有名になったこの物語の主人公もやはり若いプログラマーだった。[18]

このように当時の2ちゃんねる文化はとりわけ若い世代のＩＴ技術者にとって、「リアル庶民」のリアリティと「ネット常民」のリアリティとが重なり合うなかで営まれていたものだった。そこで彼らはそれらを重ね合わせることにより、新しい時代の庶民的・常民的なリアリティを捉えようとしていたのではないだろうか。そうした彼らの境遇から見ると、「平日自由な時間を持て余すプチ特権階級」でありながら「納税者、納付者のやる事なす事に因縁をつけたがる奴」が、許しがたい存在として映じていたのもあるいは無理からぬことだったのかもしれない。

ここで「プロ市民」という語のもう一つの含意に注目してみよう。それは「プロフェッショナル市民」を意味するとともに「プロレタリアート市民」や「プロフェッサー市民」にもかけてあるものだとされた。[19]ではそれは「プロレタリアート市民」と「プロフェッサー市民」のどちらのニュアンスをより強く持つものだったのだろうか。

左翼としてのマルクス主義の立場からすれば、もちろん「プロレタリアート市民」ということになるだろう。しかしサヨクとしてのリベラル市民主義のスタンスを新たな「庶民階級」の立場から批判するという観点からすれば、それはむしろ「プロフェッサー市民」ということになるだろう。つまり庶民的・常民的なリアリティに向き合おうとせず、ある種の正しさにばかりこだわろうとしている人々というニュアンスだ。実際、前記のスレッドでは「俺の大学の一部の教師」なども彼らの批判のターゲットとされていた。そこではむしろ彼ら自身の立場が「プロレタリアート市民」に近いものとして意識されていたのではないだろうか。

6　「悪い子」的キャラクターと「ダメな子」的キャラクター

ここで初期2ちゃんねる文化の特徴の一つとしてその話法の特殊性という点に注目してみよう。当時（現在に至るまでそうだが）、2ちゃんねるではいわば「教室内的シチュエーション」のもとで、つまり学校の教室でおしゃべりしているような雰囲気で談義がおこなわれることが多かった。たとえば「ニホンちゃん」のケースのようにそうした設定が明示的に取り決められている場合もあったが、そうではない場合にもそうした雰囲気が暗黙的に了解されているのが常だった。

「お前ら」という彼らの常套句が一種の学校言葉、それもとりわけ悪童言葉の響きを持っていたことからもうかがわれるように、そこではあたかも休み時間や放課後の教室で「悪ガキ」どもがふざけ合い、罵り合ったり嘲り合ったりしているような調子で談議が進められる。2ちゃんねるの主宰者だった西村博之が「ひろゆき」と、名前だけで親しげに呼び捨てられていたのもそうした雰囲気を反映してのことだろう。彼はいわば悪ガキどものリーダーだった。[20]

サブカル保守クラスタとしての2ちゃんねらーに特有の反権威主義の精神は、したがってそこではまず先生に反抗する、先生の悪口を言い合うというかたちで発露されることになる。ただし2ちゃんねるという教室そのものには先生はいない。そこはあくまでも休み時間や放課後の教室であり、先生のいない教室だからだ。そのためいかにも先生的なキャラクターがその外部から探し出されてくることになる。もしくは誰かの手で彼らの前に差し出されることになる。

そうした存在に最も似つかわしかったのがプロ市民的な人々、市民団体や市民運動に関わっている人々だったと言えるだろう。そうした人々はしばしば市民社会という教室でいかにも先生的に振る舞いながら、反市民主義的な態度を見せる者、いわば社会の悪ガキどもを厳しく叱り付け、高圧的に指導しようとする。厳格で口うるさいその態度が当時の2ちゃんねらーの目には、いかにも先生的な、目障りで鼻持ちならないものとして映じていたのではないだろうか。

そうした先生的なキャラクターに反抗するにあたって彼らは、自らがその「天敵」、すなわち劣等生的なキャラクターとなってそれに対峙する必要があった。そこで彼らは二つのタイプのキャラクターを開発することになる。そしてそれらを自らの身に引き受けて表現するために、いかにもそれらしい「ポーズ」で振る舞うことになる。

その一つはいかにも「悪い子」的なキャラクター、不良的・ならず者的なキャラクターだった。それを演出するために彼らはあえて偽悪的に振る舞う。いわば「偽悪のポーズ」だ。そこでは攻撃的な性格がことさら強調され、危険で凶悪なイメージを引き立てるための記号が大量に動員される。煽り行為や叩き行為、荒らし行為やいやがらせ行為、罵詈雑言や誹謗中傷など、さまざまな迷惑行為があえて実践されるとともに、粗暴さ、凶暴さ、卑劣さ、暴力性、犯罪性などの性格がそれらを通じて表現された。

もう一つはいかにも「ダメな子」的なキャラクター、落ちこぼれ的・負け組的なキャラクターだった。それを演出するために彼らはあえて自虐的に振る舞う。いわば「自虐のポーズ」だ。そこでは底辺的な状況がことさら強調され、悲惨で滑稽なイメージを引き立てるための記号が大量に動員される。低学歴、低収入、フリーター、ニート、非モテ、童貞、引きこもりなどの属性が面白おかしく表現されるとともに、「キモオタ」「自宅警備員」「Fラン大学」などの2ちゃんねる語が次々と発明された。(21)

これら二つのタイプの劣等生的なキャラクターとして振る舞うことにより、彼らは独自の方法でその反発心や敵愾心を表現しようとしたのではないだろうか。つまり「悪い子」的キャラクターとして互いに罵り合い、毒づき合うとともに、「ダメな子」的キャラクターとして互いに嘲り合い、蔑み合うことにより、手に負えない悪ガキどもと化した彼らは、いわば完全な学級崩壊状態のなかに先生を突き落とし、そこから先生を突き上げようとする。そこに示されていたのはまさに彼ら独自の批判精神の表現、屈折した反権威主義の精神の表現だったと言えるだろう。

なお、これらのキャラクターを開発するにあたって彼らに独特の影響を及ぼしたと見られる事件がある。西鉄バスジャック事件、いわゆる「ネオむぎ茶」事件だ。二〇〇〇年五月三日、佐賀市から出発した高速バスが十七歳の少年に乗っ取られ、刃物で切り付けられた乗客一人が死亡し、二人が負傷した。その際、この少年が「ネオむぎ茶」というハンドル名で2ちゃんねるに犯行予告を書き込んでいたことから、2ちゃんねるは一躍有名になる。一方でこの少年の生い立ちが明らかにされ、大きな話題を呼んだ。少年は中学校でいじめを受けたことから登校拒否になって高校を中退し、ニートとして家に引きこもりながら2ちゃんねるに出入りしていたという。(22)

この事件を一つのきっかけに2ちゃんねるは、一部のジャーナリズムなどから「犯罪の温床」「引きこもりニートの溜まり場」などとして厳しく批判されるようになる。そうした「ラベリング」に対して当時の2ちゃんねらーは、しかし反発するどころかむしろ面白がってそれを歓迎するような態度を見せていた。そうした批判勢力に代表される人々の厳格で口うるさい態度、いかにも先生的な態度が、彼らの屈折した反権威主義の精神に火をつけたのだろう。そこで彼らはそうした人々の「指導」に一斉に反発し、そこで正しいとされていた存在とは真逆の存在、いいかえれば批判されていたとおりの存在にむしろなってやろうと考えたのではないだろうか。

その結果、そこから二つのタイプのキャラクターが引き出されることになる。「犯罪の温床」にたむろしている不良やならず者というキャラクター、すなわち「悪い子」的キャラクターと、「引きこもりニートの溜まり場」に入り浸っている落ちこぼれや負け組というキャラクター、すなわち「ダメな子」的キャラクターだ。そしてそこから二つのポーズ、偽悪のポーズと自虐のポーズが導き出されることになる。こうして教室内的シチュエーションに伴う彼ら独自の話法、悪ガキどもの屈折した話法が形作られていった。

7　ネトウヨ底辺説をめぐる誤解

しかしそうした話法に基づく彼らの発言は、世間一般の人々から見ると「ネタ」なのか「ベタ」なのかわからない。つまり単なるパフォーマンスなのか、それとも実態に即した報告なのかわからない。2ちゃんねらーに固有の素養についてひろゆきは当時、「嘘は嘘であると見抜ける人でないと難しい」と語っていたが、しかし一般の人々からすれば、そうした素養が培われていたわけでもなく、ネタをネタとして見抜くことは困難だった。[23]

そのため多くの場合、彼らの発言はさしあたり額面どおりのものとして受け取られることになる。つまりネタ的なパフォーマンスとしてではなく、ベタ的な実態の報告としてだ。言語行為論の概念を援用していえば、「パフォーマティブ」なもの、つまり言外の行為を遂行するためのパフォーマンスとしてなされた彼らの発言が、「コンスタティブ」なもの、つまり字義どおりの事実を確認するための陳述として受け取られることになった。

その結果、そこで演出されていた劣等生的なキャラクターがあたかも2ちゃんねらーの実態であるかのように解釈されるようになる。つまり彼らの多くは実際に攻撃的な性格を持った「悪い子」であり、あるいは底辺的な状況に置かれた「ダメな子」であり、さらに2ちゃんねるは実際にそうした不良やならず者がたむろしている「犯罪の温床」、あるいは落ちこぼれや負け組が入り浸っている「引きこもりニートの溜まり場」となっているという解釈だ。元来は一部の人々によるラベリングから発したものだったそうした見方が、彼らが仕掛けた「パフォーマティブな攪乱」（ジュディス・バトラー）により、世間一般のイメージとして広く定着していく。[24]

しかし実際には、当時の2ちゃんねらーの中心となっていた若い世代のIT技術者は、その多くが一定程度の学歴を持ち、しかも理系の出身者が多かったと見られることから、そこではむしろ優等生的なキャラクターのほうが主流を占めていたと考えられる。どちらかといえばおとなしめの、しかしどこかひねくれた理系の若者がその中心となっていたのではないだろうか。

したがってそこで提示されていた劣等生的なキャラクターは、実際にはいずれも彼らの実態から大きくかけ離れたものだった。それらはあくまでもフィクショナルなキャラクターであり、ポーズとして演出された仮構のキャラクターでしかなかった。要するにそこでおこなわれていたのはあくまでも「悪い子ごっこ」「ダメな子ごっこ」でしかなかった。

しかしそうした乖離、自分たちの実態と世間一般のイメージとの乖離という状況を彼らはやはり面白がりながら、そうした「ごっこ遊び」にますます熱中していく。その結果、それぞれのキャラクターがさらに戯画的に誇張されていくことになる。

そこで特に誇張されたのは二番目のタイプのキャラクターだった。「ダメな子」的キャラクター、落ちこぼれ的・負け組的なキャラクターのほうだ。そちらのほうがさまざまな属性を面白おかしく付け加えることができ、彼らの創意を発揮する余地が大きかったためだろう。その結果、その底辺的な状況がますます強調され、悲惨で滑稽なイメージがますます引き立てられていく。大量の記号が動員され、ありとあらゆる「底辺イメージ」がそこに集積されることになった。

のちに二〇〇〇年代半ば以降、ネット右派という存在が可視化され、ある種の社会問題として取り沙汰されるようになると、その温床となっている場として2ちゃんねるの存在が引き合いに出されるとともに、そこで右派的な言説を乱暴にまき散らしている人々は実際にはどのような人々なのかという点をめぐり、さまざまな議論が交わされるようになる。

そうしたなかでひときわ目についたのは、ネット右派をさまざまな底辺イメージに結び付けて捉えようとする見方だった。たとえばそうした人々は「ほとんどが非正規の労働者で、経済生活の不安定な人が多い」、さらに「家族のなかでも、地域のなかでも孤立している」（安田浩一）と考えられた。より具体的には「年収二百万円以下の下の下層」で、「三十、四十（代）になって（略）結婚もできないっていうような身分に置かれて」（小林よしのり）いる人々、「年収百五十万円前後の人たちが七〇％以上を占め」、「知人が少ない、学歴や地位が低い」（山本一郎）人々、さらに「無職や非正規が七～八割を占め」（津田大介）、「みじめな生活をしている」（中川淳一郎）人々というイメージだ。さらにそのなかには「ニートや引きこもりの若者も含まれる」（近藤瑠漫ら）と考えられた。[25]

こうした見方はネットメディアのなかではさらに戯画的に誇張され、一種の都市伝説として流通していく。古谷経衡によれば〇八年ごろから2ちゃんねるやツイッターなどでは、「典型的なネトウヨ像」が描かれた何枚かのイラストが出回っていたという。そのなかには小太りで分厚いメガネをかけ、汗かきでニキビ面、無精ひげ面のいかにもさえない男性が登場する。そのプロフィルには「ネトウヨ（♂）」として、「三十二歳・学歴（高卒）・無職（ニート）」「独身（女性とつき合った経験なし）」「趣味（2ch、ニコ動、匿名で暴れられる事全般）」「性格（根暗・気弱・対人恐怖・女性恐怖症）」と記されていた。こうした戯画的な「ネトウヨ像」の特徴を古谷は、低学歴、低収入、社会的地位の低さ、異性経験の貧しさという「ネット右翼の四大要素」として要約している。[26]

このように出版メディアのなかでもネットメディアのなかでも、ネット右派はありとあらゆる底辺イメージに結び付けられて語られることが多かった。さらにその過程で「ネットウヨ」、さらに「ネトウヨ」という略称、というよりもむしろ蔑称が用いられることが多くなり、その滑稽さ、醜悪さ、下劣さなどの側面がひときわ強調されるようになる。

その際、「ネトウヨ」という語は特に「ネトネト」と「ウヨウヨ」という二つの擬態語を連想させることが多かったと見られる。「ネトネト」という語から連想される粘着質で執念深い性格や、「ウヨウヨ」という語から連想される集団的で匿名的な性質などもまた、彼らに特有のものと考えられたため、この語はそれらのイメージも含め、ありとあらゆる底辺イメージをそのなかに取り込みながら広く流通していく。その結果、いわゆる「ネトウヨ底辺説」が定着することになる。

しかし実際には、そうした荒唐無稽なイメージはネット右派運動の担い手の実態に当てはまるものではもちろんなかった。サブカル保守クラスタにしてもバックラッシュ保守クラスタにしてもネオナチ極右クラスタにしても、その主な担い手となっている層のなかにそうしたイメージとの親和性を見いだすことはできない。

実際、古谷による独自の調査のほか、より実証的におこなわれたいくつかの調査の結果からもやはりそうした見解が示されている。たとえば辻大介による〇七年十月の調査票調査「インターネットにおける「右傾化」現象に関する実証研究」の結果などを見ても、ネット右派言説の支持層と見なされる人々と一般の人々との間には、学歴、収入、社会的地位などの点で有意な差はほとんど見られない。それどころか年収八百万円以上の層の割合は、ネット右派と見られる人々のほうが一般の人々よりもかなり高いことが報告されている。さらにその後の樋口直人による聞き取り調査などでも、ネット右派運動の参加者についてやはり同様の見解が示されている。(27)

こうしたことからすると、ネット右派をさまざまな底辺イメージに結び付けて捉えようとする見方、つまりネトウヨ底辺説は、やはり実態から大きくかけ離れたものだったと見なさざるをえないだろう。そうした通念的な理解、というよりもむしろ誤解をもたらしたのは、その元をたどれば初期2ちゃんねる文化に特有の話法、悪ガキどもの屈折した話法だった。つまり当時の2ちゃんねらーが仕掛けた「パフォーマティブな撹乱」により、ネット右派という存在をめぐるのちの理解までもが撹乱されることになったわけだ。

8　反リベラル市民から反マスメディアへ

サブカル保守クラスタとしての2ちゃんねらーにとってリベラル市民主義という「敵」は、しかし実際にはその周りにそれほど多く転がっていたわけではない。いいかえればリアルな場でであれネットのなかでであれ、普段の生活のなかで彼らがプロ市民的な人々、市民団体や市民運動に関わっている人々と接触する機会は決して多くなかった。そのためそうした人々をターゲットとする攻撃がおこなわれることも実際にはそれほど多くなかった。ただし格好の「獲物」がたまたま見つかり、もしくは誰かの手で彼らの前に差し出され、そこに向けての一斉攻撃がおこなわれるときには、それは熾烈なものとなるのが常だったが。

そうしたことから彼らの反権威主義の精神は、より身近で一般的な、いいかえればより手っ取り早く「いちゃもん」をつけやすい相手を求めて別の対象に向かっていく。そこで注目されることになったのがマスメディアという存在だった。

当時、テレビをはじめとするマスメディアの存在感は現在よりもはるかに大きく、その影響力は計り知れないほどのものだった。そうした点が彼らの敵愾心を誘い、その反発心を煽り立てたのだろう。リベラル市民主義の場合と同様に、そしてそれよりもはるかに精力的に、いかにも特権階級的で「ハイソ」な存在としてのマスメディア、およびマスメディア業界人の「傲慢さ」や「独善的で高慢ちきな匂い」が強く批判されることになる。マスコミをもじった「マスゴミ」という2ちゃんねる語が発明され、それとともに「反マスメディア」というもう一つのアジェンダが形作られていった(28)。

そもそも「2ちゃんねる」という名称には、「あめぞうの2チャンネル」と並んで「テレビの2チャンネル」

という含意が込められていたという。当時、テレビ受像機の2チャンネルには一般に放送電波が割り当てられておらず、そこはビデオデッキやゲーム機など、他の機器からの映像や音声を出力するために用いられることが多かった。そこで従来のテレビに代わり、そのオルタナティブとなるべき新たなメディアとしてのネットという含意から、この名称を発案するに至ったとひろゆきは語っている。(29)

そこではあたかも休み時間や放課後の教室で生徒たちがテレビ番組の話題に花を開かせているような調子で、悪ガキどもがそのあら探しをしたり揚げ足取りをしたりしながら盛り上がる。そうして「テレビの2チャンネル」に集うことになった当時の2ちゃんねらーは元来、「ネット民」になる以前は大の「テレビっ子」だったと見られる。北田暁大によれば彼らは、「その愛ゆえにマスコミを嗤って」いたという。(30) 当時、テレビは生徒たちの会話にさまざまな話題を提供するという役回りを演じるのが常だったが、とりわけ2ちゃんねらーに対しては、さまざまな悪口のネタを提供するというかたちでその役割を果たすことになったと言えるだろう。

ただしそこではテレビ全般、マスメディア全般が批判のターゲットとされていたわけではない。いいかえれば彼らはありとあらゆるマスメディアの悪口を言い合っていたわけではない。多くの場合、彼らの敵意が向けられる先はある程度定められていた。特に『朝日新聞』『毎日新聞』、NHK、フジテレビ、電通などだ。つまりこれらの企業や団体が彼らの敵として広く認定されていた存在だった。

これらのターゲットは大きく二つのタイプに分かれていたと見ることができる。一つは『朝日新聞』『毎日新聞』、NHKなどのタイプで、それらは特に報道機関、ジャーナリズム機関としてのマスメディアを代表する存在として捉えられていた。その代表格が『朝日新聞』だった。もう一つはフジテレビ、電通などのタイプで、それらは特に娯楽産業、エンターテインメント産業としてのマスメディアを代表する存在として捉えられていた。その代表格がフジテレビだった。

それぞれのタイプの代表格としての『朝日新聞』とフジテレビは、マスメディアが持つとされる権力性をとりわけ強く象徴する存在、それも異なる仕方で象徴する存在として位置付けられていた。

まず『朝日新聞』は、いわゆる「第四の権力」、つまり立法・行政・司法の三権に次ぐ強大な権力を司っているという意味でのマスメディアの権力性を象徴する存在として捉えられていた。[31] リベラル派の知識人としてジャーナリズム機関に君臨している「言論エリート」の姿、いかにも教条的で高慢ちきなその姿がそこに思い描かれることになる。

次にフジテレビは、フランスの思想家のギー・ドゥボールが論じたような「スペクタクルの社会」、つまり通俗的なイメージによって人々が支配される社会を作り出しているという意味でのマスメディアの権力性を象徴する存在として捉えられていた。[32] いわゆる「イケイケ」の業界人としてエンターテインメント産業を牛耳っている「娯楽エリート」の姿、いかにも無節操で鼻持ちならないその姿がそこに思い描かれることになる。

このように当時の2ちゃんねらーは『朝日新聞』とフジテレビとを両面から叩くことを通じて、「第四の権力」を司っているジャーナリズム機関と「スペクタクルの社会」を作り出しているエンターテインメント産業とをともに批判することにより、それら両者によって主導されてきた日本のマスメディアシステムそのもの、その構造全体に根底から疑義を突き付けていたと言えるだろう。さらに言えば彼らは、リベラル派の知識人としての言論エリートと「イケイケ」の業界人としての娯楽エリートとをともに嫌悪することにより、それら両者によって主導されてきた日本の文化システムそのもの、その枠組み自体に根本から異議を申し立てていたと言えるだろう。

とはいえ彼らは、何もそうした壮大なもくろみに沿って日々の悪口を言い合っていたわけではない。あくまでも自分たちなりのリアリティに即し、気分まかせに言いたいことを言い合っていただけだろう。そうした彼らなりのリアリティを表現するために用いられていた独自の話法、教室内的シチュエーションに伴う話法をここで思い出してみよう。

そこでは彼らの反権威主義の精神は、まず先生に反抗する、先生の悪口を言い合うというかたちで発露される。ただし悪ガキどもの悪態はそれだけにとどまるものではなかった。次の段階ではそれは、先生のお気に入りの生徒に反発する、優等生や人気者の悪口を言い合うというかたちで表現されることになる。そこで優等生的なキャラクターとして捉えられたのが特に『朝日新聞』であり、人気者的なキャラクターとして捉えられたのが特にフジテレビだった。

つまり彼らにとって『朝日新聞』的な言論エリートの姿、リベラル派の知識人としてのその姿は、いわば学級委員長的な優等生の姿、杓子定規でどこか高慢ちきなその姿を思わせるものだったのではないだろうか。また、フジテレビ的な娯楽エリートの姿、「イケイケ」の業界人としてのその姿は、いわゆる「リア充」的な人気者の姿、お調子者でどこか鼻持ちならないその姿を思わせるものだったのではないだろうか。

一方で彼ら自身はあくまでも劣等生であり、しかも「悪い子」であるとともに「ダメな子」であり、さらに実際にその中心となっていた若い世代のIT技術者は、四六時中パソコンに向かいながらネットのなかに住み着いているかのようなそのスタイルから、どうしても「非リア充」的な志向性を強く持ちがちな存在だった。

そうした彼らからすれば、いかにも学級委員長的な優等生としての『朝日新聞』のどこか高慢ちきな姿や、いかにもリア充的な人気者としてのフジテレビのどこか鼻持ちならない姿がどうにも気に入らなかったのではないだろうか。その結果、彼らは優等生と人気者、『朝日新聞』とフジテレビの悪口を激しく言い合うことになる。そこに示されていたのもまた彼ら独自の批判精神の表現、屈折した反権威主義の精神の表現だったと言えるだろう。

加えて『朝日新聞』にしてもフジテレビにしても、彼らの目にはともに「文系エリート」の代表格として映じていたのではないだろうか。理系の出身者が多く、ゲームプログラミングやフラッシュアニメなど、理系的なテイストを取り込みながらその表現を成熟させてきた新しいサブカルチャーの支持者としての彼らからすれば、

『朝日新聞』的な言論エリートにしてもフジテレビ的な娯楽エリートにしても、文系エリートばかりが重用され、文系的な素養ばかりが尊重されているかに見える日本のマスメディアシステム、そして文化システムは、不当にも彼らを疎外するもののように感じられたのではないだろうか。

9　マスメディアのインチキを暴く

テレビをはじめとする旧来のマスメディアに代わり、そのオルタナティブとなるべき新たなメディアとしてのネットという立場からそのあり方を批判していくというスタンスから、彼らは独自の戦術を編み出していく。いわゆるヤラセなどによる捏造疑惑を追及し、事実を検証することにより、マスメディアの「インチキ」を暴き、その不正を告発するというものだ。それはメディアとしての立場からメディアを批判すること、つまりある種のメディア活動を彼ら自身が実践することを通じてマスメディアのあり方を批判することを意味するものだった。

そこではある種の集合知システムにより、不特定多数のネットユーザーの人海戦術を介してさまざまな情報が収集され、検証され、特定されていく。記事や映像の調査や分析、さらにリアルな場での議論などもときに交えながら、彼らは彼らなりのメディア活動に熱心に取り組んでいった。

彼らのそうした取り組みの最初の大きな成果となったのは、二〇〇二年四月二十八日にNHK総合で放送されたドキュメンタリー番組『奇跡の詩人』をめぐる件だろう。重度の脳障害を持った児童が手の動きを通じて自分の考えを母親に伝え、高度な詩を書くことができるというその内容がヤラセによるものなのではないかという疑念の声が上がり、2ちゃんねるでは早くもその夜、「NHK板」に「【NHK】疑惑の詩人〜十一歳 腹話術のメッセーヅ〜」というスレッドが立てられた。さらに後続のスレッドが次々と立てられていき、その数はたちまち百近くにも及んだ。その結果、「NHK板有志」によるリアルな場での「検証会」がおこなわれることになる。五月二十八日の大阪での会を皮切りに名古屋、札幌、東京、九州と続き、二カ月間で二十回以上もの検証会が全国各地で開かれた。一方、六月には何人かのジャーナリストにより、『異議あり!「奇跡の詩人」』(同時代社)という書籍が出版される。するとやはり「NHK板有志」により、今度はこの本の「販促活動」が全国各地の書店でおこなわれることになる。

そうしたなか、一般の視聴者からもさまざまな批判や苦情がNHKに寄せられるようになる。NHKは繰り返し会見放送をおこなうなど、苦し紛れの措置を取ることを余儀なくされた。2ちゃんねらーによる問題提起はこうして一つの社会問題となっていく。その後、十一月十四日には衆議院決算委員会の場でNHKの専務理事に対する質問がおこなわれた。なお、このとき質問に立ったのは、のちに第二次以降の安倍内閣で官房長官を務めることになる菅義偉だった(33)。

彼らのこうした取り組みは反マスメディアというアジェンダの内実に、そして新たなメディアの担い手としての彼ら自身のアイデンティティの構成に深く関わるものだったと言えるだろう。そこでは「第四の権力」への抵抗として、そのなかで触れてはならないとされているタブーにあえて踏み込もうとする姿勢が、さらに「スペクタクルの社会」への抵抗として、そのなかで思考停止させられてしまうことを断固拒否しようとする姿勢がことさら強調される。

『奇跡の詩人』をめぐる件にも彼らのそうした姿勢が典型的に示されていたと言えるだろう。そこでは障害児というタブーにあえて踏み込み、良識的な態度にとらわれることなく欺瞞を欺瞞として断罪しようとする姿勢が、そして有無を言わせないような雰囲気のなかで思考停止させられ、納得させられてしまうことを断固拒否しようとする姿勢がともに強く打ち出されていた。その後、やはり障害者、難病、被災者などのシリアスなテーマに関連し、特に日本テレビ系列の特別番組『二十四時間テレビ』などをターゲットに、「偽善番組」としてのそのあり方を批判しようとする動きが盛んになっていく。[34]

なお、彼らのそうした姿勢は、アングラネット論壇を経由して当時の一部の出版文化から学び取られたものだったと見ることもできる。その一つの原点となったのは一九七九年三月創刊の雑誌『噂の眞相』（噂の真相、〇四年四月休刊）だろう。編集長の岡留安則のもと、「反権力スキャンダリズム」という思想を掲げてさまざまなタブーに切り込み、世上を騒がせることも多かったこの雑誌は、マスメディア批判というテーマを一つの「売り」にしていた雑誌でもあった。「週刊誌記者匿名座談会」「メディア裏最前線」などのコーナーでは、毎回さまざまなメディアによる誤報や虚報、いわゆる「飛ばし記事」（確証を得ずに憶測で書かれた記事）などの内幕が暴露されていた。[35]

そうしたスタンスを模し、『噂の眞相』のネット版を目指すとして九八年十一月に創刊されたメールマガジン「サイバッチ」の主宰者は、「ネット界の岡留安則を目指す」と語っていた。さらにそれに先立ち、「すべての虚構を暴き、真実に到達しようとしている」として九五年十二月にインターネットに移行した掲示板サイト「★阿修羅♪」では、『噂の眞相』の記事から談義が始められることも多かった。[36]密教的な言論をひそかに、しかし堂々と語ることができる場としてのアングラネット論壇では、このように『噂の眞相』のスタンスが一つの規範とされていたと見られる。

さらにその後、〇〇年六月には「タブーに挑戦する」というコンセプトを掲げた「裏社会系」のムックシリーズ『別冊宝島Ｒｅａｌ』が宝島社から創刊される。そこでは第四巻まで刊行された『同和利権の真相』（〇二年四月―〇五年一月）、第二巻まで刊行された『北朝鮮利権の真相』（〇三年六月―〇四年十二月）、第三巻まで刊行された『平成日本タブー大全』（〇五年六月―〇六年七月）など、特に「利権」や「タブー」に関連する企画がさまざまに展開されていく。加えて宝島社はこの時期、アングラ系のコアなネットユーザーに向けたＩＴ系のムックシリーズ『宝島ＭＯＯＫ』を〇二年一月に創刊し、2ちゃんねる的な志向に寄り添うような姿勢を顕著に見せていた。

特に出版メディアのなかのこうしたさまざまな動きに触れながら当時の2ちゃんねらーは、反マスメディアというアジェンダの開発にあたり、彼ら独自の戦術を編み出していったのではないだろうか。

ただし『噂の眞相』的な反権力スキャンダリズムと2ちゃんねる的なそれとの間には、実際には大きな隔たりがあった。まず『噂の眞相』は、どちらかといえば左寄りのスタンスで知られた雑誌だった。実際、右翼団体からの「襲撃」を受けたことなどもある。[37] とはいえこの点をあまり大きく見る必要はないだろう。というのも初期2ちゃんねる文化は、政治的に見ればほぼニュートラルな場だったからだ。

より大きな隔たりはそのイデオロギーに関わるものではなく、むしろメディア活動としてのそのあり方に関わるものだった。『噂の眞相』的なそれは一匹狼的なジャーナリストにより、生身の体を張った行為として実践されるものだった。そこでは岡留以下、副編集長や記者などの個人名が持ち出されることも多く、さらに彼らの活動にはそのキャッチコピーとして「満身創痍」という語が好んで用いられていた。[38] つまりそれはジャーナリストの個人性、顕名性、身体性という特性に支えられたものとしてのメディア活動だったと言えるだろう。

それに対して2ちゃんねる的なそれは集団的で匿名的なネットユーザーにより、身体性に依拠しない行為として実践されるものだった。つまりそれはネットユーザーの集合性、匿名性、非身体性という特性に支えられたものとしてのメディア活動だったと言えるだろう。

そのためそこではときに議論が暴走し、いわゆる集団思考などのメカニズムに伴って独善性や極端性、過激さや無謀さが生み出されることになる。たとえば『奇跡の詩人』をめぐる件でも彼らの姿勢そのものが強調されるあまり、障害児を抱えた母親の苦悩や、やむにやまれぬその混乱した挙動に思いを至らせるための回路が完全に断ち切られてしまった。その結果、その断罪は冷酷で無慈悲なもの、どこか独善的で自己目的的なものになってしまったのではないだろうか。なお、この点については第7章であらためて取り上げることにしよう。

10　女性国際戦犯法廷とNHKの番組改変

マスメディアのあり方を批判するためのアプローチは、もちろんその捏造疑惑を究明しようとすることばかりではない。むしろよりオーソドックスなものとして挙げられるのは、その偏向姿勢を問いただそうとすることだろう。

というよりも実際には、これら二つのアプローチはセットで用いられることが多かった。つまりマスメディアの偏向姿勢を問いただすことが目指されるなかで、そうした偏向のゆえになされる捏造、すなわち「でっちあげ」を暴き、その捏造疑惑を究明することが目指される。いいかえればマスメディアの偏向姿勢が弾劾されるなかでその捏造疑惑が追及されることが多かった。その際、そうしたアプローチはいわゆる偏向報道に向けられるものだったため、そこではもっぱら報道機関、ジャーナリズム機関としてのマスメディアがターゲットとされることになる。特に『朝日新聞』『毎日新聞』、NHKなどだ。

こうしたアプローチは元来、サブカル保守クラスタよりも、とりわけ従軍慰安婦問題などに関連し、むしろバックラッシュ保守クラスタの運動のなかで盛んに用いられてきたものだった。というよりもむしろそれは彼ら本来の問題意識に、さらに言えば歴史修正主義というアジェンダの内実に深く関わるものだったと言えるだろう。

というのもそもそも歴史教科書問題とは、突き詰めればその偏向姿勢をめぐる問題として捉えられるだろうし、さらにそこに書かれている事案、南京大虐殺問題や従軍慰安婦問題などが「でっちあげ」だとすれば、それはその捏造疑惑をめぐる問題として捉えられるだろう。つまり東京裁判史観を見直そうとする彼らの考え方は、要するにメディアとしての歴史教科書の偏向姿勢を問いただそうとすること、さらにその捏造疑惑を突き止めようとすることを意味するものだった。そのためそうした考え方は、より一般的な意味でのメディア、つまりマスメディアの領域にもごく自然に適用されることになる。

たとえば教科書議連の初代の事務局長だった安倍晋三は、一九九七年十二月に出版された『歴史教科書への疑問』のなかで、「従軍慰安婦騒動のきっかけを作った」として吉田証言とともに、「それを紹介した朝日新聞の記事、また朝日新聞の（略）大々的報道、いずれもまったくのでっち上げであることが解りました」と論じ、むしろ『朝日新聞』による偏向姿勢と捏造疑惑を大きく問題化しようとする姿勢を見せていた。[39] 元来はもっぱら歴史教科書問題を検討するための場だったこの委員会は、次第にマスメディアのあり方にもコミットしていくようになるが、そうした姿勢はすでにこの時期に示されていたと言えるだろう。

そうしたなかで一つの事件が起きる。いわゆる女性国際戦犯法廷と、それに伴うＮＨＫの番組改変をめぐる件だ。

この法廷は従軍慰安婦問題の責任を追及するとして、市民団体「「戦争と女性への暴力」日本ネットワーク（バウネットジャパン）」（のちに「「戦争と女性への暴力」リサーチ・アクション・センター（バウラック）」に改称）などが主催し、二〇〇〇年十二月八日から十二日にかけておこなわれたいわゆる民衆法廷、つまり模擬裁判だった。韓国側の代表には挺隊協の尹貞玉、日本側の代表には『朝日新聞』の元記者で、バウネットの代表だった松井やよりが就いた。その様子は〇一年一月三十日のＮＨＫ教育の番組『戦争をどう裁くか』で取り上げられ、大きな話題を呼ぶことになる。

しかしそこで昭和天皇に「有罪」が宣告されたことなどをめぐり、放送中止を求める電話、ファクス、メールなどが一月二十日ごろから続々とＮＨＫに寄せられるようになる。二十六日には2ちゃんねるの「マスコミ板」に「ＮＨＫが極左団体に加担！女性戦犯法廷特集を放送！」というスレッドが立てられた。また、二十七・二十八日には「ＮＨＫの「反日・偏向」を是正する国民会議」と名乗る右翼団体の関係者など、約三十人がＮＨＫ

に押しかけ、放送中止を申し入れた。さらに右翼団体「大日本愛国党」の街宣車もＮＨＫの前に乗り付けた。

こうした動きを受け、ＮＨＫは放送の直前に番組の内容を大幅に改変するに至る。日本側の責任を厳しく追及する部分や、松井のほかにも高橋哲哉や米山リサなど、リベラル派の論者のコメントの部分を圧縮する一方で、秦郁彦への取材を急遽おこない、保守派の論者のコメントを挿入するなどした。

するとそれを受け、その放送後、関係者から続々と抗議の声が上げられていく。二月六日にはバウネットからＮＨＫに公開質問状が提出された。また、十六日には高橋や米山など、出演者の連名による申し入れ書が提出された。さらに二十四日には戦犯法廷の国際実行委員会から抗議声明が出された。

そうしたなか、三月二日付の『朝日新聞』には「「慰安婦法廷」をめぐる特集番組　ＮＨＫ、直前に大改変」という記事が掲載され、この件が詳しく検証されていく。その後、七月にはバウネットがＮＨＫを相手取り、この件を東京地裁に提訴するに至る。さらに八月には米山が「放送と人権等権利に関する委員会（ＢＲＣ）」に申し立てるなど、この件はその後もさまざまな広がりを見せていく。その間、『朝日新聞』はその帰趨を詳しく報告し続けた。(40)

するとそうしたなか、放送から四年近くたった〇五年一月十二日、『朝日新聞』には「中川昭・安倍氏「内容偏り」指摘　ＮＨＫ「慰安婦」番組改変」という記事が掲載された。中川昭一と安倍晋三の二人の政治家により、放送の直前にＮＨＫの幹部が呼び出され、番組の内容を改変するよう圧力がかけられたという内容だった。当時、中川は教科書議連の代表を務めており、安倍とともにその中心的なメンバーの一人だった。

その後、『朝日新聞』はこの件をさらに深く追及し、大々的なキャンペーンを繰り広げていく。一方でバックラッシュ保守クラスタはそれに対抗し、『諸君！』『正論』などを拠点に反朝日のキャンペーンをやはり大々的に繰り広げていく。その間、バウネットとＮＨＫとの裁判闘争は地裁から高裁へと舞台を変えながら、熾烈に繰り広げられていった。『朝日新聞』が報じたような内容、つまり「呼び出し」や「圧力」が実際にあったかどうかが争点とされたことから、それはあたかも『朝日新聞』対バックラッシュ保守クラスタの代理戦争であるかのような様相を呈し、さまざまな論議を呼んでいく。そうしたなか、バウネットは地裁と高裁では勝訴したものの、最高裁では逆転敗訴するに至る(41)。

こうしてこの時期、バックラッシュ保守クラスタの側からもその運動の展開のなかで、反マスメディアというアジェンダが形作られていった。サブカル保守クラスタの側では、それは反リベラル市民というアジェンダから発展していったものだったが、一方でバックラッシュ保守クラスタの側では、それは歴史修正主義というアジェンダから発展していったものだったことに注意しておく必要があるだろう。以後、これら二つの流れは合流し、このアジェンダはより厚みを増したものとして構成されていくことになる。

なお、これら一連の動きはその後のネット右派運動にさまざまな影響を及ぼすことになった。のちに〇九年にはNHK総合の番組『JAPANデビュー』の内容をめぐり、チャンネル桜の呼びかけによって「NHK一万人集団訴訟」が起こされるが、それはこのときの動きにインスパイアされたものだったと見ることもできるだろう。また、このときNHKに押しかけた右翼団体の代表を務めていたのは、のちに「行動する保守」の運動を牽いていくことになる西村修平だった。西村はこの事件をきっかけにその行動を一気に過激化させていく(42)。これらの経緯については第7章で取り上げることにしよう。

11　朝日新聞叩きの系譜

こうして反マスメディアというアジェンダが形作られていった。ではそのターゲットとして、そこではなぜ『朝日新聞』とフジテレビがそれぞれのタイプの代表格となったのだろうか。いいかえれば両者はなぜそれほど叩かれることになったのだろうか。

『朝日新聞』の場合にはリベラル市民主義の擁護者というその図式から、反リベラル市民というアジェンダの新たな展開として反マスメディアというアジェンダが形作られていく過程で、前者の天敵としての位置付けがそのまま後者に引き継がれることになったと見ることもできるだろう。つまり「朝日新聞叩き」というモチーフは、共通の主題としてこれら二つのアジェンダをつないだものだった。しかしその背後には、実はそれ以前からのさまざまな経緯があった。

以下、「反朝日新聞」と「反フジテレビ」のそれぞれのケースについて、その経緯を振り返りながら見ていこう。まず反朝日新聞のケースから見ていくことにしよう。

先に見たように『朝日新聞』は元来、反共運動にとっての天敵の一つだった。朝日新聞叩きの歴史は非常に古く、その起源は大正デモクラシーの時代にまでさかのぼることができる。その原点となったのは一九一八年（大正七年）八月に起きた白虹事件だろう。内閣を弾劾する論陣を張っていた『大阪朝日新聞』が治安当局によって処分された事件だ。「黒龍会」や「浪人会」など、当時の右翼団体は「日本赤化の宣伝を行なっている」として大阪朝日新聞社を襲撃し、社長を拉致するなどして激しい攻撃を繰り広げた。その後、右派系の雑誌『新時代』（新時代社）などでは反朝日のキャンペーンが大々的に繰り広げられることになる。(43)

そうした「伝統」が戦後、既成保守論壇へと、さらに冷戦体制の終結後、新保守論壇へと受け継がれていき、そこで『朝日新聞』が今度は反リベラル運動の天敵という役回りを引き受けさせられるに至ったことは先に見たとおりだ。その際、その一つのきっかけとなったのは従軍慰安婦問題だった。その後、これら一連の流れを受け継ぎながら形作られていったのがネット右派論壇のなかの保守系セクターだった。

なお、小林よしのりが反朝日の論戦に参戦していくきっかけとなったのは、先に見たように九七年八月十日付の『朝日新聞』記事で彼のファンが「さらし者」にされたことだったが、そのファンというのが、日本茶掲示板の初代の管理人となったラーメン屋二郎だった。そうしたこともあり、保守系セクターと『朝日新聞』との間には当初からさまざまな因縁があった。そのためそこでは日本茶掲示板ばかりでなく、「週刊言志人」などでも朝日新聞批判の議論が盛んに繰り広げられることになる。[44]

このように当時、ネット右派論壇のなかに形作られていった朝日新聞叩きの動きのなかには、まずこうした流れ、つまり既成保守論壇から新保守論壇へ、さらに保守系セクターへという「保守」の側の系譜があった。しかしそこにはもう一つの流れがあった。既成右翼から新右翼へ、さらに右翼系セクターへという「右翼」の側の系譜だ。

黒龍会や浪人会など、草創期の右翼団体によって『朝日新聞』に向けられた「直接行動」の伝統は戦後、既成右翼へと受け継がれていく。その結果、『朝日新聞』をターゲットとする過激な攻撃がさまざまに繰り広げられることになる。七一年八月には右翼団体「大日本賀城会」により、朝日新聞社を爆破するという予告が出され、近隣にダイナマイトが運び込まれるという事件が起きた。また、七七年五月には右翼団体「防共挺身隊」によって朝日新聞社が襲撃され、「容共朝日新聞糾弾」などと看板に書き付けられるという事件が起きた。いずれのケースも『朝日新聞』の「左翼偏向姿勢」に強く反発してのことだった。[45]

そうしたなか、ひときわ凄惨な事態となったのはいわゆる赤報隊事件だろう。八七年五月三日、朝日新聞阪神支局が襲撃され、銃撃された記者一人が死亡し、一人が重傷を負うという事件が起きた。その後、九月二十四日には名古屋本社の寮が襲撃される。さらに八八年三月十一日には静岡支局に爆弾が仕掛けられる。これら一連の事件に際し、「赤報隊」および「日本民族独立義勇軍」と名乗る者から犯行声明が出されたが、しかし犯人を特定することはできなかった。新右翼との関係が疑われたものの、一方で新右翼の内部からは、その手法や声明などから見て右翼・民族派による犯行ではないのではないかという見方が示された。[46]

九七年二月の柳美里の事件の際、すなわち「独立義勇軍」を名乗る者からの脅迫を受けてそのサイン会が中止されるに至った際、『朝日新聞』がそれを「言論弾圧」などとして大きく問題化しようとしたことに対して、保守論壇からは一斉に抗議の声が上げられていき、そのことが左右対決の構図を先鋭化させる一因となったことは先に見たとおりだが、そこで『朝日新聞』がそうした対応を取らざるをえなかったことの一つの背景には、これらの事件の凄惨な記憶があったのではないだろうか。

一方、新右翼では別のかたちで『朝日新聞』との争いが繰り広げられていく。「風の会」を率いて九二年七月の参議院選挙に臨んだ野村秋介は、『週刊朝日』七月二十四日号で「風の会」が「虱の会」と揶揄されたことをきっかけに、『朝日新聞』の姿勢を厳しく問い続け、九三年十月二十日、朝日新聞社でおこなわれた社長との話し合いの場で突然拳銃自殺するに至る。この事件は大きな衝撃をもって世に迎えられた[47]。

その後、これら一連の流れを受け継ぎながら形作られていったのがネット右派論壇のなかの右翼系セクターだった。こうしたことから右翼系セクターと『朝日新聞』との間には当初から、保守系セクターの場合にも増してさまざまな因縁があった。そのため早くも九七年ごろには、朝日新聞叩きのための方策を「笑いながら」考えることを目指すという掲示板サイト「朝日新聞をみんなで叩き潰す掲示板」が立ち上げられる。このサイトは右翼系セクター、とりわけ既成右翼系クラスタの一大拠点となる。特に九九年四月に鐵扇會が立ち上げられるまでは、その最大の拠点としての役割を果たすことになる[48]。当時の既成右翼系クラスタは右翼団体の場合と同様に、多種多様な主張を掲げる小規模なサイトが乱立している状態だったが、そうしたなかで朝日新聞叩きというモチーフは、彼らの関心のいわば最大公約数としての役割を果たすことになったのではないだろうか。

12　明示的な偏向批判と暗黙的な特権批判

では保守の系譜にしても右翼の系譜にしても、そこでそもそも『朝日新聞』はなぜそれほど叩かれることになったのだろうか。反朝日新聞というアジェンダの内実についてあらためて考えてみよう。

そこで繰り返し指摘されてきたのはその偏向姿勢、それもいわゆる進歩的文化人としての立場に伴う偏向姿勢という点だった。つまり進歩主義的な考え方を奉じるリベラル派の文化人としての立場から、左翼としてのマルクス主義に、さらにサヨクとしての市民主義にあくまでも与しようとする姿勢だ。

野村は『朝日新聞』との係争のさなか、雑誌『宝石』一九九三年四月号（光文社）に寄稿した記事「「一六の墓標」は誰がために」のなかで連合赤軍事件に触れながら、『朝日新聞』のそうした姿勢を厳しく追及している。野村によれば「戦後的特異な環境のなかで、純真で無垢な青年たちは、（略）朝日や日教組、左翼文化人（自分たちは喋るだけで、後方で扇動する連中）らの甘美な言葉に誘われ、（略）階級闘争、プロレタリアートの解放といった幻想に陶酔し、まさに暗渠の深みにのめり込んでいってしまった」という。「その価値観によって、がんじがらめに縛りつける教義教典の悪弊を（略）助長するのみか、それを生活の糧として、扇動する輩」、「それも、進歩的文化人などと称され、ぬくぬくと温かい飯を食い続けてきた連中」、それが『朝日新聞』だと野村は断じた。(49)『朝日新聞』という存在を進歩的文化人の立場と重ね合わせ、さらにそこからマルクス主義の主張と重ね合わせることによってその偏向姿勢を批判しようとするこうした議論は、朝日新聞叩きの論拠として最もよく持ち出されてきたものだった。たとえば『朝日新聞』の元記者で、『週刊朝日』の副編集長を務めたこともある稲垣武は、いわば転向後の九四年八月のその著書『「悪魔祓い」の戦後史――進歩的文化人の言論と責任』（文藝春秋）、および九七年十一月の著書『「悪魔祓い」の現在史――マスメディアの歪みと呪縛』（文藝春秋）のなかで、進歩的文化人、マスメディア、マルクス主義という三つの要素を重ね合わせながらそうした議論を大々的に展開している。

そこにはそれなりの説得力はあるものの、しかし朝日新聞叩きの論拠として見るとやや物足りないところもある。というのもそこでは、突き詰めればマルクス主義批判や進歩的文化人批判という論点から朝日新聞叩きが肯定されているわけだが、しかし本来、そうした論点のために『朝日新聞』だけを持ち出してくることには無理があると思われるからだ。マルクス主義批判のためならむしろ日本共産党の機関紙『赤旗』などを、進歩的文化人批判のためならむしろ岩波書店の雑誌『世界』などを持ち出してくるほうが自然だろう。実際、『赤旗』が各方面から攻撃されてきたという経緯はあるし、また、竹内洋の議論に見られるように「進歩的文化人の牙城」としての『世界』が一部から批判されてきたという経緯もある。[50]

しかし朝日新聞叩きはそうした動きよりもはるかに激烈におこなわれてきたものだった。もちろん『赤旗』や『世界』と比べると、『朝日新聞』のほうがはるかにメジャーな存在だったという理由もあるだろうが、しかしそうした点ばかりでなく、一方でそこには、マルクス主義批判や進歩的文化人批判という論点だけには回収されないような別の論点、別の動機もあったのではないだろうか。ではそれは何だったのだろうか。

加瀬英明は八八年二月に出版されたその著書『日本の良識をダメにした朝日新聞』（山手書房）のなかでそうした点に具体的に言及している。加瀬によれば『朝日新聞』は「「庶民の味方」であるというポーズをとっている」が、しかしそこには「読者には判断できないだろう、だから代って判断するという、上から下へ伝えるというエリート意識が働いている」という。そうした意識の現れとして加瀬は、多くの「朝日人」の言葉のなかに「「天下の朝日」「朝日は日本民族の文化的資産」「国民の共有財産」「社会の公器」といった表現がきわめて頻繁にでてくる」ことに注目する。たとえば『朝日新聞』の元記者で、のちに評論家・政治家となった細川隆元は

「天下の朝日新聞、いや世界の朝日新聞」について、「新聞社の本質というもの、新聞社の財産目録は、決して株式だけでなく、読者による新聞への信頼、言論機関への尊敬、これこそ他の株式会社には見られない財産なのである」と述べていたという。

さらに加瀬は朝日新聞社員の恵まれた境遇、「少量労働の高賃金」というその労働環境にまで言及している。当時、朝日新聞社では一日の実働時間が短く設定されていたうえ、時間外賃金の割増率が高く設定されており、さらに夜勤や深夜勤の割増率が著しく高く設定されていたという。加えてさまざまな種類の割増賃金や手当がそこに付くことになっていた。また、退職金も高く設定されており、さらに退職後しばらくの間は定年休職給が、その後は終身年金が、加えて本人の死後はその配偶者にまで終身年金が支給されることになっていたという。「おそらく日本中でこれほど社員を優遇している会社はないだろう」と加瀬は論じている。[51]

そこに指摘されていたのはその特権性、それも「上から目線」の尊大で高飛車なエリート意識を伴う特権性という点だろう。先に見たように加瀬は、「戦前エスタブリッシュメント」の由緒正しい流れを汲む存在、戦前的な特権階級としてのオーセンティシティを体現しているかのような存在だったが、そうした加瀬から見たときに『朝日新聞』は、「戦後エスタブリッシュメント」の新しい流れを示す存在、戦後的な特権階級としてのステータスを体現しているかのような存在として捉えられたのではないだろうか。やはり特権階級に、しかも異なる種類のそれに属している存在だったからこそ加瀬の目には、あるいは『朝日新聞』に固有の特権性が明瞭に捉えられたのかもしれない。

吉本隆明はかつて進歩的文化人の代表格としての丸山眞男について、「あまりにやせこけた、筋ばかりの人間の像がたっている」と評したが、「少量労働の高賃金」を享受しているという『朝日新聞』に向けられた批判の眼差しは、いわゆる岩波文化人に向けられたかつてのそうした眼差し、純粋な進歩的文化人批判の眼差しとは微妙に異なるものだったと言えるだろう。[52]そこでひときわ厳しく問われることになったのは、野村の言葉にもあるように「進歩的文化人などと称され」るという点ばかりでなく、むしろそのうえで「ぬくぬくと温かい飯を食い続けてきた」という点、その特権性という点だったと考えられる。

このように反朝日新聞というアジェンダのなかには、進歩的文化人としての立場に伴うその偏向姿勢を批判するというもの、つまり偏向批判という論点と、「上から目線」のエリート意識を伴うその特権性を批判するというもの、つまり特権批判という論点との二つが含まれていたと見ることができる。その際、偏向批判という論点はいわば明示的なアジェンダとして提示され、朝日新聞叩きのための「公式見解」として持ち出されることが多かったが、一方で特権批判という論点はむしろ暗黙的なアジェンダとして了解され、「本音」として取り交わされることが多かった。そうした二重構造のもとに構成されていたのが反朝日新聞というアジェンダだったと位置付けられるだろう。

なお、上丸洋一は朝日新聞叩きの一つの原点となったとされる六〇年安保の際の報道について、「左翼偏向」と指摘されてきた記事を検証し、「朝日新聞が安保改定に反対した事実はない」ことから、そこに「「左翼」「反安保」のレッテルをはられるいわれはない」と主張している。しかし一方でその際、『朝日新聞』は「ムードで動く意識の低い「群衆」」として「大衆を「見下ろして」いたのではなかろうか」とも述べている。[53]実はむしろそちらの点、「大衆を「見下ろして」いた」という点こそが朝日新聞叩きの真の原点となったものだったのではないだろうか。つまり『朝日新聞』が叩かれることになったのは、実はその立ち位置が「左」だったからというよりも、むしろ「上」だったからなのではないだろうか。

13　アングラネット論壇での朝日新聞不買運動

その後、ネット右派論壇が成立すると、ネット右派論壇と『朝日新聞』との間にはさらにもう一つの係争が抱え込まれることになる。それは保守の系譜や右翼の系譜から直接もたらされたものではなく、むしろアングラネット論壇の存在そのものに関わるものだった。

当時、インターネットが急速に普及していくなかで、怪しげなアングラ掲示板が乱立する場としてネットメディアの「裏側」の世界に形作られていったのがアングラネット論壇だったが、一方でその「表側」の世界を象徴する存在として、それを牽引していく役割を引き受けることになったのが『朝日新聞』だった。

『朝日新聞』では一九九四年三月二十八日から五回にわたり、「電子が結ぶ地球村 インターネットへの招待」という連載がおこなわれ、勃興しつつあったインターネットをめぐるさまざまな動向が紹介されていく。その後、九五年八月にはそのニュースサイトとして「アサヒ・コム」が開設され、『朝日新聞』は自らネットメディアのフロントランナーとしての位置に着くことになった。「Ｙａｈｏｏ！ ＪＡＰＡＮ」がサービスを開始したのが九六年四月、「あやしいわーるど」がインターネットに移行したのが九六年八月だったことなどを考えると、『朝日新聞』のこうした取り組みがいかに先進的なものだったかがうかがい知れるだろう。

その後、『朝日新聞』では九六年九月三日から二年以上にもわたり、「マルチメディア特集」という記事が断続的に掲載されていく。それらの記事を分析している河上イチローによれば、そこにはネットという新しいメディアに対する『朝日新聞』の姿勢が端的に示されていたという。まず九六年後半の時点では、「圧倒的に「インターネットは将来性に満ちている」という記事が多」かった。しかし九七年前半になると、「内容的にはじわじわと「インターネットの困った事件」が強調されるようになる」。さらに九七年後半になると、九月十七日から七回にわたっておこなわれた連載「情報が凶器に変わる日 匿名ネット社会を考える」、さらに十一月十四日から八回にわたっておこなわれた連載「続・情報が凶器に変わる日 ネット社会と向き合う」などにより、「インターネットを「凶器」扱い」しようとする姿勢が顕著に示されるようになる。そして九八年になると、今度は「どれも「市民運動にインターネットを活用しよう」という記事」ばかりになり、「市民活動・NGO活動の連絡用ミニコミとしてならかまわない」という姿勢が明確に示されるようになる。(54)

このようにネットメディアの草創期に、それがどこに向かっていくのかまだはっきりしていない混沌とした状況にありながら、あたかもその「正しい」使い方と「間違った」使い方とを自ら決定し、「表側」の世界と「裏側」の世界とを明瞭に切り分けようとするかのような態度で、ひたすら「表側」の「正しい」世界を唱道していこうとしていた『朝日新聞』の姿勢に対して、「裏側」の「間違った」世界と決め付けられてしまったアングラネット論壇の住人は一斉に激しい反発の構えを見せていく。とりわけ「情報が凶器に変わる日」の集中連載では、「日常生活では隠されている欲望や本音が匿名性によってむき出しになる場」として「匿名ネット社会」が批判の矢面に立たされていたが、要するにそれはアングラネット世界のことだった。(55)そうしたことから彼らには、自分たちの存在が全否定されてしまったかのように感じられたのではないだろうか。

その結果、そこでは「朝日新聞不買運動」なるものが呼びかけられていくことになる。その一つのきっかけとなったのは九七年に起きた神戸連続児童殺傷事件だった。「酒鬼薔薇聖斗」と名乗る少年によって複数の児童が殺傷された事件だ。犯人の少年が逮捕された翌日の六月二十九日、その実名が「あやしいわーるど」に書き込まれたことから、未成年者の実名が公表されたことを問題視した新聞各社がその件を報じたところ、情報元の掲示板が削除されるに至った。その際、『朝日新聞』の取材によってプロバイダに圧力がかけられたという情報が流れたことをきっかけに、不買運動が呼びかけられていく。

削除された情報が海外のサイトに転載されるとともに、「朝日新聞の言論弾圧に徹底抗議」「ＳＴＯＰ ＴＨＥ朝日新聞」「こんな新聞社はいらない」などと記されたアニメーションロゴが作成され、さまざまなサイトに貼り付けられていった。実際には『朝日新聞』がプロバイダに圧力をかけたという事実はなく、さらにこの件を報じたのは『朝日新聞』だけではなかったにもかかわらず、そこでターゲットとされたのは『朝日新聞』だけだった。河上によればそれは、「普段から朝日新聞に対して思想的に敵対心を持っている人」の間で、「「朝日新聞＝圧力をかけて口封じをする」という図式が固まってしまった」からだという。(56) いわゆる「ネットの自由」の彼らなりの表現だったと見ることもできるだろう。

こうしてネットメディアの草創期にそのあり方をめぐり、「表側」の世界を代表する『朝日新聞』と「裏側」の世界を代表するアングラネット論壇との間で、いいかえれば「顕教的な言論」と「密教的な言論」との間で激しい抗争が繰り広げられていく。朝日新聞社の週刊誌『アエラ』九八年二月九日号には「運動変えるインターネット」という記事が掲載され、「インターネットが最も威力を発揮する分野」として「ＮＧＯの活動」が位置付けられた。(57) するとそうした動きに対抗するかのように『正論』九八年四月号には、「週刊言志人」の主宰者だった中宮崇により、「インターネットを仕切るサヨク・市民派の勝手放題」という記事が寄稿される。さらに「朝日新聞をみんなで叩き潰す掲示板」では不買運動の次の一手が話し合われていく。こうしてネットメディアのなかに自らのあり方をめぐる抗争というかたちで、保守の系譜と右翼の系譜からの流れがよりアクチュアルな問題として移植されていった。

なお、このときの不買運動の発端となった未成年者の実名報道をめぐる問題は、実は元来、マスメディアの立ち位置に関わる微妙な問題でもあった。その端緒となったのは八九年四月、いわゆる女子高生コンクリート詰め殺害事件の主犯格の少年の実名が『週刊文春』で報じられたことだった。このときの編集長だった花田紀凱は『朝日新聞』のインタビューに答えて「野獣に人権はない」と発言し、その記事を執筆した記者の勝谷誠彦とともに大きな批判を受けた。その際の議論をきっかけにマスメディアの対応は二分され、のちにこの事件の副主犯格だった元少年が二〇〇四年五月に再び事件を起こした際、『産経新聞』は一貫して実名報道、『朝日新聞』は一貫して匿名報道という立場を取ることになる。[58]不買運動の際に『朝日新聞』に向けられた批判は、実はそうした背景を踏まえてのものでもあった。なお、花田はのちに『マルコポーロ』の編集長を経て保守派の新しいオピニオン誌『ＷｉＬＬ』を立ち上げ、勝谷もまたその執筆陣の一角を占めることになる。

14　フジテレビ叩きに至る経緯

このように朝日新聞叩きの動きは、２ちゃんねる文化の成立のはるか以前にその源流を持つものだった。保守の系譜と右翼の系譜からネット右派論壇へと受け継がれてきたその流れは、さらに2ちゃんねる文化のなかに受け継がれていき、そこで反マスメディアというアジェンダの重要な一角を占めることになる。

しかしこのアジェンダが朝日新聞叩きというモチーフだけから構成されるものだったとすれば、それは固有のものとして成り立つことはなかっただろう。むしろ反リベラル市民というアジェンダの一つのバリエーションにしかならなかったはずだ。それが固有のアジェンダとなったのは、そこにもう一つの主要なモチーフが含まれていたからだった。「フジテレビ叩き」というモチーフだ。次に「反フジテレビ」のケースについて見ていこう。

フジテレビ叩きの動きは朝日新聞叩きの動きとは異なり、ゼロ年代になってから特に2ちゃんねる文化のなかで顕在化してきたものだった。それ以前の時期には保守の系譜や右翼の系譜はもちろんのこと、ネット右派論壇のなかにもそうした動きが明示的に示されることはなかった。というのもフジテレビは元来、『朝日新聞』の場合とは対照的に、右派的な勢力にとってはむしろ同志的・友邦的な存在の一つだったからだ。

フジテレビを擁するフジサンケイグループは元来、『正論』の発行元である産経新聞社をその傘下に持つこともあり、いわば既成保守論壇の総本山として位置付けられる存在だった。しかもその創設者であり、「メディアの支配者」（中川一徳）としてそこで絶大な権力を振るってきた鹿内信隆は元来、「日経連（日本経営者団体連盟）」の専務理事として労働組合対策を指揮し、「反共の闘士」などとして名を馳せてきたという経緯を持つ。のちに経団連（経済団体連合会）に統合されることになる日経連は当時、「対共産党戦線における参謀本部」（大宅壮一）とまで言われていた組織だった。[59]「反共の砦」としてのそれらの存在に連なるものとしてのフジテレビが、保守論壇からも右翼団体からも攻撃のターゲットとされてこなかったのは当然のことだろう。そうしたスタンスはネット右派論壇のなかにも受け継がれていくことになる。

しかし逆の見方をするとそうした存在が、ネット右派論壇のさらに後を継いだ2ちゃんねるでは、そしてネット右派運動のなかでは一転して攻撃のターゲットとされ、彼らにとっての天敵の一つにまでなるに至ったのは何とも奇妙なことだろう。

同志・友邦から天敵へという、右派的な勢力にとってのフジテレビの位置付けのこうした劇的な変化は、しかし一気に起きたものだったわけではない。そこに至るまでにはいくつかの経緯があり、段階的な状況の変化があった。それらについてまず簡単に見ておこう。

一九五四年にニッポン放送を設立して以来、数々のメディア事業に乗り出し、六八年にフジサンケイグループ会議の初代の議長に就いた鹿内のもとでフジテレビは当初、「母と子のフジテレビ」というキャッチフレーズを掲げ、長く保守派路線のテレビ局として運営されてきた。しかし「八〇年改革」と呼ばれる一連の業務改革により、「楽しくなければテレビじゃない」というキャッチフレーズを八一年に打ち出し、いわゆる「軽チャー路線」に転じることになる。その後、その長男の春雄、娘婿の宏明へとトップの座が譲り渡されていくなかで「軽チャー路線」は本格化していくが、一方で保守派路線はますます希薄化していった。そうしたなか、九二年七月二十一日に起きた「クーデター」（中川）によって宏明が解任される。その後を継いだ日枝久は元来、鹿内の場合とは対照的に、フジテレビの労働組合の書記長を長く務めてきた人物だった。[60] そのため保守論壇の一部からは、フジテレビが左傾化・左翼化したのではないかという疑念の声が呈せられるようになる。

その後、日枝は鹿内一族の支配を断ち切るためにフジテレビ株を上場させようともくろみ、当時の大株主だった赤尾一夫に株を放出するようはたらきかけた。赤尾は旺文社の創業者の長男で、数々のメディア企業の株を所有していた人物だったが、マネーゲームにのめり込むなか、その周囲には児玉誉士夫の系列の右翼団体や、いわゆる仕手筋とのネットワークが形作られていた。そうしたなか、一部の右翼団体の関係者が日枝に目を転じ、フジテレビを新たなターゲットに定めるようになる。九六年九月以降、フジテレビ本社には連日のように街宣車が押しかけ、赤尾との取り引きをめぐる「疑惑」を連呼した。フジテレビは街宣活動の差し止めを求めて仮処分を申請し、九八年十月にはそれが認められたが、しかし右翼団体側はその決定を不服として異議を申し立てた。その後もフジテレビが右翼団体に渡した「詫び状」の存在が発覚するなど、混乱が続く。なお、のちにそれに乗じて起きることになるのが二〇〇五年二月のライブドアによる敵対的買収事件だ。[61]

このように九〇年代を通じてフジテレビは保守論壇からの支持を失うとともに、一部の右翼団体からは攻撃のターゲットとされるまでになる。右派的な勢力にとっての同志・友邦としてのその位置付けは、ゼロ年代を迎えるころにはすでにほとんど形骸化していたと言えるだろう。

そうしたなかで一つの事件が起きる。〇二年十月二十五日、北朝鮮による拉致被害者の横田めぐみさんの娘とされるキム・ヘギョンさんへのインタビューがフジテレビの「特別報道番組」として放送された。小泉純一郎首相が九月に訪朝し、日朝首脳会談がおこなわれて以来、日本人拉致問題がにわかに世上を騒がせるようになったなか、フジテレビ、『朝日新聞』『毎日新聞』の三社によっておこなわれたインタビューは大きな話題を呼び、この番組は関東地区で二六・三％という高視聴率を記録する。しかし一方でそれ以上に大きな批判を呼ぶことになった。そこでは十五歳の少女に過酷な質問がぶつけられ、しかも北朝鮮側の圧力でしゃべらされていることが明らかなその発言が煽情的な過剰演出とともに伝えられていたからだ。そのためフジテレビは、「北朝鮮が用意した情報戦にまんまと乗せられた」うえ、「キム・ヘギョンさんに対する配慮に欠けている」（下村健一）として厳しく批判されることになる。[62]

そうした批判の急先鋒となったのは、皮肉なことに同じフジサンケイグループに属する『産経新聞』だった。十月二十六日付の朝刊記事には「拉致議連（北朝鮮に拉致された日本人を早期に救出するために行動する議員連盟）」の事務局長の平沢勝栄による、「北朝鮮のプロパガンダに乗るマスコミの姿勢には大いに疑問がある」という発言が掲載された。また、二十七日付の夕刊記事には「救う会（北朝鮮に拉致された日本人を救出するための全国協議会）」の会長の佐藤勝巳による、「北朝鮮の謀略の手先として働いたフジテレビに断固として抗議する」という発言が掲載される。さらにスポーツ紙の『夕刊フジ』でも二十七日付の記事にはめぐみさんの両親による、「こういうインタビューは家族にとって腹立たしい限り」（父）、「正視できずに、あまりにむごいと思って大泣きした」（母）などの発言が掲載された。

加えて一般の視聴者からもさまざまな批判や苦情が寄せられることになる。二十九日付の『産経新聞』記事によれば二十五日から二十七日までの三日間でフジテレビに寄せられた電話は、担当者が応対したものだけでも約千五百件、自動応対したものは約一万五千件にも及び、さらにそのサイトの掲示板には約二千五百件ものメッセージが書き込まれたという。[63]

この一件によってフジテレビは、右派的な勢力からの信頼を一気に失うことになったと言えるだろう。『朝日新聞』『毎日新聞』と帯同する一方で、『産経新聞』から厳しく批判されるまでになったフジテレビの立ち位置は、もはやどう見ても右側にあるものではないと捉えられるようになる。

15　日韓共催ワールドカップサッカーをめぐって

同時にこの件をきっかけにフジテレビ叩きというモチーフは、北朝鮮への反発というもう一つのモチーフと結び付けられて捉えられるようになる。元来、これら二つのモチーフは内在的に結び付いたものだったわけではなく、単に状況的に結び付いたものだったにすぎないが、両者の間にはあたかも必然的な結び付きがあるかのように考えられるようになる。

一方でこの時期、2ちゃんねるでも同様の、しかもより重要な動きが起きていた。二〇〇二年五月から六月にかけて日韓共催で開催されたワールドカップサッカー大会をめぐる一連の動きだ。それをきっかけにフジテレビ叩きというモチーフは、ひいては反マスメディアというアジェンダは、韓国への反発、すなわち嫌韓というもう一つのアジェンダとやはり結び付けられて捉えられるようになる。

堀井憲一郎によればこのとき、「「韓国とは、穏やかではない歴史もあるので、このワールドカップ期間中は、韓国の悪口は言わないでおこう」という空気が、圧倒的な力でマスコミを覆っていた」という。「「日本は敗れましたが、韓国を応援しましょう」とだけマスコミは報道し続けた」というなか、「韓国の勝ち負けには（略）関心が持てない」のに「それを応援しろ、と言われるから反発してしまった」「マスコミの建前主義にほとほと嫌気がさしてしまった」というのが当時の2ちゃんねらーの率直な心情だったのではないだろうか。[64]その経緯を見てみよう。

六月十八日、決勝トーナメントの一回戦で日本はトルコに敗退したが、一方で韓国はイタリアに勝利し、さらに二十二日の準々決勝でも韓国はスペインに勝利した。しかしその際、誤審の疑いのある判定があり、それが韓国に有利にはたらいたことが大きな波紋を呼ぶことになる。

韓国は二十五日の準決勝でドイツと対戦することになったが、ソウルでのその試合を観戦するためのパブリックビューイングが国立競技場でおこなわれる運びとなり、その決定に当たった「W杯議連（二〇〇二年ワールドカップ推進国会議員連盟）」から「韓国代表チームの応援を」という呼びかけがおこなわれた。するとそれを受けて2ちゃんねるでは二十三日、逆にドイツを応援しようという呼びかけがおこなわれ、関連するスレッドが次々と立てられていく。「【国立競技場開放されます・ドイツvsカンコック】」「【Public Viewing】国立競技場を守れ！【準決勝】」「【緊急】国立競技場ドイツ応援オフ【開催】」などのスレッドが立てられ、「当日、心からドイツを応援したいヤシは「ドイツっぽい服」着て／国立競技場に集合！」「ドイツのユニフォームか赤以外の服で国立を埋めよう！」「いままでの韓国での試合やジャッジに不平や不満がある人、／みんなでドイツを応援して、憂さを晴らしましょう」などと呼びかけられた。そして二十五日には「国立競技場ドイツ応援オフ」がおこなわれる。(65)

こうして嫌韓というアジェンダが反マスメディアというアジェンダと結び付きながら、2ちゃんねる文化のなかに徐々に顕在化していくことになる。一方で反マスメディアというアジェンダ、そしてフジテレビ叩きというモチーフそのものも明確化されていった。この件をきっかけに2ちゃんねるではフジテレビ叩きの動きがにわかに盛り上がっていく。その直接のターゲットとして選ばれたのはフジテレビのニュースバラエティー番組『とくダネ！』と、そのキャスターの小倉智昭だった。

六月二十四日のその放送中、二十二日の韓国対スペイン戦での判定の件を解説者が掘り下げようとしたところ、CMに切り替わり、番組の再開後、「長い歴史から言って日本はトルコより韓国を応援したほうがいい」と小倉が発言した。そのことが「偏向姿勢」として受け取られることになり、2ちゃんねるの「スポーツ板」には「【抗議】フジTV、とくダネBBSへGO【ウォッチ】」というスレッドが立てられる。そこでの呼びかけに応じてフジテレビのサイトの掲示板に抗議のメッセージが書き込まれるとともに、フジテレビ、および番組のメインスポンサーである花王に苦情のメールが送り付けられ、さらに電話でのクレーム、いわゆる「電凸」がおこなわれた。

そうした事態を受けて二十七日の放送中、小倉が2ちゃんねらーの行為を強く批判した。その年の二月に事実無根の痴漢疑惑を2ちゃんねるで取り沙汰されたことがあった小倉は、その件も持ち出し、「表現の自由の名のもとに誤った情報を垂れ流す行為」だと断じたが、しかしそれは逆にフジテレビの行為を指すものなのではないかとの反論を招き、かえって彼らの強い反発を呼ぶことになる。さらにフジテレビによる電話応対のなかで、「あなたみたいな視聴者が番組を見なくても痛くもかゆくもない」という発言があったという情報が流れたことから、攻撃に一層の拍車がかけられる。フジテレビへの徹底抗戦とともに花王製品の不買運動が呼びかけられていった。

二十九日には三位決定戦がおこなわれ、韓国はトルコに敗退した。その試合はフジテレビで中継されたが、試合後、トルコの表彰式の様子がカットされたことがさらに波紋を広げることになる。韓国寄りの偏向姿勢がはっきりしたとして「スポーツ板」から「マスコミ板」にスレッドが移し替えられ、次の一手が話し合われていく。[66]

その結果、その翌週末に放送される予定のフジテレビの特別番組『FNS二十七時間テレビ』を攪乱してやろうという計画が持ち上がった。番組の目玉企画の一つ、ライフセーバーによる「湘南海岸ゴミ拾い」の生中継に先駆け、浜辺中のゴミを拾い尽くしてしまうことにより、いかにも「ヤラセくさい」というこの企画を台無しにしてやろうというものだった。七月二日には「マスコミ板」に「今週末「フジの二十七時間テレビ」」というスレッドが、四日には「大規模OFF板」に「【2chネラー】湘南ゴミ拾いオフ【参上】」というスレッドが立てられ、詳細が話し合われていく。そして五日には数百人もの2ちゃんねらーが参加し、「湘南ゴミ拾いオフ」がおこなわれる。このユニークなイベントは2ちゃんねるの内外に大きな反響を呼ぶことになった。[67]

なお、いかにも「ヤラセください」という企画に対するこのときの彼らの反発のなかには、「日本はトルコより韓国を応援したほうがいい」と発言した小倉に対する反発に通じるものを見て取ることができるだろう。それは「マスコミの建前主義にほとほと嫌気がさしてしまった」という心情だ。つまり小倉への反発は、そしてフジテレビへの反発は「偏向姿勢」への反発として説明されていたものの、それはむしろ「公式見解」にすぎず、実際には「上から目線」の建前主義に対する反発という心情がその根底にあり、それがこのときの一連の行動に彼らを強く駆り立てていたのではないだろうか。それは反マスメディアというアジェンダの本質的な部分に通じるものでもあった。

こうして反マスメディアというアジェンダが、そしてフジテレビ叩きというモチーフが嫌韓というアジェンダと結び付きながら、2ちゃんねる文化のなかに一気に浸透していくことになる。元来、これら二つのアジェンダはやはり内在的に結び付いたものだったわけではなく、単に状況的に結び付いたものだったにすぎないが、しかし両者の間にはあたかも必然的な結び付きがあるかのように考えられるようになる。(68)

ただし当初の時点では、これら二つのアジェンダは同じ重みを持つものではなかったことに注意しておく必要があるだろう。当時の2ちゃんねらー、サブカル保守クラスタのハト派としての彼らにとっては嫌韓というアジェンダよりも、反リベラル市民というアジェンダの新たな展開としての反マスメディアというアジェンダのほうがはるかに重要なものだった。実際、「国立競技場ドイツ応援オフ」と「湘南ゴミ拾いオフ」とを比べてみても、後者のほうがはるかに大きな盛り上がりを見せていたことからもそうした点がうかがい知れるだろう。

しかしその後、ワールドカップサッカーに伴う「集合的沸騰」(エミール・デュルケム)が続けられるなかで、マスメディアへの反発心や敵愾心が韓国への対抗心や敵対心と混交し、しばしば前者が後者と混同されることにより、もしくは前者が後者に変換されることにより、後者が増幅されることになったのではないだろうか。(69) いいかえればそこでは反マスメディアというアジェンダが嫌韓というアジェンダとして表現されることにより、結果的に後者が強化されることになったと言えるだろう。

のちに安田浩一は「そこまで人を〝嫌韓〟に促した二〇〇二年の日韓W杯というのは」何だったのかと問いながら、一方で「ちょうどあのころからメディアに懐疑的な人たちの間で（略）マスメディア不信の文脈ができあがってしまった」ことを指摘している。(70) 実はこの指摘こそが一つの答えとなっていたのではないだろうか。つまり嫌韓というアジェンダは反マスメディアというアジェンダと結び付くことにより、いわばその裏面で、当時の2ちゃんねらーの反発心や敵愾心を漠然と背負いながら肥大化していったと見ることができる。その一つのきっかけとなったのがフジテレビ叩きというモチーフだった。

16　韓流ゴリ押し姿勢をめぐる誤解

ではそもそもフジテレビはなぜそれほど叩かれることになったのだろうか。前記のいくつかの経緯はフジテレビが右派的な勢力から好かれなくなった理由、支持・信頼されなくなった理由を説明してはいるものの、それはフジテレビ叩きの消極的な理由、いわばその必要条件だったにすぎない。そのうえでむしろフジテレビが2ちゃんねらーから嫌われるようになった理由、つまりフジテレビ叩きの積極的な理由、その十分条件を明らかにする必要があるだろう。次に反フジテレビというアジェンダの内実についてあらためて考えてみよう。

反フジテレビのケースも反朝日新聞のケースと同様に、そのアジェンダは明示的な偏向批判と暗黙的な特権批判という二重構造のもとに構成されていたと見ることができる。

そこで繰り返し指摘されてきたのはやはりその偏向姿勢という点だった。とはいえ朝日新聞叩きの場合とは異なり、そこで問題とされてきたのは韓国寄り（ときに北朝鮮寄り）の偏向姿勢という点だったが。とりわけ二〇〇〇年代半ば以降はいわゆる韓流コンテンツ、つまり韓国製のテレビドラマやポップミュージックの流行に伴い、フジテレビはそれらを「ゴリ押し」しているとして激しく批判されるようになる。その結果、一一年八月二十一日には二回にわたってそれぞれ数千人もの人々が参加し、「フジテレビ抗議デモ」が大々的におこなわれることになる。フジテレビの「反日的」な「韓流ゴリ押し姿勢」が韓国を利する一方で、日本を貶めているという申し立てによるものだった。[71]

しかしそうした「韓流偏向姿勢」をフジテレビ叩きの論拠として持ち出してくることは、「左翼偏向姿勢」を朝日新聞叩きの論拠として持ち出してくることにも増してはるかに説得力に欠けるものだろう。むしろ荒唐無稽なロジックだと言わざるをえない。というのも実際には、フジテレビのみが際立って韓流コンテンツをゴリ押ししてきたという事実などないからだ。

元来、いわゆる韓流ブームの嚆矢となったのは韓国ドラマ『イヴのすべて』が〇二年十月からテレビ朝日系列で放送されたことだった。その後、『冬のソナタ』がNHK－BS2で〇三年四月から放送され、次いで十二月から再放送され、さらに〇四年四月からNHK総合で放送されたことをきっかけに大きなブームが訪れることになる。それを受けて日本テレビ系列では九月から『ドラマチック韓流』、フジテレビ系列では十月から『土曜ワイド・韓流アワー』という放送枠が設けられ、さまざまな韓国ドラマが放送されていく。しかし〇五年九月にはいずれの枠も終了し、特に中高年の女性ファンを主な対象とする「第一次韓流ブーム」は終息するに至った。

その後、ゼロ年代終盤には若手俳優の台頭やいわゆるK―POPの流行に伴い、今度はより若い女性ファンを主な対象とする「第二次韓流ブーム」が巻き起こる。それを受けてフジテレビ系列では一〇年一月から『韓流α』、TBS系列では七月から『韓流☆セレクト』、テレビ東京系列では一二年四月から『韓流プレミア』という放送枠が設けられ、芸能情報とともにやはりさまざまな韓国ドラマが放送されていく。それらはいずれも日中や夕方など、いわゆるノンプライムタイムの放送枠のものだったが、TBS系列では一〇年三月から『IRIS―

アイリス――』が午後九時台に放送され、韓流コンテンツが地上波民放のゴールデンタイムに進出を果たすことになった。[72]

こうした経緯を見ていくと、そこでフジテレビのみが際立って韓流コンテンツをゴリ押ししてきたという事実などないことがあらためて明らかになるだろう。放送権料が比較的安価だったうえ、熱烈なファン層に支えられて安定した高視聴率を稼ぐことのできる韓流コンテンツにさまざまなテレビ局が群がり、その獲得にしのぎを削っていた様子がうかがわれる。特にこの時期、フジテレビは、一九九五年以来日本テレビに譲り渡していた「年間平均視聴率三冠王」（全日・ゴールデンタイム・プライムタイムの年間平均視聴率のトップ）の座を〇四年に奪還し、それを維持していた最中だった。情報番組に注力する一方で韓流コンテンツには比較的冷淡だった日本テレビから「王位」を奪還したフジテレビが、この分野に注力せざるをえなかったのも無理からぬことだろう。そこにあったのは一貫してメディアビジネスの論理、視聴率争いのためのコストパフォーマンスの論理だった。[73]

だとすればそこにフジテレビの「反日的」なイデオロギーを見ようとすることは、やはりどう考えても荒唐無稽なロジックだと言わざるをえない。キム・ヘギョンさんの件やワールドカップサッカーの件以来、反マスメディアというアジェンダが、そしてフジテレビ叩きというモチーフが嫌韓というアジェンダと結び付けられて捉えられるようになった結果、これら二つのアジェンダが混交し、一方が他方を説明するものとして持ち出されてくることになったのだろう。つまり朝日新聞叩きの場合と同様に、偏向批判という論点が明示的なアジェンダとして提示され、フジテレビ叩きのための公式見解として持ち出されてくることになった。しかもそのロジックは朝日新聞叩きの場合よりもはるかに牽強付会で、むしろこじつけまがいのものでしかなかった。フジテレビが韓流コンテンツをゴリ押ししているというロジックをいわば彼らはゴリ押ししていたわけだ。

17 親殺しとしてのフジテレビ叩き

ではその背後にあった暗黙的なアジェンダ、フジテレビ叩きのより真正な動機となっていたものとは何だったのだろうか。それはやはり朝日新聞叩きの場合と同様に、特権批判という論点だったと考えられる。

当時の2ちゃんねらーが「ネット民」になる以前の「テレビっ子」だったころ、一九八二年から九三年までの間、フジテレビは年間平均視聴率三冠王の座をほぼ維持し、華やかなテレビ業界のなかでも一段と華やかな存在だった。「楽しくなければテレビじゃない」というキャッチフレーズのもと、お笑い番組、深夜番組、トレンディードラマなどの分野で次々と新機軸を打ち出し、にぎやかな「ノリ」を日本中に振りまいていったその姿は、バブル経済に沸き立つ当時の日本社会を象徴するかのような眩いものだった。

しかしバブル経済が崩壊し、九〇年代半ばになって一気に世相が暗転していくと、フジテレビのそうした姿はどこか浮ついたもの、空々しいものとして映じるようになる。いつまでも押しつけがましく「業界風」を吹かせながら「内輪ウケ」のお祭り騒ぎに興じているようなその姿は、世相から遊離したどこか閉鎖的なもの、特権的なものとして捉えられるようになる。特に九七年、山一證券が経営破綻し、不況が一段と深刻化していったこの年の四月に、豪華絢爛たる新社屋をお台場に完成させたフジテレビは鳴り物入りでそこに本社を移転することになるが、そのことが一つの転機となった。

フジテレビの元社員の吉野嘉高によればこのとき、「建物内部の社員の心には、自分は「一般の人」とは違う存在だという「特権意識」あるいは「一流意識」のようなものが芽生え始めていた」という。「以前はフレンドリーで庶民的だった社員たちが、なぜか少しずつ都会派のエリートを気取り始め」、「〝カッコいいオレ様〟とばかりに根拠なく自信満々な人が増えてきた」、さらに「口調や身のこなしにナルシスティックな自我がにじみ出て」、「上から目線」の「傲慢な態度」、「自分の職務上のポジションに対する思い上がりが現れて」きたと吉野は感じたという。また、吉野自身も「私は、浅はかにも自分が特権階級の人間であるかのように感じていたのかもしれない」と語っている。[74]

その後、二〇〇五年二月の敵対的買収事件により、フジテレビにいわばけんかを売ることになったライブドアの元社長の堀江貴文は、フジテレビ社員のそうした特権性のイメージをより「ベタ」に語っている。堀江によれば「フジテレビにいるだけでモテるし、金もらえるし、平均年収一四〇〇万とか」だという。「合コン行って「フジテレビの社員です」って言ったらむちゃくちゃモテる」し、「「芸能人と会わせてやるよ」って言ったら誰でもヤレるみたいな」、そうしたイメージが徐々に作り上げられていった。[75]

こうして九〇年代半ば以降、フジテレビは右派的な勢力からの支持・信頼を失ったのに続き、今度は庶民のリアリティに基づく共感をも失うことになったと言えるだろう。元来は八〇年代前半、「フジテレビは、高みから視聴者を見下ろす啓蒙的メディアでは」なく、「彼らと同じ目線で物事を見る庶民的メディア」(吉野)だという姿勢を掲げていたにもかかわらずだ。[76]

フジテレビの立ち位置のそうした変化に最も敏感だったのが当時の2ちゃんねらーだった。というのも元来、ネット民になる以前は大のテレビっ子だった彼らは、フジテレビによって牽引されてきた八〇年代的なテレビ文化の影響をひときわ強く受けてきたという経緯を持つからだ。北田暁大によれば「八〇年代的なテレビ文化は、(略)テレビと慣れ合う身体ばかりでなく、当のテレビを嗤う身体をも醸成していた」という。その結果、「「愛ゆえのシニシズム」ともいうべきアンビバレントな心性」「マスコミを愛し嘲笑する「2ちゃんねらー」的心性」がそこに形作られていったという。[77]

実際、「八〇年改革」の直後のフジテレビの姿勢について吉野は、「本音の世界」「「リアル」へのこだわり」

「仲間意識の強さ」「視聴者も「仲間」」「「権威」をぶち壊せ！」などのフレーズを挙げながら説明している。そこから浮かび上がってくるのは、リアリティとコミュニティの重視という観点を強く打ち出すことによって反権威主義の精神を押し通そうとしていたその姿勢だろう。それは当時のフジテレビの「軽チャー路線」の思想的な支えとなっていたものだった。そしてそれは、実はのちの初期2ちゃんねる文化に、ひいてはサブカル保守クラスタの思想に固有の姿勢と重なり合うものでもあった。

吉野によれば「戦後の教育システムは、教育という「権威」ある存在によって、ある一定の価値観や人生観を刷り込むことが、暗黙の了解となっていたが、感性豊かな子供たちが、教員から上から目線で指示される管理主義的な教育のあり方に、違和感のほか、欺瞞やうさんくささを感じていた」ため、「八〇年代前半、（略）フジテレビがバラエティー番組で権威を〝ぶち壊し〟、定型的な常識や社会規範を相対化させて見せる時、若い視聴者が強い共感を示」すことになったという。そこに示されている経緯は、のちに九〇年代半ば以降、左派的な言説という権威に反発してサブカル保守クラスタが形作られていった経緯とやはり重なり合うものだった。

つまり当時の2ちゃんねらーは、ひいてはサブカル保守クラスタはそもそも、フジテレビによって牽引されてきた八〇年代的なテレビ文化の最も忠実な後継者だったと見ることができる。その反権威主義の精神をフジテレビから受け継いだ彼らは、しかしフジテレビが「権威や権力の象徴としての「フジテレビ城」」（吉野）に閉じこもり、逆に一つの権威となってしまったとき、その反権威主義の精神を当のフジテレビに向け、激しい攻撃を繰り広げることになる。[78] それはある種の近親憎悪による行為、いわば親殺しの行為だったと捉えることもできるだろう。だからこそそこには朝日新聞叩きの場合よりもはるかに熱狂的に、とりわけ若い世代からの支持が寄せられることになったのではないだろうか。

しかもその際、彼らはなぜフジテレビを憎んでいるのかを十分に説明することができなかった。その結果、韓流ゴリ押し姿勢などというこじつけまがいのロジックが持ち出されてくることになる。元来、親殺しの理由、近親憎悪の由来などというものは簡潔に説明することができないものだろう。「「愛ゆえのシニシズム」ともいうべきアンビバレントな心性」を簡潔なアジェンダとして定義することができなかったがゆえに、そこでは朝日新聞叩きの場合に倣い、偏向批判という論点が明示的なアジェンダとして半ば強引に提示されることになったのではないだろうか。

このように八〇年代的な反権威主義の一つのシンボルだったフジテレビがその後、逆に一つの権威となってしまったとき、そこに形作られていったのがフジテレビ叩きというモチーフであり、ひいては反マスメディアというアジェンダだった。一方で先に見たように六〇年代的な反権威主義のシンボルだった左派的な言説がその後、やはり一つの権威となってしまったとき、そこに形作られていったのが反リベラル市民というアジェンダだった。だとすればこれら二つのアジェンダは、実は同じ構造を持つものだったと見ることができるだろう。反リベラル市民というアジェンダの新たな展開として反マスメディアというアジェンダが形作られていった際、朝日新聞叩きというモチーフを通じてその主題が引き継がれる一方で、フジテレビ叩きというモチーフを通じてその構造が引き継がれることになったのではないだろうか。

なお、反権威主義の精神の発露としてのフジテレビ叩きというモチーフには、その実践例として一つの具体的な先行例があった。それはやはり『とくダネ！』と、そのキャスターの小倉をターゲットとしたものだった。〇一年二月十九日、新宿のライブハウス「新宿ロフト」でおこなわれたタレントの野村沙知代のライブをめぐり、その翌日の『とくダネ！』で「暴言」を吐いたとされる小倉に対してその関係者から抗議の声が上げられた。それを受けて代表の平野悠を中心に、当時の掲示板サイト「おじさんとの語らい」での呼びかけを通じて「小倉あやまれ友の会」という団体が結成される。彼らはフジテレビに「抗議文」を送り付けるとともに、五月二十日には二百人以上もの参加者を引き連れてフジテレビ本社でデモをおこない、さらに二十八日には株主総会の会場に乱入するなどして激しい抗議行動を繰り広げた結果、フジテレビから正式の「謝罪文」を勝ち取るに至る。この件は一部で話題を呼ぶことになり、2ちゃんねるにも関連するスレッドが立てられた(79)。

この運動の担い手となったのは2ちゃんねらーではなく、むしろ左派系のアクティヴィズムに連なる人々だった。たとえば平野はかつての左翼運動の闘士から、左寄りの文化人として知られるようになった人物だ。とはいえ『噂の眞相』の場合と同様に、イデオロギー上の隔たりという点をここであまり大きく見る必要はないだろう。まだニュートラルな存在だった当時の2ちゃんねらーは、反マスメディアというアジェンダの開発にあたり、左寄りのメディアとしての『噂の眞相』からそのためのメディア活動の方法を学び取ったのと同様に、左派系のアクティヴィズムとしての「小倉あやまれ友の会」から直接行動の方法を学び取ったのではないだろうか。その結果、ヤラセや捏造を暴くというメディア活動と、「電凸」や「大規模ＯＦＦ」などの直接行動とが組み合わされ、彼ら独自の戦術が編み出されていくことになる。

18 新旧メディアの階級対立

こうして反マスメディアというアジェンダが形作られていった。ただしそうした動きは2ちゃんねるという固有の場だけのものだったわけではない。同様の動きがさまざまな場で見られるようになる。その背景には旧来のマスメディアとネットという新しいメディアとの対立、つまり新旧メディアの対立というより大きな状況があった。

テレビをはじめとする旧来のマスメディアに代わり、そのオルタナティブとなるべき新たなメディアとしてのネットという立場からそのあり方を批判していくというスタンスは、2ちゃんねるの開設に先立ち、当時のアングラネット論壇のなかにすでに広く見られたものだった。たとえば「★阿修羅♪」の主宰者は、マスメディアの情報を妄信しようとする人々の考え方を「テレビ真理教」と呼んで強く批判していたし、「サイバッチ！」の主宰者は、「メディアウォッチ」を通じて「マスコミ非難」をおこなうことをその基本方針の一つとして掲げていた。[80] これらのメディアはいずれも、マスメディア批判というスタンスそのもののなかから立ち上げられたものだった。

そうしたスタンスはアングラネット論壇ばかりでなく、その基盤となっていた当時のネット産業全般のなかに広く行き渡っていたものだった。アメリカの経済学者のジョージ・ギルダーは一九九〇年のその著書 *Life after Television*（邦題『テレビの消える日』講談社）のなかで、テレビを「トップダウン型の全体主義的なメディア」だと断じ、その前年に起きた東欧革命によって共産主義政権が崩壊に追い込まれたように、より民主的なテクノロジーの進展によってテレビ産業はやがて絶滅の危機に瀕するだろうと論じた。[81]

そうした見方は、その後急速に勃興していくネット産業に大きな力を与えることになる。そこではテレビ産業をはじめとする旧来のマスメディア産業が、新しい産業の発展のために突き崩されなければならない「アンシャンレジーム」（旧体制）として位置付けられるようになる。アメリカでは二〇〇〇年、パソコン通信サービスから出発した新興ネット企業のAOLがタイムワーナーを買収し、大きな話題を呼んだ。タイムワーナーは、世界初のニュース雑誌として知られる『タイム』を発行するタイム、大手映画会社のワーナーブラザーズ、ニュース専門テレビ局のCNNなどを擁する名門マスメディア企業だった。

そうした動きのなか、日本でも新興ネット企業とマスメディア企業との間で激しい攻防が繰り広げられていく。九六年六月にはソフトバンクがテレビ朝日の株を大量に取得し、その買収を試みたものの失敗に終わった。その後、〇五年二月にはライブドアがニッポン放送の株を大量に取得し、その傘下にあったフジテレビを支配下に収めようとしたもののやはり失敗に終わった。さらに十月には楽天がTBSテレビの株を大量に取得し、経営統合を申し入れたもののやはり失敗に終わった。

一部のネット企業のマネーゲームによるこうしたアプローチが実を結ぶことはなく、したがってアンシャンレジームがそこで一気に突き崩されることもなかったが、一方でその背後では、広告やジャーナリズムなどの領域でより実質的な競争が着実に繰り広げられていく。

アメリカの広告コンサルタントのジョゼフ・ジャッフェは、ギルダーのかつての著書をもじったようなタイトルを冠した著書 *Life After the 30-Second Spot* を〇五年五月に出版し、そのなかで「マス広告の終焉」を予見しつつ、よりきめ細かな広告テクノロジーの発展によってテレビ広告は衰退の一途をたどっていくだろうと論じた。この本は『テレビCM崩壊』(翔泳社)という邦題で〇六年七月に日本でも出版され、大きな話題を呼んだ。[82]

また、アメリカでは〇八年十二月に『シカゴトリビューン』『ロサンゼルスタイムズ』などを発行する名門新聞社、トリビューンカンパニーが経営破綻し、やはり大きな話題を呼んだ。そうした動きは日本にも生々しく伝えられる。『ネットは新聞を殺すのか――変貌するマスメディア』(国際社会経済研究所、NTT出版、〇三年九月)、『新聞がなくなる日』(歌川令三、草思社、〇五年九月)など、関連する書籍が次々と出版され、論議を呼んでいく。

こうした状況を背景に、これら一連の動きと連動しながら形作られていったのが反マスメディアというアジェンダだったと言えるだろう。そこで提起されていたのは、したがって突き詰めればやはりある種の階級対立、さらに世代間対立という論点だったと見ることもできるだろう。つまり「特権階級」としてのマスメディアと「新興階級」としてのネットメディアとの対立だ。

その際、「新興階級」の立場からは、「特権階級」の立場を担保しているとされる「レジーム」、つまりマスメディアに「既得権益」をもたらし、その「利権構造」を保証しているとされるさまざまな制度や慣習が指摘され、糾弾されていくことになる。

たとえば経済学者の池田信夫は〇六年一月のその著書『電波利権』(新潮社)のなかで、公共財としての電波の利用権が一部のテレビ局に特権的に割り当てられている現状を指摘し、そうした「電波利権」がマスメディアの特権性を作り出していると論じた。また、ジャーナリストの上杉隆は〇八年七月のその著書『ジャーナリズム崩壊』（幻冬舎）のなかで、いわゆる記者クラブ制度によってマスメディア各社が政府に癒着している現状を指摘し、それがマスメディアの閉鎖性や排他性を作り出していると論じた。[83]

そうした議論を受け、たとえば「新興階級」の代表として「特権階級」にけんかを売って敗れ去るに至った堀江は、〇九年九月に出版されたひろゆきとの共著『ホリエモン×ひろゆき 語りつくした本音の十二時間「なんかヘンだよね……」』（集英社）のなかで、これらの論点に触れながら次のように語っている。「今の日本って「メディア共産主義」」「テレビ局員というのが共産党の幹部みたいなもの（略）中国でいう共産党員のエリートなの」「あの支配の構図っていうのはまさに共産党が人民を支配する構図にそっくりだと思うんだ。自分たちは高給を得ながら、貧しい人たちの代弁をしているかのように思わせる」「いったん権力を握ってしまえば、非常に安定した構造になるんだよね[84]」

そこでは反マスメディアというアジェンダの一端をなしているものが、とりわけ「特権階級」対「新興階級」の対立という観点から率直に表現されていたと言えるだろう。

19　反日マスコミ批判の動き

一方、朝日新聞叩きやフジテレビ叩きの動きはその後、「反日マスコミ批判」というより大きな動きのなかに回収されていくことになる。その際、『朝日新聞』はその「左翼偏向姿勢」、とりわけ従軍慰安婦問題などをめぐる「自虐的」な報道姿勢のゆえに、一方でフジテレビはその「韓流偏向姿勢」のゆえに、ともに「反日的」な志向を強く持つマスメディア「反日マスコミ」の筆頭に位置付けられることになった。さらに『毎日新聞』、ＮＨ

K、TBS、テレビ朝日、電通などもやはり同様の理由から「反日認定」されるに至る。
そうした動きのいわば総本山となったのは、二〇〇七年七月に2ちゃんねるでの議論から生まれたウィキベースのサイト「国民が知らない反日の実態」だった（「ウィキ」とは複数のメンバー間でサイトを編集するための仕組みを意味する）[85]。

〇七年七月一日、「すっごい嘘だよ！　一ウソ目」というスレッドが「ハングル板」に立てられた。そこでは「従軍慰安婦、南京大虐殺などといった、朝鮮、中国らによる明らかな捏造により／日本を貶める行為が続いています」として、そうした「捏造を冷静に検証する「まとめサイト」と「まとめ動画」を作る」こと、「それをあちこちに広める」こと、そして「日本の政治・経済・社会に寄生した反日左翼の連中を排除する」ことが呼びかけられた。

するとそれを受けてウィキベースのサイトが立ち上げられ、さまざまな情報がそこに集積されていく。九月には「国民が知らない反日の実態」という正式名称が決められた。「反日勢力の動向・関連情報をまとめるwikiサイト」として、「捏造や偏向報道をし、世論操作・世論先導すら行うマスコミに騙され」ることのないよう、「反日マスコミに対抗し、反日の実態を発信し、そして日本の真の姿を世界に発信する」ことを目指すというこのサイトは、以後、反日マスコミ批判の一大拠点として、さらに反マスメディアというアジェンダに関わる一大情報集積地として、一部の2ちゃんねらーの間で熱烈な人気を博すようになる[86]。

とはいえそこに集積されていった情報は、必ずしもニュートラルなものではなかった。2ちゃんねらーに特有の「ソース至上主義」の態度が徹底されていたため、あからさまな誤情報が含まれていたわけではないが、しかしその解釈にはかなり強引なものが多かった。

たとえば「反日マスコミの正体」というコーナーでは、『東亜日報』『朝鮮日報』、KBSなど、韓国のマスメディアの日本支社が『朝日新聞』『毎日新聞』、NHKなど、日本のマスメディアの社屋のなかに置かれていることをとから、日本のマスメディアは「海外の反日マスコミと一心同体」だとされ、韓国や中国が「日本を支配するための情報工作」に加担しているとされていた。また、電通の会長が日本の植民地支配の時代の朝鮮の出身であることから、「あの韓流ブームも、日本人を洗脳するための電通による捏造だった」とされていた。さらにいくつかのマスメディアに在日コリアンの社員が在籍していることから、「反日思想を持った在日韓国・朝鮮人を社員に優遇採用した結果、マスコミはますます反日化して」いったとされていた。[87] このようにそこでは荒唐無稽なロジックに基づく陰謀論的な思考により、いわば何でもかんでも「反日イデオロギー」に結び付けてしまおうという姿勢が顕著に示されていた。

そうしたなかで一つの事件が起きる。『毎日新聞』の英語版サイト“Mainichi Daily News”のコラム“WaiWai”に、日本の風俗を紹介するとして事実無根の低俗な記事、いわゆる「変態記事」が連載されていたことが明らかになった。〇八年五月二十七日には2ちゃんねるの「マスコミ板」に「■毎日新聞の英語版サイトがひどすぎる■」というスレッドが立てられる。するとそれを受け、六月一日には「毎日新聞の英語版サイトがひどすぎるまとめ@Ｗｉｋｉ」というサイトが、続いて「毎日新聞問題の情報集積Ｗｉｋｉ」というサイトが立ち上げられ、関連する情報が集積されていく。

やがてこの件は大きな話題を呼ぶことになる。『毎日新聞』は“WaiWai”を閉鎖することを六月二十一日に発表するとともに、内部調査を進め、その結果を七月二十日付の朝刊に掲載した。それによれば一連の記事はオーストラリア人の記者の独断によるものだったが、しかし2ちゃんねらーはそこに「反日イデオロギー」の現れを見て取り、以後、『毎日新聞』は「母国を侮蔑する新聞」として反日マスコミの筆頭に位置付けられることになる。[88]

一方、ネットメディアのなかのこうした動きは出版メディアのなかの動きに裏打ちされたものでもあった。〇五年七月に出版された『マンガ嫌韓流』の大ヒットをきっかけに「バージョンアップ」されることになった新保守論壇では、嫌韓というアジェンダとともに反マスメディアというアジェンダもその大きな駆動力となっていく。山野の『マンガ嫌韓流』のなかにも「反日マスコミの脅威――日本を内側から蝕む反日マスコミのプロパガンダ」という章が含まれていたが、当時、新保守論壇のなかでこのテーマを最も熱心に追い求めていったのは西村幸祐だろう。(89)

〇六年十一月にオークラ出版から創刊されたムックシリーズ「撃論ムック」の編集長となった西村は、その第一弾として『「反日マスコミ」の真実――日本を中国、韓国の奴隷にするのか?!』を出版した。さらに〇七年三月には『ネットvsマスコミ! 大戦争の真実――不祥事続きのマスコミへNO! ネットの逆襲』というムックを出版し、2ちゃんねらーによるマスメディア批判の動きを支援しようとする姿勢を積極的に見せていく。その後、「反日マスコミの真実」をシリーズ化し、年末恒例企画として次々とムックを刊行していく。『反日マスコミの真実 二――メディアの情報支配から逃れる方法』(〇七年十二月)、『反日マスコミの真実二〇〇九――メディアの情報支配へ反乱が始まった!』(〇八年十二月)、『反日マスコミの真実二〇一〇――日本を壊す、言論統制と情報封殺システム』(〇九年十二月)、『反日マスコミの真実二〇一一――国籍をなくした報道の、恐ろしい情報統制』(一〇年十二月)などだ。

さらにその後、一一年四月に青林堂から創刊されたオピニオン誌『JAPANISM』の編集長となった西村は、「反日メディア徹底分析」(一三年六月号)、「反日マスコミが日本を滅ぼす」(一四年二月号)、「朝日新聞の大誤報!」(一四年十月号)、「反日マスコミを撃つ」(一五年八月号)など、同様の企画を展開するかたわら、関連する書籍を次々と出版し、一連の議論を牽引していくことになる。『メディア症候群――なぜ日本人は騙されているのか?』(総和社、一〇年九月)、『マスコミ堕落論――反日マスコミが常識知らずで図々しく、愚行を繰り返すのはなぜか』(青林堂、一四年七月)、『NHK亡国論――公共放送の「罪と罰」、そして「再生」への道』(KKベストセラーズ、一四年九月)、『報道しない自由――なぜ、メディアは平気で嘘をつくのか』(イースト・プレス、一七年十一月）などだ。

反マスメディアというアジェンダは、こうして「反日」という語と結び付いて反日マスコミというモチーフを形作ることにより、嫌韓、歴史修正主義、排外主義などのアジェンダと接合され、より大きな広がりを持つものとして展開されていった。

なお、その過程で「反日」という語が、かつてよくセットで用いられていた「嫌韓」という語とともに、「外なる敵」を指すものから「内なる敵」を指すものへと変容していったことに注意しておく必要があるだろう。先に見たように一九九〇年代には、この語は主として外国人の反日感情、および「反日国家」を指して用いられるものだった。しかしゼロ年代になると、日本国内の「反日勢力」を指して用いられることが多くなる。そうした転換の一つのきっかけとなったのは、この語が反マスメディアというアジェンダと結び付き、反日マスコミというモチーフが形作られたことだった。

注

（１）「平成十三年「通信利用動向調査」の結果」『総務省』二〇〇二年五月二十一日（http://www.soumu.go.jp/johotsusintokei/statistics/data/020521_1.pdf）、ばるぼら『教科書には載らないニッポンのインターネットの歴史教科書』翔泳社、二〇〇五年、二五六―二七六ページ、井上トシユキ／神宮前.org『2ちゃんねる宣言――挑発するメディア』文藝春秋、二〇〇一年、2ちゃんねる監修『2ちゃんねる公式ガイド二〇〇二』コアマガジン、二〇〇二年、ハッカージャパン編集部編『2ちゃんねる中毒』白夜書房、二〇〇二年

（２）久野収「市民主義の成立――一つの対話」『市民主義の成立』春秋社、一九九六年（初版：一九六〇年）、和歌森太郎「常民」（一九七一年）、大塚民俗学会編『〔縮刷版〕日本民俗事典』所収、弘文堂、一九九四年

（３）ニホンちゃんファンクラブ『ニホンちゃんマニアックス』サンデー社、二〇〇六年、四―三四ページ

（4）河上イチロー『サイバースペースからの挑戦状』雷韻出版、一九九八年、二〇七—二八五ページ、『マルチメディア共産趣味者連合 中央委員会』（http://marukyo.cosm.co.jp/）［現在はリンク切れ］、同アーカイブページ（http://web.archive.org/web/19990209124230/http://marukyo.cosm.co.jp/menu.html）、『爆笑的祭政壱致趣味遊國秘密結社倭國萠國趣味同志會』（http://www.geocities.co.jp/Milkyway-Vega/6529/kokusui/）［二〇一六年八月二十二日アクセス。現在はリンク切れ］

（5）大月隆寛『あたしの民主主義』毎日新聞社、二〇〇〇年、三〇—三二ページ

（6）前掲『2ちゃんねる公式ガイド二〇〇二』九五、九八、一一二ページ、大月隆寛「ネット世論と「嫌韓」の歴史——『マンガ嫌韓流』はここから生まれた！——」、大月隆寛／野村旗守／黄文雄／西村幸祐／中宮崇／宮島理ほか『別冊宝島 マンガ嫌韓流の真実！——〈韓国／半島タブー〉超入門』所収、宝島社、二〇〇五年、「ニュース極東板とは」『ニコニコ大百科』（https://dic.nicovideo.jp/a/ニュース極東板）

（7）井口秀介／小西誠／井上はるお／津村洋『サイバーアクション——市民運動・社会運動のためのインターネット活用術』社会批評社、二〇〇一年、二〇三—二〇八ページ、前掲『2ちゃんねる宣言』一八三—一八六ページ、「「レイプする」と女性市議をネット脅迫 三国人発言批判で標的に？」『朝日新聞』二〇〇〇年四月二十日付、「●●反石原派・〇〇〇〇〇市議のHP●●」『2ちゃんねる（過去ログサイト）』二〇〇〇年四月十七日（http://www.geocities.co.jp/SiliconValley-Cupertino/3390/log/955930413.html）［二〇一八年七月十三日アクセス。現在はリンク切れ］。なお、当事者の個人情報に配慮するためにスレッド名の一部を伏せ字にしてある。

（8）先に見たようにこの件に関する「犯行声明」は出されていない。したがってそれがネオナチ極右クラスタによるものだったのかどうかを断定することはできない。ただし前記の新聞記事のなかで評論家の宮崎学はこの件について、「かなり組織されたものとみている」として、単なるやじ馬によるものではなかったことを示唆している。

（9）それぞれのカテゴリに以下の語を登録し、簡単なテキストマイニングをおこなった。「三国人」カテゴリ：「三国」「韓国」「朝鮮」「中国」「台湾」「チョン」「支那」、「外国人」カテゴリ：「外国」「外人」、「犯罪」カテゴリ：「犯罪」、「右派／左派」カテゴリ「右」「左」。なお、それぞれのスレッドのメッセージ数は、初期のスレッドが千九百二十八、

後続のスレッドが四百六十四だった。

(10)「○○○○○○飲酒事件、暫定スレッド」『2ちゃんねる（過去ログサイト）』二〇〇〇年六月一日（http://mimizun.com/log/2ch/news/959840442/）。なお、当事者の個人情報に配慮するためにスレッド名の一部を伏せ字にしてある。

(11) 以下の語を登録した。「削除」カテゴリ：「削除」「消」。ただし文脈から判断し、関係ないものは除外した。

(12) 鈴木邦男監修『「右翼」と「左翼」の謎がよくわかる本』ＰＨＰ研究所、二〇一四年、一七〇—一七一ページ、「「プロ市民」って、元々は良い意味だったんだよ」『ネット発 声を挙げようＢｌｏｇ』（http://hp1.cyberstation.ne.jp/negi/DEMO/topic/t044.htm）［二〇一五年十一月十日アクセス。現在はリンク切れ］

(13)「「つくる会」ビル放火、過激派の犯行断定／警視庁」『読売新聞』二〇〇一年八月八日付夕刊、「採択妨害ついにゲリラ」『産経新聞』二〇〇一年八月八日付夕刊、「〔談話〕「つくる会」事務所火災をめぐる産経新聞の謀略的報道に厳重に抗議する」『子どもと教科書全国ネット二一』二〇〇一年八月九日（http://www.ne.jp/asahi/kyokasho/net21/seimei_03-04.htm# 謀略報道）［二〇一五年十一月十三日アクセス。現在はリンク切れ］

(14)『朝日新聞をみんなで叩き潰す掲示板』（http://258.teacup.com/noasahi/bbs）［現在はリンク切れ］

(15)「市民団体にふさわしい名前を・・・」『2ちゃんねる（過去ログサイト）』二〇〇一年八月十九日（http://mimizun.com/log/2ch/mass/998150440/）

(16) 山野車輪『マンガ嫌韓流』晋遊舎、二〇〇五年、三七—七六、二四〇ページ、『マンガ嫌韓流 公式ガイドブック』（晋遊舎ムックシリーズ）、晋遊舎、二〇〇六年、六四—六五ページ

(17) 前掲ウェブサイト「市民団体にふさわしい名前を・・・」

(18)「ＩＴ土方とは」『ニコニコ大百科』（https://dic.nicovideo.jp/a/it 土方）、『ブラック会社に勤めてるんだが、もう俺は限界かもしれない@まとめｗｉｋｉ』（https://www30.atWiki.jp/blackmatome/）、黒井勇人『ブラック会社に勤めてるんだが、もう俺は限界かもしれない』（新潮文庫）、新潮社、二〇〇九年（初版：二〇〇八年）

(19) 前掲ウェブサイト「市民団体にふさわしい名前を・・・」

(20) 井上トシユキ「[二〇〇二年] 六月二十六日 一審判決は被告側敗訴 2ちゃんねる「動物病院」裁判の行方」『創』二〇〇二年九月号、創出版、一一〇―一一七ページ

(21) 2典プロジェクト『2典――インターネットの巨大匿名掲示板群「2ちゃんねる」用語辞典』第三版、宝島社、二〇〇五年、二〇、一九四ページ

(22) 藤井誠二『一七歳の殺人者』（朝日文庫）、朝日新聞社、二〇〇二年、二八九―三二一ページ（初版：二〇〇〇年）、「佐賀・西鉄バス乗っ取り事件」『オワリナキアクム〜又ハ、捻ジ曲ゲラレタ怒リ』（http://yabusaka.moo.jp/saga%20bj.htm）

(23) 前掲『2ちゃんねる宣言』一一六ページ、「うそはうそであると見抜ける人でないと（掲示板を使うのは）難しい」『ニコニコ大百科』（https://dic.nicovideo.jp/a/うそはうそであると見抜ける人でないと（掲示板を使うのは）難しい）

(24) Judith P. Butler, *Gender Trouble: Feminism and the Subversion of Identity*, Routledge, 1990.（ジュディス・バトラー『ジェンダー・トラブル――フェミニズムとアイデンティティの攪乱』竹村和子訳、青土社、一九九九年、二二八―二四八ページ）

(25) 安田浩一「在特会は、「いまの日本の気分」をわかりやすく表わしたものなんです」『Ｖｏｉｃｅ』二〇一二年十一月号、ＰＨＰ研究所、園子温／安田浩一／木村元彦「ネット右翼に贈る非国民のススメ」『週刊プレイボーイ』二〇一二年十二月三十一日号、集英社、「小林よしのり氏「もう国家論やめたくなった。わしだってもっといろんな表現をしたいよ」」『ＢＬＯＧＯＳ』二〇一一年十月三日（http://blogos.com/article/23833/?p=7）、中川淳一郎／山本一郎「リテラシーの低いネトウヨが作り出す「バカの論壇」に大した力はない」『ＳＡＰＩＯ』二〇一二年八月二十二・二十九日号、小学館、山本一郎「弱者のツール」、山本一郎／中川淳一郎／安田浩一『ネット右翼の矛盾――憂国が招く「亡国」』（宝島社新書）所収、宝島社、二〇一三年、津田大介／香山リカ／安田浩一『安倍政権のネット戦略』（創出版新書）、創出版、二〇一三年、一七ページ、近藤瑠漫／谷崎晃編著『ネット右翼とサブカル民主主義――マイデモクラシー症候群』三一書房、二〇〇七年、一六〇ページ

(26) 古谷経衡『ネット右翼の逆襲――「嫌韓」思想と新保守論』総和社、二〇一三年、一四―一八ページ、古谷経衡「嫌韓とネット右翼はいかに結びついたのか」、安田浩一／岩田温／古谷経衡／森鷹久『ヘイトスピーチとネット右翼――先鋭化する在特会』所収、オークラ出版、二〇一三年

(27) 前掲『ネット右翼の逆襲』一〇七―一三八ページ、辻大介「インターネットにおける「右傾化」現象に関する実証研究 調査結果概要報告書」二〇〇八年、『辻大介の研究室』(http://d-tsuji.com/paper/r04/report04.pdf)、辻大介「調査データから探る「ネット右翼」の実態」『Ｊｏｕｒｎａｌｉｓｍ』二〇〇九年三月号、朝日新聞社ジャーナリスト学校、ＳＡＰＩＯ編集部「「ネット右翼」をデータで読む」『ＳＡＰＩＯ』二〇一二年八月二十二・二十九日号、小学館、樋口直人『日本型排外主義――在特会・外国人参政権・東アジア地政学』名古屋大学出版会、二〇一四年、五四―五五ページ

(28) 前掲『2典』四八八ページ

(29) 西村博之「「2ちゃんねる」という現象――インサイダー情報が集中する巨大掲示板群「2ちゃんねる」の現在と運営ポリシー」、インターネット協会監修『インターネット白書二〇〇一』所収、インターネット協会、二〇〇一年

(30) 北田暁大『嗤う日本の「ナショナリズム」』(ＮＨＫブックス)、日本放送出版協会、二〇〇五年、一九七ページ

(31) David Halberstam, *The Powers that be*, Dell, 1979.(筑紫哲也「訳者あとがき――ハルバースタムの迫力と魅力」、デイヴィッド・ハルバースタム『メディアの権力』所収、筑紫哲也／東郷茂彦訳〔朝日文庫〕、朝日新聞社、一九九九年)

(32) Guy Debord, *La Société du Spectacle*, Buchet-Chastel, 1967.(ギー・ドゥボール『スペクタクルの社会』木下誠訳〔ちくま学芸文庫〕、筑摩書房、二〇〇三年)

(33) 「【ＮＨＫ】疑惑の詩人〜十一歳 腹話術のメッセージ〜」『2ちゃんねる(過去ログサイト)』二〇〇二年四月二十九日(http://mimizun.com/log/2ch/nhk/1020007698/)、「2ちゃんねるＮＨＫ板・『奇跡の詩人』過去ログ倉庫三」(http://www.geocities.co.jp/Hollywood-Screen/6302/)〔二〇一八年七月十五日アクセス。現在はリンク切れ〕、「ＮＨＫスペシャル『奇跡の詩人』」(http://www.geocities.co.jp/AnimeComic-White/1831/kiseki/)〔二〇一八年七月十五日

アクセス。現在はリンク切れ」、「『奇跡の詩人』クロニクル」(http://www.geocities.co.jp/Hollywood-Studio/2567/his.html)[二〇一八年七月十五日アクセス。現在はリンク切れ」、「NHK番組「奇跡の詩人」を衆院決算行政監視委で取り上げ」『毎日新聞』二〇〇二年十一月十四日付

(34)伊藤昌亮『フラッシュモブズ——儀礼と運動の交わるところ』NTT出版、二〇一一年、三〇三—三八七ページ

(35)岡留安則『「噂の真相」イズム——反権力スキャンダリズムの思想と行動』WAVE出版、二〇〇五年、西岡研介『スキャンダルを追え!「噂の眞相」トップ屋稼業』(河出文庫)、河出書房新社、二〇〇九年、六二ページ(初版:二〇〇一年)

(36)河上イチロー『サイバースペースからの攻撃』雷韻出版、一九九九年、九一ページ、『★阿修羅♪』(http://www.asyura2.com/)

(37)前掲『「噂の真相」イズム』一一〇—一一三ページ、前掲『スキャンダルを追え!「噂の眞相」トップ屋稼業』一九五—二〇八ページ

(38)『「噂の眞相」の眞相——スキャンダル雑誌満身創痍の十年史』(別冊「噂の眞相」)、噂の眞相、一九八九年、『「噂の眞相」の眞相 二——満身創痍から波瀾万丈への二十年史』(別冊「噂の眞相」)、噂の眞相、一九九九年、岡留安則『「噂の真相」二十五年戦記』(集英社新書)、集英社、二〇〇五年、帯

(39)日本の前途と歴史教育を考える若手議員の会『歴史教科書への疑問——若手国会議員による歴史教科書問題の総括』展転社、一九九七年、四四九ページ

(40)「これまでのNHK裁判」『VAWWRAC「戦争と女性への暴力」リサーチ・アクション・センター』(http://vawwrac.org/nhk01/nhk03_01)、「NHKが極左団体に加担! 女性戦犯法廷特集を放送!」『5ちゃんねる』二〇〇一年一月二十六日(http://natto.5ch.net/test/read.cgi/mass/980506763/)、「[検証]「慰安婦法廷」をめぐる特集番組 NHK、直前に大改変」『朝日新聞』二〇〇一年三月二日付、「NHK特集番組「放送倫理違反」BRCが見解」『朝日新聞』二〇〇三年四月一日付、「制作会社に賠償命令 NHKの責任は認めず 番組訴訟判決」『朝日新聞』二〇〇四年三月二十四日付

(41)「中川昭・安倍氏「内容偏り」指摘　NHK「慰安婦」番組改変」『朝日新聞』二〇〇五年一月十二日付、「NHK番組改変、朝日新聞社の取材・報道」『朝日新聞』二〇〇五年一月十八日付、「検証・番組改変の経緯　NHK番組改変問題報告」『朝日新聞』二〇〇五年七月二十五日付、永田浩三『NHK、鉄の沈黙はだれのために――番組改変事件十年目の告白』柏書房、二〇一〇年

(42) 西村修平「天皇の「戦争責任」を捏造したNHKと朝日新聞――安倍・中川議員の介入は正当な政治活動だ」『月刊日本』二〇〇五年三月号、K&Kプレス (http://shukenkaifuku.com/past/ronbun/Ronbunshuu5.html)

(43) 堀幸雄『戦前の国家主義運動史』三嶺書房、一九九七年、八七―九〇ページ、猪野健治『日本の右翼』(ちくま文庫)、筑摩書房、二〇〇五年、二三―二六ページ(初版:一九七三年)、佐柄木俊郎「「大阪朝日」時代の長谷川如是閑〈序説〉」、上智大学文学部『コミュニケーション研究』二〇〇五年三月号、上智大学コミュニケーション学会(http://dept.sophia.ac.jp/human/journalism/Communications/CR-no35-saeki.pdf)

(44) 小林よしのり『新・ゴーマニズム宣言 五』小学館、一九九八年、一二一―一二八ページ、「[「この国」を想う]「よしりんウオッチ」見えぬ相手との議論」『朝日新聞』一九九七年八月十日付、『週刊言志人』(http://www.interq.or.jp/world/mado/)

(45) 堀幸雄『最新 右翼辞典』柏書房、二〇〇六年、一六―一八ページ

(46) 山平重樹『ドキュメント新右翼――何と闘ってきたのか』(祥伝社新書)、祥伝社、二〇一八年、四三三―四四一ページ(初版:一九八九年)、鈴木邦男『新右翼〈最終章〉――民族派の歴史と現在 新改訂増補版』彩流社、二〇一五年、一四三―一五五ページ(初版:一九八八年)、鈴木邦男『民族派最前線――明確なる敵を求めて』島津書房、一九九二年、九二―一〇五ページ

(47) 鈴木邦男『右翼は言論の敵か』(ちくま新書)、筑摩書房、二〇〇九年、二二八―二四三ページ、前掲『新右翼〈最終章〉』二〇二―二二二ページ、前掲『日本の右翼』三五五―三六八ページ、山平重樹『激しき雪――最後の国士・野村秋介』幻冬舎、二〇一六年、八―七七ページ

(48) 前掲ウェブサイト『朝日新聞をみんなで叩き潰す掲示板』

(49) 野村秋介『さらば群青――回想は逆光の中にあり』二十一世紀書院、一九九三年、三六七―三九四ページ
(50) 竹内洋『革新幻想の戦後史』上（中公文庫）、中央公論新社、二〇一五年、九三―一七四ページ、同『革新幻想の戦後史』下（中公文庫）、中央公論新社、二〇一五年、三一一―三二五ページ
(51) 加瀬英明『日本の良識をダメにした朝日新聞』山手書房、一九七八年、四一、一〇六、一八七、一九〇、二二六―二二八ページ
(52) 吉本隆明「丸山真男論」『思想家論』（「吉本隆明全著作集」第十二巻）、勁草書房、一九六九年
(53) 上丸洋一『『諸君！』『正論』の研究――保守言論はどう変容してきたか』岩波書店、二〇一一年、三五〇―三五三ページ
(54) 前掲『サイバースペースからの挑戦状』一〇三―一〇八ページ
(55) 「［情報が凶器に変わる日 匿名ネット社会を考える］中傷、防げず」『朝日新聞』一九九七年九月十七日付
(56) 前掲『サイバースペースからの挑戦状』一二四―一五一ページ、『酒鬼薔薇聖斗事件・情報一覧 in USA海賊版Ver．5』（http://sakaki.tripod.com/）
(57) 「運動変えるインターネット――NGOが身につけるサイバー武装」『アエラ』一九九八年二月九日号、朝日新聞社
(58) 谷原圭亮／小嶋聡／中島寛／水野剛也「「元少年」殺人犯の再犯と実名報道――女子高生コンクリート詰め殺害事件の準主犯格少年をめぐるマス・メディアの報道」『情報研究』第三十三・三十四号、文教大学情報学部、二〇〇五―〇六年、勝谷誠彦「小誌「実名報道」から十五年 犯罪少年の増長」『週刊文春』二〇〇四年七月十五日号、文藝春秋
(59) 中川一徳『メディアの支配者』上（講談社文庫）、講談社、二〇〇九年、二八五―四五二ページ、前掲『『諸君！』『正論』の研究』六三―八四ページ、古谷経衡『若者は本当に右傾化しているのか』アスペクト、二〇一四年、一五九―一六八ページ
(60) 吉野嘉高『フジテレビはなぜ凋落したのか』（新潮新書）、新潮社、二〇一六年、一五―八九ページ、前掲『メディアの支配者』上、六七―二八四ページ

(61) 前掲『メディアの支配者』下、二三九―二四三、四五〇―四五一ページ、山岡俊介「自宅疑惑追及に、あろうことか、政治結社に〝詫び状〟まで出していたフジテレビ・日枝久会長」『情報紙「ストレイ・ドッグ」（山岡俊介取材メモ）』二〇〇五年二月二十七日（http://straydog.way-nifty.com/yamaokashunsuke/2005/02/post_31.html）［二〇一八年七月十七日アクセス。現在はリンク切れ］、「独占スクープ　フジテレビが右翼団体会長に手渡した「詫び状」」『週刊朝日』二〇〇五年四月八日号、朝日新聞社、大鹿靖明『ヒルズ黙示録――検証・ライブドア』（朝日文庫）、朝日新聞出版、二〇〇八年、三七―一〇五ページ（初版：二〇〇六年）

(62) 下村健一「あまりにひどいフジテレビ報道特番」『下村健一の「眼のツケドコロ」』二〇〇二年十一月二日放送（http://shimomuraken1.sakura.ne.jp/www/old/ken1-eye/2001-2002/021102.html）

(63)「キム・ヘギョンさんＴＶインタビュー　政府・議員ら反発「家族会の分断工作」」『産経新聞』二〇〇二年十月二十六日付、「横田さんら報道を批判　ヘギョンさん会見」『産経新聞』二〇〇二年十月二十七日付夕刊、「横田夫妻、〝孫娘〟インタビューを批判」『夕刊フジ』二〇〇二年十月二十七日付、「ヘギョンさん番組　フジテレビに反響」『産経新聞』二〇〇二年十月二十九日付、「北朝鮮の謀略の手先として働いたフジテレビに断固として抗議する」『日本戦略研究所』（https://plaza.rakuten.co.jp/kaz1910032/084000/）

(64) 堀井憲一郎『やさしさをまとった殲滅の時代』（講談社現代新書）、講談社、二〇一三年、四三―四五ページ

(65)「【国立競技場開放されます・ドイツｖｓカンコック】」『5ちゃんねる』二〇〇二年六月二十三日（https://yasai.5ch.net/test/read.cgi/sports/1024762740/）、「【Ｐｕｂｌｉｃ Ｖｉｅｗｉｎｇ】国立競技場を守れ！【準決勝】」『5ちゃんねる』二〇〇二年六月二十三日（https://corn.5ch.net/test/read.cgi/news/1024772082/）、「【緊急】国立競技場ドイツ応援オフ【開催】」『5ちゃんねる』二〇〇二年六月二十三日（https://natto.5ch.net/test/read.cgi/off/1024809558/）、前掲『やさしさをまとった殲滅の時代』四五―四八ページ

(66)「【抗議】フジＴＶ、とくダネＢＢＳへＧＯ【ウォッチ】」『2ちゃんねる（過去ログサイト）』二〇〇二年六月二十四日（https://dolbako.com/cache/view/sports/1024897902）［二〇一八年七月二十三日アクセス。現在はリンク切れ］、「スポーツ：とくダネ（花王）一括スレッド　スレッド一覧」（http://kaohubai.web.fc2.com/kao_masspre/）［二〇一五

年三月一日アクセス。現在はリンク切れ］、「マスコミ：【フジ】「とくダネ」批判&不買スレ【花王】スレッド一覧」(http://kaohubai.web.fc2.com/kao_mass/)［二〇一五年三月一日アクセス。現在はリンク切れ］、「【フジ】「とくダネ」批判&不買スレ【花王】の軌跡」(http://otegaruhp.com/ozura_tok_kao/html/_TOP/)、「小倉・佐々木らとくだねメンバー問題発言集」(http://www.geocities.co.jp/CollegeLife-Library/4895/tokudane.txt)［二〇一八年七月二十三日アクセス。現在はリンク切れ］

(67)「今週末「フジの二十七時間テレビ」」『5ちゃんねる』二〇〇二年七月二日(https://natto.5ch.net/test/read.cgi/mass/1025611625/)、「【2ｃｈネラー】湘南ゴミ拾いオフ【参上】」『5ちゃんねる』二〇〇二年七月四日(https://natto.5ch.net/test/read.cgi/off/1025786449/)、「湘南ゴミ拾いオフのまとめぺージ」(http://fuji1515.at.infoseek.co.jp/)［二〇一〇年五月三十一日アクセス。現在はリンク切れ］、「ＯＦＦ」(http://www.geocities.co.jp/SiliconValley-Sunnyvale/4797/ETC/GOMI/)［二〇一八年七月二十三日アクセス。現在はリンク切れ］、「2ch_Clean-UP OFF Introduction」(http://sound.jp/nhd/cleanup.html)、前掲『フラッシュモブズ』三八一―三八四ページ

(68)「インターネット政治運動の歴史 四(日韓ＷＣと嫌韓の拡大)―インターネット上の壮士たち―」『十姉妹日和』二〇一七年二月十日(https://ameblo.jp/jyusimatu105/entry-12246552889.html)、「インターネット政治運動の歴史 五―フジテレビに激怒した2ちゃんねらーたち、湘南海岸を清掃す―」『十姉妹日和』二〇一七年二月十一日(https://ameblo.jp/jyusimatu105/entry-12246815878.html)

(69) Émile Durkheim, *Les Formes élémentaires de la Vie Religieuse: Le système totémique en Australie*, Alcan, 1912.(エミル・デュルケム『宗教生活の原初形態』上・下、古野清人訳〔岩波文庫〕、岩波書店、一九七五年)

(70) 木村元彦／清義明／安田浩一「サッカーと愛国(ナショナリズム)の奇妙な関係」『週刊朝日』二〇一三年十月十一日号、朝日新聞出版

(71)「【高岡蒼甫】フジで嫌韓デモ【ここは韓国か】」『2ちゃんねる(過去ログサイト)』二〇一一年七月二十八日(https://www.logsoku.com/r/2ch.net/offmatrix/1311858294/)、古谷ツネヒラ『フジテレビデモに行ってみた！』青林堂、二〇一二年、伊藤昌亮『デモのメディア論――社会運動社会のゆくえ』(筑摩選書)、筑摩書房、二〇一二年、三

九―四五ページ

（72）『韓国ニュース 韓国ドラマ・韓流ドラマ・Ｋ―ＰＯＰ 韓国芸能ならワウコリア』(http://www.wowkorea.jp/)、『韓国情報発信基地！ innolife.net』(http://www.innolife.net/)、「ＴＢＳ『韓流セレクト』終了で、いよいよ韓流ドラマ枠が全滅へ……？」『日刊サイゾー』二〇一四年三月二十五日（http://www.cyzo.com/2014/03/post_16590_entry.html）

（73）前掲『フジテレビはなぜ凋落したのか』四五―五〇ページ

（74）同書八九、一二七―一三二ページ

（75）堀江貴文／上杉隆『だからテレビに嫌われる』大和書房、二〇一一年、六六ページ

（76）前掲『フジテレビはなぜ凋落したのか』六一―六二ページ

（77）前掲『嗤う日本の「ナショナリズム」』二〇〇―二〇一ページ

（78）前掲『フジテレビはなぜ凋落したのか』五四―六六、一三二ページ

（79）平野悠「マスコミの報道たれ流しを許すな！「五月二十日統一行動日への招待状」――小倉謝れ友の会の奮闘記」『ロフトの名物おやじ「平野悠」のおじさんの部屋』二〇〇一年五月（http://www.loft-prj.co.jp/OJISAN/ojisaneyes/oji0105.html）、平野悠「ロフト三十五年史戦記・後編 第四十四回 九〇年代後半はまさにロック氷河期だった（一九九九年～二〇〇一年）」『ロフトの名物おやじ「平野悠」のおじさんの部屋』二〇〇九年九月（http://www.loft-prj.co.jp/OJISAN/ojisaneyes/0909/）、平野悠『ＴＡＬＫ ｉｓ ＬＯＦＴ――新宿ロフトプラスワン事件簿』ルーフトップ／ロフトブックス編集部、二〇一七年、二一九―二三三ページ、『小倉あやまれ友の会』（http://www.nurs.or.jp/~izumi/loft-ayamare/main.htm）、「小倉あやまれ友の会」『5ちゃんねる』二〇〇一年五月十一日（http://ebi.5ch.net/test/read.cgi/sisou/989573801/l50）

（80）前掲『サイバースペースからの挑戦状』一八〇―一八七ページ、前掲『サイバースペースからの攻撃』八六―九五ページ

（81）George Gilder, *Life after Television: The Coming Transformation of Media snd American Life*, W. W. Norton &

Company, 1990.（ジョージ・ギルダー『テレビの消える日』森泉淳訳、講談社、一九九三年、一九―三七ページ）

（82）Joseph Jaffe, *Life after the 30-Second Spot: Energize your Brand with a Bold Mix of Alternatives to Traditional Advertising*, Wiley, 2005.（Joseph Jaffe『テレビＣＭ崩壊――マス広告の終焉と動き始めたマーケティング２・０』〔Ａｄ ｉｎｎｏｖａｔｏｒ ｂｏｏｋｓ〕、織田浩一監修、西脇千賀子／水野さより訳、翔泳社、二〇〇六年）

（83）池田信夫『電波利権』（新潮新書）、新潮社、二〇〇六年、一三―四八ページ、上杉隆『ジャーナリズム崩壊』（幻冬舎新書）、幻冬舎、二〇〇八年、八九―一二一ページ、上杉隆『記者クラブ崩壊――新聞・テレビとの二百日戦争』（小学館一〇一新書）、小学館、二〇一〇年

（84）堀江貴文／西村博之『ホリエモン×ひろゆき 語りつくした本音の十二時間「なんかヘンだよね…」』集英社、二〇〇九年、一〇二―一〇七ページ

（85）『国民が知らない反日の実態』（https://www35.atwiki.jp/kolia/pages/1.html）

（86）「すっごい嘘だよ！ 一ウソ目」『5ちゃんねる』二〇〇七年七月一日（https://img.atwikiimg.com/www35.atwiki.jp/kolia/pub/1183264081.html）、「すっごい嘘だよ！ 二ウソ目」『5ちゃんねる』二〇〇七年九月三十日（https://img.atwikiimg.com/www35.atwiki.jp/kolia/pub/1191140669.html）

（87）「反日マスコミの正体」『国民が知らない反日の実態』（https://www35.atwiki.jp/kolia/pages/20.html）

（88）「■毎日新聞の英語版サイトがひどすぎる■」『5ちゃんねる』二〇〇八年五月二十七日（https://society6.5ch.net/test/read.cgi/mass/1211846778/）、『毎日新聞の英語版サイトがひどすぎる まとめ@Ｗｉｋｉ』（https://www9.atwiki.jp/mainichiwaiwai/）、『毎日新聞問題の情報集積Ｗｉｋｉ』（https://www8.atwiki.jp/mainichi-matome/）、「英文サイト問題検証」『毎日新聞』二〇〇八年七月二十日付、「テレビや新聞で詳しく報道されない「毎日新聞英文サイト変態記事事件」、一体何が問題なのか？」『Ｇｉｇａｚｉｎｅ』二〇〇八年七月二十一日（http://gigazine.net/news/20080721_mdn_mainichi_jp/）、古谷経衡『反日メディアの正体――「戦時体制」に残る病理』ＫＫベストセラーズ、二〇一三年、三六―三八ページ

（89）前掲『マンガ嫌韓流』一三一―一五四ページ

第7章　ネット右派の顕在化
――二〇〇〇年代後半まで

1　反知性主義の構造転換

二〇〇〇年代前半を通じて2ちゃんねる文化は徐々に右傾化の傾向を強めていくが、しかしそうした動きは元来、当時の2ちゃんねらーが右派的な言説を直接的に受け入れたことから始められたものだったわけではない。先に見たように初期の2ちゃんねるでは、直接的に政治的な議論に対する抑止力、というよりもむしろ拒否反応が強く示されるのが常だった。左右いずれのイデオロギーからも距離を置き、「決してのめり込むことはしないで、観察し続ける」（大月隆寛）というスタンスが広く共有されていたためだ(1)。

しかし一方で、彼らの一部が際限なくのめり込んでしまいがちな議論もあった。その一つが歴史談義だった。ここでサブカル保守クラスタの運動で強く志向されていたサブカルチャー、戦闘サブカルチャーというジャンルを思い出してみよう。物語を歴史として捉えようとする「歴史的物語観」のアプローチに基づき、そこでは物語消費としての歴史探索が熱心におこなわれるのが常だった。そうした歴史志向の強さから、歴史を物語として捉

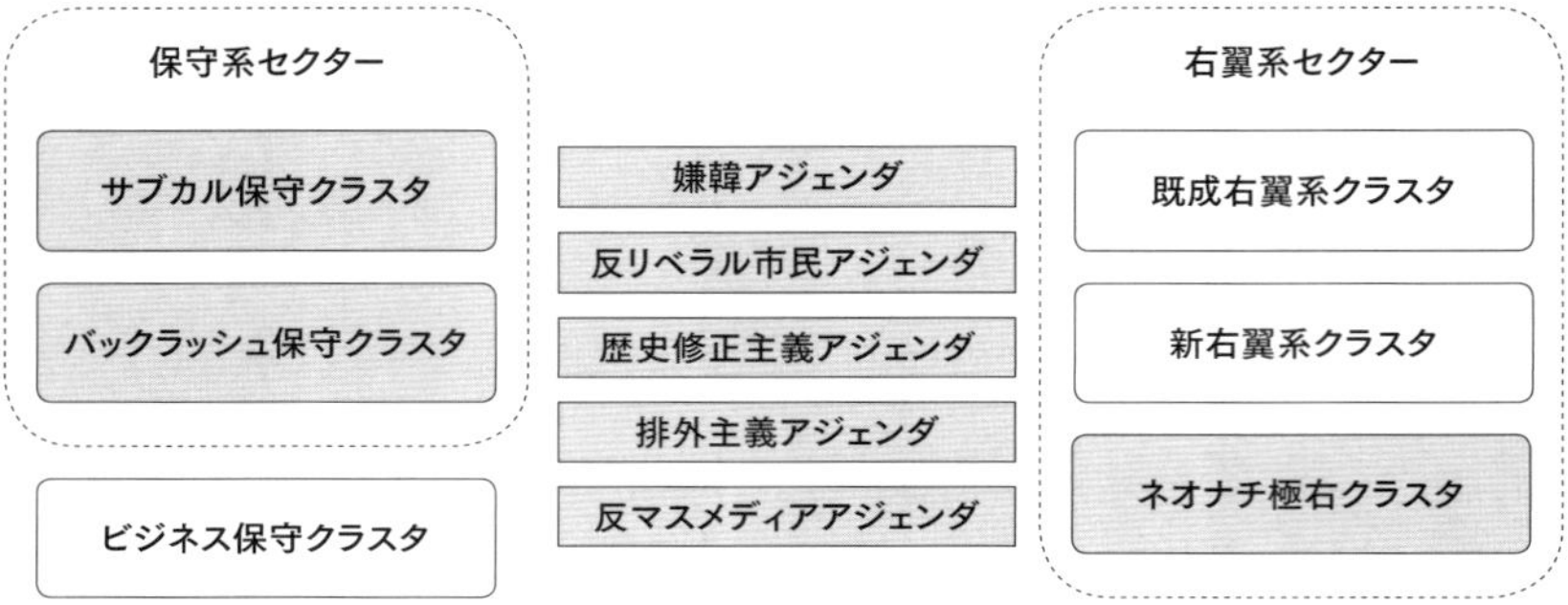

図13　第7章の主な対象

えようとする「物語的歴史観」のアプローチとの相同性が生じ、歴史修正主義というアジェンダに彼らが強く引き付けられるに至ったことは先に見たとおりだ。

　そうした動きが2ちゃんねるでも起きる。その端緒となったのは「ぢぢ」と名乗る論者が登場したことだった。〇〇年五月十三日、石原慎太郎東京都知事の「三国人発言」が世上を騒がせるなか、「ハングル板」には「使ってはいけない差別語 三国人」というスレッドが立てられた。この語の由来などをめぐってさまざまな議論が繰り広げられるなかで二十八日、ぢぢが登場する。以後、ぢぢは独特の老人言葉を用いて若い世代の2ちゃんねらーの疑問に答えながら、日韓間の近現代史について講釈を繰り広げていく。そのやりとりは大きな人気を呼び、さまざまな質問がそこに寄せられた。その後、六月二十三日には「ぢぢさまの「ちょっとだけ昔話」スレッド」というスレッドが立てられ、その再登場が呼びかけられると、二十四日にはぢぢが再登場する。さらに「[質問]戦前の在朝鮮、在台湾の国民の権利」「☆☆洪思翊日本軍中将☆☆」など、より専門的な内容のスレッドも立てられていく。

　そうした動きを受けて六月二十九日には、これらのスレッドでのぢぢの発言をもとに「大日本史番外編朝鮮の巻」というサイトが立ち上げられた。日韓間の歴史認識問題に関わる膨大な資料が付されたこのサイトでは、「強制連行・就職差別・指紋押捺・最近では三国人の呼称などで大マスコミが反日左翼のフィルターを通してこれらを報道してきたため我々一般人は日本側に一方的に非があるように思い込まされてきましたが、歴史の語り部により反日左翼や在日の欺瞞が明らかになってきます」と謳われていた。(2)

こうしてぢぢの登場をきっかけに、2ちゃんねらーによる歴史探索の営みが特に「ハングル板」を舞台に本格的に開始される。サブカル保守クラスタの歴史志向は、ここでもまた歴史修正主義というアジェンダに強く結び付いていくことになる。

その後、2ちゃんねる文化の右傾化が進行していき、特に一〇年代以降、そこから溢れ出した過激なヘイトスピーチが大きな社会問題として取り沙汰されるようになると、ネット右派とされる人々の態度を指して「反知性主義」という語が用いられるようになる。とりわけ「在日特権を許さない市民の会（在特会）」をはじめとする「行動する保守」の運動により、「在日特権」という「虚構」（野間易通）に基づく言説がまき散らされ、明確な根拠もないまま差別的な言動が繰り返されるなか、そうした態度の野蛮さや蒙昧さを指して用いられたのがこの語だった。佐藤優によればそれは、「実証性や客観性を軽視もしくは無視して、自分が欲するように世界を理解する態度」を意味するものだという。(3)

しかし2ちゃんねる文化の右傾化は元来、そうした反知性主義的な傾向、すなわち知からの退却という動きからもたらされたものだったわけではない。むしろ彼らなりの知への希求、とりわけ歴史探索という知的実践を通じてもたらされたものだった。彼らは知性そのものに反対していたわけでは決してなく、「実証性や客観性」を軽視したり無視したりしていたわけでもない。それどころかむしろ彼らなりの知への希求を通じて「実証性や客観性」を強く追い求めていた。彼らの立場からすれば、「大マスコミが反日左翼のフィルターを通して」伝えている事実こそがむしろ「実証性や客観性」を欠くものだったわけだ。

さらにいえば2ちゃんねる文化のなかには元来、反知性主義的な傾向とは正反対の、むしろ主知主義的な志向が強く埋め込まれていたと見ることもできる。左右いずれのイデオロギーからも距離を置き、「決してのめり込むことはしないで、観察し続ける」というスタンスはその一つの現れだったのだろうし、さらにそこでは「ソースはどこだ?」という常套句が用いられ、常に情報の出所を確かめようとする「ソース至上主義」の態度が徹底されていた。(4)彼らのそうした姿勢からは、むしろ「実証性や客観性」を彼らがいかに重視していたかがうかがい知れるだろう。

アメリカの政治学者のリチャード・ホーフスタッターによれば反知性主義とは本来、知性そのものに反対する立場を意味するものではない。ある種の権威と化してしまっている知のあり方に異議を申し立てようとする立場を意味するものだ。むしろ反権威主義の一つの現れだと捉えることもできるだろう。森本あんりによればそれは本来、「知性そのものではなくそれに付随する「何か」への反対で、社会の不健全さよりもむしろ健全さを示す指標だった」という。(5)

当時の2ちゃんねらーのスタンスのなかに反知性主義的な傾向が含み込まれていたとすれば、それはむしろそうした意味でのものだったと見るべきだろう。つまり反権威主義的な主知主義という意味での反知性主義、ひねくれてはいるものの本質的に「健全」なそれだった。そうした傾向を単なる野蛮主義や蒙昧主義など、通念的な意味での反知性主義と混同すべきではないだろう。

なお、彼らのそうした傾向をより確信犯的なものとして強化していったのが反マスメディアというアジェンダだったと見ることができる。マスメディアによって提示される知のあり方に疑義を突き付けようとする立場から、彼らは独自の主知主義を、そして反権威主義的な主知主義という意味での反知性主義を育んでいくことになる。

しかしその後、それは通念的な意味での反知性主義に徐々に「乗っ取られて」しまう。主知主義的な志向がそこから抜け落ちていき、単なる野蛮主義や蒙昧主義としての性格がそこに色濃く立ち現れてくる。そこにもたらされたのが前記のような状況だった。その結果、反知性主義という概念そのものが構造転換を被るに至る。以下、その経緯を見ていこう。

2　エンジョイコリアでの日韓論争

当時、2ちゃんねらーによる歴史探索の営みは特にあるサイトでの活動と連携しながら進められていった。「enjoy Korea（エンジョイコリア）」（略称「エンコリ」）というサイトだ。

韓国のIT企業のNHN（のちのネイバー）により、二〇〇二年六月、日韓共催ワールドカップサッカーの開催を機に両国のネットユーザーの交流のための場として開設されたこのサイトは、いわゆる翻訳掲示板の一つだった。日本側では「エンジョイコリア」、韓国側では「エンジョイジャパン」というサイトとして提供され、両国のユーザーが自国側のサイトに自国語でメッセージを書き込むと、それが機械翻訳により、相手国側のサイトに相手国語で表示される仕組みになっていた。翻訳の精度は必ずしも高いものではなかったが、システムの「クセ」を踏まえて用いれば、多少の行き違いはあっても十分に対話を交わすことができた。[6] なお当時、こうしたサービスにはほかにもさまざまなものがあり、たとえば日韓間のものでは『中央日報』の翻訳掲示板、日中間のものでは「上海クイーン」などが有名だった。

このサイトのユーザーには、韓国側では大手ポータルサイトの「ネイバー」経由で入ってきた一般のネットユーザー、特に高校生や大学生などのティーンエージャーが多かったが、一方で日本側では2ちゃんねる経由で入ってきた者、すなわち2ちゃんねらーが圧倒的に多かった。2ちゃんねるでは〇二年八月九日、「ハングル板」に「NAVER JAPAN 翻訳掲示板」というスレッドが立てられる。その後、後続のスレッドが次々と立てられていき、〇九年六月にこのサイトが閉鎖されるまでにその数は数百にも及んだ。[7]

このサイトにはいくつかの「板」が用意されていた。「旅行板」「生活板」「グルメ板」「スポーツ板」などでは元来の趣旨のとおり、両国のユーザーによる情報交換がなごやかにおこなわれることが多く、特に「アニメ板」などでは共同創作がおこなわれることもあったが、一方で「歴史板」「伝統板」「時事板」「ニュース板」などでは、両国間のさまざまな問題をめぐって激しい論争が繰り広げられることが多かった。なかでもとりわけ「歴史板」は、歴史認識問題をめぐって両国の精鋭がぶつかり合う「戦場」として知られていた。[8]

たとえば〇二年十二月の2ちゃんねるのスレッドによれば、当時の「歴史板」での主な論点は次のようなものだったという。日韓併合は国際法上合法的なものだったのか、それとも違法なものだったのか。日本の植民地支配は朝鮮半島を近代化したのか、それとも収奪したのか。また、ハングルを普及させたのか、それとも弾圧したのか。創氏改名、従軍慰安婦、朝鮮人の日本への渡航などは自発的におこなわれたものだったのか、それとも強制されたものだったのか。日本の戦後補償は完了したのか、それともまだ終わっていないのか。日本の戦後援助は韓国の発展に大きく貢献したのか、それともあまり役立っていないのか。[9]

いずれも一九九〇年代以降、『醜い韓国人』をめぐる件などをきっかけに両国間で盛んに論議されてきた論点だったと言えるだろう。かつてのバックラッシュ保守クラスタの問題意識が日本茶掲示板などを経由し、さらに2ちゃんねるの「ハングル板」や「ニュース速報板」などを経由し、ほぼそのままのかたちでこのサイトに流れ込んでいたと見られる。そのためそこでは歴史修正主義というアジェンダばかりでなく、嫌韓というアジェンダの影響力もやはりそれなりに保持されていた。

そうした議論の際、当初は韓国側ユーザーのほうが圧倒的に多かったため、日本側ユーザーは「量」で圧倒されてしまうことが多かった。そのため彼らは「質」で応戦しようとする。一般のネットユーザーからなる韓国側ユーザーは、ごく一般的な知識に基づき、ごく一般的な歴史観を喧伝するばかりのことが多かったが、それに対して「ハングル板」での歴史談義などを通じて歴史探索の営みを続けてきた2ちゃんねらーを中心とする日本側ユーザーは、さまざまな資料をあちこちから探し出してきては韓国側に突き付けていく。韓国側ユーザーが歴史教科書や歴史マンガなどから二次情報・三次情報を持ち出してくるのに対して、日本側ユーザーは学術論文のほかにも記録資料や外交文書など、しかも和文のものばかりでなく漢文や英文のものまで含め、さまざまな一次資料を図書館や史料館などから探し出してくる。日本側には歴史学の研究者と思われる者も交じっていたし、ハングルの読み書きに通じている者も何人もいた。

一般のネットユーザーからなり、しかもティーンエージャーが多く、ごく一般的な歴史観を喧伝するばかりの韓国側ユーザーが、「ハングル板」で鍛えられてきた2ちゃんねらーが中心で、しかも研究者などを交え、さまざまな史料や学説を駆使して専門的な議論を繰り広げようとする日本側ユーザーにかなうはずもなかった。そのためしばらくすると、逆に韓国側ユーザーは日本側ユーザーの「知識武装」に圧倒されてしまう[10]。

さらに日本側ではそうした「前線」での戦いを支援するための「情報武装」もさまざまに進められていく。〇二年十月には「NAVER Watch」など、いくつかのまとめサイトが立ち上げられた。また、〇三年三月には国立公文書館の膨大な史料が保存されているサイト「アジア歴史資料センター」が紹介される。こうして知識の整理と共有が進められていく一方で、「自己中海賊キャプテン＝ハーングック」「コリアはええで！ケンチャナヨ」など、韓国側を面白おかしく「ディス」ろうとするフラッシュアニメ、いわゆる嫌韓フラッシュアニメが紹介され、「祭り」が盛り立てられていく[11]。

なお、アジア歴史資料センターは九四年八月の村山談話を受け、アジア近隣諸国との「平和友好交流計画」の一環として〇一年十一月に開設されたものだった。そもそもエンジョイコリアの場合もそうだが、日韓間の交流のために開設された場がこうしたかたちで活用されるに至ったという経緯は皮肉なものだろう。実際、〇三年四月には一部の日本側ユーザーにより、「二〇一五年までに日韓断交を実現する会（韓断会）」なる組織まで立ち上げられている[12]。

3　ネイバー総督府とバファリン作戦

当初、日本側ユーザーは1やaなどの共通ハンドルネームを用い、一体となって韓国側に応戦していたが、やがて一部の有力な論者が固定ハンドルネームを用いるようになる。その後、二〇〇三年五月には固定ID制度が導入された。その結果、それぞれの論者の力量が明らかになり、何人かの「論客」がその勇名を轟かせるようになる。初期の論客には kimura、polalis、j9（のちの zeong）などがいた。その後、jpn1_rok0、hitkot、kimuranobuo、dreamtale、myeloblast、tsubuan、yonaki1111 なども盛んに活躍するようになる。特に jpn1_rok0、zeong、polalis の三人は、その該博な歴史知識と鋭利なディベート力のゆえに「三悪人」などと呼ばれ、韓国側からも日本側からもひときわ恐れられた存在だった。なかでも jpn1_rok0 はそのリーダー格で、当時の様子を振り返っているあるブロガーによれば、「頭はかしこく、性格きつ」く、「まったく隙を見せない横綱相撲」さながらのその戦いぶりはまるで「不敗の軍神のようだった」という。[13]

日本側のそうした圧倒的な攻勢に抗し、韓国側からもやがて何人かの論客を中心に反攻が開始される。そのなかの一人の dymaxion により、〇三年九月二十九日には「歴史板」に「[特集] 青山里戦闘背景1」というスレッドが立てられた。韓国の「建国神話」の一部をなし、日本の植民地支配下の朝鮮独立運動のなかでも最大の戦果を挙げたとされる一九二〇年十月の戦役に関するものだった。韓国のいくつかの歴史書によれば、その際の日本軍の死傷者は千人とも三千人とも言われ、この事件を機に日本は朝鮮への弾圧姿勢を強めることになったと考えられていた。

しかしアジア歴史資料センターに保存されている出兵史料からも、さらに靖国神社に保管されている合祀記録からも、日本軍が甚大な損害を被ったという事実は確認されず、その際の死者は十人程度だったと目されていた。そこから日本側ユーザーの反撃が開始される。彼らはまず軍事史学会の学会誌『軍事史学』七九年十二月号に寄稿された防衛大学校教授の論文を探し出してくる。さらに関連するいくつかの史料をアジア歴史資料センターから次々と探し出してくる。それらはいずれも日本軍が軽微な損害しか受けなかったことを裏付けるものだった。

それに対して韓国側ユーザーは、朝鮮独立軍を率いた将軍を記念するサイトから当時の写真を持ち出してきて日本軍の甚大な被害をあらためて強調した。しかし日本側ユーザーはその写真を考証し、軍備などの点から見て当時のものではないことを喝破してしまう。さらに彼らは、日本軍を率いて戦死したとされる将校の記録をさまざまな史料から探し出してくる。陸軍省の将校名簿に当たってみても、その将校がこの時期に戦死したという事実は確認されなかった。一方で、その将校のその後の行動が記録されている史料が別の歴史書から発見される。

こうして韓国側の主張は次々と突き崩されていった。さらに日本側ユーザーは、朝鮮側の将軍が独立運動をあきらめ、日本側に援助を求めてきたと見られるやりとりの際の史料をやはりアジア歴史資料センターから探し出してきて韓国側に突き付ける。この「ダメ押し」により、韓国側ユーザーはついに完膚なきまでに叩きのめされてしまう。「青山里論争」はこうして日本側ユーザーの圧勝に終わった。[14]

その後、日本側の論客は〇四年十二月、三悪人を中心に「寧覇総督府（ネイバー総督府）」という組織を立ち上げた。かつての朝鮮総督府をネイバーのサイトに再現したものというほどの意味だろう。彼らは独自のサイトを立ち上げ、そことエンジョイコリアとを結びながらより組織的な活動を繰り広げていく。「作戦会議」などとしてオフ会が開催されることもよくあった。[15]

そうした彼らにとって最初の大仕事となったのは、「バファリン作戦」と名付けられた一連の行動だった。〇五年一月十三日、『中央日報 日本語版』に「閔妃は寝室ではなく庭で殺害」という記事が掲載された。日清戦争直後の一八九五年十月八日、反日運動の先鋒と目されていた朝鮮の皇后の閔妃が殺害された事件に関連し、日本側の犯行の詳細を示す史料がソウル大学教授の歴史学者、李泰鎭によって発見されたというものだった。韓国側のサイトで公開されていたその史料を入手すると、彼らはさっそく検討に入る。その結果、いくつかの疑問点が浮かび上がってきた。

一月十五日から十六日にかけて箱根で開かれたネイバー総督府の新年会「箱根会議」の場でこの件が話し合われ、作戦計画が練られていく。その前年、〇四年七月十五日に東京大学でおこなわれた講演「グローバリゼーションの時代、歴史紛争を超えて」のなかで李が、日本と中国はともに韓国に「思いやり」を持つべきだと発言したという経緯から、韓国の「慰撫史観」はその半分が「思いやり」で、残りの半分が「痛み止め」でできているなどとして盛り上がった彼らは、当時放送されていた鎮痛剤のCMのフレーズにかけ、この作戦を「バファリン作戦」と名付けた。

その後、彼らは関連する史料をアジア歴史資料センターから探し出してくるとともに、一月十九日には外交史料館に赴き、問題の史料の複写申請をおこなった。二十五日にはそれが届けられ、そこから原史料と李の議論とを突き合わせながらの詳細な検証作業が開始される。その結果、いくつかの問題点が明らかになってきた。李が発見したとされる史料はすでに公開済みのものだったことや、李の議論には原史料そのものからではなく、そこに記されたメモに基づいてなされている点があること、さらに原史料だけからでは明言することが困難な点があることなどが指摘された。

一月三十一日にはネイバー総督府のメーリングリストが立ち上げられ、二月二日には作戦計画が具体化される。公開質問状を李に送り付けることや、特定のタイミングを定めてエンジョイコリアに一斉にスレッドを立て、「爆撃」を展開していくことなどが取り決められた。八日には五十一項目にも及ぶ質問がリストアップされ、十三日にはそれらが十四項目にまで絞り込まれた。さらにその間、イェール大学に在籍しているというアメリカ側の協力者により、質問状の英訳が進められていく。

そして二月十四日、質問状がメールで李に送り付けられるとともに、書面で郵送された。同時にエンジョイコリアの「歴史板」には「質問状送付ノ件」というスレッドを皮切りに、関連するスレッドが次々と立てられていく。その猛烈な投稿の様子は2ちゃんねるの「ハングル板」で「絨毯爆撃」と形容されたほどだった。さらに十九日には英文の質問状が李に送り付けられる。

するとその日、李から英文のメールの返信が送られてきた。三月半ばまでに回答する旨のものだった。それを受け、ネイバー総督府の盛り上がりは一段と高まっていく。二月二十二日には「NAVER総督府公信一〇八号」というフラッシュアニメが公開され、「祭り」がさらに盛り立てられる。三月一日にはエンジョイコリアでの「第二次爆撃」が、さらに十五日には「第三次爆撃」が繰り広げられた。

そして三月十八日、李から回答のメールが送られてきた。しかしその内容は、すべての質問にクリアに答えきったというものでは決してなかった。そのためネイバー総督府は勝利の凱歌を上げ、最後の作戦行動に向けて突き進んでいく。二十一日には最大規模での「第四次爆撃」が盛大に繰り広げられ、さらに dreamtale を「裁判長」、hitkot を「判事」として「NAVER極東学術裁判」がおこなわれた。こうしてバファリン作戦は大団円を迎え、論争はここでもまた日本側ユーザーの圧勝に終わった。(16)

4　反知性主義対主知主義という構図

ここでバファリン作戦の背景をもう少し掘り下げてみよう。李は一九九〇年代以降、日韓間で争われてきた「日韓併合合法不法論争」、つまり日韓併合が合法的なものだったのか違法なものだったのかという論争を韓国側で主導し、「日韓併合不成立論」を展開してきたことで知られた人物だった。二〇〇一年一月から十一月にかけて三回にわたり、韓国の主導のもとでアメリカと日本でおこなわれた「韓国併合再検討国際会議」の場でも韓国側の急先鋒として、不成立論を強く主張する立場を取っていた(17)。

その李が東京大学の「共生のための国際哲学交流センター」に招かれ、〇四年六月から七月にかけて「近代韓日関係史における法と暴力」という連続講義をおこなった。この件は一部で話題を呼び、六月十五日付の『朝鮮日報 日本語版』には「東京大学で「日本侵略史」講義する李泰鎮教授」という記事が掲載された。そこにはこの講義の趣旨として、「明治時代の日本が韓半島を掌握するため犯した暴力の実態を韓国史の観点から紹介することで、前世紀の歴史に対する認識の差を解消するのが狙い」という李の言葉が紹介されていた。すると2ちゃんねるではこの記事が引用され、関連するスレッドが次々と立てられていく。そしてその後、この講義の締め括りとして一般向けにおこなわれたのが七月十五日の講演だった。ネイバー総督府からは三悪人のなかの zeong と polalis がそれを聴講しに行き、その様子をエンジョイコリアに投稿している(18)。

こうした背景を踏まえ、その翌年の李の「発見」を受けて発動されたのがバファリン作戦だった。したがってそれは九〇年代以降、『醜い韓国人』をめぐる件などをきっかけに両国間で繰り広げられてきた一連の論争を継ぐものだったと見ることができるだろう。

しかしネイバー総督府のスタンスは、オーソドックスなバックラッシュ保守クラスタのスタンスと同じものでは決してなかった。先に見たように日本型歴史修正主義のアプローチは物語的歴史観に基づき、歴史を物語として構成し直すことによってその語り直しを図ろうとするもの、構築主義的なものだったが、一方で彼らのアプローチはサブカル保守クラスタに固有の歴史的物語観に基づきつつも、むしろ徹底して実証主義的なものだった。そうした意味では欧米のホロコースト否定論のアプローチに近いものだったのかもしれないが、しかしそこで追い求められていたのはホロコースト否定論の場合のようなご都合主義的な実証主義ではなく、2ちゃんねる流のソース至上主義に基づく徹底したそれだった。

総じて日本型歴史修正主義の場合にもホロコースト否定論の場合にも、その根底には東京裁判史観なりホロコーストの存在なりをどうしても否定したいという強い信条がまずあり、それを満たすための方策として、構築主義なり実証主義なりという方法論が選び取られていたと見ることができる。しかし彼らの場合には逆に実証主義という方法論そのものがまずあり、むしろそれを生かすための主題として、歴史修正主義というアジェンダが選び取られていたのではないだろうか。いいかえればそこでは実証主義という方法論そのものが信条となっていたわけだ。実際、彼らの議論では、戦前エスタブリッシュメントの復古主義的な思いに通じるような信条が打ち出されることなどはまずなかった。

つまり彼らのなかでは、歴史修正主義というアジェンダが単純に信奉されていたわけではなく、ましてや嫌韓というアジェンダがやみくもに信奉されていたわけでもなかった。彼らのなかにはハングルの読み書きに通じている者もいたし、韓国人の友人を持っている者もいた。いずれも韓国の歴史や文化に詳しく、そうした意味ではむしろ「親韓」の側に位置付けられてしかるべき集団だったのかもしれない。実際、彼らのリーダー格だったjpn1_rok0は、「韓国人が嫌いなのではない、馬鹿が嫌いなのだ」と語っていたという。[19]

この発言に端的に示されているように、彼らの信条の中核をなしていたのは、実は歴史修正主義というアジェンダでもなければましてや嫌韓というアジェンダでもなく、むしろ彼らなりの主知主義への強い志向だったと見ることができる。裏返していえばそれは、ある種の反知性主義への強い反感だった。つまり特定の主義主張が一部の知的権威と結び付くことによって絶対化され、それに反駁したり反証したりすることができなくなってしまっていることへの反感だ。

彼らの場合、そうした主義主張に当たるものはリベラル市民主義という理念であり、知的権威に当たるものは東京大学やソウル大学というアカデミズム、さらに従軍慰安婦問題などに関連し、『朝日新聞』をはじめとするマスメディアだったと位置付けられるだろう。それらが結託することによって形作られている「絶対の正義」の支配のもと、有無を言わせないような雰囲気のなかで納得させられてしまうことを彼らはよしとしなかったのではないだろうか。

そのため過誤を過誤として糾弾し、そうした主義主張を覆すとともに知的権威を貶めてやろうという野心から、彼らは彼らなりの主知主義を発展させていく。そこに発動されたのがバファリン作戦だった。したがってそれは歴史修正主義や嫌韓というアジェンダの発現だったというよりも、むしろ反リベラル市民や反マスメディアというアジェンダの表現だったと見るべきだろう。いいかえればそれはバックラッシュ保守クラスタの問題意識を受け継いだものだった以上に、むしろサブカル保守クラスタの思想を色濃く受け継いだものだった。その原点にあったのはサブカル保守クラスタに固有の強烈な反権威主義の精神、それも2ちゃんねる文化を経由して形作られてきた屈折したそれだった。

なお、そこでは反知性主義対主知主義という構図の位置付けが、通念的な理解とは反転したものになっていたことに注意しておく必要があるだろう。のちに右派的な言説は、その野蛮さや蒙昧さのゆえに反知性主義の側に位置付けられ、一方でそれに対抗しようとするリベラル派の言説が主知主義の側に位置付けられることになる。しかしこの時期、彼らのなかではむしろリベラル派の言説が反知性主義の側に位置付けられ、それに対抗しようとする右派的な言説が主知主義の側に位置付けられていた。李の議論やそれに連帯しようとするリベラル側の議論こそが彼らからすれば、「実証性や客観性を軽視もしくは無視して、自分が欲するように世界を理解する態度」の現れとして捉えられていたのではないだろうか。

5　専門知対集合知という構図

リベラル側の議論、およびその支えとなっていた知的権威に対抗するにあたって彼らは、では彼らなりの主知主義をどのように発展させ、どのような知をそこに作り出していったのだろうか。それぞれの側の議論の支えとなっていた知のあり方について考えてみよう。

彼らの立場からすれば、リベラル側の知の担い手となっていたのは東京大学やソウル大学というアカデミズム、さらに『朝日新聞』をはじめとするマスメディアなど、知的権威としての存在だった。一部のエリートやエスタブリッシュメントによる知、いわゆる専門知がそこに想定されていたと言えるだろう。一方で右派側の知の担い手となっていたのは有象無象の匿名のネットユーザーだった。いわゆる集合知がそこに想定されていたと言えるだろう。

このようにそこではリベラル側の知としての専門知と、右派側の知としての集合知という構図が設定されていたと見ることができる。専門知対集合知というこの構図は彼らのモチベーションのなかで、リベラル派対保守派という政治的な構図よりも実は本質的なものだったのではないだろうか。実証主義という方法論そのものが彼らの信条となっていたのも、元来はそうした構図のなかで、集合知によって専門知に対抗するためにそれが最も有効な方策だったからだろう。いいかえれば彼らの場合には、集合知によって専門知に対抗したいという強い信条がまずあり、それを満たすための方策として、実証主義という方法論が選び取られていたと見ることができる。その原点にあったのはやはり強烈な反権威主義の精神だった。

集合知によって専門知に対抗しようとするこうしたスタンスは、元来は反マスメディアというアジェンダの戦術に関わるものだった。マスメディアの「インチキ」を暴き、その不正を告発するために、不特定多数のネットユーザーの人海戦術を介してさまざまな情報が収集され、検証され、特定されていく。そうした独自の集合知システムを当時の2ちゃんねらーが編み出していったことは先に見たとおりだ。それを歴史修正主義というアジェンダに関わるものとして適用したケースがバファリン作戦だったと位置付けられるだろう。ネイバー総督府がそこで目指したのは、2ちゃんねらーがテレビ番組などの捏造疑惑を追及していったのと同様の方法で、リベラル側の議論の「インチキ」を暴くことだったと言えるだろう。

このように当時の2ちゃんねる文化のなかでは、集合知というアプローチは反権威主義の精神に強く結び付けられ、専門知を振りかざそうとする知的権威に対抗するための有効な方策として捉えられていた。それは元来、教師や知識人など、リベラル派の文化エリートから教示される「ご高説」に反発するところから生み出されたサブカル保守クラスタが、ネットメディアのなかで手に入れた新しい武器だったと言えるだろう。

当時、独自の集合知システムによって開発されたOS、リナックスの成功をきっかけに情報工学の分野では、いわゆるオープンソース運動が大きな注目を浴びていた。知の占有を避け、そのラディカルな共有を図ることによって優れたソフトウェアを開発することを目指した運動だ。そのイデオローグとなったアメリカのプログラマーのエリック・レイモンドは、専門知型の「伽藍方式」に対して集合知型の「バザール方式」という開発方式を提唱していた。そうした考え方は他の分野にも広く適用され、二〇〇一年一月には集合知システムによる百科事典プロジェクト「ウィキペディア」が立ち上げられる[20]。〇四年五月にはそうした考え方を定式化したものとして、アメリカのジャーナリストのジェームズ・スロウィッキーによる著書 *The Wisdom of Crowds* が出版された。この本は『「みんなの意見」は案外正しい』（角川書店）という邦題で〇六年一月に日本でも出版され、大きな話題を呼んだ。

このように集合知という考え方は当時、2ちゃんねるという場にかぎらず、より広い文脈のなかで注目されていたものだった。しかも「ウィンドウズ対リナックス」「ブリタニカ対ウィキペディア」などというように、集合知によって専門知に対抗しようとするスタンスは旧来の知的権威への挑戦、反権威主義の精神の表現として位置付けられることが多かった。そもそも2ちゃんねるという場自体がそうした発想のなかから生み出されたものだったと捉えることもできるだろう。そのためそうしたスタンスがそこで反権威主義の精神に、それも彼ら独自のそれに強く結び付けられて捉えられていたのもごく自然なことだった。

ただしここで注意しておかなければならないことがある。集合知というアプローチは元来、民主主義という理念に強く結び付けられて捉えられてきたことから、むしろ左派側、リベラル側の議論に与するものとして位置付けられるのが常だった。オープンソース運動の起点となったいわゆるフリーソフトウェア運動が元来、一九六〇年代のヒッピー文化の影響を受け、対抗的な動きのなかから生み出されたものだったという経緯もあり、そうした含意は暗黙のうちに自明のものとされてきた。[21]しかしこの場合、彼らのなかではむしろリベラル側の知が専門知の側に位置付けられ、それに対抗しようとする右派側の知が集合知の側に位置付けられていた。したがってここでもやはり専門知対集合知という構図の位置付けが、通念的な理解とは反転したものになっていたことに注意しておく必要があるだろう。

6　集団思考と決断主義

アメリカの社会科学者のスコット・ペイジによれば、集合知のメカニズムは主として二つのモデルから説明することができる。その一つは「多様な予測モデル」と呼ばれるもので、多様な意見の間で誤差が相殺されるため、全体として予測の精度が向上するというものだ。もう一つは「情報寄せ集めモデル」と呼ばれるもので、各自が持っている個別の知識が寄せ集められるため、全体として情報の精度が向上するというものだ。[22]前者はいわば「当てる力」を、後者は「探す力」を高めるものだと言い換えることもできるだろう。

しかし裏を返せばこのことは、集合知というアプローチの限界を意味するものでもある。つまり集合的に思考することにより、人間の知的能力はありとあらゆる面で向上するわけではなく、そこで高められるのは特に「当てる力」と「探す力」に限られるという点だ。人間の知的能力にはほかにもさまざまな要素がある。そのなかでも特に状況判断力や意思決定力などは、むしろ従来から社会心理学の分野では、集合的に思考することに伴って逆に曇らされてしまうことが多いと考えられてきた。

アメリカの心理学者のアーヴィング・ジャニスによれば、人間は集団で物事を決める場合、一人で決める場合よりも愚かな意思決定をしてしまうことがある。特に自分たちの無謬性や道徳性を過信している集団にそうした傾向が強く見られるという。ジャニスはそれを「集団思考（groupthink）」と呼んだ。また、関連して「同調」によって認知や判断が歪められたり、「集団極化」によって意思決定が極端化したり、「情報カスケード」によって同様の意思決定が連鎖したりするなど、集合的に思考することに伴って人間の知的能力が劣化してしまうメカニズムがさまざまに検証されてきた(23)。

つまり人間の知的能力には、集合的に思考することによって向上する面もあれば逆に劣化してしまう面もある。集合知のメカニズムによって「当てる力」や「探す力」が高められる一方で、集団思考などのメカニズムに伴って状況判断力や意思決定力などが曇らされてしまうことも多い。ネットの普及により、人間が集合的に思考するための場がそれまでにないスケールでネットメディアのなかに実現されたとき、そこにはこれら二つの面の変化が極端なかたちで現れることになったのではないだろうか。

ネイバー総督府は独自の集合知システムを活用し、「当てる力」や「探す力」を飛躍的に高めることにより、リベラル側の議論を完膚なきまでに打ち負かすことができた。しかし一方でまさにその圧倒的なパフォーマンスのゆえに、全能性や無謬性への過信が生じ、その結果、特に彼ら自身よりもむしろのその周囲の日本側ユーザー、さらにその周辺の2ちゃんねらーのなかに、集団思考などのメカニズムに伴って独善性や極端性、過激さや無謀さが生み出されることになったのではないだろうか。

青山里論争が日本側ユーザーの圧勝に終わり、ネイバー総督府が立ち上げられた二〇〇四年末ごろから、エンジョイコリアには大量の2ちゃんねらーが流入してくるようになった。彼らはネイバー総督府の大活躍に拍手喝采を送り、その勢いに乗じるようにして自らも攻撃に加わるようになる。有能な集合知システムの一端に位置しているという意識からか、全能感と無謬感を存分に味わいながら、反権威主義的な気分にまかせ、韓国側ユーザーを相手に暴言を吐いたり誹謗中傷を繰り広げたりする人々が目立つようになる。

集合知システムのいわばフリーライダーとしてのそうした人々は「嫌韓厨」などと呼ばれ、コアな日本側ユーザーの間ではむしろ白眼視されていた。そこでは実証主義という方法論が意識されることもなく、生半可な知識のみに基づいて激しい攻撃が繰り広げられる。さらに反権威主義的な主知主義というスタンスが理解されることもなく、反権威主義的な気分ばかりがやたらと盛り立てられる。やがてコアな日本側ユーザーは韓国側ユーザーよりも、むしろそうした人々の無謀な発言を封じるべく奮戦するようにさえなってしまう。(24)

こうした経緯のなかにこそ、反知性主義の構造転換の一つの契機を見て取ることができるのではないだろうか。つまり日本側ユーザーの間では当初、集合知のメカニズムによって「当てる力」や「探す力」という意味での知的能力が向上し、そこに反権威主義的な主知主義という意味での反知性主義が実現されることになった。しかしその後、集団思考などのメカニズムに伴って状況判断力や意思決定力、さらに他者理解力や自己反省力などの意味での知的能力が劣化し、そこに通念的な意味での反知性主義、すなわち野蛮主義や蒙昧主義が招来されることになった。

その際、前者の現象、つまり集合知のメカニズムによる知的能力の向上という現象は限定的なものだった。集合知システムを実際に稼働させ、「当てる力」や「探す力」を高めるべく尽力していた人々は、ネイバー総督府を中心とするコアなメンバーに限られていたからだ。しかも彼らは、実際には単なる有象無象のネットユーザーというわけではなかった。そこには歴史学の研究者と思われる者も交じっていたし、ハングルや漢文の読み書きに通じている者もいた。その実体はある種のエリート集団であり、一般の2ちゃんねらーがそこに参入することは容易ではなかった[25]。

一方で後者の現象、つまり集団思考などのメカニズムに伴う知的能力の劣化という現象は非限定的なものだった。コアなメンバーの周囲の日本側ユーザー、さらにその周辺の2ちゃんねらーは「ハングル板」を介して次から次へと大量に流入してきたからだ。翻訳掲示板としてのエンジョイコリアというサイトの性格上、日本側ユーザーであれば誰であれ、ネイバー総督府を中心とする集合知システムの一端に位置しているという意識を持ち、全能感と無謬感を味わうことができた。その結果、そうしたメカニズムが作動するための場が非限定的に広がっていくことになる。

こうした非対称性、つまり集合知のメカニズムの限定性と集団思考などのメカニズムの非限定性との間の非対称性により、前者が後者に凌駕されてしまう。その結果、反権威主義的な主知主義という意味での反知性主義は、通念的な意味での反知性主義、すなわち野蛮主義や蒙昧主義に駆逐されてしまう。そこにもたらされたのが反知性主義の構造転換という事態だったのではないだろうか。

なおその際、前者の現象のなかには、後者の現象を招来した要因が含まれていたと見ることもできる。ネイバー総督府を中心とするコアなメンバーは当時、「敵」を見定めると、ありとあらゆる論法を用いて徹底的にやり込め、完膚なきまでに叩きのめしてしまうのが常だった。前記のブロガーは「jpn1_rok0 なんかを相手にしたら大変だなと思っていた」という[26]。完璧なチームワークのもと、敵を完全に殲滅するまで戦い抜こうとする彼らのそうした断固たる態度が、その周囲の日本側ユーザー、さらに周辺の2ちゃんねらーの拍手喝采を呼び、根拠のない全能感と無謬感をそこに植え付けることにより、その独善性や極端性、過激さや無謀さを促進することになったのではないだろうか。

ドイツの政治学者のカール・シュミットによれば、政治的な行為の本質とは「友」と「敵」とを区別するところにあるという。そこで主権者は特に戦争や内乱など、「例外状況に関して決断を下す」ことを求められるが、それは大衆の拍手喝采に支えられて成り立つものだという。そうした態度をシュミットは「決断主義（決定主義）」と呼んだ。また、のちに宇野常寛はこの概念をサブカルチャーの領域に引用し、「たとえ究極的には無根拠でも、特定の価値を選択する（決断する）」態度として論じている。[27]

当時のエンジョイコリアではその中心部から周縁部へと伝播していくかたちで、こうした決断主義的な態度が広く共有されていたのではないだろうか。そしてそのことが反知性主義の構造転換の一つの契機となったのではないだろうか。

7　嫌韓厨から嫌韓流へ

当時の2ちゃんねる語の辞書『2典』によれば、「嫌韓厨」とは「韓国が嫌いな厨房のこと」だが（「厨房」とは幼稚な振る舞いをする者を意味する）、「2ｃｈ中のあちこちのスレに嫌韓コピペや嫌韓カキコをするので、あまり好かれていない」というそうした人々のなかには、しかし「韓国が嫌いというより、ネタ的に書き込みをしている厨房も多い」とされていた。[28]

つまり反権威主義的な気分にまかせてのそうした書き込みでは、むしろリベラル派の文化エリート、あるいはマスメディアに対する漠然とした反発が韓国側ユーザーへの反感と混同されることにより、もしくは前者が後者に変換されることにより、後者が増幅されることになったのではないだろうか。いいかえればそこでは反リベラル市民や反マスメディアというアジェンダが嫌韓というアジェンダとして表現されることにより、結果的に後者が強化されることになったと言えるだろう。その結果、それは当時の2ちゃんねらーのさまざまな気分、その反発心や敵愾心を漠然と背負いながら肥大化していった。

そうしたなか、「嫌韓コピペや嫌韓カキコ」を発展させ、よりまとまったコンテンツとして創作しようとする動きが現れてくる。「ニュース速報板」から「ハングル板」に移行することになった「ニホンちゃん」が当初はその受け皿となっていたが、同時に独自の形式を備えたオリジナルのコンテンツも現れてくる。

その嚆矢となったのは「コリアンジェノサイダー・nayuki」というショートストーリー集だろう。「Kanon」という恋愛アドベンチャーゲームのキャラクターを借りた主人公がエンジョイコリアを舞台に韓国側ユーザーと論戦を繰り広げながら、日韓間の歴史の実相に迫っていくというものだ。「初心者A」の個人サイト「星霜」で二〇〇三年四月から六月にかけて七編のストーリーが公開された。2ちゃんねるのスレッドには五月に紹介され、「ハングル板」を中心に広く知られるようになる。(29)

一方、当時は「nayuki」ほど広く知られてはいなかったが、のちに甚大な影響力を持つことになるもう一つのコンテンツがあった。「CHOSEN―朝鮮―」というマンガだ。マンガ家の山野車輪の個人サイト「FAR EAST―極東―」で〇三年八月から〇四年九月にかけて四編のストーリーが公開された。それはやがて出版社の目に留まるところとなり、描き下ろしの原稿を大幅に加えたかたちで〇五年七月、単行本として出版されることになる。それが『マンガ嫌韓流』(晋遊舎)だ。

山野はごく初期からの2ちゃんねらーだった。特に「ニュース速報板」、およびそこから分離された「極東アジアニュース板」の「住人」であり、さらに音楽関係の「HR/HM(ハードロック/ヘヴィーメタル)板」でも活発に活動していたという。その間に描き上げた原稿を〇二年の冬にいくつかの出版社に持ち込んだものの、どこからもよい返事が得られなかったため、発表のための場として立ち上げたのが前記のサイトだった。(30)

そうした経緯から『マンガ嫌韓流』では、2ちゃんねるやエンジョイコリアになじみの深い話題や設定がさまざまに取り入れられている。そしてそれらを通じて、嫌韓というアジェンダが他のアジェンダと結び付けられるかたちで提起されている。

そこでは「教室内的シチュエーション」が用いられ、日韓共催ワールドカップサッカーの話題からストーリーが開始される。いかにも2ちゃんねる的なそうした設定のもとで、いかにもエンジョイコリア的な話題が次々と展開されていく。戦後補償問題、強制連行問題、日本文化の窃盗、ハングルの普及、日韓併合問題、竹島問題など、エンジョイコリアの「歴史板」や「伝統板」などで盛んに論議されてきた論点がそれぞれの章に割り当てられ、それらの歴史認識問題を通じて、嫌韓というアジェンダが歴史修正主義というアジェンダと結び付けられるかたちで提起されていく。加えて「反日マスコミ」に関する章では反マスメディアというアジェンダが、外国人参政権問題に関する章では排外主義というアジェンダが提起される。さらに全体を通じて「プロ市民」として登場することになる市民団体のメンバー（「アジア歴史研究会」のＯＢ・ＯＧ）が「敵役」として設定されており、そこに反リベラル市民というアジェンダが表現されている。(31)

このようにこの作品では嫌韓というアジェンダが、歴史修正主義、反マスメディア、排外主義、反リベラル市民というアジェンダと結び付けられるかたちで、同時にそれらを相互に結び付けるかたちで提起されている。いいかえればそれは、ネット右派言説を構成している主要なアジェンダの結節点となるものとして設定されていたと言えるだろう。その結果、この作品はネット右派言説のいわば総合的なマニフェストとして成立することになる。

つまり日本茶掲示板から2ちゃんねるへ、さらにエンジョイコリアへという流れのなかで扱われてきたさまざまな議論をこの作品は、嫌韓というアジェンダを媒介項としてうまく合流させ、わかりやすく整流することに成功している。そこにこその大ヒットの一つの要因があったのではないだろうか。それは当時の2ちゃんねらーの反権威主義的な気分、その漠然とした反発心や敵愾心に明瞭な輪郭を与え、明快な指針を示すものとなった。その結果、さまざまな議論の寄せ集め、さまざまなクラスタから提起されたさまざまなアジェンダの混合物でしかなかったネット右派言説が一つの体系として組織され、可視化されることになる。

8　桜井誠と嫌韓コミュニティ

そうしたなか、2ちゃんねるの「ハングル板」やエンジョイコリアを基盤としつつ、一方でそこから離陸するかたちで、嫌韓というアジェンダを核とする新たなコミュニティが一部に形作られていった。そのリーダーとなったのは、のちに在特会を立ち上げることになる桜井誠だった。

二〇〇二年の日韓共催ワールドカップサッカーの終了後、「韓国はどうもおかしいと感じ」るようになったという桜井は、『中央日報』の翻訳掲示板でkonkonというハンドルネームで活動するようになる。しかし議論が荒れがちだったことからエンジョイコリアに拠点を移し、今度はDoronpaというハンドルネームで活動するようになる。Doronpaはそこで歴史認識問題をめぐって韓国側ユーザーとの論争の先陣に立ち、論客の一人として知られるようになった。とはいえその議論は必ずしも専門的なものではなく、教科書レベルの一般的なものだったため、ネイバー総督府のメンバーのように特別視されることはなかったが(32)。

その一方で桜井はさまざまな活動を精力的に繰り広げていく。〇三年九月にはエンジョイコリアでの議論をまとめるかたちで「Doronpa's Page～不思議の国の韓国～」というサイトを立ち上げた。また、レンタル掲示板サイトの「したらば掲示板」に「韓国生討論」という板を設置する。その最初の問題提起は「日本の朝鮮併合・統治は過ちだっただろうか?」というものだった。さらに「Doronpaの独り言」というブログを立ち上げるとともに、そこで募った対談者との討論の様子をネットラジオを通じて配信していく(33)。それらの活動を通じて桜井の周囲には徐々に独自のコミュニティが形作られていった。

そうしたなか、桜井に大きな転機が訪れる。〇四年十二月、日本テレビ系列の討論番組『ジェネジャン』の

「韓流ブームの深層」という特集にパネリストとして出演するよう依頼を受けた桜井は、コミュニティの面々に協力を呼びかけていく。それを受けて「韓国生討論」では、さらに「ハングル板」でも活発な議論が繰り広げられた。〇五年一月九日には模擬討論のためのオフ会もおこなわれる。そして二十九日に番組が放送されると、それは大きな反響を呼ぶことになった。2ちゃんねるでは関連するスレッドが次々と立てられていく一方で、韓国のネットユーザーの間では非難の議論が巻き起こり、「韓国生討論」には韓国からの書き込みが相次いだ。さらにその過程で、開局して間もない衛星放送テレビ局「チャンネル桜」の番組『日本よ、今・・・「テレビ掲示板討論会」』に出演することになった桜井は、以後その常連出演者となっていく。[34]こうして桜井は新たな「嫌韓コミュニティ」のリーダーの座に一躍躍り出ていく。

その後、桜井は「日韓歴史問題研究会」という団体を立ち上げ、「ネット言論から始まる韓国問題～暴走する韓国の反日～」と題されたシンポジウムを〇五年七月三十日に開催した。そこでは主に『テレビ掲示板討論会』の出演者による講演とパネルディスカッションがおこなわれたが、実は当初、むしろ「目玉」となる登壇者として予定されていたもう一人の人物がいた。ネイバー総督府の三悪人の一人、zeong だ。しかし共同宣言を採択することがプログラムに盛り込まれていることに異議を呈した zeong は、登壇を辞退するに至る。「政治的発言を行なう事を不可避の前提とし、（略）多くの問題点を含む共同宣言を行うようなシンポに（略）与同する意志は」ない、「正体不明の政治集会と化しそうなシンポに名を連ねるのは断固拒否である」という理由からだった。「シンポジウムは討議の場で」あり、「特定の結論に至ることがあってはならない」、ゆえに「「共同」を主張してはならない」ことをあくまでも zeong は主張した。

そこに込められていたのは決断主義への批判という意図だったと見ることもできるだろう。当時のエンジョイコリアでは決断主義的な態度が広く共有され、それに伴って反知性主義の構造転換が進行しつつあったことは先に見たとおりだ。そこで zeong はそうした風潮に異を唱え、反権威主義的な主知主義というスタンスをあくまでも固持しようとしたのではないだろうか。三悪人の他のメンバー、jpn1_rok0 と polalis もその立場に賛同し、同様の主張を繰り広げた。

しかしその過程で桜井と三悪人との間に対立が生じる。その際、コミュニティの面々の多くは桜井を支持する側に回った。zeong の行動は「敵前逃亡」「トンずら」などとして強く非難され、三悪人の態度についても「NAVER総督府には敗北主義が横行してる」「先の作戦で人生を終わらせた」「非現実世界に逃避している」などの批判が寄せられた。皮肉にもこうして彼ら自身が決断主義的な態度のターゲットとされてしまったわけだ。

一方で両者の対立を危惧する声もあった。たとえば「韓国生討論」のなかから当時の書き込みの一部を拾い出してみよう。

「日テレ出演で doronpa 氏を知って、（略）カッゼツのよさと行動力、言葉の表現力の巧みさ、などは群を抜いているし、頼もしい人が／出てきたな、と最初は思いました。／しかしラジオを聞いているうちに何かが違うぞ、と。（略）やはり言葉の端々に差別意識がちらほらしてしまうところが、おしい。（略）これはいずれ敵に足／を引っ張られる原因になる。右翼認定されて、一般人の支持を減らす元になると思います。（略）ゼオン（zeong：引用者注）さんのHPも読ませていただきましたが、その点、この方の学問的な潔癖さと、問題に／対する知的で理性的なアプローチの仕方は、doronpa さんの手薄な守備範囲を補うために／は不可欠のように感じました。（略）両方ともに必要な方なのです。なんとかうまくやってい／ただければと思います」（〇五年七月十九日[35]）

しかしその後、「うまくやって」いく機会は結局訪れず、両者は袂を分かつことになる。その過程で嫌韓コミュニティはエンジョイコリアから完全に離陸し、日韓歴史問題研究会という社会運動組織として独自の道に踏み出していく。また、そこに蔓延していた風潮に後押しされるようにして桜井自身も決断主義的な傾向をますます強め、やがて「決断」することから「行動」することへと踏み込んでいく。その果てに現れてくるのがのちの「行動する保守」の運動だった。

こうしたことからするとこのときのシンポジウムをめぐる件のなかに、反知性主義の構造転換の一つのターニングポイントを見て取ることもできるかもしれない。

9 『マンガ嫌韓流』以降の嫌韓本ブーム

二〇〇五年五月八日付の『産経新聞』にはジャーナリストの佐々木俊尚により、「「ネット右翼」は新保守世論」というコラムが寄稿された。それは「ネット右翼」という語がマスメディアに登場した最初のケースだった。そこで佐々木は左派系のいくつかのブログでの炎上騒ぎに触れながら、「これまでマスコミで黙殺されてきた新保守的な世論が、ネットという媒体を得て一気に表舞台へと噴出してきているというのが、実は「ネット右翼」の正体ではないか」と論じている[36]。このようにこの時期、ネット右派という存在が徐々に一つの実体として認識され、可視化されつつあったと見られる。

そうしたなかで出版された『マンガ嫌韓流』は、発売に先立ってすでに予約の時点から大きな話題を呼び、ネット書店のアマゾンでは七月半ばから売り上げランキングの一位を占めるに至る[37]。そして七月末に発売されるやいなや賛否両論の議論を巻き起こし、大ベストセラーとなる。続巻も次々と出版され、〇六年二月には第二巻が、〇七年九月には第三巻が、〇九年五月には第四巻が刊行された。

この本の大ヒットをきっかけに出版メディアのなかには、それまでの「韓流ブーム」と入れ替わるようにして突然の「嫌韓流ブーム」が、そして「嫌韓本ブーム」が巻き起こることになった。

当時はちょうど「第一次韓流ブーム」が終息した時期だった。〇三年四月から『冬のソナタ』がＮＨＫ系列で繰り返し放送されたことをきっかけに、〇四年には地上波民放各局で韓国ドラマの放送枠が設けられるなど、大きなブームが訪れることになったが、しかし〇五年九月にはいずれの枠も終了し、ブームは終息するに至った。ちょうどその時期に立ち現れてきたのがこれらのブームだった。そのためその底流には、韓流ブームの狂騒への反動、もしくは反発という動機も込められていたと見ることができる。つまりそうした狂騒に明け暮れてきたマスメディアへの反感の表明として、実はこれらのブームそのものが反マスメディアというアジェンダの一つの表現となっていたのではないだろうか。

まず関連するムックが続々と出版されていった。『マンガ嫌韓流』の出版元の晋遊舎からは『嫌韓流実践ハンドブック 反日妄言撃退マニュアル』(〇六年一月)、『マンガ嫌韓流 公式ガイドブック』(〇六年二月)、『嫌韓流実践ハンドブック 二 反日妄言半島炎上編』(〇六年八月)などが、さらに宝島社からは「別冊宝島」のシリーズとして『マンガ嫌韓流の真実!』(〇五年十一月)、『嫌韓流の真実! 場外乱闘編』(〇六年二月)、『嫌韓流の真実! ザ・在日特権』(〇六年六月)などが刊行された。なお、『マンガ嫌韓流 二』には「在日特権の真相」という章が含まれているが、この本とほぼ同時に刊行された『実践ハンドブック』、および後続の『実践ハンドブック 二』は、のちに在特会を立ち上げることになる桜井によって執筆されている。

そうしたなか、一部の出版社には韓流ブームから嫌韓流ブームに乗り換えようとする動きも見られた。〇四年十一月に『Ｉｔ's ＫＯＲＥＡＬ』という雑誌を創刊し、さまざまな「韓流本」を刊行していたオークラ出版からは一転して「嫌韓本」として、『韓国人につけるクスリ――韓国・自覚症状なしのウリナライズムの病理』(中岡龍馬)という書籍が〇五年十月に出版された。それは「今だからこそ・・・韓国斬り!!」という人気ブログを書籍化したものだった。なお、同様にこの出版社では「ｎａｙｕｋｉ」の書籍化の企画も進められ、ネイバー総督府がその考証に当たるなどして、エンジョイコリアを挙げての協力体制が整えられていった。しかしその企画は実現されるには至らず、それはのちに西村幸祐の監修により、『歴女が学んだホントの日韓関係』(北山京)という書籍として一〇年八月に青林堂から出版されることになる。(38)

一方、嫌韓というアジェンダを媒介項としてさまざまな議論を取り込み、いわばネット右派言説の全体像を各方面に発展させていこうとする動きも現れてくる。特に晋遊舎からはマンガと結び付けるかたちで、歴史修正主義はもとより反マスメディア、反リベラル市民、さらに反中など、さまざまなアジェンダに関連するムックが続々と出版されていった。『マンガでわかる中国百の悪行』（東亜細亜問題研究会、〇六年十一月）、『TBS「報道テロ」全記録――反日放送局の事業免許取り消しを！』（〇六年十二月）、『反日マンガの世界――イデオロギーまみれの怪しい漫画にご用心！』（〇七年三月）、『マンガ日狂組の教室――学校が危ない!!』（大和撫吉、〇七年四月）、『朝日新聞のトンデモ読者投稿』（朝南政昭、〇七年四月）などだ。なお、これらの一部はその後、〇七年九月に創刊された「晋遊舎ブラック新書」のシリーズに再収録されることになる。

さらにそうしたなか、関連する雑誌の創刊も試みられていく。〇七年七月には晋遊舎から『スレッド』という雑誌が創刊された。このタイトルに示されているようにそれは2ちゃんねる文化を明確に意識し、サブカルチャー色を強く押し出しながら右寄りの論調を掲げた新しいコンセプトの雑誌だったが、しかし「エンタメ×カルチャー×オピニオン 大衆啓蒙MAGAZINE」と銘打たれたそのスタイルがやや雑駁だったためか、わずか三号のみで休刊するに至る。[39] しかしそうしたアプローチそのものは市場に受け継がれていった。のちに一一年四月には青林堂から、同様のコンセプトをより明確に打ち出した新しいスタイルのオピニオン誌として『JAPANISM』が創刊され、大きな成功を収めることになる。

こうして『マンガ嫌韓流』以降の嫌韓本ブームに牽引されるかたちで、晋遊舎、宝島社、青林堂などにより、嫌韓というアジェンダを媒介項としてさまざまな議論を取り込みながら、ネット右派を明確に意識した市場が出版メディアのなかに開拓されていった。その間、宝島社からは〇八年二月に『別冊宝島 ネット右翼ってどんなヤツ?』というムックが出版されている。

それはかつて一九九〇年代前半に成立した新保守論壇が、ネットメディアの誕生と普及、そしてそのなかでの成長という段階を経て、その新たな姿を出版メディアのなかにあらためて現したものだったと言えるだろう。その後、それはさらに膨張を続け、一〇年代を迎えるころには出版メディアのなかに固有の広大な領域を占めるまでになる。その過程でネット右派という存在がより明瞭に可視化されることになった。

10 『WiLL』の創刊と「大人目線」の右傾化路線

こうして新保守論壇はゼロ年代半ばに「バージョンアップ」されることになったが、しかしその牽引役となったのは嫌韓本ブームばかりではなかった。日本茶掲示板から2ちゃんねるへ、さらにエンジョイコリアへという流れのうえに立ち現れてきたこれら一連の動きは、サブカル保守クラスタをその主な担い手とするものだったが、一方で当時、バックラッシュ保守クラスタを主な担い手とするもう一つの動きが並行して起きていた。それは嫌韓本ブームとはまた別のかたちで新保守論壇を刷新し、さらに他のメディアにもさまざまな影響を及ぼしていくことになる。その一つの牽引役となったのは保守派の新しいオピニオン誌『WiLL』(ワック)だった。

かつて『週刊文春』の「タカ派」編集長として知られ、さらに『マルコポーロ』の編集長を務めたのち、マルコポーロ事件をきっかけに文藝春秋を辞した花田紀凱が、朝日新聞社、角川書店、宣伝会議などでさまざまな雑誌の編集に携わってから新たに立ち上げたのがこの雑誌だった。二〇〇四年十一月に創刊されて以来、現在に至るまで刊行され続けている。その間、〇九年三月にはその別冊として歴史雑誌『歴史通』が創刊された。ただしその後、花田は一七年三月にワックを辞し、四月には飛鳥新社から『WiLL』の事実上の後継誌として『月刊Hanada』を創刊することになる。(40)

そもそも『諸君!』の出版元でもあった文藝春秋にその創刊以前から身を置き、さらに『マルコポーロ』の

「右旋回」を指揮するなど、既成保守論壇から新保守論壇へと渡り歩きながら保守論壇の最前線を切り開いてきた花田の豊富な経験と、そこで培われた人脈のうえに生み出されたのが『ＷｉＬＬ』だった。そのためその執筆陣には、渡部昇一や谷沢永一など、既成保守論壇の全盛期からの論者から、西尾幹二や加瀬英明など、新保守論壇の草創期からの論者、さらに櫻井よしこや西村幸祐など、より新しい時代の論者に至るまで多彩な顔ぶれが結集していた。また、西村眞悟や稲田朋美など、復古主義的な志向を強く持った政治家や、八木秀次や百地章など、「新しい歴史教科書をつくる会」や日本会議のイデオローグとなっていた学者など、バックラッシュ保守クラスタの運動の支え手となっていた論者も参集していた。加えて『週刊文春』の元記者の勝谷誠彦、『噂の眞相』の元編集長の岡留安則など、個性的な顔ぶれの論者が連載陣を彩っていた。

『マンガ嫌韓流』以降の嫌韓本ブームが2ちゃんねる文化を背景に、教室内的シチュエーションに伴う「子供目線」の右傾化路線を切り開いていったのに対して、「オトナのマンスリー・マガジン」と銘打たれた『ＷｉＬＬ』は花田のこうした経験と人脈を背景に、より成熟した、同時により確信犯的に吹っ切れた「大人目線」の路線を推し進めていったと言えるだろう。

〇九年九月に民主党政権が誕生すると、その前後からはもっぱら民主党批判を旨とする政局関連の特集が組まれることが多くなるが、それまでの時期、特に創刊から間もないころには、そこでは特に三つのアジェンダに関連する特集が組まれることが多かった。歴史修正主義、朝日新聞叩きを中心とする反マスメディア、「嫌韓」に加えて特に「反中」を強調した「嫌韓反中」というアジェンダだ。それぞれのアジェンダについて創刊号の〇五年一月号以降、〇五年から〇八年までの四年間の様子を見てみよう。

まず歴史修正主義というアジェンダの関連特集としては、〇五年には「さらば、自虐史観」（七月号）、「大東亜戦争の真実」（九月号）、〇六年には「見直し、大東亜戦争」（一月号）、「南京大虐殺のまぼろし」（五月号）、「南京大虐殺の真実」（八月号）、「靖国問題に黒白をつける！」（十月号）、〇七年には「「従軍慰安婦」に大打撃！」（五月号）、「「従軍慰安婦」に大打撃！ 二」（六月号）、「「従軍慰安婦」と断固、戦う！」（八月増刊号）、「沖縄集団自決の真実」（十二月号）、「南京大虐殺に終止符」（十二月増刊号）、〇八年には「「集団自決」を悪用する者」（一月号）、「狙われる沖縄」（八月増刊号）などがあった。

次に反マスメディアというアジェンダの関連特集としては、〇五年には「朝日新聞を裁く！」（四月号）、「朝日新聞を裁く！ 第二弾」（五月号）、「朝日新聞を裁く！ 第三弾」（六月号）、「朝日は腐っている！」（十一月号）、「亡国の新聞、亡国のテレビ」（十二月号）、〇六年には「新聞の堕落」（六月号）、「新聞の恥部」（七月号）、〇七年には「テレビ・新聞は信用するな！」（四月号）、「封殺された言論」（七月号）、〇八年には「朝日新聞の大罪」（九月号）などがあった。

さらに嫌韓反中というアジェンダの関連特集としては、〇五年には「厄介な国、中国」（一月号）、「おかしいぞ！ 韓国」（五月号）、「中国に譲る勿れ！」（八月号）、「見直せ！「日中友好」」（十月号）、〇六年には「許すな、中国と韓国！」（二月号）、「これが中国の「現実的脅威」だ」（三月号）、「いつまで中国、北朝鮮にナメられるのか！」（五月号）、「中国にNOと言える日本」（九月号）、「反日スクラムにNO！」（十一月号）、「北朝鮮の断末魔！」（十二月号）、〇七年には「中国を甘く見るな！」（二月号）、「中国の黒い情報戦」（三月号）、「この無法な国、中国」（八月号）、〇八年には「信用するな！ 米・中・韓」（二月号）、「毒殺国家、中国」（四月号）、「中国の暴走が止まらない！」（五月号）、「五輪どころじゃない中国！」（七月号）、「北京五輪は大失敗だった！」（十月号）などがあった。

この間の特集の総数五十八件のうち、これら三つのアジェンダに関連する特集は合計四十一件にも及ぶ（歴史修正主義が十三件、反マスメディアが十件、嫌韓反中が十八件）。特に〇五年には十六件のうち十一件にも及んでいる。初期の『ＷｉＬＬ』がこれら三つのアジェンダを軸に成り立っていた様子がうかがい知れるだろう。

そうしたなか、従来の新保守論壇の性格との対比から目につくのは、とりわけ反中というアジェンダの突出ぶりだろう。嫌韓反中というアジェンダに関連する特集十八件のうち、中国を扱っているものは実に十六件にも及ぶ。しかもそうした傾向は徐々に強くなっていき、〇八年には関連する特集が五件も組まれている。

先に見たように『ＳＡＰＩＯ』では、「反日国家」の主役の座が〇〇年を境に韓国から中国へと、もしくは中国と韓国とのツートップ体制へと譲り渡され、それに伴って一九九〇年代の「嫌韓の時代」からゼロ年代以降の「嫌韓反中の時代」へという展開で、その「反日国家スキーム」が移り変わっていった。『ＷｉＬＬ』はそうした新しいスキームから出発した雑誌だったと言えるだろう。しかもその創刊直後の〇五年は、中国各地に反日デモの激しい嵐が吹き荒れた時期だった。そうした状況に『ＷｉＬＬ』が敏感にならざるをえなかったのは当然のことだろう。その結果、そこでは反中というアジェンダがひときわ強調されることになる。

この時期、嫌韓というアジェンダをあくまでも強く打ち出すことによって独自の路線を切り開いていったサブカル保守クラスタのアプローチとは、それは対照的なものだったと言えるだろう。そうした点にも「子供目線」の右傾化路線と「大人目線」のそれとの違いが現れていたのかもしれない。その後、両者は交わり合い、嫌韓というアジェンダは嫌韓反日というより総合的なアジェンダへとバージョンアップされるとともに、ネット右派という存在がより厚みを増したものとして構成されていくことになる。

11　チャンネル桜の開局と右翼・民族派への眼差し

『ＷｉＬＬ』が創刊された二〇〇四年にはやはりバックラッシュ保守クラスタを主な担い手とするものとして、メディアの世界にもう一つの重要な動きが起きていた。保守派のテレビ局「日本文化チャンネル桜」が開局したことだ。

テレビ・映画業界でフリーランスのディレクター・脚本家として活動していた水島総を中心に〇四年四月に設立されたチャンネル桜は、衛星放送スカパー！の独立チャンネルとして二十四時間の有料放送を九月から開始した。しかし〇七年四月以降は経営上の問題により、ハッピー二四一、ベターライフチャンネル、セレクトショッピングなど、他のチャンネルの枠のなかで放送時間を短縮して活動を続けることになる。その間、〇八年九月には「チャンネル桜二千人委員会」が設立され、熱心な支援者からのドネーションによって運営を賄うという方式が取り入れられた。

開局当初は民謡や詩吟など、日本の伝統芸能に関する番組も放送されていたが、放送時間の短縮に伴ってそれらは縮減され、その後は『報道ワイド日本』『桜プロジェクト』『Ｆｒｏｎｔ Ｊａｐａｎ 桜』など、ニュース解説やインタビュー・討論などを旨とするオピニオン番組中心の編成になっていく。[41]

一方、インターネットへの対応も積極的に進められていく。〇六年五月には動画の有料配信が開始された。〇七年五月には独自の動画配信サイトとして「Ｓｏ－ＴＶ」が開設される。さらに〇八年三月にはユーチューブに、一〇年十一月にはニコニコ動画にそれぞれ公式チャンネルが開設され、一部の番組の無料配信が開始された。その後もニコニコ動画の「国防・防人チャンネル」など、さまざまなチャンネルが開設され、多彩な活動が繰り広げられていく。なお、一七年十二月以降はスカパー！での放送が打ち切られ、ネットでの放送のみが続けられることになる。[42]

「日本の伝統文化の復興と保持を目指し日本人本来の「心」を取り戻すべく設立された」というチャンネル桜は、バックラッシュ保守クラスタのイデオロギーを明確に掲げたテレビ局だった。その賛同者には、保守論壇を代表するそうそうたる顔ぶれの論者が結集している。そのなかには西尾幹二、加瀬英明、藤岡信勝など、新保守論壇の草創期からの論者のほか、椛島有三、伊藤哲夫、百地章など、日本会議の関係者、さらに板垣正、中村粲、名越二荒之助、小堀桂一郎、岡崎久彦など、かつての歴史・検討委員会の関係者なども含まれていた。また、設立発起人と番組審議会委員にはやはり日本会議の関係者で、かつて新保守論壇と歴史・検討委員会との媒介役となった高橋史朗も名を連ねていた。(43)

このようにバックラッシュ保守クラスタのネットワークに支えられつつも、一方で水島は「保守」のあり方についての疑念をたびたび表明していた。水島によれば「皇室の精神的権威を自分と重ね合わせて利用しようとする卑劣な「現世利得者」たち（略）が余りに戦後保守には多い」という。そのため「「保守」という言葉や「議論」については、何処か、いかがわしいものを感じている」という水島は、「「戦後保守」の猛省と再出発は、保守という言葉の意味を考えることから始めてもいいだろう」と論じている。(44) こうして「保守」や「戦後保守」を批判する際に水島が一つのよりどころとしていたのは、「右翼」とりわけ「戦前右翼」のあり方、すなわち日本の右翼・民族派の伝統的な思想や文化だった。

チャンネル桜の設立にあたり、その発起人の一人で、戦中は特攻隊の教官を務め、戦後は右翼団体「日本革命菊旗同志会」で活動するなどしていた田形竹尾とともに水島が作成した「民族派衛星放送チャンネル創設への趣意書」には、「全国の愛国憂国人士、全ての民族派、全ての草莽は、小異を捨て、大同団結せよ」「全ての草莽は草莽崛起せよ」などと、いかにも右翼・民族派的な趣きの強い呼びかけ文が記されていた。(45)

このなかの「草莽崛起」という語は吉田松陰の言葉で、右翼・民族派の思想や文化の原点に位置するものだ。「草むらに身を潜めている志士が起ち上がる」というほどの意味だが、「この松陰の一語が発せられてはじめて（略）日本全国の維新への胎動は鬱勃として定まった」（村上一郎）とされている。この語がチャンネル桜の社是の一つとなった。(46)

さらに右翼・民族派の歴史を紐解いていくと、明治維新ののち「大久保利通を代表とする体制派」から「保守」の流れが形作られていく一方で、「西郷隆盛に象徴される反体制派」から「右翼」の流れが形作られていくことになるが、そのなかで「右翼革命を象徴する人物」としての「西郷は頭山にとっても内田にとっても北にとっても（略）理想像であった」（松本健一）という。その西郷の言葉「敬天愛人」がチャンネル桜のもう一つの社是となった。(47)

このように「保守」を超えて「右翼」を眼差し、右翼・民族派の思想や文化を尊重しようとする姿勢を堂々と打ち出していったところにチャンネル桜の一つの特徴があったと言えるだろう。

当時、ネット右派論壇のなかの右翼系セクターでは既成右翼系クラスタも新右翼系クラスタもともに退潮して久しく、新右翼の活動が一般の人々の関心を呼ぶこともほとんどなくなっていた。さらにネオナチ極右クラスタのなかでも「行動する保守」の運動が台頭し、「右翼」や「極右」よりも「保守」という語が好んで用いられるようになっていた。また、保守系セクターではサブカル保守クラスタの間でもバックラッシュ保守クラスタの間でも、「右翼」と呼ばれることに対して相変わらず強い拒否反応が見られた。

このように「右翼」が忌避され、右翼・民族派という存在そのものを強く忌み嫌う傾向が広く見られたなかで、その思想と文化を尊重しようとする姿勢をあらためて強く打ち出してきたチャンネル桜のアプローチは、反時代的であるがゆえに新鮮なものでもあった。そこでは『Ｗｉｌｌ』の場合よりもさらに底の深い、さらにラディカルな独自の「大人目線」の右傾化路線が追い求められていたと言えるだろう。それは一方で激しい拒否反応を呼びながら、他方で新鮮な驚きとともに受け入れられていくことになる。

12　動画共有サイトの普及とチャンネル桜による啓蒙

チャンネル桜のそうした路線は当初、スカパー！の視聴者を中心に一部の熱心な支援者に受け入れられていたのみだったが、やがて思わぬところから支持者を広げていく。その背景にあったのは動画共有サイトの普及という状況だった。一部の視聴者により、録画された番組が非公式で投稿されるようになる。二〇〇五年十二月にサービスを開始したユーチューブでは〇六年三月以降、毎月数本程度の動画が投稿されていった。一方、〇七年一月にサービスを開始したニコニコ動画でも三月以降、しばらくの間はやはり毎月数本程度が投稿されていたが、やがて徐々に投稿数が増えていく。九月には十一本、十月には十八本、十一月には三十三本、十二月には二十六本となり、さらに〇八年になると一月には四十一本、二月には二十三本、三月には三十七本、四月には七十四本となる。十一月には百二十二本もの動画が投稿された。〇八年一年間でニコニコ動画に投稿された動画は七百十本にも及ぶ。

こうした状況を受け、チャンネル桜でも一部の番組をユーチューブの公式チャンネルで無料配信するようになる。〇九年二月末以降、一日五本程度の動画がアップされていった。三月には百二十一本、四月には百六十三本、五月には百五十三本、六月には百四十一本の動画がアップされた。〇九年一年間でユーチューブで配信された動画は千四百五十本にも及ぶ。

一方で一般のユーザーによるニコニコ動画への投稿も続けられた。しかもその投稿数はさらに増えていく。〇九年一年間でニコニコ動画に投稿された動画は千三百九十四本にも及ぶ。つまりこの年にはユーチューブとニコニコ動画、公式配信によるものと非公式投稿によるものとを合わせると、一年間で三千本近くもの動画がアップされたことになる(48)。

こうして特に〇八年以降、ネットメディアのなかにはチャンネル桜の動画が急速に浸透し、氾濫していった。動画共有サイトが急速に普及していくなかで、それはある種のキラーコンテンツとなるに至る。とりわけ動画の上にコメントをかぶせ、視聴者同士で談笑を交わしながら互いに盛り上がることを旨とするニコニコ動画では、そうした傾向が顕著だった。

そもそもニコニコ動画は、2ちゃんねるの主宰者のひろゆきがその運営に関わっていたことなどもあり、2ちゃんねる的な「ノリ」を動画共有サイトのなかに持ち込むところから出発したものだった。[49]そのためそこでは右寄りの議論や、それに伴う「トンデモ系」の言論などが好まれる傾向が強く、チャンネル桜の動画は格好の「ネタ」として重宝されることになる。

その結果、サブカル保守クラスタの一部は2ちゃんねるでの議論をニコニコ動画のなかに移し替え、そこで「祭り」を繰り広げるようになる。その際、彼らはチャンネル桜の動画をネタにして盛り上がりながら、同時にそこからさまざまな知識や思想を得ることになった。

当時の2ちゃんねらーのなかには、一九九〇年代後半のネット右派論壇の最盛期を知っている者はもはや多くなかった。〇四年六月七日に「ハングル板」に立てられたスレッド「【きっかけ】韓国が嫌いになった【理由】」では、当時の「ハングル板」の住人が嫌韓というアジェンダに引き付けられるようになったきっかけが調査されているが、そこで圧倒的に多かったのは、〇二年の日韓共催ワールドカップサッカーという回答だった。[50]つまり彼らの多くは、日本茶掲示板、鐵扇會、右翼共和派などがすでにその活動を停止したのち、2ちゃんねる文化という新しい枠組みのなかでサブカル保守クラスタに参入してきた人々だった。そのためそこではそれ以前の保守系セクターでの議論や、ましてや右翼系セクターでの議論、さらにそれ以前の保守論壇での議論が顧みられるようなことはほとんどなかった。

そうしたなか、チャンネル桜の動画はそれらの議論を踏まえつつ、さまざまな知識や思想、論点や情報を整理しながら彼らに伝えていく。その結果、彼らは思わぬ「啓蒙」を被ることになった。

古谷経衡によればそれは「「革命的」な出来事」だったという。それを機に、「「ネット右翼」と「保守」の垣根はチャンネル桜という「ワームホール」(時空を移動する抜け道)によって連結されることになった」[51]。いいかえればそこでは、「子供目線」の右傾化路線と「大人目線」のそれとが劇的に出合うことになったと言えるだろう。以後、両者は交わり合い、ネット右派という存在がますます厚みを増したものとして形成されていくことになる。

13　バックラッシュ保守クラスタの再興とその背景

ともに二〇〇四年に生まれた『ＷｉＬＬ』とチャンネル桜という二つのメディア、そして花田と水島という二人のカリスマ的なメディエーターに盛り立てられるかたちで、バックラッシュ保守クラスタの運動はゼロ年代半ば以降、再び大きな盛り上がりを見せていく。

とはいえそうした動きは突然現れたものだったわけではない。その底流には一九九〇年代後半以降、草の根のネットワークを通じて続けられてきた保守派の運動の蓄積があった。

九七年に生まれた「新しい歴史教科書をつくる会」は、すでに〇〇年末には一万人を超える会員を擁するまでになっていた。その教科書の採択に向け、各地の教育委員会や地方議会などに圧力がかけられていったことは先に見たとおりだ。しかし当初は採択も伸びず、歴史教科書の採択率は〇一年には〇・〇四％、〇五年には〇・四％にとどまるものだった。しかしその後の内紛を経て、「つくる会」から独立した八木秀次を理事長として〇六年十月に「日本教育再生機構」が、さらに〇七年七月に「教科書改善の会（改正教育基本法に基づく教科書改善を進める有識者の会）」が設立され、扶桑社（のちに育鵬社）と自由社の二社から教科書が発行されるようになると、その採択率は伸び始め、〇九年には両社版を合わせて一・七％となる。特に「改善の会」による育鵬社版の採択率はその後も伸び続け、一一年には三・七％、一五年には六・三％となっている。[52]

一方、やはり九七年に生まれた日本会議を軸に、ゼロ年代前半にはもう一つの運動が大きな盛り上がりを見せていった。いわゆるジェンダーフリー批判の動きだ。男女共同参画社会基本法が九九年六月に施行されると、関連する条例を制定する動きが各地に広まっていったが、一方でそれに対抗し、特に〇三年以降、各地の地方議会ではジェンダーフリー批判を旨とする質問や請願が相次いで出されるようになる。その結果、条例を制限したり、あるいは「ジェンダーフリー」という語を使用禁止にしたりする旨の決議が出されていった。そうした動きの基盤となっていたのは日本会議のほか、その女性組織の「日本女性の会」(〇一年九月設立)、「日本会議地方議員連盟」(〇六年十一月設立)、さらに「教育再生・地方議員百人と市民の会」(九九年一月設立)などだった。[53]

これらの運動の蓄積に支えられ、その成果が可視化されていったのがゼロ年代半ば以降のことだったと言えるだろう。その一つの頂点となったのは、〇六年十二月に教育基本法が改正されたことだった。「公共の精神」「伝統と文化の尊重」「愛国心」などの表現がそこに盛り込まれることになる。[54]

そうした動きが新しいメディアを生み出すことになったのではないだろうか。なお、関西を基盤とする「地方議員百人と市民の会」と連携するなどして、東京を基盤により右寄りの活動を展開していた「草莽全国地方議員の会」の会長の松浦芳子は、チャンネル桜の設立発起人の一人でもあった。[55]

一方で当時、国外に目を向けてみると、特に〇五年には中国各地で反日デモの激しい嵐が吹き荒れるなど、東アジア地域では反日的な動きがにわかに高まりつつあった。

〇五年三月、中国では国連のアナン事務総長の発言をきっかけに、日本の国連安保理常任理事国入りに反対する署名運動が広がっていく。同時に歴史教科書問題をめぐって日本製品の不買運動が呼びかけられていく。そして四月二日には成都で、三日には深センで反日デモがおこなわれた。その後、「つくる会」の教科書が検定に合格したことが五日に伝えられると、デモの勢いは一気に広がり、九日には北京で、十日には広州、深センなどで、十六日には上海、広州などでと続々とデモが繰り広げられていく。特に上海でのデモは最大規模のものとなり、その後、その勢いはさらに全国各地に広がっていった。

なお、中国でのこうした動きの伏線には韓国での動きもあった。一九〇五年(明治三十八年)二月二十二日に竹島を島根県の一部とするという告示が出されてから百周年となったこの年の三月、島根県議会ではこの日を「竹島の日」とするという条例が可決された。するとそれを受け、韓国では各地の地方議会などの主導で激しい反日運動が展開されていく。そうした流れを引き継ぐかたちで起きた中国の反日デモでは、そのため歴史教科書問題や歴史認識問題ばかりでなく、尖閣諸島をめぐる領土問題も大きく取り上げられることになった(56)。

これら一連の動きを受け、日本では「反日国家」の主役としての中国と韓国とのツートップ体制がいわば盤石のものとされるに至る。さらに〇二年以降、日本人拉致問題などを通じて「悪役国家」の最右翼としての役割を引き受けてきた北朝鮮がそこに加わり、強固な「反日スクラム」(『ＷｉＬＬ』〇六年十一月号)が結成されるに至る。そうした圧力に対抗するかたちで盛り上がっていったのがバックラッシュ保守クラスタの運動だったと言えるだろう。

ただしその背景にはよりマクロな要因があったことを見落としてはならないだろう。東アジア地域のパワーバランスの変化、そしてそれに伴う地政学の変化という状況だ。

中国経済はゼロ年代になってから高い成長率を示し続けていた。特に〇三年から〇七年まで、ゼロ年代半ばには毎年二桁成長を達成している。また、国防費も八九年から毎年二桁増で伸び続けていた。そうして経済的・軍事的なプレゼンスを日増しに高めながら、〇八年の北京オリンピックに向けて超大国への道を突き進んでいった中国の姿は、周辺諸国に「中国脅威論」を呼び起こすまでになる。

一方、九七年のアジア通貨危機によって大きな打撃を受けた韓国経済は、大胆な構造改革の結果、ゼロ年代になると息を吹き返し、輸出主導の体制のもとで高成長を続けていく。グローバル化と情報化の急速な進展の波のなか、特に財閥系の大企業は政府の後押しを受けながら海外展開を積極的に推し進め、そのなかからサムスン電子、ＬＧ電子、現代自動車などが世界有数の優良企業となっていく。

そうしたなか、日本経済は九〇年代の「失われた十年」を引きずりながら、なおも停滞したままだった。とりわけエレクトロニクス産業の衰退ぶりは著しく、〇〇年にピークに達したその生産額はゼロ年代を通じてほぼ半減することになる。その分のシェアを奪っていったのが韓国、台湾、中国などの新興企業だった。その結果、日本の経済的・政治的なプレゼンスはいや応なく低下していくことになる。(57)

そうした状況に後押しされるかたちで湧き上がってきたのが〇五年の中国や韓国での動き、反日デモの大きなうねりだったと言えるだろう。一方でそうした状況への危機感に後押しされて盛り上がっていったのがバックラッシュ保守クラスタの運動だった。この年以降、『WiLL』で大々的に展開されていった嫌韓反中関連の特集には彼らのそうした危機感が如実に現れている。

なお、彼らの危機感はその後、国内で起きたより激的な変化によってさらに高められることになる。〇九年九月に民主党の鳩山政権が誕生したことだ。以後、民主党批判のキャンペーンが大々的に繰り広げられ、彼らの運動はひときわ大きな盛り上がりを見せていく。

先に見たようにそもそもバックラッシュ保守クラスタは、八〇年代後半のアメリカによるジャパンバッシングに始まる日本叩き、そして九三年の細川政権の誕生という動きを背景に形作られてきたものだった。そうした経緯がこの時期、新たな日本叩き、そして新たなリベラル派政権の誕生という動きを背景に、新たな盛り上がりのなかで繰り返されることになったと言えるだろう。

14　権威主義と反権威主義との結び付き

バックラッシュ保守クラスタの運動がこうして大きな盛り上がりを見せるなか、それに帯同しようとする動きがサブカル保守クラスタのなかにも現れてくる。両者の間の「連携プレー」は従来から、2ちゃんねるの「ハングル板」や「ニュース速報板」などではしばしば見られたものだったが、やがてそれがより大々的におこなわれるようになる。その一つのきっかけとなったのは歴史教科書問題をめぐる杉並区での動きだった。

二〇〇五年七月、「つくる会」の教科書を採択しようとする方針が教育委員会から示されると、市民団体「つくる会」の教科書採択に反対する杉並・親の会」により、「人間の鎖」で区役所を取り囲もうという抗議行動が呼びかけられていく。すると2ちゃんねるでは三十日、「つくる会の歴史教科書反対人間の鎖をさらに囲むOFF」というスレッドが「大規模OFF板」に立てられた。さらに「グラフィック配布所」というサイトが立ち上げられ、ビラやプラカードのためのデータが用意されていく。そして八月四日と十二日には、区に抗議する市民団体にさらに抗議するかたちで、2ちゃんねる語やアスキーアートが書かれたビラや、2ちゃんねるのマスコットが描かれたプラカード、さらに発売されたばかりの『マンガ嫌韓流』のTシャツなどで「武装」した数十人の2ちゃんねらーにより、2ちゃんねる文化を前面に出してのデモがおこなわれた。[58]

それは2ちゃんねるのいわゆるネタオフ、つまり「祭り」としてのオフ会が政治的に先鋭化し、特定のイデオロギーを明確に掲げたデモへと転化した最初の大がかりなケースだったと言えるだろう。以後、2ちゃんねる文化の右傾化は一気に進行していくことになる。

そうしたなか、チャンネル桜による「啓蒙」を通じて「大人目線」の右傾化路線と「子供目線」のそれとが出合い、そして交わり合っていくと、二つのクラスタの間の連携プレーはさらに大々的におこなわれるようになる。〇九年五月十六日と三十日にはチャンネル桜の呼びかけにより、NHK総合で四月から放送された番組『JAPANデビュー』の内容をめぐって大規模なデモがおこなわれた。ともに千人以上もの人々が参加しておこなわれたこのデモは、台湾の植民地支配に関連し、NHKの「「やらせ」取材」による「著しい偏向報道や歪曲、捏造、印象操作等」に抗議するという趣旨でおこなわれたものだった。[59] そこではバックラッシュ保守クラスタに固有の歴史修正主義というアジェンダが、サブカル保守クラスタに特有の反マスメディアというアジェンダに結び付いていたことに注意しておく必要があるだろう。「やらせ」「偏向」「捏造」などは、2ちゃんねらーの運動のなかで盛んに用いられてきたキーワードだった。

なおその後、この件はより大きな動きへと発展していく。六月二十五日には八千人以上もの人々の訴訟委任状により、NHKを被告とする集団訴訟が東京地裁に提訴された。さらに第二次訴訟の分を加えると、原告の総数は一万人以上にものぼった。以後、この「NHK一万人集団訴訟」は六年半にわたって続けられることになる。彼らは地裁では敗訴したものの、上告ののち東京高裁では一部勝訴し、しかしNHKによる上告ののち最高裁では再び敗訴するに至る。[60]

その間、社会運動組織としての色彩を徐々に強めていったチャンネル桜は、「日本草莽運動の統一全国組織」として「頑張れ日本！全国行動委員会」という団体を立ち上げる。その幹事長には水島が、事務局長には松浦が就いた。さらにその会長には、自衛隊の航空幕僚長を解任されて間もない田母神俊雄が就いた。一〇年二月二日には約二千六百人もの人々が参加し、大規模な総決起集会がおこなわれたが、そこでは安倍晋三と平沼赳夫が基調講演を務めたほか、保守派の国会議員、地方議員、言論人などそうそうたる顔ぶれが結集していた。[61]

なおその後、一一年八月二十一日には二回にわたってそれぞれ数千人もの人々が参加し、「フジテレビ抗議デモ」が大々的におこなわれることになるが、それはかねてよりフジテレビ叩きの運動を盛んに繰り広げてきた2ちゃんねらーによる組織「フジテレビデモ実行委員会」と、「頑張れ日本！」との共催によるものだった。そのためそこでは無数の日章旗が打ち振られるなか、いかにも2ちゃんねる風のユーモラスなビラやプラカードが掲げられるという光景が見られた。[62]

こうして二つのクラスタの間の連携プレーが盛んにおこなわれるようになるにつれ、そこでは一九九〇年代後半の場合と同様に、二つの精神の野合という状況があらためて現出することになる。バックラッシュ保守クラスタに特有の復古主義的な権威主義の精神と、サブカル保守クラスタに固有の進歩主義的な反権威主義の精神だ。

やはりかつての場合と同様に、たとえばフジテレビ抗議デモの際、日章旗を掲げることに対する違和感が２ちゃんねらーの間から表明されるなど、二つのクラスタの間の関係は必ずしも一枚岩ではなかった。[63]しかし一方で、かつての「つくる会」の内紛の際に見られたような深刻な軋轢がもたらされることはなく、今回は前回よりもスムーズに野合の場が保たれていく。その結果、それは野合という段階を超え、二つの精神の結び付きという新たな段階へと発展していくことになる。

そうした変化の一つの理由として挙げられるのは、特にバックラッシュ保守クラスタのスタンスが変化したことだろう。たとえば花田や水島は、いずれも権威主義的なイデオロギーを明確に掲げつつも、同時にある種の反権威主義的な性格、それも強烈な「反権威主義的パーソナリティ」の持ち主だった。ともに一匹狼的なメディエーターであり、メディア業界のなかでは異端児的な存在だった彼らのスタンスは、かつて「反権力スキャンダリズム」の思想を掲げて『噂の眞相』を立ち上げた岡留が『ＷｉＬＬ』の常連寄稿者となっていたことや、ＮＨＫをはじめとするテレビ業界のメインストリームがチャンネル桜のターゲットとなっていたことなどにも現れていたと言えるだろう。さらに水島のなかでは、復古主義的でありながら反権威主義的でもある戦前の反体制右翼のあり方を通じて、二つの精神の結び付きが追い求められていたと見ることもできる。

九〇年代のバックラッシュ保守クラスタが、西尾幹二や藤岡信勝などの大学教授、さらに保守派の文化人や政治家から旧日本軍の軍人・軍属に至るまで、「戦前エスタブリッシュメント」の流れを汲む人々に率いられたものだったことと比べると、それは大きな変化だった。いいかえればゼロ年代のバックラッシュ保守クラスタは、権威主義的でありながら反権威主義的でもあるというスタンスを明示することにより、権威主義と反権威主義との結び付きを自らのうちに体現することになったと言えるだろう。その結果、サブカル保守クラスタはさしたる抵抗もなく彼らの運動に帯同していくようになる。

15　決断主義とポピュリズム

そうした動きは一方でこの時期、より広い文脈のなかで見られたものでもあった。二〇〇〇年代を通じて保守系の政治家のなかには、権威主義的でありながら反権威主義的でもあるというスタンスを強調することにより、広い支持を得ることに成功した人物が目立つようになる。しかもその際、それは独特の態度を通じて表現されるのが常だった。決断主義的な態度だ。

そうしたスタイルの開拓者となったのはとりわけ小泉純一郎だろう。〇〇年四月に首相の座に就いた小泉は、一方で靖国神社参拝を強行し、自民党内のタカ派派閥、清和会の正統を継ぐ者として復古主義的なイデオロギーを顕著に示しながら、もう一方で「自民党をぶっ壊す」と叫び、既得権益を廃して構造改革を断行しようとする挑戦者としての顔を見せていく。その際、〇五年九月のいわゆる郵政選挙の際などに「抵抗勢力」を「敵」と決め付け、「刺客」を差し向けてその殲滅を図ろうとした断固たる態度が大きな拍手喝采を浴びた。(64)

また、地方政治の場でもたとえば一九九九年四月以降、ゼロ年代を通じて東京都知事を務めた石原慎太郎や、〇八年一月以降、大阪府知事から大阪市長となった橋下徹などのなかには、無頼派的な小説家や弁護士から出発したというそれぞれの出自や、歯に衣着せないその物言いなどともあいまって、やはり同様のスタイルが顕著に示されていたと言えるだろう。

権威主義と反権威主義、そして決断主義との結び付きというこうしたスタイルは、当時の一部の政治家のなかに、いわゆるポピュリズム的な政治手法として特徴的に見られたものだった。それが広い支持を呼ぶなか、サブカル保守クラスタはさしたる抵抗もなく保守派のイデオロギーに同調していくようになる。するとそうした動きを受け、さらに一部の政治家のなかには、彼らを自らの支持者層として取り込んでいこうとする動きも現れてくる。

そうしたアプローチの開拓者となったのはとりわけ麻生太郎だろう。〇三年九月、総務大臣に就任した麻生は「フロッピーによるIT革命」というやや時代錯誤的なモットーを打ち出したことをきっかけに、かねてよりマンガ好きとして知られていたことなどもあり、2ちゃんねらーの間で独特の人気を博すようになる。〇四年九月二十三日には「「麻生太郎」首相を実現しよう@議員板」というスレッドが「議員板」に立てられた。そうしたなかで〇五年七月二十三日、マンガ『ローゼンメイデン』(PEACH－PIT)を空港のラウンジで読んでいる麻生の姿を目撃したという書き込みが投稿されたことをきっかけに(のちにそれは事実ではないことが明らかにされたが)、関連するスレッドが次々と立てられていく。特に「極東アジアニュース板」の「麻生太郎研究」というスレッドはその後も延々と続けられ、その数は数百にも及んだ。麻生自身が2ちゃんねるに書き込んでいるのではないかという噂が広まり、「麻生閣下」「ローゼン閣下」などという呼称も広まっていく。[65]

そうした動きを受けて麻生は〇六年九月九日、自民党総裁選挙のための大規模な街頭演説会を秋葉原でおこなった。「秋葉原のオタクのみなさん！」というその呼びかけは大きな拍手喝采を呼ぶ。さらにその翌年、〇七年九月十六日には再び総裁選挙のための演説会を秋葉原でおこなったが、このときには「ローゼン閣下」などと書かれたビラやプラカードを掲げた2ちゃんねらーが数多く参加し、大きな盛り上がりを見せることになる。さらに二十二日には「【総裁選】九／二三自民党本部決起集会【麻生氏応援】」というスレッドが「大規模OFF板」に立てられ、二十三日には約三百人もの2ちゃんねらーによる応援集会が自民党本部前で開かれた。十月六日のフジテレビ系列の番組『知的冒険ハッケン!!』で麻生はその件に触れながら、2ちゃんねるに書き込みをしたことがあると語り、さらに「新聞記事なんかよりよっぽどいいとこ突いてますよ」と語って彼らをさらに喜ばせた。[66]

なおその翌年、〇八年九月の総裁選挙を麻生はついに制し、首相の座に就くことになる。

麻生は元来、吉田茂の孫、さらに大久保利通の玄孫に当たるというその出自から、戦前エスタブリッシュメントの由緒正しい流れを汲む存在、そのオーセンティシティを体現しているかのような存在だった。しかし一方でその「べらんめえ」調の物言いなどから、ワイルドで「ちょい悪」なイメージで知られる人物でもあった。

ここでサブカル保守クラスタの思想をあらためて振り返ってみよう。それは元来、リベラル派の文化エリートの言説を「上から目線」で押し付けられがちだった当時の若い世代が、そうした権威の支配に反発するところから生み出されたものだった。そのための戦略として、リベラル派の言説に対立するものとしての保守派の言説が採用されることになったのは九〇年代後半の場合と同様だが、しかし今回は特に、保守系の政治家のさらなる「上から目線」、さらなる権威主義が積極的に利用されることになった。つまりサブカル保守クラスタは自らの反権威主義の精神の発露のために、バックラッシュ保守クラスタのなかの反権威主義の精神と一方で結託しながら、その権威主義の精神をもう一方で利用することになったと言えるだろう。

先に見たようにサブカル保守クラスタの反権威主義の精神は、まず先生に反抗する、先生の悪口を言い合うというかたちで発露される。しかし生徒の間でどれだけ悪口を言い合ってみても当の先生には大した効き目はない。本当に先生を痛めつけるためには、むしろより上の立場の先生、たとえば校長先生から先生を叱りつけてもらう必要がある。そこで生徒は校長先生を味方につけ、先生を懲らしめるための共同戦線を組もうとする。

しかし悪ガキどもと組んでくれる校長先生などなかなか見つからない。そこに現れてきたのが麻生だった。そのワイルドで「ちょい悪」なイメージは、悪ガキどもと組むにはうってつけのものだったし、さらにその「べらんめえ」調の物言いは、先生を叱りつけるには格好のものだった。しかもそれでいてそのオーセンティシティ、つまり由緒正しさという点で麻生はいかなる先生よりも「正しい」存在、絶対的に「正しい」存在だった。

こうして麻生は彼らの前に、いわば理想的な校長先生として現れてきたのではないだろうか。そこでは権威主義と反権威主義、そして決断主義との結び付きというスタイルが、そのとぼけたオタク趣味とともに絶妙に表現されていた。その結果、彼らはその応援団を熱狂的に買って出ることになる。

なおこの時期、同様のスタイルを強く打ち出しながら大きな人気を博すことになったテレビ番組がある。『たかじんのそこまで言って委員会』（のちの『そこまで言って委員会NP』）だ。〇三年七月から読売テレビ系列で放送されたこの討論番組では、タレントのやしきたかじんの強烈な「反権威主義的パーソナリティ」と、クセの強いパネリストの放言や暴言によって「本音トーク」が繰り広げられる一方で、保守論壇で繰り返し論議されてきたテーマが真正面から取り上げられることが多かった。特に〇四年十月十七日の「自虐史観と反日教育」以降、〇五年には三月二十日の「竹島はどこのもの？」、四月十日の「従軍慰安婦は強制連行だったのか？」、六月十九日の「〝靖国神社〟と〝A級戦犯〟」、八月十四日の「東京裁判は正しかったのか？」、十二月二十五日の「戦後六十年、日本の歴史認識」など、歴史認識問題が集中的に取り上げられた。当時、橋下徹や勝谷誠彦がレギュラーを務めていたほか、のちに花田紀凱、西村眞悟、櫻井よしこなども頻繁に出演するようになる。また、安倍晋三も〇四年一月の特別番組に出演して以来、何度か出演している。(67)

そこではたかじんのキャラクターに象徴されるような関西人特有の反骨精神と、それに伴う強烈な反権威主義の精神が、やはり一方で権威主義の精神と結び付き、さらに決断主義的な態度と結び付いていたと言えるだろう。たとえばのちにレギュラーとなった評論家の竹田恒泰のなかには、その放言や暴言の背後に、明治天皇の玄孫に当たるというその出自から、やはり戦前エスタブリッシュメントの由緒正しい流れを汲む存在、そのオーセンティシティを体現しているかのような存在として、一方で強烈な権威主義の精神を見て取ることができるだろう。

16 シンボルとしての田母神俊雄

そうしたなか、同様のスタイルをよりシンボリックに体現している人物として、バックラッシュ保守クラスタの運動のなかにもう一人のカリスマ的なリーダーが現れてくる。田母神俊雄だ。

自衛隊の航空幕僚長という要職に就いていた田母神は二〇〇八年十月三十一日、アパグループの主催する「「真の近現代史観」懸賞論文」に応募した論文「日本は侵略国家であったのか」で最優秀藤誠志賞を受賞する。しかしその内容が「政府見解と異なって不適切である」と判断されたことから、同日付で幕僚長を解任されるとともに、十一月三日には自衛隊を辞職するに至る。田母神によれば「「日本はいい国だった」と言った」ところ、「(略)政府見解では悪い国になっているんだ」ということで航空幕僚長を解任されてしまった」という。(68)

この件は保守論壇に大きな波紋を呼ぶことになる。十一月十一日付の『産経新聞』にはアパグループによる意見広告、しかも全面広告としてこの論文が掲載された。十二月にはこの論文を含む田母神の最初の著書『自らの身は顧みず』がワックから出版される。さらに『WiLL』『正論』にもこの論文が掲載され、『WiLL』では〇九年一月号での「田母神論文、どこが悪い!」、二月号での「田母神論文を殺すな!」、『正論』でも一月号での「誰も語らぬ田母神問題の本質」と、関連する特集が続々と組まれていく。一方、チャンネル桜でも関連する番組が放送されていく。〇八年十一月には百二十二本もの動画がニコニコ動画に投稿されているが、その多くはこの件に関するものだった。

そうしたなか、「一躍スターとして保守界隈に踊りでた」(古谷経衡)田母神は保守派の新しい論客として八面六臂の活躍を見せていく。(69)毎月のように著書を出版していき、単著・共著を合わせると〇九年には十点、一〇年には九点もの新著が刊行された。

また、社会運動の現場でもその存在は際立ったものとなっていく。その背景の一つとしてあったのは尖閣諸島をめぐる日中間の動き、とりわけ一〇年九月七日に起きた漁船衝突事件だろう。尖閣諸島付近で中国籍の漁船が海上保安庁の巡視船に衝突した事件だ。

二月に立ち上げられた「頑張れ日本！」で、水島に請われるかたちで会長の座に就いた田母神はこの件を受けて抗議行動を呼びかけていく。そして十月二日には約二千七百人もの人々が参加し、大規模な反中デモが渋谷でおこなわれた。その後、デモの勢いは全国に広がり、三日には那覇で、十六日には六本木、宜野湾で、二十二日には大阪で、二十三日には高松で、三十一日には名古屋でと続々とデモが繰り広げられていく。さらに十一月四日には、sengoku38と名乗る人物によって事件の映像がユーチューブに投稿され、その後、それが義憤に駆られた海上保安官による行動だったことが明らかになると、日本政府の対応に不満を抱いていた世論の高まりを受け、抗議行動はさらに大きな盛り上がりを見せていく。引き続き日比谷、横浜、大阪、神戸、渋谷でとデモが繰り広げられていく。それらの場で先陣に立ち、元自衛官という立場から海上保安官の行動を擁護する論陣を張っていたのが田母神だった。(70)

こうしてバックラッシュ保守クラスタの運動のリーダーの座に一躍躍り出ていった田母神は、一方でサブカル保守クラスタからも熱狂的な支持を受けるようになる。その理由の一端は、権威主義と反権威主義、そして決断主義との結び付きというスタイルがそこにもやはり顕著に示されていたことだろう。

自らを「危険人物」と称し、ときに「トンデモ系」とも取られかねない放言や暴言を繰り返しながら権威に嚙み付いていこうとするその姿勢は、どこかコミカルでユーモラスなそのキャラクターともあいまって、古谷によれば「突飛な物言いを謹んできた旧来型の保守」とは「何から何まで異なっていた」という。そのため「それまで穏健・温和を旨としていた保守系言論人には無い過激な物言いに、ネット右翼は一斉に喝采を送った」。その一方で、「「元航空幕僚長」という立派な社会的肩書でこのような言説を展開する人物がほぼ皆無だっただけに、（略）権威からの承認に飢えていたネット右翼は「元航空幕僚長・田母神俊雄」を熱狂的に支持した」という。そのため「権威としての「田母神」」が信奉されることになる。[71] このようにそこではやはり反権威主義の精神が権威主義の精神と結び付き、さらに決断主義的な態度と結び付いていたと言えるだろう。

加えてサブカル保守クラスタが田母神に強く引き付けられるようになったことの背景には、もう一つの重要な要素があったと見られる。戦闘サブカルチャーというジャンルとの親和性という点だ。航空自衛隊のトップとして、一般の軍隊でいえば空軍大将に相当する地位に就いていた田母神は、制服や勲章に身を包んだそのりりしい姿ともあいまって、まるで戦闘アニメから抜け出してきたかのような存在だった。そのため「田母神閣下」などとしてヒーロー視され、彼らからますます熱狂的に信奉されることになる。

するとそうした動きを受け、田母神自身も彼らに歩み寄っていこうとする姿勢を顕著に見せていく。一〇年二月には『マンガ田母神流』というムックが晋遊舎から出版された。また、十一月には2ちゃんねるの主宰者だった西村博之との共著『オンナは苦手。』が李白社から出版される。そのなかで田母神は「2ちゃんねるも時々見ます」と語っている。さらに六月に出版されたその著書『ほんとうは危ない日本』（ＰＨＰ研究所）のなかで田母神は、「漫画家、アニメーターの諸君！ 反撃を開始しよう!!」と呼びかけ、「猫型のロボットと少年たちがタイムトラベルして過去の日本海の竹島に渡り、日本の領有権の正当性を確認する」というアニメや、「七つの海を暴れまわる海賊の少年たちが、東シナ海で日本の権益を脅かそうとする中国の海底ガス田採掘施設を粉々に粉砕する」というマンガの構想を語っている。[72]「田母神閣下」のそうしたアプローチはかつての「麻生閣下」のそれを思い起こさせるものだった。

こうしてバックラッシュ保守クラスタからもサブカル保守クラスタからも熱狂的な支持を受けるに至った田母神は、二つのクラスタの間の結び付き、もしくはその融合をシンボリックに体現する人物となったと言えるだろう。いいかえればその存在を通じて二つのクラスタの融合がシンボリックに実現され、それによってネット右派という存在がより明瞭に可視化されることになった。

しかし一方で、その活動の起点となった論文「日本は侵略国家であったのか」の内容は、実際にはかなりお粗末なものだった。「実は蔣介石はコミンテルンに動かされていた」「実はアメリカもコミンテルンに動かされていた」などというその「コミンテルン陰謀史観」は、バックラッシュ保守クラスタのなかに語り継がれてきた妄言の一つを無反省になぞったものにすぎなかった。[73]

〇八年十一月十三日付の『朝日新聞』で評論家の唐沢俊一はこの論文について、「トンデモ陰謀論の典型的なパターンが表れている」と評している。唐沢によれば「ネットの世界には、黒か白か、右か左かをはっきりさせたがる人が多」く、「そうした単純化は陰謀論と親和性が高い」という。「複雑な政治的問題を、一つの「悪」を設定するだけで、すべて片付けようとする（略）白か黒かの二元論が社会で急激に広まり、考え方の豊かさや多様性が失われている」と唐沢は論じた。[74]

「コミンテルン陰謀史観」のいわば裏面に位置するものとしての「コミンテルン史観」はそもそも、「日本悪玉史観」のうちでもソ連の国益に起源を持つものとして、藤岡信勝による一九九四年の論文「「近現代史」の授業をどう改造するか」のなかで批判されていたものだった。自由主義史観研究会の活動の起点となったこの論文のなかで藤岡は、「歴史に登場する行為主体を善玉と悪玉に振り分けて説明しようとする志向」を強く批判している。[75]「善玉悪玉史観批判」というそうしたスタンスがその後、サブカル保守クラスタの「善悪二元論批判」というスタンスにつながり、二つのクラスタの間の結び付きを強めることになった経緯は先に見たとおりだ。

つまりバックラッシュ保守クラスタの場合にもサブカル保守クラスタの場合にも、その運動の原点にあったのは、むしろ「白か黒かの二元論」を強く批判しようとするスタンスだったと見ることができる。東京裁判史観を見直そうとする考え方のなかにも、あるいは戦後民主主義を批判しようとする考え方のなかにも、元来はむしろそうしたスタンスが多少なりとも組み込まれていたのではないだろうか。
　ところがそれから十数年を経て、二つのクラスタの融合を象徴することになった人物が、そうしたスタンスから最も遠く離れたところにきてしまっていたという経緯は何とも皮肉なものだろう。そこにもまた反知性主義の構造転換のシンボリックな現れを見て取ることができるかもしれない。だとすればそうした意味でも田母神は、古谷の言うようにやはり「ネット右翼の象徴」だったのかもしれない。[76]
　なお、のちに田母神は一四年一月の東京都知事選挙に出馬し、落選したが、その際の不正行為による公職選挙法違反のかどで一六年四月に逮捕されることになる。

17　在日特権という発想

　バックラッシュ保守クラスタとサブカル保守クラスタとの融合がこうして進められていくなか、もう一つのクラスタからの動きもそこに合流してくる。ネオナチ極右クラスタだ。その際、これら三つのクラスタの融合を象徴することになった人物として挙げられるのは桜井誠だろう。

　二〇〇六年一月八日、桜井は日韓歴史問題研究会の第二回の企画として「フォーラム 日韓百年の考察」というシンポジウムを開催した。そこに登壇した西村幸祐の助言を受け、会の名称を二月から「東亜細亜問題研究会」に改めた桜井はさらに精力的に活動を続けていく。嫌韓流ブームに乗り、その著書として一月には『嫌韓流実践ハンドブック 反日妄言撃退マニュアル』が、八月には『嫌韓流実践ハンドブック 二 反日妄言半島炎上編』が出版された。[77]こうして桜井は嫌韓コミュニティのリーダーとしての地位をより確かなものにしていく。同時にその周囲には、チャンネル桜への出演などを通じて右派系のさまざまな論者とのネットワークが形作られていった。

そうしたなか、在日コリアンが年金制度から排除され、無年金者になってしまうことに対して起こされた訴訟、いわゆる在日無年金訴訟のニュースを〇六年九月に目にしたという桜井は、「在日問題に特化した運動を行う組織を作ることを決め」、「在日特権を許さない市民の会（在特会）」という団体を立ち上げる。十二月二日にはその準備委員会が開かれ、〇七年一月二十日には約五百人の会員を得てその発足集会が開かれた(78)。

この「在日特権」という発想は、新保守論壇やネット右派論壇のなかで古くから語り継がれてきたものだった。そのプロトタイプとなったものは、一九九七年二月の柳美里の事件をめぐり、バックラッシュ保守クラスタとサブカル保守クラスタとの連携のなかから生み出されるに至ったことは先に見たとおりだ。それがその後、〇〇年夏の日本茶掲示板と民団掲示板との論戦をめぐり、サブカル保守クラスタとネオナチ極右クラスタとの連携のなかでより明確に図式化されることになる。さらに『同和利権の真相』（〇二年四月―〇五年一月）、『北朝鮮利権の真相』（〇三年六月―〇四年十二月）など、宝島社から刊行された「利権」シリーズのムックを通じて側面から補強されていく。それらの流れを受け継ぎ、その考え方をわかりやすく提示してみせたのが〇六年二月の『マンガ嫌韓流 二』の第三話「在日特権の真相」だった。

しかし特権とは実際に何を指すものかというと、必ずしも明確ではない。在特会の綱領には特別永住資格、朝鮮学校補助金交付、生活保護優遇、通名制度、年金問題、外国人地方参政権などが挙げられていたが、明確な定義はなかった。一方、『マンガ嫌韓流 二』ではほかにも民族派金融機関の架空口座、朝鮮総連と国税庁との五項目同意、朝鮮銀行への公的資金投入、教育面での優遇措置など、さまざまなものが挙げられていた。また、『嫌韓流の真実！ ザ・在日特権』では「嫌韓流二が描けなかった在日」として、さらにさまざまなものが挙げられていた。このようにその実態は、野間易通によれば「いろんな人がいろんなことに適当に「在日特権」のレッテルをはっている」ものにすぎず、しかもその内実は「特権」どころか、むしろ在日コリアンが置かれてきた歪んだ境遇のさまざまな現れでしかなかった[79]。

このように肝心の綱領が曖昧なものだったにもかかわらず、在特会はその支持者を続々と増やしていく。〇七年三月には会員数が早くも千人を超えた。その後も会員は増え続け、〇九年末には七千四百人を超えるまでになる。ではこうした「虚構」(野間)、もしくは「デマ」や「でっちあげ」(安田浩一)がなぜそれほどの支持を呼ぶことになったのだろうか[80]。

先に見たようにこうした現象は当時、社会の底辺に位置する人々の不満と疎外感からもたらされたものだと考えられることが多かった。つまりグローバル化の進展から取り残されて社会の片隅で過ごしている人々が、その不満と疎外感のはけ口としてレイシズムに接近することになったという見方だ。そこで「しもじもの者は「人の下に人を作る」ために一生懸命に努力しているという構造」(赤松啓介)から、さらなる弱者としてのマイノリティが叩かれることになる。そのための口実としてひねり出されたのが在日特権という発想だと考えられた。要するに弱い者いじめによる「鬱憤晴らし」(安田)という構図だ[81]。

しかし実際には彼らは弱い者いじめをする以上に、つまり弱者を叩く以上に、むしろ強者に楯突こうとしていたのではないだろうか。より正確にいえば、特定の弱者ばかりを庇護しているという強者を非難しようとしていたのではないだろうか。

たとえば桜井は在日無年金訴訟のニュースを目にしたとき、「一番引っ掛かったのは、(略)この裁判を支える日本人の団体ができたということ」だったという。「年金を寄越せといっている在日韓国人・朝鮮人に対する怒り以上に、何でこういった日本人が現れるんだという怒りが込み上げ」てきたという。また、のちに在特会の幹部の一人は安田の取材に答え、「我々の運動は階級闘争だ」として次のように語っている。「恵まれた人々によって在日などの外国人が庇護されている。差別されてるのは我々のほうですよ[82]」

こうしたことからすると彼らにとっての「真の敵」とは在日コリアンそのものではなく、つまり特権を付与されているとされる弱者ではなく、むしろそうした特定の弱者ばかりを庇護しようとしてそこに特権を付与しているとされる強者だったと考えられる。いいかえれば彼らは、自分たちを排除していると感じられるものが包摂しようとしているものを排除しようとすることにより、包摂と排除をめぐる強者の論理に異議を申し立てていたのではないだろうか。

ではそこで強者として具体的に想定されていたのはいかなる存在だったのだろうか。『嫌韓流の真実！ザ・在日特権』では「「在日」に憑かれた人々」として、特に二つのカテゴリが批判のターゲットとされていた。「リベラリスト気取り」の「知識人＆文化人」、および『朝日新聞』やＴＢＳなど、「在日を「聖域」にした」という「戦後進歩派メディア」だ。[83] 要するにリベラル派の文化エリート、およびマスメディアということだろう。つまり反リベラル市民と反マスメディアという二つのアジェンダが従来から批判のターゲットとしてきたものだ。

こうしたことからすると在日特権という発想は、本来的にはむしろこれら二つのアジェンダから導き出されたものだったと見ることができるだろう。かつてのエンジョイコリアでの「嫌韓厨」による書き込みでは、これら二つのアジェンダが嫌韓というアジェンダとして表現されることが多かったが、同様のロジックがここにもはたらいていたのではないだろうか。

しかも排外主義というもう一つのアジェンダがさらにそれらに結び付き、その論拠の一つとなっていた福祉ショーヴィニズムの考え方がそこに入り込むことにより、そうした発想がより明確に図式化されることになる。つまり外国人の福祉のために自分たちの税金を使ってほしくないとして、自国の福祉を「食い物にしている」という移民を排除しようとする考え方だ。

こうして在日特権という発想が形作られていった。しかもその際、とりわけ反マスメディアというアジェンダとの関係からそれは独特の性格を帯びていくことになる。

このアジェンダにあっては元来、マスメディアのあり方にあくまでも疑義を突き付けようとする立場から、その情報の多くが「デマ」や「でっちあげ」だとして頭ごなしに否定してかかろうとする態度が示されることが多かった。一方でその裏返しとして、逆に自分たちの側から提示された「デマ」や「でっちあげ」が頭から肯定されることになる。

そうした態度があえて押し通されるなかで「虚構」が信じ込まれるようになったのではないだろうか。そこで問題とされていたのは情報の内実そのものではなく、むしろ政治的な立場だったと言えるだろう。荒木優太の言葉を借りれば、そこでは真か偽かという「真偽のコード」よりも、むしろ信じるか疑うかという「信疑のコード」が優先されていたわけだ(84)。

さらにこのアジェンダにあっては元来、マスメディアのインチキを暴き、その不正を告発するために、独自の集合知システムを通じて自分たちなりのメディア活動が実践されるのが常だった。そこでは触れてはならないとされているタブーにあえて踏み込み、欺瞞を欺瞞として断罪しようとする姿勢がことさら強調される。そうした態度がここにも適用されることになったのだろう。つまり在日特権を暴くという行為は彼らにとって、マスメディアによって「聖域」化され、触れてはならないタブーとして隠蔽されてきたインチキを暴くこと、その不正を告発することを意味するものだった。そうした認識が彼らの正義感にはたらきかけたのではないだろうか。

しかもそれを彼らなりのメディア活動、つまり情報収集に基づく事実の発見と真実の提示という、ある種の知的活動として実践することにより、彼らは自分たちの運動を単なるルサンチマンの発露としてではなく、より高度な言論活動として位置付けることができた。そうした認識が彼らの自負心にはたらきかけたのではないだろうか。

このように在日特権という発想はとりわけ反マスメディアというアジェンダとの関係から、彼らの正義感と自負心に強くはたらきかけるものとなり、そのアイデンティティの構成に深く関わるものとなった。それゆえにその内実の曖昧さにもかかわらず、それは広範な支持を呼ぶことになったのではないだろうか。

というよりも実際には、むしろそうした曖昧さのゆえにこそ、と言ったほうが正しいのかもしれない。というのもそれが曖昧なもの、どこまでいってもはっきりしないものだったからこそ、彼らなりのメディア活動を展開していく余地がそこに生じることになったからだ。

18　瀬戸弘幸のその後と西村修平

そうしたなか、さらなる転機が桜井に訪れる。当時の著名な右派系ブロガー、よーめんの呼びかけを受けて「河野談話の白紙撤回を求める市民の会」という団体の賛同者となった桜井は、二〇〇七年七月八日、この会が主催して銀座でおこなわれた街頭署名活動に参加し、そこで会の代表を務めていた西村修平に、さらに瀬戸弘幸に出合うことになる。(85)ここで瀬戸の当時の状況と西村の来歴を簡単に振り返っておこう。

当時、瀬戸は国家社会主義者同盟での活動をすでに切り上げ、弟子の有門大輔を代表として〇四年五月に設立されたNPO法人「外国人犯罪追放運動」での活動に取り組んでいた。一方で自らを積極的に「ネット右翼」と称し、とりわけネットでの活動に力を注いでいた。世界戦略研究所のホームページを維持しつつ、2ちゃんねるの開設直後から頻繁に投稿を繰り返していたという瀬戸は、さらに〇五年六月には「極右評論」というブログを開設する。そして〇六年十一月には十数人の右派系ブロガーを組織するかたちで「新しい風を求めてNET連合（新風連）」という団体を立ち上げた。その目的は、翌年の参議院選挙に向けて右翼政党「維新政党・新風」の活動を支援することだった。(86)

この政党は、一九六〇年代末の民族派学生運動のなかで「洛風会」というグループを率いていた魚谷哲央が、のちに「反Y・P（ヤルタ・ポツダム）」論を掲げながら議会進出を目指し、九五年十二月に結成したものだった。九八年以降、参議院選挙と統一地方選挙に毎回のように候補者を送り込んできた。その党友となった瀬戸は、〇七年七月の参議院選挙に自ら出馬することになる。新風連の協賛ブログを中心に投票が呼びかけられたほか、2ちゃんねるでも「政治思想板」から「既婚女性板」、はては「オカルト板」に至るまでさまざまな板に大量のスレッドが立てられ、大々的なキャンペーンが繰り広げられた。結局瀬戸は落選したものの、十二月には新風の副代表に就任するに至る。なおその間、「極右評論」は八月に「せと弘幸BLOG『日本よ何処へ』」という名称に改められた(87)。

こうして精力的に活動を続ける瀬戸のもとに〇七年六月、新風連の協賛ブロガーの一人だったよーめんから相談が寄せられた。「河野談話の白紙撤回を求める署名サイト」に関するものだった。その結果、「ネットとリアルの両方による全国規模の活動を行う」ことになり、瀬戸自らも呼びかけ人となって「白紙撤回を求める市民の会」が設立される運びとなる。その際、その代表となる人物として瀬戸が推したのが西村修平だった(88)。

西村は瀬戸とほぼ同世代だが、ゼロ年代になるまでその存在が注目を浴びることはほとんどなかった。中国の独裁体制に抗議するとして歴史学者の酒井信彦が立ち上げた団体「自由チベット協議会」に八〇年代から参加し、小規模なデモを組織するなどしてきたという(89)。

しかし女性国際戦犯法廷をめぐる事件をきっかけに、その行動は一気に過激化していく。〇一年一月にNHKに押しかけた右翼団体「NHKの『反日・偏向』を是正する国民会議」を率いていたのが西村だった。その後も西村はこの件に関わり続け、バウネットジャパンの集会場に繰り返し押しかけていっては激しい抗議行動を繰り広げる。その執拗さは、「私たちが集会を開くたびに、必ずといっていいくらい妨害に来る」（『創』〇一年十月号、創出版）と松井やよりを嘆かせたほどだった。その結果、十一月十四日には威力業務妨害のかどで逮捕・勾留されるに至る(90)。

出所後、西村はかつての瀬戸の場合と同様に、やはりジャーナリストとして身を立てるようになり、右派系の新聞『國民新聞』の記者を務めながらさまざまな活動を精力的に繰り広げていく。〇四年九月二十九日には雑誌『週刊ヤングジャンプ』（集英社）に連載されていた本宮ひろ志のマンガ「国が燃える」で南京大虐殺のシーンが描かれたことに反発し、集英社に押しかけて抗議行動を繰り広げた。さらに〇五年四月二十三日には中国での反日デモに抗議し、「もう我慢できない中国の横暴！」として大規模な反中デモを組織している。(91)

そうしたなかで西村は「主権回復を目指す会（主権会）」という団体を立ち上げる。その最初の活動として〇六年四月九日には、「忘れないぞ！　反日暴動一周年」として大規模な反中デモがおこなわれた。(92)

その後、主権会はさまざまな問題に関与し、ときに世上を騒がせながら精力的に活動を繰り広げていく。一〇年末までの五年弱の間におこなわれた抗議行動のたぐいは実に四百十三件にも及ぶ。(93)

その方針は徹底して直接行動を重視するというものだった。その設立趣旨には、「保守運動の行儀の良さと訣別し、行動で以て自らの理念と言論を証明」すること、さらにその行動指針には、「定例街宣、時局に応じたデモ行進等具体的な実践を重視する活動に力点を置く」ことなどが謳われていた。(94)

一見物静かな風貌の西村が一転して街頭で繰り広げる過激な言動、ときに威嚇的で恫喝的なその振る舞いは、かつての行動右翼や街宣右翼のスタイルを思い起こさせるものだった。既成右翼が退潮してすでに久しく、その猛々しい街宣活動の光景が目につくこともほとんどなくなっていたこの時期に、そうしたスタイルをあらためて強く打ち出してきた西村のアプローチは、やはりこの時期の水島の場合と同様に、反時代的であるがゆえに新鮮なものでもあった。そのためそれは一方で激しい拒否反応を呼びながら、他方で新鮮な驚きとともに受け入れられていくことになる。

しかもやはり水島の場合と同様に、西村の活動は動画サイトの普及という状況に後押しされてより大きな広がりを見せていく。〇七年七月二十一日、その街宣活動の様子がニコニコ動画に投稿されると、そこにはさまざまなコメントが寄せられた。「この人たちは公害」「ややこしいれんちゅうがきたなあ・・・」「やくざうるせ〜」などのネガティブなコメントもあったが、むしろポジティブなコメントのほうがはるかに多かった。「俺もいきてー」「スカッとするね」「頑張ってるなあ、兄貴たち」「こういう運動してる人には頭下がるな」「よくやった」「この人たちに教えられたぜ」「今度やったら参加する!!!!」「俺もデモに行くぞ」「右翼じゃなくてもこの行為は同意できる」「こういう人達が増えてくるといいな」「マジでかっけえええええええ」「度胸のある親父だな」などなどだ。(95) その決断主義的な、さらに行動主義的な態度に多くの視聴者が一方で衝撃を受けながら、一方で強く引き付けられることになったのだろう。以後、西村は動画サイトを重要な資源と見なし、街宣活動の様子を頻繁に投稿していくようになる。

こうしたことから瀬戸は当時、西村を「最新鋭の行動派」と見なし、その活動を「高く評価して」いたという。そこで「白紙撤回を求める市民の会」の代表に西村を推すことになった。そうした経緯で〇七年七月、その最初の活動として街頭署名活動がおこなわれ、そこで瀬戸、西村、桜井の三者が出合うことになる。なお、このときの署名活動は警察の介入によって途中で中止されたが、それに対する激しい抗議の声を通じて、彼らの間の結束が逆に強化されたと見ることもできるだろう。(96)

19 「行動する保守」の成立

その後彼らは、二〇〇四年九月に設立された団体「外国人参政権に反対する会・全国協議会」の東京支部長を務めていた村田春樹を交え、「四者会談」を持つに至る。そこでは「既存保守のアンチテーゼとして新しい保守運動を作り上げる」ことが、さらにそれを「行動する保守」と名付けることが合意された。桜井によれば「「行動する」の名前を付けたのは、既存保守が「行動しない」ことへの皮肉の意味でも」あったという。[97]

そして〇七年十一月十六日には、彼ら四人の共同開催による「保守系四団体合同企画」として「激論バトル！外国人参政権の是非を問う」というシンポジウムが開催された。四人が進行役と基調講演を受け持ち、それぞれの組織の若手の論者がパネリストを務めたこのシンポジウムのサブタイトルは、「「語る保守」から「行動する保守」へ」というものだった。[98]

以後、彼らは緊密に連携しながら新しい運動に乗り出していく。桜井によればそこでは、「西村修平氏が運動全体のけん引役となり、村田春樹氏が運動の理論的支柱を担い、瀬戸弘幸氏が政治的なつながりや他の右派系団体との折衝などを受け持ち、最大の団体である在特会を率いる著者（桜井：引用者注）が参加者を呼び集めていくという役割分担」が形作られていったという。

同時にその過程で運動の新しいスタイルが確立されていった。「既存メディアに頼らない自前のツール（インターネット）によって（略）自らの運動を（略）動画や生放送で伝えるという新しい試み」に加えて、「何か問題が起きたときに横断幕やメガホン、各自手製のプラカードを持って駆けつける「抗議街宣」のスタイル」、さらに「一人一人に日本を背負って立つ意識を持たせるために大量の日章旗や旭日旗を導入してデモ行進を実施」することなどだ。[99]

そうしたスタイルを特に「教師役」としての西村から学びながら、運動のフロントランナーとなっていったのが桜井だった。以前は「激しい言葉を浴びせるような言動を街頭で行うことは、保守として恥ずかしいこと」だと考え、西村についても「「怖い街宣右翼の人」というイメージしか」持っていなかったという桜井は、しかし十一月七日におこなわれた韓国民団への抗議行動の場で「初めて街頭でマイクを」握って以来、「積極的に街頭に立つように」なり、運動の最前線に一躍躍り出ていく。[100]

こうしてネット右派という存在が街頭に飛び出し、より明瞭な運動体として形象化されることになる。しかもそれはサブカル保守、バックラッシュ保守、ネオナチ極右という三つのクラスタが融合し、さらに嫌韓、反リベラル市民、歴史修正主義、排外主義、反マスメディアという五つのアジェンダが分かちがたく結び付いたところに形作られたものだった。いいかえればそれはそれまでのさまざまな経緯を総合し、ここでそのひとまずの完成を見ることになったと言えるだろう。

しかしその後、桜井はその行動を一気に過激化させていく。その言動は西村を凌駕するほど激しいものとなり、その振る舞いはひときわ威嚇的で恫喝的な、ときにヤクザまがいの粗暴で野蛮なものとなる。演説はヘイトスピーチと化し、抗議行動はときに乱入行動へと、さらに襲撃行動へとエスカレートしていく。〇九年四月十一日には蕨で、不法滞在という理由から両親が強制送還されたフィリピン人のカルデロン一家のもとに押しかけ、一人取り残された中学生の娘を「叩き出せ」と叫ぶなどして猛烈なヘイトスピーチを繰り広げた。[101] 三つのクラスタが融合し、複雑な化学反応がそこに現れるなか、とりわけネオナチ極右クラスタからもたらされた強烈な刺激から、そうした激烈な作用が生じることになったのではないだろうか。

その後、在特会はさまざまな事件を巻き起こしながら世上を騒がせていく。〇九年十二月四日の京都朝鮮学校襲撃事件、一〇年四月十四日の徳島県教組乱入事件、一一年一月二十二日の水平社博物館街宣事件などだ。そこでは何人かの逮捕者が出されるとともに、それらの事件はさまざまな訴訟沙汰へと発展していく。[102] こうして彼らはその「悪名」を全国に轟かせることになった。

そうしたなか、ついに西村も桜井の止めどもない暴走ぶりに「匙を投げ」(安田)、一一年三月、彼らとは「思想的、政治的に一線を画せざるを得ないと明言」するに至る。さらに十一月には「知性の欠片も見いだせない罵声はおぞましさの一言に尽きる」として、彼らは「鬱憤晴らしを目的とするただの徒党集団ではないか」、その活動は「チンピラの恫喝・脅迫、言いがかりと何ら変わらず、ただの弱い者イジメの街宣ではないか」などと断じるに至った。同時に水島をはじめ、他の「大人たち」も彼らから離反していくことになる。なお、その経緯については一二年四月の安田の著書『ネットと愛国――在特会の「闇」を追いかけて』（講談社）に詳しい[103]。

こうしてネット右派運動はそのひとまずの完成を見るやいなや一気に過激化し、極端化し、そして頽落していった。そこでは反知性主義の構造転換が極限まで推し進められ、通念的な意味での反知性主義、すなわち野蛮主義や蒙昧主義が止めどもなく加速されていく。その結果、ある種のモンスターとしての運動の体系がそこに作り上げられていくことになる。こうして見るとネット右派という存在の完成は、皮肉にも同時に反知性主義の構造転換の完成でもあったと言えるだろう。

なお当時、ネット右派運動の過激化の担い手となったのは在特会ばかりではなかった。「行動する保守」の成立に触発されるかのように、ゼロ年代後半から一〇年代初頭にかけてさまざまな組織が全国各地から続々と生まれていく。関東では「日本を護る市民の会（日護会）」（〇七年十二月、黒田大輔）、女性団体の「そよ風」（〇九年八月ごろ、涼風由喜子）、「新攘夷運動　排害社」（一〇年七月、金友隆幸）、「日本侵略を許さない国民の会（日侵会）」（一一年七月、菊川あけみ）、「護国志士の会」（一二年十一月、高木脩平）、「新社会運動」（一三年ごろ、桜田修成）など、関西では九〇年代から活動を続けていたという「純心同盟」（山本雅人）に続き、「チーム関西」（〇九年十月、荒巻靖彦）、女性主体の「現代撫子倶楽部」（一一年十月、中谷良子）、「愛国矜持会」（一二年ごろ、竹井信一）、女性主体の「凜風やまと・獅子の会」（一二年ごろ、副長・獅子座なお）など、さらに中部でも「愛国倶楽部」（〇七年九月ごろ、伊藤富士夫）などなどだ[104]。

その際、そもそも在特会の場合もそうだったが、「市民」や「女性」というキーワードがたびたび用いられるようになったことに注意しておく必要があるだろう。かつてはリベラル市民主義だけのものだった「市民団体」や「女性団体」という「商標」が右側からも利用され、その理念がいわば裏返されることになった。そのこと自体が反リベラル市民というアジェンダの一つの表現となっていたのではないだろうか。

注

（1）大月隆寛『あたしの民主主義』毎日新聞社、二〇〇〇年、三〇―三二ページ

（2）「使ってはいけない差別語 三国人」『5ちゃんねる』二〇〇〇年五月十三日（http://mentai.5ch.net/test/read.cgi/korea/958194280/）、「ぢぢさまの『ちょっとだけ昔話』スレッド」『5ちゃんねる』二〇〇〇年六月二十三日（http://mentai.5ch.net/test/read.cgi/korea/961731552/）、「[質問] 戦前の在朝鮮、在台湾の国民の権利」『5ちゃんねる』二〇〇〇年五月二十五日（http://mentai.5ch.net/test/read.cgi/korea/959245139/）、「☆☆洪思翊日本軍中将☆☆」『5ちゃんねる』二〇〇〇年十月二十日（http://teri.5ch.net/test/read.cgi/korea/972052781/）、『ぢぢ様玉稿集 大日本史番外編朝鮮の巻』（http://www.geocities.co.jp/WallStreet/2463/）[二〇一六年二月五日アクセス。現在はリンク切れ]、「インターネット政治運動の歴史 三（北朝鮮と在日韓国、朝鮮人社会と）―インターネット上の壮士たち―」『十姉妹日和』二〇一七年二月九日（https://ameblo.jp/jyusimatu105/entry-12246168885.html）、大月隆寛「ネット世論と「嫌韓」の歴史――『マンガ嫌韓流』はここから生まれた!」、大月隆寛／野村旗守／黄文雄／西村幸祐／中宮崇／宮島理ほか『別冊宝島 マンガ嫌韓流の真実!――〈韓国／半島タブー〉超入門』所収、宝島社、二〇〇五年

（3）野間易通『「在日特権」の虚構――ネット空間が生み出したヘイト・スピーチ』河出書房新社、二〇一三年、佐藤優『知性とは何か』（祥伝社新書）、祥伝社、二〇一五年、四ページ

（4）2ちゃんねる監修『2ちゃんねる公式ガイド二〇〇二』コアマガジン、二〇〇二年、一八―一九ページ

（5）Richard Hofstadter, *Anti-intellectualism in American Life*, Alfred A. Knopf, 1963.（リチャード・ホーフスタッター『アメリカの反知性主義』田村哲夫訳、みすず書房、二〇〇三年）、森本あんり『反知性主義――アメリカが生んだ「熱病」の正体』（新潮選書）、新潮社、二〇一五年、四ページ

（6）『ｅｎｊｏｙ Ｋｏｒｅａ 日韓リアルタイム翻訳コミュニティサイト』（http://enjoykorea.naver.co.jp/bbs/）（http://bbs.enjoykorea.jp/tbbs/）[現在はリンク切れ]、同アーカイブページ（http://megalodon.jp/2009-0127-1317-

39/bbs.enjoykorea.jp/tbbs/read.php?board_id=teconomy&nid=1442816)、『エンコリ観測データベース』（http://koreanworld2.web.fc2.com/)、『ｅｎｊｏｙ　ｋｏｒｅ　懐かしの秀作スレッド保存委員会』（https://11958787.at.webry.info/)、「日韓ネット戦場　エンジョイコリアが残したもの」『となこれ―隣のあれこれ―』二〇一三年三月十八日（http://blog.livedoor.jp/nunisaha23h/archives/25767730.html)、「日韓翻訳掲示板「ｅｎｊｏｙ　Ｋｏｒｅａ」終了へ、理由は利用率の低下」『ＩＮＴＥＲＮＥＴ　Ｗａｔｃｈ』二〇〇九年二月十二日（https://internet.watch.impress.co.jp/cda/news/2009/02/12/22405.html）

（７）「[エンコリ]オープンから二ヶ月〜二〇〇二年八月　ハン板に専用スレが立つ」『ちょっと一言』二〇一三年七月二十七日（http://blog.livedoor.jp/hitkot/archives/29664111.html)、「[エンコリ]電波は大切に育てないとね♪〜二〇〇二年八月末」『ちょっと一言』二〇一三年七月二十八日（http://blog.livedoor.jp/hitkot/archives/29975847.html)、「[エンコリ]２ｃｈ文化の伝播　二〇〇二年九月」『ちょっと一言』二〇一三年九月十九日（http://blog.livedoor.jp/hitkot/archives/32220092.html)、「ＮＡＶＥＲ　ＪＡＰＡＮ翻訳掲示板」「ＥＮＪＯＹ　Ｋｏｒｅａ　翻訳掲示板」各スレッド『５ちゃんねる』

（８）「エンコリ関連」『ちょっと一言』（http://blog.livedoor.jp/hitkot/archives/cat_1028653.html)、「ＮＡＶＥＲ　Ｅｎｊｏｙ　Ｋｏｒｅａ」『＊．ｃｏｒｅ』二〇一〇年五月三十一日（https://meidaimae.exblog.jp/12728234/)、「インターネット政治運動の歴史　十一―日韓論争時代のエンジョイコリア―」『十姉妹日和』二〇一七年二月二十一日（https://ameblo.jp/jyusimatu105/entry-12250023500.html）

（９）「[エンコリ]当時歴史板で交わされていた主な議論　二〇〇二年十二月」『ちょっと一言』二〇一三年九月三十日（http://blog.livedoor.jp/hitkot/archives/32633159.html)、「[エンコリ]当時歴史板で交わされていた主な議論　その二　二〇〇二年十二月」『ちょっと一言』二〇一三年十月二日（http://blog.livedoor.jp/hitkot/archives/32641914.html）

（10）前掲ウェブサイト「エンコリ関連」、前掲ウェブサイト「ＮＡＶＥＲ　Ｅｎｊｏｙ　Ｋｏｒｅａ」、前掲ウェブサイト「インターネット政治運動の歴史　十一」

（11）「[エンコリ]ＮＡＶＥＲ補完サイトの提案　二〇〇二年十月」『ちょっと一言』二〇一三年九月二十五日（http://

blog.livedoor.jp/hitkot/archives/32438933.html)、「[エンコリ] 懐かしいIDの活躍 j9氏がアジ歴を紹介する 二〇〇三年三月」『ちょっと一言』二〇一三年十月十一日 (http://blog.livedoor.jp/hitkot/archives/32971507.html)、「[エンコリ] 日製FLASH(フラッシュムービー)の衝撃 二〇〇二年十月」『ちょっと一言』二〇一三年九月二十七日 (http://blog.livedoor.jp/hitkot/archives/32517198.html)、『NAVER Watch』(http://www.geocities.co.jp/WallStreet/1804/naver2ch/)[二〇一七年十月十八日アクセス。現在はリンク切れ]、『アジア歴史資料センター』(https://www.jacar.go.jp/)

(12)「[エンコリ] 二〇一五年までに日韓断交を実現する会 登場 二〇〇三年四月」『ちょっと一言』二〇一三年十月十二日 (http://blog.livedoor.jp/hitkot/archives/33023910.html)、「「二〇一五年までに日韓断交を実現する会」本部」『2ちゃんねる』二〇〇三年三月三十一日(アーカイブページ)(https://archive.li/GNWhK)、『「二〇一五年までに日韓断交を実現する会」本部@ウィキ』(https://www19.atwiki.jp/kandankai/)

(13) 前掲ウェブサイト「エンコリ関連」、前掲ウェブサイト「NAVER Enjoy Korea」

(14)「インターネット政治運動の歴史 十二—日韓歴史議論の最前線 韓国抗日運動史観の解題—」『十姉妹日和』二〇一七年二月二十三日 (https://ameblo.jp/jyusimatu105/entry-12250349328.html)、「韓国国定歴史教科書「青山里大捷」の虚偽を暴く!」『韓断会〜二〇一五年までに日韓断交を実現する会』(アーカイブページ)(http://web.archive.org/web/20040426140909/http://www.geocities.co.jp/WallStreet-Stock/4433/kessaku/naver001.html)、「大規模戦闘の終焉」『NAVER総督府』(アーカイブページ)(https://archive.is/vl7pA)、佐々木春隆「韓国独立運動史上の「青山里大戦」考」、軍事史学会編『軍事史学』第五十九号、錦正社、一九七九年

(15)『NAVER総督府』(http://soutokufu.s145.xrea.com/)(現在はリンク切れ)、同アーカイブページ (http://archive.is/NtQhT)、「NAVER総督府通史/寧覇総督府年表」『NAVER総督府』(http://soutokufu.s145.xrea.com/index.php?NAVER 総督府通史/寧覇総督府年表)[二〇一六年二月四日アクセス。現在はリンク切れ]、「【廃人】ENJOY KOREA 総督府ヲチスレ【オナヌー】」『5ちゃんねる』二〇〇六年五月二十二日 (https://ex9.5ch.net/test/read.cgi/net/1148303891/)、「ネイバー総督府——嫌韓活動の核心であった」『KJCLUB』二〇

一四年二月八日（http://www.kjclub.com/jp/board/exc_board_9/view/id/1476213）

(16)「一次史料で読むバファリン作戦」『ＮＡＶＥＲ総督府』（アーカイブページ）（https://archive.is/5u0Nj）、「李泰鎮教授への公開質問状」『ＮＡＶＥＲ総督府』（https://archive.is/MMDw1）、「李泰鎮教授からの回答」『ＮＡＶＥＲ総督府』（https://archive.is/2a01p）、「一次史料に見るバファリン作戦（一―十）」『獄長日記』二〇〇六年十月一日―十日（https://ameblo.jp/dreamtale/entry-10017743118.html）、「李泰鎮の回答も無いので（一―三）」『獄長日記』二〇〇五年三月五日―七日（https://ameblo.jp/dreamtale/entry-10001023580.html）、「さよなら、李泰鎮」『獄長日記』二〇〇五年三月八日（https://ameblo.jp/dreamtale/entry-10001065656.html）、「着信アリ」『獄長日記』二〇〇五年三月十八日（https://ameblo.jp/dreamtale/entry-10001214451.html）、「李泰鎮氏の回答（一―最終回）」『獄長日記』二〇〇五年三月二十一日―二十六日（https://ameblo.jp/dreamtale/entry-10001254414.html）、「ＮＡＶＥＲ総督府公信一〇八号」（http://www.geocities.jp/vipper774/buf2/buf2.html）［二〇一七年十月二十三日アクセス。現在はリンク切れ］

(17)「英の学者ら「日韓併合不法論」支持せず　韓国主張崩れる」『産経新聞』二〇〇一年十一月二十七日付、木村幹「第三回韓国併合再検討国際会議――「合法・違法」を超えて」、日本植民地研究会編『日本植民地研究』第十四号、日本植民地研究会、二〇〇二年

(18)「【韓国】東京大学で「日本侵略史」講義する李泰鎮教授［〇六／一五］」『5ちゃんねる』二〇〇四年六月十五日（https://news17.5ch.net/test/read.cgi/news4plus/1087292275/）、「東京大学で「日本侵略史」講義する李泰鎮教授」『5ちゃんねる』二〇〇四年六月十五日（https://ex5.5ch.net/test/read.cgi/korea/1087296764/）

(19)「日韓ネット戦場　エンジョイコリアが残したもの：コメント一覧」『となこれ―隣のあれこれ―』二〇一三年三月十八日（http://blog.livedoor.jp/nunisaha23h/archives/25767730.html#comments）、前掲ウェブサイト「ＮＡＶＥＲ Ｅｎｊｏｙ Ｋｏｒｅａ」

(20) Eric S. Raymond, *The Cathedral and the Bazaar*, 1997.（エリック・レイモンド『伽藍とバザール』山形浩生訳、一九九九年（https://cruel.org/freeware/cathedral.html）、「ウィキペディアについて」『ウィキペディア』（https://ja.wikipedia.org/wiki/Wikipedia: ウィキペディアについて）

(21) Richard Stallman, "The GNU Operating System and the Free Software Movement," in Chris DiBona, Sam Ockman and Mark Stone, ed., *Open Sources: Voices from the Open Source Revolution*, O'Reilly & Associates, 1999.（リチャード・ストールマン「GNUシステムとフリーソフトウェア運動」、クリス・ディボナ／サム・オックマン／マーク・ストーン編著『オープンソースソフトウェア――彼らはいかにしてビジネススタンダードになったのか』所収、倉骨彰訳、オライリー・ジャパン、一九九九年）、Steven Levy, *Hackers: Heroes of the Computer Revolution*, Doubleday, 1984.（スティーブン・レビー『ハッカーズ』古橋芳恵／松田信子訳、工学社、一九八七年）

(22) Scott E. Page, *The Difference: How the Power of Diversity Creates Better Groups, Firms, Schools, and Societies*, Princeton University Press, 2007.（スコット・ペイジ『「多様な意見」はなぜ正しいのか――衆愚が集合知に変わるとき』水谷淳訳、日経BP社、二〇〇九年）

(23) I. L. Janis, *Groupthink: Psychological Studies of Policy Decisions and Fiascoes*, Houghton Mifflin, 1982, S. E. Asch, "Effects of Group Pressure upon the Modification and Distortion of Judgment," in Guetzkow, H. ed., *Groups, Leadership and Men: Research in Human Relations*, Carnegie Press, 1951, J. A. Stoner, *A Comparison of Individual and Group Decision Involving Risk*, unpublished master's thesis, Massachusetts Institute of Technology, 1961, Sushil Bikhchandani, David A. Hirshleiferr and Ivo Welch, "A Theory of Fads, Fashion, Custom, and Cultural Change as Informational Cascade," *Journal of Political Economy*, 100, 1992、釘原直樹『グループ・ダイナミックス――集団と群集の心理学』有斐閣、二〇一一年、五九―七七ページ、池田謙一／唐沢穣／工藤恵理子／村本由紀子『社会心理学』（New liberal arts selection）、有斐閣、二〇一〇年、一九三―一九七、三五五―三五九、三八一―三八五ページ

(24) 前掲ウェブサイト「日韓ネット戦場 エンジョイコリアが残したもの：コメント一覧」

(25) 前掲ウェブサイト「インターネット政治運動の歴史 十一」、「バファリン作戦」『獄長日記』(https://ameblo.jp/dreamtale/theme-10000229849.html)

(26) 前掲ウェブサイト「NAVER Enjoy Korea」

(27) Carl Schmitt, *Der Begriff des Politischen: Mit einer Rede über das Zeitalter der Neutralisierungen und Entpolitisierungen*, Duncker & Humblot, 1932.（カール・シュミット『政治的なものの概念』田中浩／原田武雄訳、未来社、一九七〇年）、Carl Schmitt, *Politische Theologie: Vier Kapitel zur Lehre von der Souveränität*, Duncker & Humblot, 1922.（カール・シュミット『政治神学』田中浩／原田武雄訳、未来社、一九七一年）、宇野常寛『ゼロ年代の想像力』早川書房、二〇〇八年、一五九ページ

(28) 2典プロジェクト『2典――インターネットの巨大匿名掲示板群「2ちゃんねる」用語辞典』第三版、宝島社、二〇〇五年、二一九ページ

(29)『【ＫａｎｏｎＳＳ】コリアンジェノサイダー・ｎａｙｕｋｉ』（http://www.getemono.com/contents/nayuki/KGtop.htm）、「[エンコリ] コリアンジェノサイダー・ｎａｙｕｋｉ 二〇〇三年五月」『ちょっと一言』二〇一三年十月十八日（http://blog.livedoor.jp/hitkot/archives/33158205.html）、前掲ウェブサイト「インターネット政治運動の歴史十二」

(30)『ＦＡＲ　ＥＡＳＴ―極東―』（http://propellant.fc2web.com/）、「山野車輪ロングインタビュー」、『マンガ嫌韓流公式ガイドブック』（晋遊舎ムックシリーズ）所収、晋遊舎、二〇〇六年、「「ＣＨＯＳＥＮ―朝鮮―」第〇話」、同書所収

(31) 山野車輪『マンガ嫌韓流』晋遊舎、二〇〇五年

(32) 桜井誠『在特会とは「在日特権を許さない市民の会」の略称です！』（ＳＥＩＲＩＮＤＯ　ＢＯＯＫＳ）、青林堂、二〇一三年、二〇―二七ページ、「東京都知事選 桜井誠氏が激白「反日スパイラルですよ」「いつかみんな気づく」」『ＳａｎｋｅｉＢｉｚ』二〇一六年七月十三日（http://www.sankeibiz.jp/smp/macro/news/160713/mca1607131923023-s3.htm）、「【ぱよ】旧しばき隊ファンクラブ★四五八【ちん】[転載禁止]©2ｃｈ．ｎｅｔ」『5ちゃんねる』二〇一五年十一月二十日（https://anago.5ch.net/test/read.cgi/sisou/1447953584/）

(33)『Ｄｏｒｏｎｐａ's Ｐａｇｅ～不思議の国の韓国～』（http://members.at.infoseek.co.jp/konrot/doronpatop.htm）[現在はリンク切れ]、『韓国生討論』（したらば掲示板）（https://jbbs.shitaraba.net/study/3500/）、『Ｄｏｒｏｎｐａ

の独り言』（https://ameblo.jp/doronpa01/）、桜井誠「『不思議の国の韓国』二周年を迎えて」『Ｄｏｒｏｎｐａの独り言』二〇〇五年九月二日（https://ameblo.jp/doronpa01/entry-10003943861.html）、桜井誠「不思議の国の韓国 三周年を迎えて」『Ｄｏｒｏｎｐａの独り言』二〇〇六年九月一日（https://ameblo.jp/doronpa01/entry-10016490137.html）、桜井誠「本サイト『不思議の国の韓国』休止のお知らせ」『Ｄｏｒｏｎｐａの独り言』二〇一〇年十一月一日（https://ameblo.jp/doronpa01/entry-10693796142.html）、「議論を始める前に」『韓国生討論』二〇〇三年九月二十六日（https://jbbs.shitaraba.net/bbs/read.cgi/study/3500/1064508113/）、「日本の朝鮮併合・統治は過ちだっただろうか?」『韓国生討論』二〇〇三年九月二十七日（https://jbbs.shitaraba.net/bbs/read.cgi/study/3500/1064589694/）

（34）「【緊急特別スレ】討論番組ジェネジャン出演に関して」『韓国生討論』二〇〇四年十二月三十日（https://jbbs.shitaraba.net/bbs/read.cgi/study/3500/1104335743/）、「討論番組ジェネジャンでの資料・提案に関して」『韓国生討論』二〇〇四年十二月三十一日（https://jbbs.shitaraba.net/bbs/read.cgi/study/3500/1104476828/）、「模擬討論・資料検討の集まりに関してのお願い」『韓国生討論』二〇〇五年一月五日（https://jbbs.shitaraba.net/bbs/read.cgi/study/3500/1104886516/）、「【ハン板も】討論番組ジェネジャンに出演【協力!!】」『2ちゃんねる（過去ログサイト）』二〇〇四年十二月三十一日（http://mimizun.com/log/2ch/korea/1104427707/）、「【韓流ブームの真】ジェネジャン!! Ｐａｒｔ．１」『5ちゃんねる』二〇〇五年一月二十九日（https://live16.5ch.net/test/read.cgi/liventv/1107008266/l50）、安田浩一『ネットと愛国――在特会の「闇」を追いかけて』（ｇ２ｂｏｏｋ）、講談社、二〇一二年、三三―四〇ページ

（35）「第一回公開シンポジウム関連スレッド」『韓国生討論』二〇〇五年五月十六日（https://jbbs.shitaraba.net/bbs/read.cgi/study/3500/1116248979/）、「シンポジウム出席予定者スレッド」『韓国生討論』二〇〇五年五月三十一日（https://jbbs.shitaraba.net/bbs/read.cgi/study/3500/1117534778/）、「【桜井誠】在特会の前は何やってたの?に答えます。【日韓問題】」『ニコニコ動画』二〇一五年九月二日（https://www.nicovideo.jp/watch/sm27070768）、「桜井誠という男 その二―在特会の生まれる前のこと―」『十姉妹日和』二〇一七年三月十一日（https://ameblo.jp/jyusimatu105/entry-12255346071.html）

（36）佐々木俊尚「[断]「ネット右翼」は新保守世論」『産経新聞』二〇〇五年五月八日付

（37）大月隆寛「嫌韓流現象に困った人々――マスメディア、知識人、そして偏差値優等生たちの踏み絵か?」」、前掲『マンガ嫌韓流の真実！』所収

（38）『今だからこそ・・・韓国斬り!!』（https://ameblo.jp/christopher2005kor/）、「韓国系」『或る出版人のオケラ日記』（http://blog.livedoor.jp/itoboxsp/archives/cat_50010360.html）、前掲ウェブサイト「[エンコリ]コリアンジェノサイダー・ｎａｙｕｋｉ 二〇〇三年五月」、前掲ウェブサイト「インターネット政治運動の歴史 十一」

（39）「大衆啓蒙ＭＡＧＡＺＩＮＥ『スレッド』（晋遊舎）」『5ちゃんねる』二〇〇七年八月三日（https://love6.5ch.net/test/read.cgi/zassi/1186117509/）

（40）「月刊ＷｉＬＬ」『ワック』（http://web-wac.co.jp/magazine/will/）、篠田博之「おお！ 右派雑誌『ＷｉＬＬ』分裂騒動はついに第二幕に移ったか」『Ｙａｈｏｏ！ニュース』二〇一六年四月二十三日（https://news.yahoo.co.jp/byline/shinodahiroyuki/20160423-00056958/）

（41）前掲『ネットと愛国』三七―四〇、二四〇―二四五ページ、「日本文化チャンネル桜とは」『ニコニコ大百科』（https://dic.nicovideo.jp/a/日本文化チャンネル桜）、「「日本文化チャンネル桜二千人委員会」創設と委員就任へのお願い」『日本文化チャンネル桜』二〇〇八年九月十一日（http://www.ch-sakura.jp/578.html）

（42）『Ｓｏ－ＴＶ』（http://www.so-tv.jp/）、「ＳａｋｕｒａＳｏＴＶ」『ユーチューブ』（https://www.youtube.com/user/SakuraSoTV/）、「日本文化チャンネル桜」『ニコニコチャンネル』（https://ch.nicovideo.jp/ch132）、「国防・防人チャンネル」『ニコニコチャンネル』（https://ch.nicovideo.jp/kokubo-sakimori）、「スカパー！での番組放送終了とインターネット放送についてのお知らせ」『日本文化チャンネル桜』二〇一七年十一月十三日（http://www.ch-sakura.jp/topix/1610.html）

（43）『日本文化チャンネル桜』（http://www.ch-sakura.jp/）、「チャンネル桜について」『日本文化チャンネル桜』（http://www.ch-sakura.jp/about.html）

（44）水島総「暗き道にぞ入りぬべき」『日本文化チャンネル桜』二〇〇九年六月二十日（http://www.ch-sakura.jp/

mizushima/1298.html)、同「保守という生き方」『日本文化チャンネル桜』二〇〇九年十月三日(http://www.ch-sakura.jp/mizushima/1298.html)

(45) 水島総「田形竹尾先生が遺したもの」『日本文化チャンネル桜』二〇〇九年三月十四日(http://www.ch-sakura.jp/mizushima/1037.html)

(46) 村上一郎『草莽論――その精神史的自己検証』筑摩書房、一九七二年、一五ページ、「「草莽崛起」(そうもうくっき)とは?」『日本文化チャンネル桜』(http://www.ch-sakura.jp/1553.html)

(47) 松本健一『思想としての右翼 新装版』論創社、二〇〇七年、八―一六ページ、水島総「皆様へ 草莽メディア「日本文化チャンネル桜」の再生」『日本文化チャンネル桜』二〇〇九年四月四日(http://www.ch-sakura.jp/mizushima/1034.html)

(48) 非公式投稿については、ユーチューブでは「チャンネル桜」というキーワードに関連付けて投稿されたもの、ニコニコ動画では「チャンネル桜」というタグに関連付けて投稿されたものの本数を計数した。公式配信については、ユーチューブの公式チャンネル「ＳａｋｕｒａＳｏＴＶ」から配信されたものの本数を計数した。ニコニコ動画の公式チャンネル「日本文化チャンネル桜」は一〇年十一月に開設されたので、ここでは対象としていない。

(49) 「ひろゆき氏が明かす、「ニコニコ動画が人気な理由」と「コミュニティ運営のコツ」」『ＣＮＥＴ Ｊａｐａｎ』二〇〇八年三月十日(https://japan.cnet.com/article/20368940/)

(50) 「【きっかけ】韓国が嫌いになった【理由】」『5ちゃんねる』二〇〇四年六月七日(https://ex5.5ch.net/test/read.cgi/korea/1086574216/)、「【統計】ハン板住人の嫌韓のきっかけ2【結果】」『5ちゃんねる』二〇〇四年六月十一日(https://ex5.5ch.net/test/read.cgi/korea/1086956697/)

(51) 古谷経衡『ネット右翼の終わり――ヘイトスピーチはなぜ無くならないのか』晶文社、二〇一五年、六七―七〇ページ

(52) 「「新しい歴史をつくる会」採択率〇・四%の意味」『中央日報 日本語版』二〇〇五年九月五日付(http://japanese.joins.com/article/j_article.php?aid=67338)、「「つくる会」教科書 採択率一・六七% 一七年度比四倍強」『産経新聞』

二〇〇九年九月四日付、「二八年度中学教科書 育鵬社、シェア伸ばす 公民一・四倍、歴史一・六倍」『産経ニュース』二〇一五年十月三十一日付（http://www.sankei.com/life/news/151031/lif1510310017-n1.html）、『教科書改善の会』（http://kyoukashokaizen.blog114.fc2.com/）、俵義文『「つくる会」分裂と歴史偽造の深層――正念場の歴史教科書問題』花伝社、二〇〇八年、六―五二ページ

（53）山口智美「「ジェンダー・フリー」論争とフェミニズム運動の失われた一〇年」、双風舎編集部編『バックラッシュ！――なぜジェンダーフリーは叩かれたのか？』所収、双風舎、二〇〇六年、和田悠／井上惠美子「一九九〇年代後半〜二〇〇〇年代におけるジェンダーバックラッシュの経過とその意味」『フェリス女学院大学文学部多文化・共生コミュニケーション論叢』第六号、フェリス女学院大学多文化・共生コミュニケーション学会、二〇一一年、石楿『ジェンダー・バックラッシュとは何だったのか――史的総括と未来へ向けて』インパクト出版会、二〇一六年、七四―一〇七ページ、山口智美／斉藤正美／荻上チキ『社会運動の戸惑い――フェミニズムの「失われた時代」と草の根保守運動』勁草書房、二〇一二年、『日本女性の会』（https://nihonjyoseinokai.amebaownd.com/）、『日本会議地方議員連盟』（http://0901plala.blog81.fc2.com/）、『ＮＰＯ法人 教育再生・地方議員百人と市民の会』（http://100prs.info/index.html）

（54）「日本会議をたどって 二（一―九）」『朝日新聞』二〇一六年十一月三十日―十二月十二日付

（55）『草莽全国地方議員の会』（http://www.soumou.info/）

（56）海外立法情報調査室・課／外交防衛課「中国の反日デモをめぐる諸外国の論調」『調査と情報――Ｉｓｓｕｅ Ｂｒｉｅｆ』第四百八十三号、国立国会図書館調査及び立法考査局、二〇〇五年（http://www.ndl.go.jp/jp/diet/publication/issue/0483.pdf）

（57）「世界経済の潮流 二〇〇六年秋 先進各国の財政政策の動向 高成長が続く中国経済の現状と展望」『内閣府』（http://www5.cao.go.jp/j-j/sekai_chouryuu/sa06-02/index.html）、西村吉雄『電子立国は、なぜ凋落したか』日経ＢＰ社、二〇一四年

（58）「つくる会の歴史教科書反対人間の鎖をさらに囲むＯＦＦ」『5ちゃんねる』二〇〇五年七月三十日（https://

off3.5ch.net/test/read.cgi/offmatrix/1122650218/)、「つくる会の教科書反対人間の鎖をさらに囲むＯＦＦ グラフィック配布所」（http://www.geocities.jp/suginami_off/）［二〇一八年一月十日アクセス。現在はリンク切れ］、「つくる会の教科書反対人間の鎖をさらに囲むＯＦＦ まとめサイト（別館）」（http://www.geocities.jp/ahya37/）［二〇一八年一月十日アクセス。現在はリンク切れ］、「反対派ＶＳ２ちゃんねらー」『ＢＡＫ－ＮＥＷＳ』二〇〇五年八月十二日（https://baknews.exblog.jp/2484862/）、山野車輪『革命の地図――戦後左翼事件史：テロルの現場検証』イースト・プレス、二〇一六年、一八八―一九七ページ

（59）水島総「指揮官率先」『日本文化チャンネル桜』二〇〇九年五月二日（http://www.ch-sakura.jp/mizushima/1060.html）、同「日本料理は、器も料理の内」『日本文化チャンネル桜』二〇〇九年五月二十三日（http://www.ch-sakura.jp/mizushima/1063.html）、同「初心を忘れず」『日本文化チャンネル桜』二〇〇九年五月三十日（http://www.ch-sakura.jp/mizushima/1064.html）

（60）「ＮＨＫ 一万人・集団訴訟――最高裁判決にて全面敗訴」『日本文化チャンネル桜』（http://www.ch-sakura.jp/topix/1054.html）

（61）水島総「義挙の外にはとても策これ無きこと～頑張れ日本！運動へ」『日本文化チャンネル桜』二〇一〇年一月九日（http://www.ch-sakura.jp/mizushima/1362.html）、同「畔の草 召しいだされて 桜かな」『日本文化チャンネル桜』二〇一〇年一月三十一日（http://www.ch-sakura.jp/mizushima/1351.html）、同「主役は草の根草莽」『日本文化チャンネル桜』二〇一〇年二月六日（http://www.ch-sakura.jp/mizushima/1370.html）、『頑張れ日本！全国行動委員会』（http://www.ganbare-nippon.net/）

（62）「【高岡蒼甫】フジで嫌韓デモ【ここは韓国か】」『2ちゃんねる（過去ログサイト）』二〇一一年七月二十八日（https://www.logsoku.com/r/2ch.net/offmatrix/1311858294/）、古谷ツネヒラ『フジテレビデモに行ってみた！』青林堂、二〇一二年、伊藤昌亮『デモのメディア論――社会運動社会のゆくえ』（筑摩選書）、筑摩書房、二〇一二年、三九―四五ページ

（63）「八月七日お台場フジテレビ抗議デモまとめ」『インターネット考察』（http://jlh4d9hj483.blog.ocn.ne.jp/blog/

2013/03/87_bd75.html）［二〇一四年十月五日アクセス。現在はリンク切れ］

（64）中野晃一『右傾化する日本政治』（岩波新書）、岩波書店、二〇一五年、一一八―一三四ページ

（65）「麻生太郎「フロッピー一枚で全部できるようになる」」『ニコニコ動画』二〇〇八年四月二十三日（https://www.nicovideo.jp/watch/sm3077267）、「「麻生太郎」首相を実現しよう@議員板」『５ちゃんねる』二〇〇四年九月二十三日（https://society3.5ch.net/test/read.cgi/giin/1095904453/）、「【内親王即位】陛下たんスレ☆八【（、▽、*）】」『５ちゃんねる』二〇〇五年六月二十四日（https://tmp5.5ch.net/test/read.cgi/asia/1119611823/）、「【俺の】麻生太郎研究第二弾【背後に立つな】」『５ちゃんねる』二〇〇五年十一月四日（https://tmp5.5ch.net/test/read.cgi/asia/1131458464/）、「2ちゃんねる」『麻生太郎研究まとめサイト@Ｗｉｋｉ』（https://www6.atwiki.jp/floppy/pages/9.html）、「「麻生太郎はローゼンメイデン愛読者」はデマ（五月四日追加）」『性犯罪報道と「オタク叩き」検証』二〇〇六年三月二十七日（https://blog.goo.ne.jp/siebzehn138/e/70e42242b8308fee25339ae953c6cb4）

（66）古谷経衡『ネット右翼の逆襲――「嫌韓」思想と新保守論』総和社、二〇一三年、二六―四六ページ、矢幡洋『マシーン福田、マゾ麻生、サプライズ小沢――政治家の精神構造を分析する』青弓社、二〇〇七年、一二一―一四一ページ、「【総裁選】九／二十三自民党本部決起集会【麻生氏応援】」『2ちゃんねる（過去ログサイト）』二〇〇七年九月二十二日（https://2ch.live/cache/view/offmatrix/1190419765）、「麻生太郎氏「2ちゃん、時々書き込む」」『産経新聞』二〇〇七年十月六日付、「【テレビ】フジのハッケンで麻生太郎氏が２ｃｈへの書き込みを示唆」『５ちゃんねる』二〇〇七年十月六日（https://news21.5ch.net/test/read.cgi/mnewsplus/1191639231/）

（67）『たかじんのそこまで言って委員会　ＳＰＥＣＩＡＬ ＥＤＩＴＩＯＮ Ⅰ』ＤＶＤ、よみうりテレビ、二〇〇六年、『たかじんのそこまで言って委員会　ＳＰＥＣＩＡＬ ＥＤＩＴＩＯＮ Ⅱ』ＤＶＤ、よみうりテレビ、二〇〇七年、『たかじんのそこまで言って委員会　超・国防論』ＤＶＤ、東宝、二〇〇九年、『たかじんのそこまで言って委員会　超・反日論』ＤＶＤ、東宝、二〇一三年、『たかじんのそこまで言って委員会　超・改国論』ＤＶＤ、東宝、二〇一四年

（68）田母神俊雄『自らの身は顧みず』ワック、二〇〇八年、一一―一九ページ

（69）「田母神論文を一ページ広告で掲載　産経新聞」『４７ＮＥＷＳ』二〇〇八年十一月十一日（http://www.47news.jp/

CN/200811/CN2008111101000403.html)［現在はリンク切れ］、古谷経衡「ネット右翼の終わりが鮮明に。田母神事務所強制捜査の衝撃」「Ｙａｈｏｏ！ニュース 個人」二〇一六年三月七日（https://news.yahoo.co.jp/byline/furuyatsunehira/20160307-00055147/)

（70）Yoree Koh, "Tokyo Protests Blast China's Response to Collision," *The Wall Street Journal*, October 3, 2010.（https://www.wsj.com/articles/SB10001424052748704419504575527664218726440)、「田母神氏〝煽動〟尖閣大規模デモ……国内メディアが無視したワケ」『ｚａｋｚａｋ』二〇一〇年十月四日（http://www.zakzak.co.jp/society/domestic/news/20101004/dms1010041702016-n1.htm)［現在はリンク切れ］、「尖閣衝突事件 東京の中国大使館前で二千八百人デモ、沖縄でも集会」『産経新聞』二〇一〇年十月十六日付、「尖閣諸島で中国に抗議 大阪・御堂筋で約千人がデモ」『産経新聞』二〇一〇年十月二十二日付、「尖閣ビデオ流出 都心で四千五百人抗議デモ、主婦や家族連れも 中国に怒り、日本政府にも不満」『産経新聞』二〇一〇年十一月十七日付

（71）前掲「ネット右翼の終わりが鮮明に。田母神事務所強制捜査の衝撃」

（72）西村博之／田母神俊雄『オンナは苦手。』李白社、二〇一〇年、二二一―二二四ページ、田母神俊雄『ほんとうは危ない日本』（ＰＨＰ新書）、ＰＨＰ研究所、二〇一二年、一八〇―一八四ページ

（73）前掲『自らの身は顧みず』二一五―二二八ページ、古谷経衡「アパホテル問題の核心～保守に蔓延する陰謀史観～」「Ｙａｈｏｏ！ニュース 個人」二〇一七年一月二十四日（https://news.yahoo.co.jp/byline/furuyatsunehira/20170124-00066939/)、秦郁彦『陰謀史観』（新潮新書）、新潮社、二〇一二年、一四八―二〇一ページ

（74）唐沢俊一「田母神論文 陰謀論にはまる危うさ」『朝日新聞』二〇〇八年十一月十三日付

（75）藤岡信勝『近現代史教育の改革――善玉・悪玉史観を超えて』（「近現代史」の授業改革双書）、明治図書出版、一九九六年、一―三ページ

（76）前掲「ネット右翼の終わりが鮮明に。田母神事務所強制捜査の衝撃」

（77）桜井誠「ブログ読者の皆様へ今年一年の感謝を」『Ｄｏｒｏｎｐａの独り言』二〇〇五年十二月三十日（https://ameblo.jp/doronpa01/entry-10007541284.html)、同「汚染される中国の水」『Ｄｏｒｏｎｐａの独り言』二〇〇六年

二月三日（https://ameblo.jp/doronpa01/entry-10008684351.html）、「【桜井誠】在特会の前は何やってたの？に答えます。【日韓問題】」『ニコニコ動画』二〇一五年九月二日（https://www.nicovideo.jp/watch/sm27070768）

（78）前掲『在特会とは「在日特権を許さない市民の会」の略称です！』四〇―四二ページ、桜井誠『大嫌韓時代』（ＳＥＩＲＩＮＤＯ　ＢＯＯＫＳ）、青林堂、二〇一四年、一五九―一六四ページ、同「在日特権を許さない市民の会 正式発足決定のお知らせ」『Ｄｏｒｏｎｐａの独り言』二〇〇六年十二月三日（https://ameblo.jp/doronpa01/entry-10020961316.html）、同「一月二十日（土）在特会発足集会のお知らせ」『Ｄｏｒｏｎｐａの独り言』二〇〇七年一月十二日（https://ameblo.jp/doronpa01/entry-10023292878.html）、同「在特会発足集会を終えて・・・（前編）」『Ｄｏｒｏｎｐａの独り言』二〇〇七年一月二十三日（https://ameblo.jp/doronpa01/entry-10024002991.html）、『在日特権を許さない市民の会』（http://www.zaitokukai.info/）［現在はリンク切れ］

（79）山野車輪『マンガ嫌韓流 二』（晋遊舎ムック）、晋遊舎、二〇〇六年、六一―八四ページ、野村旗守／宮島理／李策／呉智英／浅川晃広ほか『別冊宝島 嫌韓流の真実！ザ・在日特権――朝鮮人タブーのルーツから、民族団体の圧力事件、在日文化人の世渡りまで！』宝島社、二〇〇六年、九―四八ページ、前掲『「在日特権」の虚構』一五―四二ページ

（80）桜井誠「時事徒然 カウンタープロパガンダ」『Ｄｏｒｏｎｐａの独り言』二〇〇七年三月九日（https://ameblo.jp/doronpa01/entry-10027329489.html）、同「各社からの取材が集中した一週間」『Ｄｏｒｏｎｐａの独り言』二〇〇九年十二月二十五日（https://ameblo.jp/doronpa01/entry-10418375215.html）、前掲『ネットと愛国』一八七―二二五ページ、安田浩一「正義感の暴走――先鋭化する在特会とレイシズム」、安田浩一／岩田温／古谷経衡／森鷹久『ヘイトスピーチとネット右翼――先鋭化する在特会』所収、オークラ出版、二〇一三年

（81）赤松啓介『差別の民俗学』（ちくま学芸文庫）、筑摩書房、二〇〇五年、四三ページ（初版：一九九五年）、前掲「正義感の暴走」

（82）前掲『在特会とは「在日特権を許さない市民の会」の略称です！』四一ページ、前掲「正義感の暴走」

（83）前掲『嫌韓流の真実！ザ・在日特権』四九―八二ページ

(84) 荒木優太「清水幾太郎『流言蜚語』書評——真偽のコードと信疑のコード」『En‐Soph』二〇一三年一月十三日（http://www.en-soph.org/archives/2221579.html）

(85) 桜井誠「河野談話の白紙撤回を求める署名活動のお知らせなど」『Doronpaの独り言』二〇〇七年六月十七日（https://ameblo.jp/doronpa01/entry-10036925702.html）、同「河野談話の白紙撤回を求める署名活動の報告」『Doronpaの独り言』二〇〇七年七月八日（https://ameblo.jp/doronpa01/entry-10039200695.html）。なお、桜井と瀬戸との最初の出会いは在特会の発足集会でのことだった。ただしこの時点では両者は親密な間柄にはなっていない。瀬戸弘幸『現代のカリスマ、桜井誠——ジャパンファースト！時代を変える英雄、遂に登場！』青林堂、二〇一六年、一一―一二ページ

(86) 瀬戸弘幸「極右とは何か・・・懐かしの2ちゃんねる大論争 連載（一）」（後続記事を含む）『せと弘幸BLOG『日本よ何処へ』』二〇〇五年六月三十日―（http://blog.livedoor.jp/the_radical_right/archives/2005-06-30.html）、同「『外国人犯罪』ご購入の御願い」『せと弘幸BLOG『日本よ何処へ』』二〇〇六年十一月十六日（http://blog.livedoor.jp/the_radical_right/archives/51189291.html）、同「農と風景・福島の種まき兎」『せと弘幸BLOG『日本よ何処へ』』二〇〇七年〇四月三十日（http://blog.livedoor.jp/the_radical_right/archives/51447412.html）、同「ネット右翼について」『せと弘幸BLOG『日本よ何処へ』』二〇〇七年六月七日（http://blog.livedoor.jp/the_radical_right/archives/51500124.html）、前掲『ネットと愛国』一六三―一七〇ページ、「外国人犯罪追放運動」『内閣府NPOホームページ』（https://www.npo-homepage.go.jp/npoportal/detail/013003715）、『極右評論』（http://blog.livedoor.jp/the_radical_right/）［現在はリンク切れ］、『新しい風を求めてNET連合 新風連』（http://shinpuren.jugem.jp/）

(87) 『維新政党・新風』（http://shimpu.jpn.org/）、山平重樹『ドキュメント新右翼——何と闘ってきたのか』（祥伝社新書）、祥伝社、二〇一八年、三七二―三八六ページ、「「維新政党」新風について」『宮司の論文』二〇一二年四月二十九日（https://turumi-jinja.blog.so-net.ne.jp/2012-04-29-2）、瀬戸弘幸「2ちゃんねるは憂国の戦場」『せと弘幸BLOG『日本よ何処へ』』二〇〇七年七月十日（http://blog.livedoor.jp/the_radical_right/archives/51544642.html）、同「非力さをお詫びします。」『せと弘幸BLOG『日本よ何処へ』』二〇〇七年七月三十日（http://blog.livedoor.jp/the_

radical_right/archives/5168846.html）、同「『日本よ何処へ』で再スタート！」『せと弘幸ＢＬＯＧ『日本よ何処へ』』二〇〇七年八月二十日（http://blog.livedoor.jp/the_radical_right/archives/51597864.html）、同「維新政党・新風 副代表就任挨拶」『せと弘幸ＢＬＯＧ『日本よ何処へ』』二〇〇七年十二月十八日（http://blog.livedoor.jp/the_radical_right/archives/51750787.html）、『せと弘幸ＢＬＯＧ『日本よ何処へ』』（http://blog.livedoor.jp/the_radical_right/）

（88）よーめん「署名活動始めました！」『この国は少し変だ！よーめんのブログ（日本こそ一党単独極右軍事政権でなければならない）』二〇〇七年六月十六日（https://youmenipip.exblog.jp/5630843/）、瀬戸弘幸「河野談話の白紙撤回を求めて」『せと弘幸ＢＬＯＧ『日本よ何処へ』』二〇〇七年六月十六日（http://blog.livedoor.jp/the_radical_right/archives/51512372.html）

（89）前掲『ネットと愛国』一四五―一五四ページ、「独占インタビュー：『ザ・コーヴ』上映中止を主張する「主権回復を目指す会」の西村修平氏がすべてを語る」『骰子の眼　ｗｅｂＤＩＣＥ』二〇一〇年七月九日（http://www.webdice.jp/dice/detail/2530/）

（90）西村修平「天皇の「戦争責任」を捏造したＮＨＫと朝日新聞――安倍・中川議員の介入は正当な政治活動だ」『月刊日本』二〇〇五年三月号、Ｋ＆Ｋプレス（http://shukenkaifuku.com/past/ronbun/Ronbunshu5.html）、松井やより「天皇の戦争責任を問うことはいまやタブーになったのか　私の講演が突如中止になった事情」『創』二〇〇一年十月号、創出版

（91）「集英社抗議文」『疑視倭人伝』（http://yanagi774.easter.ne.jp/ronsetu/shuuei640929.html）、「集英社よりの回答書」『疑視倭人伝』（http://yanagi774.easter.ne.jp/ronsetu/shuuei641008.html）、笠原十九司『南京事件論争史――日本人は史実をどう認識してきたか』（平凡社新書）、平凡社、二〇〇七年、二四〇―二四二ページ、「ヤクザと一切関係ない有名右翼団体」『5ちゃんねる』二〇〇五年四月十五日（https://human5.5ch.net/test/read.cgi/4649/1113576972/）

（92）『主権回復を目指す会』（http://shukenkaifuku.com/）（http://shukenkaifuku.com/past/）、「過去の行動・活動記録

ＩＮＤＥＸ平成十八年度（一～五十一）」『主権回復を目指す会』（http://shukenkaifuku.com/past/KoudouKatudou/Koudou_past01.html）

（93）「過去の行動・活動記録　ＩＮＤＥＸ平成二十二年度（三百十四～四百十三）」『主権回復を目指す会』（http://shukenkaifuku.com/past/KoudouKatudou/Koudou_past05.html）

（94）「設立趣旨と行動指針」『主権回復を目指す会』（http://shukenkaifuku.com/?page_id=5）

（95）「文化庁に三千万円返還を求め突撃！」『ニコニコ動画』二〇〇七年七月二十一日（https://www.nicovideo.jp/watch/sm663933）

（96）瀬戸弘幸「河野談話の白紙撤回を求めて」『せと弘幸ＢＬＯＧ『日本よ何処へ』』二〇〇七年六月十六日（http://blog.livedoor.jp/the_radical_right/archives/51512372.html）、瀬戸弘幸「築地署の対応に驚愕」『せと弘幸ＢＬＯＧ『日本よ何処へ』』二〇〇七年七月九日（http://blog.livedoor.jp/the_radical_right/archives/51542979.html）、前掲『現代のカリスマ、桜井誠』一二―二七ページ

（97）前掲『大嫌韓時代』一六六―一七二ページ、『外国人参政権に反対する会・全国協議会』（http://www.geocities.jp/sanseiken_hantai/）［二〇一八年三月十五日アクセス。現在はリンク切れ］

（98）桜井誠「保守系四団体合同企画「激論バトル！ 外国人参政権の是非を問う」」『Ｄｏｒｏｎｐａの独り言』二〇〇七年十一月十六日（https://ameblo.jp/doronpa01/entry-10055589684.html）

（99）前掲『大嫌韓時代』一六六―一七二ページ

（100）桜井誠「民団反日デモへの抗議活動報告」『Ｄｏｒｏｎｐａの独り言』二〇〇七年十一月七日（https://ameblo.jp/doronpa01/entry-10054386867.html）、桜井誠「なぜ我々は街頭に立つのか？」『Ｄｏｒｏｎｐａの独り言』二〇〇八年八月十五日（https://ameblo.jp/doronpa01/entry-10127343418.html）

（101）前掲『ネットと愛国』六三―七二ページ

（102）同書九三―一四三ページ

（103）「【声明文】『歴史偽造批判と「穢多」発言について』」『主権回復を目指す会』二〇一一年三月二十六日（http://

shukenkaifuku.com/past/shuchou/110326.html)、「声明文「在特会の利敵行為を糾す」——「お前たちを殺すために来た」「殺してやるから出てこい」(在特会・桜井誠会長)」『主権回復を目指す会』二〇一一年十一月二十九日(http://shukenkaifuku.com/past/shuchou/111129.html)、前掲『ネットと愛国』二二六—二五三ページ

(104) 前掲『大嫌韓時代』一七二—一九三ページ、前掲『ネットと愛国』一五四—一六三、一七八—一八六ページ、『日本を護る市民の会（日護会）』(http://www.nichigokai.jp/)、「日本を護る市民の会（日護会）」『ニコニコミュニティ』(https://com.nicovideo.jp/community/co155284)、『日本女性の会 そよ風』(http://www.soyokaze2009.com/index.php)、『そよ風』(http://blog.livedoor.jp/soyokaze2009/)、『新攘夷運動 排害社ブログ「排害主義者宣言」』(https://haigai.exblog.jp/)、金友隆幸『支那人の日本侵略——排害主義者宣言』日新報道、二〇一一年、『日本侵略を許さない国民の会ブログ』(https://ameblo.jp/sinryakusosi/)、「日本侵略を許さない国民の会」『ニコニコミュニティ』(https://com.nicovideo.jp/community/co1130070)、『護国志士の会（高木脩平）』(http://blog.livedoor.jp/shishinokai/)［二〇一八年三月十七日アクセス。現在はリンク切れ］、『新社会運動』(http://shinsyakaiundou.com/)［二〇一八年八月八日アクセス。現在はリンク切れ］、『社会運動 桜田修成』(https://ameblo.jp/shinsyakaiundou/)［二〇一八年八月八日アクセス。現在はリンク切れ］、『純心同盟本部』(https://jyunnsinn.exblog.jp/)、『大和魂 WE・ARE★TEAM‐KANSAI!』(http://www.team-kansai.com/)［現在はリンク切れ］、『チーム関西 行動する保守運動』(http://www.team-kansai.jp/)、『中谷良子のブログ』(https://ameblo.jp/ryobalo/)、『愛国 矜持会 国民よ！ 日本人としての誇りを持て!!』(http://www.kyoujikai.com/)、『凜風やまと・獅子の会』(http://rinpuu44.blogspot.com/)、『愛国倶楽部』(http://aikokukurabu.blog13.fc2.com/)、『愛国倶楽部 三河支部』(https://ameblo.jp/aikoku-club-mikawa/)

第8章　ネット右派の広がりとビジネス保守クラスタ
――二〇一〇年前後まで

1　ビジネス保守クラスタの形成

ネット右派運動の先鋭化と、それに伴う政治運動化の動きがこうして進められていくなか、一方でそれとは別の志向性を持った動きも現れてくる。それはむしろその一般化を目指したものだった。しかも直接的に政治的な議論よりも、むしろ経済・経営・金融など、一般のビジネスパーソンになじみの深いより実際的な関心に即しつつ、ネット右派言説に則った主張を展開していこうとするものだった。

そこから「ビジネス保守」というもう一つのクラスタが形作られていった。それはネット右派運動の一般化を目指すとともに、2ちゃんねらーなどばかりでなく、よりリアルな広がりを持った草の根の層に支えられたものだった。その結果、ネット右派運動はより大きな広がりを見せ、ますます厚みを増したものとして形成されていくことになる。また、それに伴ってネット右派論壇も「バージョンアップ」され、二〇一〇年代に向けて空前の盛り上がりを見せていく。以下、その経緯を見ていこう。

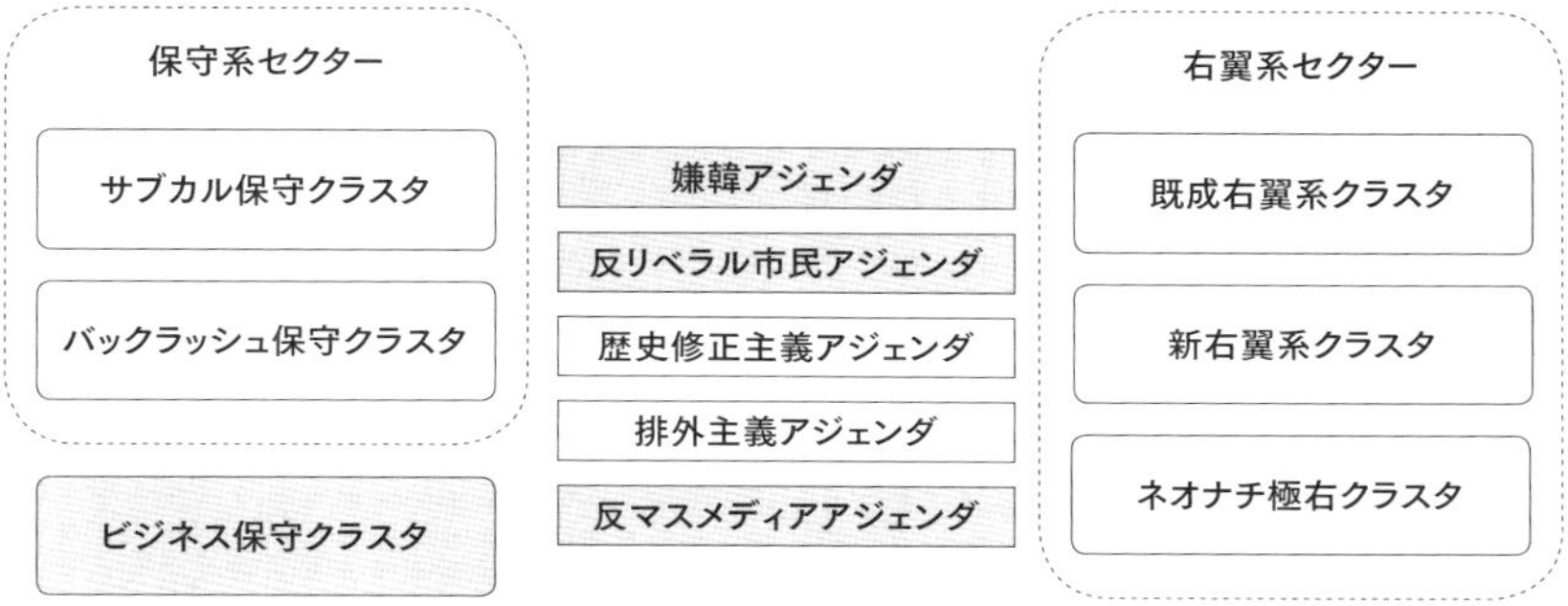

図14　第8章の主な対象

既成保守論壇には従来からその「正道」としての保守論壇誌の系列の傍流に、ビジネス誌という枠組みのなかで保守派の言論を展開していこうとする流れがあった。要するに保守派のビジネス誌というジャンルだ。その嚆矢となったのは一九七七年十二月創刊の雑誌『Ｖｏｉｃｅ』（ＰＨＰ研究所）だろう。また、新保守論壇でも『ＳＡＰＩＯ』はそもそも国際派のビジネス誌として創刊されたものだったし、さらにその形成に大きな影響を及ぼした書籍『「ＮＯ」と言える日本』もビジネス書だった。

このようにいわゆるビジネス言論と保守派の言論との間にはかねてより高い親和性があった。実際、『ＳＡＰＩＯ』とほぼ同時期の八九年四月に創刊された雑誌『Ｗｅｄｇｅ』（ウェッジ）は、新しいスタイルの保守派のビジネス誌として独自の成功を収め、新保守論壇の一画を守りながら現在に至るまで刊行され続けている。

そうした「伝統」がゼロ年代半ば以降、ネットの普及という動きを経てバージョンアップされた新保守論壇のなかに新たなかたちでよみがえることになる。今度は雑誌よりもむしろ書籍という枠組みのなかで、ネットと連動した「右派系ビジネス言論」という新たな領域が形作られていく。その開拓者となったのはとりわけ三橋貴明だろう。

ＩＴ業界を転々としながら〇五年に中小企業診断士の資格を取得した三橋は〇六年夏ごろから、当時の嫌韓流ブームに乗り、韓国経済の危うさを面白おかしく解説する書き込みをまず「Ｙａｈｏｏ！掲示板」に、次いで2ちゃんねるに投稿し始めた。当初は匿名で投稿していたが、〇七年一月二十三日、「東アジアニュース速報＋板」の【韓国】政府・家計・企業のトリプル赤字で韓国経済「火の車」」というスレッドで、「コテハン付けて東亜の経済顧問になってくれ」と請われたことから、「トリプル赤字」にちなんで「三つ子の赤字神」と名乗るようになる（「コテハン」とは「固定ハンドルネーム」の略）。韓国の経済指標の財務分析に基づくその書き込みは大きな人気を呼び、さまざまな質問がそこに寄せられるとともに、その周囲には「経済オタ」による独自のコミュニティが形作られていった。彼らは「韓国経済wktkスレ」というスレッドを次々と立ち上げながら、そのときどきの経済指標をネタに議論を繰り広げていく。

そうしたなかで二月二十八日、三橋は「本を書きたい」と宣言した。するとコミュニティの面々はそれに賛同し、まとめサイトを立ち上げるなどしてその活動をバックアップしていく。[1] その結果、『本当はヤバイ！韓国経済――迫り来る通貨危機再来の恐怖』（彩図社）という書籍が六月に出版された。この本はベストセラーとなり、以後、三橋はビジネス書作家への道を一気に踏み出していく。

〇八年一月には『トンデモ！韓国経済入門――歪んだ資本主義はどこへ向かうのか⁉』（PHP研究所）、五月には『本当にヤバイ！中国経済――バブル崩壊の先に潜む双頭の蛇』（彩図社）、九月には『ドル崩壊！――今、世界に何が起こっているのか？』（彩図社）と、少しずつテーマを押し広げながら次々と新著を刊行していった三橋は、十二月に「三橋貴明診断士事務所」を設立すると（〇九年十一月に「三橋貴明事務所」に、一四年三月に「経世論研究所」に改称）、〇九年にはさらに十二点もの新著を刊行したほか、『Voice』『SPA！』『正論』『SAPIO』などの雑誌に次々と記事を寄稿していく。その精力的な活動はその後もとどまることなく、一〇年代半ばまでに百冊もの著書を刊行するに至り、さらに年間二百回もの講演をこなすなど、三橋は一躍時の人となっていく。[2]

しかもその間、三橋はネットでの活動にとりわけ力を注いでいく。〇八年三月にはそのホームページ「新世紀のビッグブラザーへ」が立ち上げられ、同時にそのブログ「新世紀のビッグブラザーへｂｌｏｇ」が「Ｙａｈｏｏ！ブログ」に開設された。〇九年三月にはそれが「Ａｍｅｂａブログ」にも開設される。さらに五月には有料メールマガジン「週刊三橋貴明～新世紀のビッグブラザーへ～」が、八月には無料メールマガジン「三橋貴明の〈ウラ読み〉経済レポート」が創刊された。十二月にはツイッターのアカウントも開設される。なおその後、十二年には無料メールマガジンが「三橋貴明の「新」日本経済新聞」に、さらに「三橋貴明の「新」経世済民新聞」に改称され、そのアーカイブサイトでは音声や動画も交え、さまざまなコンテンツが販売されるようになる。また、一三年にはユーチューブの公式チャンネルも開設される。(3)

さらにその間、三橋は政治の世界にも関心を示していく。一〇年七月には自民党の公認候補として参議院選挙に出馬し、落選した。その際、四月三日に秋葉原でおこなわれた街頭演説会にはコスプレ姿の若者が数多く参加し、大きな盛り上がりを見せることになる。そこでは「アキバ系から始めるポリティクス」というキャッチフレーズが掲げられていた。また、自民党本部でおこなわれた講演会には麻生太郎が応援に駆け付け、大きな話題を呼んだ。(4)

なお、三橋にとって麻生は「もっとも尊敬してやまない」人物だったという。〇八年十二月、マスメディアからのバッシングに晒されていた麻生のもとに、「麻生総理にクリスマスカードを送るオフ」という2ちゃんねるの「祭り」をきっかけに多数のクリスマスカードが届けられ、話題になったことがあるが、その仕掛け人となったのが三橋だった。(5)権威主義と反権威主義との結び付きの一つの事例をここにも見いだすことができるだろう。

こうして八面六臂の活躍を繰り広げながら有名になっていった三橋に続くようにして、右派系ビジネス言論の領域にさまざまな論者が現れてくる。渡邉哲也、上念司、高橋洋一などだ。特に渡邉はやはり2ちゃんねるの出身で、「韓国経済ｗｋｔｋスレ」では「代表戸締役様」と名乗っていた古参の一人だった。〇七年七月に「渡邉哲也（旧代表戸締役◆jJEom8Ii3E）の妄言」というブログを立ち上げたのち、三橋の著書『ドル崩壊！』に監修者として関わり、さらに三橋との共著『完全にヤバイ！韓国経済』（彩図社）を〇九年六月に出版したことをきっかけに、三橋の後を追うようにしてビジネス書作家への道を駆け上っていく。(6)

彼らの議論は経済・経営・金融などのテーマについてわかりやすく解説しながら、一方で嫌韓、反マスメディア、反リベラル市民などのアジェンダをそこに適度に盛り込み、ネット右派言説に則った主張を展開していこうとするものだった。しかしそのスタンスは原理主義的なものではなく、あくまでも一般のビジネスパーソンになじみの深いより実際的な関心に即したもの、そのリアリティに寄り添おうとするものだった。

かつてのサブカル保守クラスタがその形成にあたり、若い世代の生のリアリティに向き合おうとして、とりわけ八〇年代以降のサブカルチャーの成熟という状況を強く意識していたのと同様に、彼らはゼロ年代以降のビジネス環境の変化、その流動化と不透明化という状況を強く意識していたと言えるだろう。そうしたスタンスがとりわけ若いビジネスパーソンの共感を幅広く呼ぶことになったのではないだろうか。このようにこの時期、右派系ビジネス言論という領域を基盤に幅広く形作られていった層を「ビジネス保守クラスタ」と呼ぶことにしよう。

2　三橋貴明とビジネス保守クラスタの思想

ここでこのクラスタの思想について、しかもその経済思想ではなく社会思想について考えてみよう。

一連の動きのフロントランナーとなった三橋の出発点は、嫌韓というアジェンダをビジネス言論に結び付けたことだった。しかし三橋にとってこのアジェンダは、実はそれほど重要なものではなかったという。「実際のところ、わたくしは韓国にはあまり興味がありません」と三橋は語っている。では三橋のより本来的な問題意識とは何だったのだろうか。

「そもそもわたくしが（略）以前から問題視していたのは、日本国内のマスメディアの劣化だけなのです」と三橋は言う。「マスメディアが情報の流通を独占し、かつ虚偽報道や捏造報道、それに偏向報道を垂れ流すことを続けている事実「だけ」が、日本の問題である」という認識から三橋は、「マスメディアの問題さえ何とかすれば、日本の問題はことごとく解決への道筋がつく」と考え、その活動を開始したという。「しかし、何の実績もない一中小企業診断士が、「日本の問題の全ては、マスメディアの質の悪さに繋がる」などという本を書いたところで、評判を呼ぶことはない」。そこで当時の嫌韓流ブームに着目し、「韓国経済に関する国内マスメディアの報道が極端に歪んで」いたことから、「そこに「需要（ニーズ）」が存在すると考えた」という。[7]

実際、執筆活動が軌道に乗っていった二〇〇九年にはその本来の問題意識に立ち戻るようにして、『新世紀のビッグブラザーへ』（ＰＨＰ研究所、六月）、『マスゴミ崩壊――さらばレガシーメディア』（扶桑社、九月）という二点の書籍を刊行している。特に前者はイギリスの小説家のジョージ・オーウェルの小説『一九八四年』をもとに、マスメディアによって支配された「新・全体主義」の世界を描いたディストピア小説だった。そのホームページやブログ、さらにメールマガジンのタイトルにもこの文言が繰り返し用いられていたことからもうかがわれるように、三橋本来の問題意識はあくまでもこの点にあったと見られる。

その際、そこで繰り返し批判のターゲットとされていたのは特に『朝日新聞』『毎日新聞』、ＮＨＫなどだった。要するにリベラル系として位置付けられているメディアだ。たとえば前記の小説では、「アサヒメディアやＳＨＫなど」によって「人権主義市民連邦」のプロパガンダが繰り返され、異端者が「人権・平和・環境の敵」として弾圧される様子が描かれている。さらにそのホームページの目的は、「現代日本に蔓延する「良心的知識人」の欺瞞やプロパガンダを（略）検証する」ことだとされていた。三橋によれば「自称知識人階級もマスメディアも全く同じ」く、「この世で最も醜い、見る者全てに嫌悪感を引き起こす、双生児といったところ」だという。[8]

このようにそこではマスメディアという存在が「自称知識人階級」、とりわけリベラル派の文化エリートと結び付けられて捉えられていた。いいかえれば反マスメディアというアジェンダが反リベラル市民というアジェンダに結び付けられ、両者の共犯関係が追及されていた。そこではリベラル派の文化エリートが「識者」として登場することによってマスメディアの権威を保証し、同時にマスメディアが「識者」として登用することによって彼らの権威を補強する。そうして権威が再生産されていくシステムそのものを三橋は問題化していたと言えるだろう。それに対抗するために「マスメディアVSインターネット」という構図を設定し、自らが「逆襲するネットメディア」の仕掛け人となっていく。(9)

そのための戦術として三橋が特に重視していたのは、徹底したデータ中心主義、ソース至上主義という立場だった。三橋によれば「マスメディアなどのメソッドは、数値情報をなるべく使わず、イメージ映像やイメージ音声を多用し、人々の印象を操作しようというもの」だという。そうした「印象ベースの「洗脳力」」に対抗するために「あくまでデータや数値を用い、良心的知識人たちの偽善（略）を暴いていきたい」という立場、つまり実証主義という方法論が三橋の戦術だった。実際、そのホームページには執筆の際に用いた膨大なソースデータがアーカイブされている。(10)

しかもその際、そうした戦術を実践するにあたって三橋が特に重用していたのは、集合知システムの力だった。「うろ覚えのネタの情報ソースを探す際に（略）「○○の件について、ソースをお持ちの方はいらっしゃいませんか？」」と2ちゃんねるやブログなどで呼びかけ、コミュニティの面々の協力を仰ぎながら執筆を進めていくのが三橋の流儀だった。三橋によれば「情報はメディアの独占物ではなく、ましてやマルチな情報を扱わなければならないメディアは、選択と集中がなされた情報取得を得意とする個人の「集合」知に対し、始めから勝ち目などない」という。(11)

三橋のこうした姿勢から浮かび上がってくるのはサブカル保守クラスタの思想そのものだろう。とりわけ2ちゃんねるからエンジョイコリアへという流れのなかで培われてきたものだ。そこでは強烈な反権威主義の精神のもとで、新たなメディアとしてのネットという立場からマスメディアのインチキを暴くことがもくろまれ、それによって反マスメディアというアジェンダが、反リベラル市民というアジェンダに結び付けられながら追い求められていく。しかもその際、実証主義という方法論と集合知というアプローチに基づき、反権威主義的な主知主義という意味での反知性主義が、決断主義的な態度を伴いながら追い求められていく。当初、三橋のそうした姿勢は嫌韓というアジェンダとして表現されることが多かったが、そうした点もまた2ちゃんねるやエンジョイコリアの場合と同様だった。こうしたことからすると三橋は、むしろサブカル保守クラスタの正統な嫡子として位置付けることができるだろう。

ここで三橋のスタンスをいわばそのもう一人の嫡子、桜井誠のそれと比較してみよう。エンジョイコリアでの活動から出発した桜井があくまでも嫌韓というアジェンダにこだわりつつ、一方でエンジョイコリア的な方法論から遠ざかり、さらにネオナチ極右クラスタとの接触を通じて排外主義というアジェンダに傾斜することにより、ある種のモンスターとして先鋭化していったのとは対照的に、三橋はそうした方法論を積極的に活用しながら、むしろそれを一般化し、嫌韓というアジェンダを踏み台として、ビジネス言論というより開かれた領域にそれを適用することにより、大きな市場を開拓することに成功した。しかもその過程で反マスメディアや反リベラル市民というアジェンダ、つまりサブカル保守クラスタ本来の問題意識を、その純度と強度を保ちながらそこに持ち込むことに成功した。そうしたスタンスのなかにこそ三橋の成功の要因が、さらにビジネス保守クラスタの形成の基礎があったのではないだろうか。

だとすればこのクラスタは、むしろサブカル保守クラスタの発展形、もしくはその成熟した形態として位置付けることができるだろう。つまりゼロ年代前半、もっぱらサブカルチャーの話題で盛り上がりつつ、保守派の言説に仮託しながら自分たちのリアリティを語り合っていた2ちゃんねらーが、その後社会人として成熟し、ゼロ年代後半になってビジネスの話題を交わすことが多くなったとき、そこに形作られていったのがこのクラスタだったと見ることもできるだろう。

3　日本青年会議所(JC)の右傾化

一方でこのクラスタは2ちゃんねらーや「元」2ちゃんねらーなどばかりでなく、よりリアルな広がりを持った草の根のネットワークに支えられたものでもあった。そうした存在の代表的なものとして挙げられるのが「日本青年会議所（JC）」だろう。

日本各地の青年会議所を統合するための機関として一九五一年二月に設立されたJCは、四十歳以下の若手の経済人による社会活動のための組織だ。約三万六千人の会員を擁するが、その大部分が中小企業経営者であり、さらにその大半が二代目・三代目の事業継承者だという。建設設備業や製造業などの従事者が多く、「地域との強い絆が特徴」だとされる一方で、「二代目のボンボンの集まり」などとして揶揄されることも多かった。多数の政治家を輩出してきており、七〇年代には麻生太郎が会頭を務めていたこともある。

毎年特定のテーマを掲げて活動を展開してきたが、特に八〇年代以降は地域社会のリーダーとして「まちづくり」運動に積極的に関わってきた。そうした流れから、九〇年代半ばにはリベラル市民主義の盛り上がりという動きを受け、そのスローガンにも「左寄り」の文言が躍るようになる。当時の最有力のキーワードは「地球市民」だった。九三年の「輝けまちの地球市民」、九四年の「今 地球市民が 世界を変える」、九五年の「育もう新しい地球市民」、九九年の「今こそ動こう われら地球市民！」などだ。

ところが二〇〇〇年代半ば以降、そのスタンスは急速に「右旋回」していく。代わってそのスローガンに繰り返し現れるようになったのは「日本」であり、「国家」だった。〇五年の「新たなる日本の夢に向かって」、〇六年の「真の自立国家「美しき日本」の創造に向かって!!」、〇七年の「「日本の力」発信！　理想国家日本の創造に向けて」、〇八年の「「気高き日本」の創造！」などだ。(12)

　その過程でＪＣはさまざまな活動を繰り広げていく。〇五年には『学の夏休み』というアニメを制作し、愛知万博（二〇〇五年日本国際博覧会）の「ＪＣスクエア」で上映した。都会の子供が夏休みに田舎《いなか》を訪れ、そこで妖怪に襲われたりしながら道徳や礼節など、日本の伝統的な価値観を学んでいくという内容だった。さらに〇六年には『誇り～伝えよう この日本のあゆみ～』というアニメを制作する。戦死した青年の幽霊に導かれた女子高生が靖国神社を訪れ、先の戦争は自存自衛の戦争であり、アジア解放戦争だったことを学んでいくという内容だった。

　前者を「倫理・道徳教育プログラム」「環境教育プログラム」の、後者を「近現代史教育プログラム」の教材としながらＪＣは、全国の小・中学校で「出前授業」を実施するなど、各地の青年会議所との「協働運動」を推し進めていく。〇六年十二月にはそのＤＶＤが安倍晋三首相に手渡された。さらに〇七年五月にはこれらのプログラムが文部科学省の「新教育システム開発プログラム」研究事業に採択されたが、しかし国会の場でその件が取り上げられ、問題視されたことから、ＪＣが委託契約を辞退するという動きもあった。(13)

　なお、このＤＶＤを安倍に手渡した当時の会頭、池田佳隆はその後、「安倍の愛弟子」を自任しながら一二年十一月の衆議院選挙に出馬し、国会議員となる。〇六年のスローガンで用いられていたフレーズ「美しき日本」が、この年の七月に出版された安倍の著書『美しい国へ』（文藝春秋）の趣旨と重なるものだったことなどもあり、両者の間の結び付きが深まっていったという経緯がある。(14)また、その直後の〇七年一月には池田自身の著書『誇り高き国日本――この国に生まれて本当に良かった』（ダイヤモンド社）も出版されている。

　さらにこの年には「親学推進プロジェクト」の一環として、「親学カレンダー」や携帯電話の「親トレアプリ」なるものも制作された。「親学」とは高橋史朗によって提唱された、復古主義的な家族観に基づく独自の教育プログラムのことだ。また、その前年に「つくる会」から独立した日本教育再生機構の運営にも関わるなどしてJCは、特に教育問題を通じて日本会議の関係者などとのつながりを深めていった。[15]

さらにその間、〇五年に「自主憲法制定委員会」を設立し、「日本国憲法JC草案」を作成して以来、毎年のようにそれをアップデートし、「憲法改正にむけた国民意識の高揚運動」に取り組んでいく。また、〇九年には「JCインテリジェンス確立委員会」を設立し、「常に一方的にメディアのフィルターを通して得られる情報」に対処すべく、「メディアリテラシーの向上と活用に基づく知の力確立に向けた研究」を進めていく。[16]

こうしてこの時期、国粋主義、歴史修正主義、ジェンダーフリー批判、憲法改正、さらに反マスメディアなどのアジェンダを次々と打ち出し、保守派の政治家や言論人とのネットワークを張り巡らしながら、九〇年代半ばのそのスタンスをすっかり裏返すかのようにして、JCは急速に右旋回していった。

なお、そうした方向性は一〇年代になってからも維持されることになる。そこではそのスローガンばかりでなく「基本理念」にも「日本」が力強く舞い続ける。一二年の「「凛然とした誇りある国」日本の創造!」、一三年の「勇壮なる日本の創造」、一四年の「「たくましい国」日本の創造」、一五年の「「底知れぬ力」による日本再興」などだ。[17]

4　ビジネス保守クラスタのリアルな支え手

当時のJCのこうした急激な右旋回は、では何によってもたらされたものだったのだろうか。

まずその直接の要因となったのは、各地で続けられてきた保守派の運動による圧力だろう。一九九〇年代後半以降、「つくる会」や日本会議により、各地の教育委員会や地方議会などに圧力がかけられ、草の根のネットワークを通じて運動が続けられてきたことは先に見たとおりだ。その際、そうした圧力が地場産業や地方経済の場にも及ぶことになったのだろう。その「ハブ」の一つとしてあったのがＪＣだった。

ただし一方で彼らの側にも、そうした圧力を受け入れるだけの素地があったのではないだろうか。九〇年代半ば以降、景気の低迷が長期化し、一方でグローバル化と情報化の急速な進展の波のなか、日本の中小企業は急激な環境変化に見舞われることになる。ゼロ年代前半には構造改革に伴う公共事業の削減や、円高に伴う産業の空洞化などにより、建設設備業や製造業などの従事者が多かったＪＣの会員も大きな影響を被ったと見られる。さらにゼロ年代後半になると、〇八年九月以降のリーマンショックがそうした状況に拍車をかける。また、ゼロ年代を通じて急ピッチで進んだ東京一極集中の結果、地方経済はじわじわと疲弊していく。〇九年九月に発足した民主党政権は、しかしそうした状況に対して有効な施策を打ち出すことができず、そのため彼らの苛立ちはますます募っていった。

そうしたなか、特に製造業の分野では、広い裾野を持っていたエレクトロニクス産業が一気に凋落していき、代わって韓国、台湾、中国などの新興企業が続々と台頭してくる。特にサムスン電子、ＬＧ電子、現代自動車など、韓国企業の好調ぶりは日本企業の苦戦ぶりとは対照的なものだった。

こうしたさまざまな状況のなかで苦しい運営を強いられるようになった地方の中小企業経営者は、たとえ二代目・三代目であろうとも、もはや優雅な「ボンボン」でいることが難しくなってきたのではないだろうか。その結果、一つの方向性として右傾化路線が探られることになったのではないだろうか。

実際、二〇〇九年のＪＣの「会頭所信」では、「強いものだけが生き残るという、アングロサクソン的な行き過ぎたグローバリズム」や、「都市一極化がますます進む中で、さらに加速して地域間格差は拡がりつつある現状」を乗り越えるべく、「ＯＭＯＩＹＡＲＩの心」と「ローカリズム」を軸に、「「真日本建国」に向けて」突き進んでいくべきことが謳われていた。[18] そこに示されていたのはある種の危機感だったと言えるだろう。

そうした状況のなか、韓国経済は「本当はヤバイ！」「完全にヤバイ！」などと言い放ち、一方で日本経済の力強さを自画自賛するような言説を盛んに振りまいていたビジネス保守クラスタの議論は、彼らの耳に快く響いたのではないだろうか。たとえばこの時期、三橋はそうした趣旨の書籍を続々と刊行していった。『本当はヤバくない日本経済――破綻を望む面妖な人々』（幻冬舎、〇九年四月）、『ジパング再来――大恐慌に一人勝ちする日本』（講談社、〇九年七月）、『何があっても日本経済は破綻しない！本当の理由』（アスコム、一一年五月）、『「日本経済ダメ論」のウソ――日本が絶対に破産しない、これだけの理由』（イースト・プレス、一一年十月）などだ。

また、三橋はそもそも中小企業診断士として活動していたことを思い出してみよう。そうした関係からその講演先には法人会や商工会など、特に地方の中小企業経営者による経済団体が多く、各地の青年会議所との結び付きも強かった。渡邉や上念などの場合もやはり同様だ。なおその後、三橋は一七年にＪＣのアドバイザーの座に就くことになる。[19]

こうしたことからするとＪＣをはじめとする経済界のネットワークは、それなりに抑制的なかたちでではあれ、ビジネス保守クラスタの有力な支え手の一つとなっていたと見ることができるだろう。逆にいえばこのクラスタは、２ちゃんねらーや「元」２ちゃんねらーなどばかりでなく、ＪＣの会員をはじめとする各地の中小企業経営者など、よりリアルな広がりを持った草の根の層に支えられたものでもあった。

古谷経衡が一三年に独自におこなったアンケート調査の結果には、「ネット右翼」と呼ばれている人々の実態」の一端が示されている。それによればその平均年齢は三十八・二歳で、職業としては自営業者の割合が一二・五％と最も高く、次いで経営・管理職従事者の割合が一〇・六％と高い。学歴や年収のレベルも総じて高く、さらに異性経験やメディア接触の程度もそれなりに豊かだという。

低学歴、低収入、社会的地位の低さ、異性経験の貧しさという「ネット右翼の四大要素」、さらに２ちゃんねるやニコニコ動画に四六時中しがみついている引きこもりの若者というような、いわゆるネトウヨ底辺説に基づく通念的な理解によるものとは正反対の属性がそこに示されていたことから、古谷の議論は大きな話題を呼んだ。そうした属性は、実際には特にビジネス保守クラスタの支え手となっていたリアルな層に当てはまるものだったのではないだろうか。古谷によれば「平均年齢三八歳の母集団の中で、その一〇パーセント以上が自営業を営んでいる実態は、特筆すべき回答者の傾向である」というが、それはまさしくＪＣの会員に当てはまるものだった。[20]

このようにこの時期、ネット右派という存在は、サブカル保守クラスタからもたらされた荒唐無稽なその底辺イメージと、一方でネオナチ極右クラスタからもたらされた過激で極端なその「モンスターイメージ」との背後で、より穏健で堅実なビジネス保守クラスタからの支持を緩やかに取り付けながら、よりリアルな広がりを持ったものとして形作られていった。

なお、橋下徹に率いられるかたちで一〇年四月に結成された地域政党「大阪維新の会」なども、そうした動きのさらにリアルな現れだったと捉えることができるだろう。その有力な支え手の一つとなっていたのは大阪青年会議所だった。

さらにこのころから、「「真の近現代史観」懸賞論文」を主催するアパグループや、「ＤＨＣシアター」（のちの「ＤＨＣテレビジョン」）を運営するＤＨＣなど、右寄りのイデオロギーを明確に掲げた企業が目立つようになるが、それらもやはりそうした動きの現れだったと捉えることができるだろう。

5　リベラル市民主義への復讐

ここでＪＣの右旋回の意味についてあらためて考えてみよう。

先に見たように一九九七年一月八・九日付の『朝日新聞』には、「市民」対「庶民」の対立という論点で鳩山由紀夫と中曾根康弘による対談が掲載されている。そこでは「市民」を代表する側の鳩山が「宇宙船地球号」という未来的なイメージとともに「市民」を語る一方で、「庶民」を代表する側の中曾根が「大工さんや魚屋さん」というどこか古臭いイメージで「庶民」を語っていた(21)。

当時、ＪＣは「地球市民」というキーワードを繰り返し掲げ、鳩山の議論を支持するかのような姿勢を顕著に見せていた。そこではそのスローガンばかりでなく「運動提言」にも「市民」が舞い踊っていた。九四年の「今こそ始めよう地球市民としての行動を」、九五年の「確かめよう、新しい地球市民の時代を」、九八年の「立ちあがれ！市民の「歴史」が始まる！」、九九年の「動き出した日本市民が主役の新時代！」などだ。

そうしたなか、九六年には「地球社会全体を視野にいれて、自分たちが主役となって、共に生き共に創る「共生共創の社会」」としての「新人間社会」というヴィジョンが掲げられ、「新しい地球市民意識に支えられた愛・夢・絆にみちた社会で、（略）地球市民活動団体が継続して活動できる社会システムを提言」することが謳われた(22)。そこではリベラル市民主義の理念がその未来的なイメージとともに熱心に追い求められていたと言えるだろう。

このように当時、リベラル市民主義の盛り上がりという動きを受け、もっぱら「宇宙船地球号」の乗組員としての立場を強調しようとしていた彼らだったが、しかし元来、「地域との強い絆が特徴」だという地方の中小企業経営者としての彼らは、実はむしろ「大工さんや魚屋さん」に通じるところを多分に持つ存在だったのではないだろうか。もちろん職人や零細商店主などとはやや異なるだろうが、しかし建設設備業や製造業など、どちらかといえば従来型の産業の従事者が多く、しかもその大半が二代目・三代目の事業継承者だという彼らは、そうしたどこか古臭いイメージにもなじみやすい存在だったと言えるだろう。

さらに言えば彼らは、皮肉にも実はむしろリベラル市民主義によって乗り越えられるべき存在、そう位置付けられている存在だったのではないだろうか。

先に見たように市民主義とは元来、「封建的残滓」が色濃く残存している日本にはまだ「市民社会が存在しない」という認識から、日本社会の封建的な後進性を克服しなければならないとする問題提起とともに生み出されたものだった。さらにそれは、高度経済成長期を通じて日本社会がかつての農村共同体から都市社会へとその姿を変えていくなかで、人々が自由で豊かな暮らしを手に入れたことを実感するための一つの枠組みだったと見ることもできる。

政治学者の松下圭一は七一年三月のその著書『シビル・ミニマムの思想』（東京大学出版会）のなかで、「日本における工業化の進行は、新憲法による民主主義の制度化とあいまって、都市を中心に市民型人間を大量にそだててあげてきた」と論じた。その過程で「ムラの変革」が進められ、「田吾作ないし臣民から、日本の国民はいまや市民へと大量に転換しつつある」という。「しかもこの都市的な市民的自発性は、農業の工業化ないし農村の都市化にともなって、国民生活の全領域で定着していく」ことになるという。(23)

農村から都市へ、農民から市民へというこうした志向性を伴って形作られてきた市民主義的な思考のなかで、とりわけ農民という存在は、「市民とよばれにくい」と久野収が論じたことに典型的に示されているように、市民主義によって乗り越えられるべき存在の最たるものとして位置付けられてきた。(24)

では一方、中小企業経営者はどのように捉えられていたのだろうか。やはり松下は、日本社会には「家族労働に依存する小企業・商店の強固な残存がある」と論じている。(25)ここで「残存」という語が用いられていることに注意しておく必要があるだろう。戦後民主主義的な言説の一つのジャーゴンでもあったこの語は、日本社会からやがて消え去るべき「封建的残滓」を指して用いられるのが常だった。

つまりそこでは中小企業経営者という存在もまた、「家族労働に依存する小企業・商店」の担い手であるかぎり、農民と同様に日本社会の封建的な後進性を示すもの、その「封建的残滓」の一角をなすものとして、やはり市民主義によって乗り越えられるべき存在の一つとして位置付けられていたのではないだろうか。

　ＪＣの会員の多くはいかに「ボンボン」であろうとも、というよりもむしろそれゆえにこそ、多かれ少なかれ「家族労働に依存する小企業・商店」の担い手であり、しかも「地域との強い絆が特徴」だというそのあり方は、多かれ少なかれ「ムラ」的なつながりのなかで代々にわたって築き上げられてきたものだ。だとすれば彼らがリベラル市民主義を信奉し、その理念をどこまでも追い求めていけば、皮肉にもそれはやがて彼ら自身の足場を切り崩し、その立場を突き崩すことにもつながりかねないだろう。

　もちろん「職業と生活との分離」という「区分の論理」を徹底させ、職業的な立場と生活上の信条とを切り離したうえで、前者の次元では「庶民」にとどまりながら後者の次元では「市民」に飛翔する、というようなこともできたかもしれない。しかし個人のレベルではそれが可能だったとしても、組織としてのＪＣは事実上、中小企業経営者という特定の職業的な立場を基盤とするものであり、だとすればそれを切り離したうえで運動を展開していくことにはやはり無理があると言わざるをえない。

　結局、どこかで彼らはそのことに気づかされたのではないだろうか。いいかえればリベラル市民主義の理念を熱心に追い求め、真摯に突き詰めていく過程で、結局そこには彼らの居場所などないという、それどころかむしろ彼ら自身がそこから追い立てられている存在だという皮肉な事実に気づかされたのではないだろうか。

　その結果、彼らは急激な右旋回を遂げることになる。ゼロ年代半ば以降、やはりそのスローガンばかりでなく運動提言にも今度は「日本」が力強く舞い踊るようになる。二〇〇六年の「志の波が「美しき日本」を呼び覚ます」、〇七年の「理想国家日本が、世界を平和へと導く」、〇八年の「したたかで、強く、誠実な「気高き日本」の創造に向けて」、〇九年の「「真日本建国」に向けて」などだ。[26] そうした動きは、ある意味で自分たちを受け入れてくれなかった、さらにいえば自分たちを追い払ったリベラル市民主義に向けての彼らなりの「復讐」だったのではないだろうか。

先に見たようにネオナチ極右クラスタは、元来は農民という存在を救済しようとする運動のなかから形作られてきたものだった。また、サブカル保守クラスタは、新たな「下層階級」や「庶民階級」の立場を表現しようとする動きと関連しながら形作られてきたものだった。さらにより明示的に、地方の中小企業経営者を一つの支持基盤として形作られてきたビジネス保守クラスタの場合と合わせると、これらのクラスタによる運動はいずれも、戦後民主主義のなかで、そしてリベラル市民主義のなかで暗黙のうちに打ち捨てられてきた人々、疎外されてきた存在を代表しようとするものだったと見ることもできるだろう。いいかえればネット右派運動とは、そうした人々によるリベラル市民主義への復讐のための共同作業だったのではないだろうか。

6　ネット右派論壇のバージョンアップ

こうしてゼロ年代後半、バックラッシュ保守クラスタとサブカル保守クラスタとの結び付きを通じてその存在を確かなものとしていったネット右派運動は、一方ではネオナチ極右クラスタとの交渉を通じて先鋭化の方向へと、他方ではビジネス保守クラスタへの展開を通じて一般化の方向へとその振幅を広げながら、二〇一〇年代に向けてより大きな広がりを見せ、ますます厚みを増したものとして形成されていくことになる。その過程でその本来のありか、つまりネットのなかでの活動もあらためて活性化されていった。

当時、「ウェブ2・0」というかけ声のもとで草の根の情報発信が称揚されるとともに、コミュニケーション技術のイノベーションが相次いだこともそうした状況に拍車をかけた。ホームページ、掲示板サイト、メーリングリストなどに代わり、ブログ、SNS、動画共有サイトなどのより新しい道具立てのもとで、かつてのネット右派論壇がそのにぎわいを一気に取り戻し、よりバリエーションに富んだ場として再構成されていく。その結果、それはもはやアングラネット世界の一部などではなくなり、より広く認知された場、それどころかむしろ幅広い人気を持った場として新しいネット文化のなかに定着していく。こうしてネット右派論壇もまたこの時期、新保守論壇と同様に「バージョンアップ」されることになった。

そうした動きの嚆矢となったのはいわゆる右派系ブログのジャンルだろう。特に瀬戸弘幸の「極右評論」（〇五年六月、その後『日本よ何処へ』に改称）、有門大輔の「新・極右評論」（〇五年六月、その後「侍蟻ＳａｍｕｒａｉＡｒｉ」に改称）、桜井の「Ｄｏｒｏｎｐａの独り言」（〇三年九月）など、ネオナチ極右クラスタの指導者によるいくつかのブログはこのジャンルそのものの開拓者となった。それらを相互につなぐかたちで〇六年十一月、瀬戸が新風連を立ち上げたことは先に見たとおりだ。その後、「行動する保守」が成立すると、その後を追うようにしてそよ風の「そよ風」（〇九年八月）、排害社の「排害主義者宣言」（一〇年七月）、日侵会の「日本侵略を許さない国民の会ブログ」（一一年七月）など、運動と連動するかたちでさまざまなブログが立ち上げられていく。[27]

また、もちろんこれらの右翼運動家によるものばかりでなく、三橋の「新世紀のビッグブラザーへｂｌｏｇ」（〇八年三月）を筆頭に、言論人、文化人、政治家などによるブログも次々と立ち上げられていく。当時、何らかの言論活動をおこなおうとすればブログを開設することが必須だというような風潮があったことから、論者の数とほとんど同じだけのブログが林立し、乱立することになる。しかももちろん有名人によるものばかりでなく、一般人や匿名の論者などによるブログも続々と立ち上げられていく。その数は一九九〇年代後半の右派系サイトの数をはるかに凌ぎ、その内容もバリエーションに富んだものだった。そうしたなか、一般人によるもののなかでも一部のブログは個人の日記という枠を超え、大きな影響力を持つに至る。異なるタイプのいくつかのブログを取り上げてみよう。

たとえば「二階堂ドットコム」（〇四年七月、二階堂豹介）では、「既存マスコミには扱いにくい情報を扱う」というスタンスからもっぱら「極右的な言論活動」が繰り広げられた。「真実は大手マスコミにはありません」

として、「いわゆる「知的」な方々」が批判され、代わって「大手マスコミの嘘も見抜けるように」と、「インテリジェンス」なるものが称揚される。「★阿修羅♪」以来のアングラネット論壇の伝統を受け継ぎつつ、反マスメディアというアジェンダを陰謀論的な思考と結び付けながら追い求めていこうとするその姿勢は大きな支持を得る。〇六年三月には「J－CIA」というサイトも併設された。[28]

また、「この国は少し変だ！ よーめんのブログ」（〇六年三月、よーめん）では、「日本こそ一党単独極右軍事政権でなければならない」という主張のもとで、ネオナチ極右クラスタの議論に通じるような過激な言論が繰り広げられた。一方で既成右翼系の団体「日本青年社」と連携しつつ、他方でサバイバルゲームの熱心な愛好者だというよーめんは〇九年十月、「日本の極右軍事政権化を考える市民の会（日極会）」という団体の設立に向け、その「親衛隊」「特殊部隊」の隊員を募集する。以後、「語る運動から 銃を持つ運動へ」などと過激な言辞を弄しつつ、彼らとともに「軍事訓練」を繰り返していく。その言動は「ギャグ・パロディ」だとされていたが、「行動する保守」などの動向にも暗然たる影響力を持っていた。[29]

さらに「ねずさんのひとりごと」（「ねず」こと小名木善行、〇八年九月）では、日本史にまつわるさまざまな話題を軸に、国粋主義、天皇中心主義、歴史修正主義などのアジェンダに沿った言論が繰り広げられた。小名木は〇九年九月に「日本の心をつたえる会」という団体を設立し、さらに「倭塾」などの私塾を開校するなど、多彩な活動を展開していく。[30] 一三年十月に出版されたその著書『ねずさんの昔も今もすごいぞ日本人！』（彩雲出版）はベストセラーとなり、引き続き第三巻まで刊行される。その間、小名木はネット右派論壇から新保守論壇へと、すなわちネットメディアのなかから出版メディアのなかへとその活躍の場を広げていった。

こうしてさまざまなタイプの著名ブロガーが活躍し、それを取り巻くさらに多彩なブログが百花繚乱のにぎわいを見せるなか、新たなタイプの場も現れてくる。いわゆる右派系まとめサイトだ。その嚆矢となったのは2ちゃんねるでの議論から生まれたウィキベースのサイト「国民が知らない反日の実態」だった。「マスコミが隠してきた日本の真実を暴露するまとめサイト」と銘打たれたこのサイトは、一部の2ちゃんねらーの間で熱烈な人気を博すようになる。(31)

するとそれに目をつけたのが通常のまとめサイトの主宰者だった。多くの場合、彼らは2ちゃんねるへの書き込みを抜粋してわかりやすくまとめ、アクセス数を稼ぐことによって広告収入を得ることを目的としていたが、特に右寄りの議論にアクセス数が集中することを知ると、その種の書き込みをこぞって引用するようになる。その結果、老舗のまとめサイトの一部が急速に右傾化していった。「ハムスター速報」「痛いニュース」「アルファモザイク」「政経ｃｈ」などだ。(32)

すると今度はそれに目をつけた新参者により、そうした独自の「ビジネスモデル」に特化したサイトが続々と立ち上げられていく。「ネトウヨにゅーす。」(〇九年)、「保守速報」(一〇年)、「笑韓ブログ」(一〇年)、「大艦巨砲主義！」(一一年)、「中国・韓国・在日崩壊ニュース」(一一年)、「U―1速報」(一一年)、「キムチ速報」(一一年)などだ。(33) その結果、いわゆる2ちゃんねるまとめサイトは軒並み右傾化し、「ネトウヨの巣窟」などと言われるまでになる。

一方、ブログに次いで急速に普及していったSNSのなかからも新たなタイプの場が現れてくる。通常、ブログやまとめサイトにはツイッターやフェイスブックへのリンクボタンが付けられ、記事を容易にSNS上に拡散することが可能になっていたが、そうした一般的な用い方ばかりでなく、いわゆる右派系SNSなどの専用SNSも現れてくる。その嚆矢となったのは「SNS－FreeJapan」だった。

〇九年五月、ミクシィでの話し合いから「政府広報テレビの開設を求める請願」のための署名活動がおこなわれ、国会に請願書が付託された。その代表者となった小坪慎也により、そのための連絡網を母体に設立されたのがこのSNSだった。以後、それは「請願を一つの媒体として」「ネットとリアルの橋渡し」を目指すとして、マスメディア批判のほかにも外国人参政権問題や軍事・安全保障問題などに関連し、さまざまな活動を繰り広げていく。なおその後、小坪は一二年四月に行橋市の市会議員となり、そのブログ「行橋市 市会議員 小坪しんや」は人気の右派系ブログの一つとなる。[34]

また、〇九年十一月には同様の右派系ＳＮＳとして「ｍｙ日本」も設立された。「日本に誇りを持つ仲間たちのネットワーク」と銘打たれたこのＳＮＳは、一〇年九月二十六日には田母神俊雄を招いて総決起集会を開催し、一〇年末には四万人を超える会員を擁するまでになる。[35]

さらにこの時期、新たなネット右派論壇の形成に大きく寄与することになったもう一つの場がある。「Ｙａｈｏｏ！ニュース」のコメント欄、いわゆる「ヤフコメ」だ。「Ｙａｈｏｏ！ニュース」では〇七年十月から、提供元から許諾された記事にコメント欄が設置されるようになった。その直前に『朝日新聞』『読売新聞』『日本経済新聞』の三紙が提携し、統合的なニュースポータルサイトを立ち上げることを発表したことを受け、差別化のために取られた措置だった。そうした関係からこれらの新聞社の記事には、その後もしばらくコメント欄が設置されることはなかったが、一方でそうした取り組みを強く歓迎していた新聞社もあった。その代表格が『産経新聞』だ。

当時、デジタル化を積極的に推し進めていた産経新聞社は〇六年六月に「イザ！」を立ち上げ、コメント欄の設置などにすでに踏み切っていた。その後、「ＭＳＮ産経ニュース」「ＳａｎｋｅｉＢｉｚ」などを次々と立ち上げ、「双方向化」の過程で「Ｙａｈｏｏ！ニュース」との連携を積極的に推し進めていく。そうしたこともあり、当初はもっぱら『産経新聞』系列の記事にコメント欄が設置され、多くのコメントがそこに投稿されることになった。するとそれに目をつけた小規模なニュース事業者が右寄りの記事を量産していったという事情もあり、その一部が急速に右傾化していく。[36] 当初は特にビジネス関連の記事が対象となることが多かったことから、その主な担い手となっていたのはビジネス保守クラスタだったと見られる。

こうしてゼロ年代後半、バージョンアップされたネット右派論壇はさまざまなテクノロジーを貪欲に取り込み、さまざまな場を広範に取り結びながら、一〇年代に向けて空前の盛り上がりを見せていくことになる。

7 その後のネット右派の成熟と停滞

その後、二〇一〇年代になるとネット右派はその姿を十全に現し、一般の人々の間にも広く認知されるようになる。一一年八月にはフジテレビ抗議デモが大々的におこなわれ、巨大な隊列を組んで練り歩く彼らの姿が白日のもとにさらけ出された。また、一二年四月には安田浩一の著書『ネットと愛国——在特会の「闇」を追いかけて』（講談社）が出版され、在特会の「悪行」をはじめとする彼らの運動の一端が明るみに出された。そうしたなか、急速に普及していったSNSを通じてその言説が広く喧伝され、一方でその運動に対抗しようとする勢力の間でいわゆるカウンター運動が組織されていく[37]。

こうして一〇年代以降、彼らの周囲はにわかにかまびすしくなっていった。しかし一方でその内実そのものに実質的な変化が生じたわけではない。その間、その言説に新たなアジェンダが加わったということもなければ、その運動の担い手に新たなクラスタが現れたということもない。

つまりその周囲のかまびすしさとは裏腹に、ネット右派という存在は、一〇年代になるころにはその形成をめぐる一連の動きを終息させ、実質的な完成の時期を迎えることになったと言えるだろう。いいかえればそれは一〇年ごろを境にその形成期を終え、成熟期に、あるいは普及期に入っていったと見ることができる。そうしたなか、その存在が一般の人々の間に広く認知されていく過程でいわば衝突事故的に起きることになったのが、ヘイトスピーチをめぐる一〇年代前半の騒動だった。

さらにその後、一〇年代半ばには彼らの運動は早くもその停滞期に向かっていったと見ることができる。一二年十二月の衆議院選挙に自民党が大勝し、政権を奪還してからは、民主党という面前の敵を失った彼らは急速にその求心力を失っていった。さらに安倍政権のもとで自民党による安定支配が長く続けられると、やがて彼らは自らの存在意義をも問われることになる。その主張の多くが安倍政権の暗黙的な了解となってしまったため、皮肉にも彼ら自身が強く訴えていくべきことがなくなってしまったからだ。

歴史・検討委員会以来の「英才教育」を施されてきた安倍を中心に、教科書議連出身の議員でその中枢が固められた第二次以降の安倍内閣は、いわばバックラッシュ保守クラスタからの特命を授かった内閣だった。[38]しかもそこでは、サブカル保守クラスタからの人気が高かった麻生が副首相・財務大臣として安倍と二人三脚でその運営に当たり、さらに各地の青年会議所などを通じてビジネス保守クラスタのネットワークが全国的な規模でその「応援」に当たっていた。

これら三つのクラスタからの支持を取り付けることになった安倍政権では、歴史修正主義、反リベラル市民、反マスメディアという三つのアジェンダがあたかも暗黙的な綱領の一部であるかのように扱われるようになる。衆議院選挙に先立つ一二年十一月の党首討論会で安倍が従軍慰安婦報道問題に触れ、「朝日新聞の誤報」を問題視しようとする姿勢を強く打ち出して以来、朝日新聞叩きの動きがにわかに活発化していったが、それが一連の動きの「号砲」となったと言えるだろう。[39]以後、さまざまな閣僚から同様の発言が飛び出すことになる。

このようにバックラッシュ保守、サブカル保守、ビジネス保守という三つのクラスタ、そして歴史修正主義、反リベラル市民、反マスメディアという三つのアジェンダは、一〇年代前半を通じていわば体制の側に取り込まれてしまった。その結果、一方でネット右派運動の側に残されることになったのは、主としてネオナチ極右クラスタ、そして嫌韓と排外主義という二つのアジェンダのみだった。

そこで残されたクラスタは残されたアジェンダを掲げ、より先鋭化されたかたちで運動に取り組んでいくことになる。その主な担い手となったのが「行動する保守」であり、とりわけ在特会だった。

しかしそうなると、今度はそうした運動があたかもネット右派運動の総体であるかのように捉えられるようになる。つまりネオナチ極右クラスタを中心に、嫌韓と排外主義という二つのアジェンダがことさら強く打ち出されておこなわれるもの、しかも過激なヘイトスピーチとともに繰り広げられるものだ。

かつてのようなさまざまなクラスタの間の緊張関係、さまざまなアジェンダの間の複合関係がそこから失われていき、それに伴って彼らの運動は単純化され、短絡化され、単細胞化されていく。その過程でそれはますます過激化し、極端化し、そして頽落していった。その結果、やがてそれはレイシズムと同義のもの、ヘイトスピーチと同列のものとなってしまう。

そうしたなか、より穏健な勢力、あるいは他のクラスタに軸足を置いたり他のアジェンダに重心を置いたりしていた人々はこうした状況に嫌気がさし、運動の場から続々と離脱していった。「暴走を続ける在特会に、かつての理解者や民族派は失望し、そして去っていく」(安田)という事態が大規模に起きることになる。(40)

古谷経衡は一五年七月に『ネット右翼の終わり――ヘイトスピーチはなぜ無くならないのか』(晶文社)という書籍を出版した。そこでは「保守政権下で、ネット右翼や保守界隈は、もっとも試練の時を迎えており、彼ら自身の分裂と四散を含めて、現在は往時の隆盛の時は過ぎ去り、ただひたすら衰亡、衰退の道を転がり落ちる最中にある」とされていた。(41) それはネット右派論壇が空前の盛り上がりを見せ、ネット右派がその姿を十全に現すようになってからまだ間もないころのことだった。

8　響きと怒り、そして語り

とはいえそうした状況をもって彼らが「衰退」していったと断じることもできないだろう。確かに言説や運動の領域では、そこに新たなアジェンダが加わったということもなければ新たなクラスタが現れたということもなく、その動きは停滞に向かっていった。しかしそうした「人間的」な次元とは別に、一方で「動物的」「怪物的」な次元に目を向けてみると、そこにはむしろより多様な動きが現れてきたと見ることもできる。

たとえばＳＮＳの普及を背景に、特にツイッターには「ネトウヨ系」の匿名アカウントが続々と登場し、いくつかの「テンプレート」に反応しながら「反日」「在日」「マスゴミ」などのジャーゴンを脊椎反射的に垂れ流すようになる。いわゆるボットによるまさしく人間離れした活動にも支えられつつ、こうして「動物界」は大きなにぎわいを見せていく。

また、百田尚樹、高須克弥、杉田水脈、はすみとしこ、有本香など、マスメディアには新たな「スター」が次々と登場し、ときに「トンデモ系」とも取られかねない放言や暴言を繰り返しながら大きな人気を博すようになる。街頭でのヘイトスピーチが大きな社会問題となっていくのともあいまって、「怪物界」もまたこうして大きなにぎわいを見せていく。

一方で「人間界」では、むしろリベラル派の諸勢力があらためて陣容を整えていった。まず社会運動の場では「レイシストをしばき隊」などに主導され、カウンター運動の強力なネットワークが形作られていった。また、言論の場でも安保法制反対運動などを機にさまざまな論者が「反安倍」を掲げ、リベラル側の議論が大きな盛り上がりを見せていく。さらにジャーナリズムの場でも、「Ｙａｈｏｏ！ニュース」が「ハフポスト」「バズフィード」「ウィズニュース」など、朝日新聞系列のネットニュース各社と提携して急激な「左旋回」を図るなど、リベラル側の言論環境が整えられていく。

こうして「リベラルコンセンサス」の再構築が進められ、それに伴って「ネトウヨ包囲網」が狭められていくなか、ネット右派はあたかも「人間界」から身を引き、「動物界」と「怪物界」にその拠点を移してしまったかのようにも見える。いまやそこで彼らは人間的に語ることをやめ、まるで動物的な唸り声を低く響かせたり、怪物的な吠え声を高く怒らせたりしているばかりのようだ。そうした彼らの世界は、アメリカの小説家のウィリアム・フォークナーの作品名から引けば「響きと怒り」の世界ということになるだろう。[42]

だとすればそうした状況をもって、やはり彼らが衰退していったと見ることもできるかもしれないが、しかしそれでもなおそうと断じることもできないところに彼らの特色があり、そしてこの問題の難しさがある。

そもそも「語り」の領域が、知識人やジャーナリストなどからなるリベラル派に制圧されてしまうのは当たり前のことだろう。元来、そこが戦後民主主義的な言説に、そしてリベラル市民主義的な言説に独占されてきたからこそ、そこから疎外されてきたさまざまな人々が結託し、リベラル市民主義への復讐のための共同作業として立ち上げることになったのがネット右派運動だった。だとすれば彼らがあらためてそこから身を引いたとしても、それは別段驚くべきことではない。左右対立の構図が元来の、というよりもむしろより本来的なあり方に戻っただけのことだろう。

むしろ彼らは「響きと怒り」の世界にあらためて居を据え、腰を据えながら、しかしそこで唸ったり吼えたりしているわけではなく、「語り」の領域での語り方とはまた異なる語り方で、つまり彼ら独自の語り方で語り合っているのではないだろうか。リベラル派にとってはそれは意味不明な言葉、動物の唸り声や怪物の吼え声のようにしか聞こえないかもしれないが、しかし実はそこには彼らなりの意味が、そしてリアリティが十全に込められているのではないだろうか。

フォークナーはその小説『響きと怒り』のタイトルを、ウィリアム・シェイクスピアの戯曲『マクベス』のなかの次のようなセリフから取っている。「白痴のしゃべる／物語だ、わめき立てる響きと怒りはすさまじいが、／意味はなに一つありはしない」（小田島雄志訳[43]）。

このセリフはまさにネット右派の言動をリベラル派が批判してきた際の言い方に通じるものだろう。つまり「バカの論壇」から繰り出される「ネトウヨの妄言」には、「白痴のしゃべる物語」さながら「意味はなに一つありはしない」ということだ。

しかし実際にはそこには、本書がこれまで数百ページにもわたって取り上げてきたような膨大な意味が詰まっている。そうした意味を汲み取ろうとすることなく、「語り」の論理のみを押し通すことによって「響きと怒り」の世界を論難するだけでは、左右対立の構図はますます先鋭化し、両側の陣営の分極化が際限なく推し進められていくばかりだろう。しかもその過程でリベラル派は、ともすればマクベスさながらの「復讐劇」に見舞われることにもなりかねない。

実際、アメリカではこの時期、世界中の「観客」の前で劇的な「復讐」が繰り広げられることになった。二〇一六年十一月、ドナルド・トランプが大統領選に勝利を収め、その結果、都市部のエスタブリッシュメントを一つの核とするリベラル派は奈落の底に突き落とされた。その際、右派側の大きな支えとなっていたのは、スティーヴン・バノンに率いられたアメリカ流のネット右派、いわゆる「オルトライト」と、その主たる支持層としての地方部のブルーカラーだったと言われている。(44) それはまさにフォークナーが描き続けてきた南部的な人々、「響きと怒り」の世界の人々だったと言えるだろう。

そうした事態は日本でも、より隠然たるかたちで起き続けているのではないだろうか。実際、右派側は安倍政権と取り結ぶことにより、強大極まりない権力をその後ろ盾としてしまっている。だとすれば「リベラル包囲網」のなかに囲繞され、知らず知らずのうちに孤立してしまっているのはもしかしたらリベラル派のほうなのかもしれない。

現在、われわれの前ではさまざまな「復讐劇」がいわば世界史的な現象として繰り広げられている。それらを目にしながらわれわれは、「語り」の領域と「響きと怒り」の世界との間をどう生きるか、そこで「響きと怒り」をいかに聞き、「語り」をいかに語るかをあらためて考えていく必要があるのではないだろうか。

9　大衆の原像と幻像

ネット右派という存在はこうして誕生し、成長し、そして停滞していった。その動きを振り返ってみると、それはポスト冷戦期、そして平成期を通じて営まれてきた息の長い現象だったことがあらためてわかるだろう。

その呼び名に示されているように、その成立にあたってネットの普及という状況が大きな役割を演じたことは間違いない。しかしその点を過大評価し、この現象をいわば技術決定論的に見ることは避けるべきだろう。ネットメディアのなかにネット右派論壇が成立するのに先立ち、出版メディアのなかの新保守論壇を通じてその初期的な形態が形作られてきたという経緯があるからだ。

そこでより本質的な役割を演じたのは、やはり社会的な動きだったと見るべきだろう。それも冷戦体制の終結、昭和から平成への改元、五五年体制の終焉など、広い意味でのポスト冷戦期の出発に伴う歴史上の大きな動きだ。一九九〇年代以降、それらの動きに押し出されるようにしてさまざまな動きが生み出されてきたことはこれまでに見てきたとおりだ。

だとすると、しかしそこには一つの素朴な疑問が最後に残る。冷戦体制の終結と五五年体制の終焉に伴い、東西対立と保革対立のもとでの左右対立の時代が終わったにもかかわらず、なぜいまさら激しい左右対立の動きがそこに生じることになったのだろうか。

しかしこの問いは、あるいはその問いの立て方そのものとして間違っているのかもしれない。実際には、むしろそれまでの時代が終わったからこそ、と言ったほうが正しいのかもしれない。

つまりそれまでの時代の左右対立の構図は、東西対立と保革対立のもとでの米ソの対立、自社の対立など、戦後的な枠組みのなかで明瞭にパターン化されたユニバーサルな対立構造として捉えられてきたものだった。しかしそれまでの時代が終わったことにより、そうしたパターンが用済みのものとなり、代わってその下に覆い隠されてきたより土着的な、日本社会にとってのより本源的な対立構造があらためて立ち現れてきたのではないだろうか。

その一つが「左翼」と「右翼」との、それもより本源的な意味での対立だったと見ることができる。つまり知識人といわゆる前衛によって先導され、ヨーロッパの近代思想を拠点にインターナショナリズムを志向するものとして営まれてきた「左翼」と、農民をはじめとする大衆のなかから醸成され、日本古来の民俗思想を起点にナショナリズムを体現するものとして営まれてきた「右翼」との対立だ。吉本隆明の言葉を借りればそれは、マルクス主義に代表される「先端的な言語」と天皇制に象徴される「土俗的な言語」との対立、さらにいえば「知識人」と「大衆」との対立だったと捉えることもできるだろう。(45)

松本健一によれば日本の右翼・民族派の思想や文化の根源には、「大衆の心性の底に何がわだかまっているかを知ろうと」する構え、いわば「民衆のエトス」を汲み上げようとする構えがあったという。戦後は「体制に組みこまれてしまった右翼の退廃」のなかで、そのための感度がすっかり鈍らされてしまったとはいえ、しかし野村秋介の発言などに典型的に示されているように、「土俗的な言語」としての「肉体言語」を通じてそれらに迫ろうとする構えがそこではなおも強く示されていた。(46)

一方、吉本によれば日本の左翼知識人は、「大衆の存在様式の原像をたえず自己のなかに繰込んでゆく」という「思想的課題」に十分に応えてこなかったという。彼らは大衆を、「オルガナイズされることを待っている何か」として捉えるばかりで、「具体的に生活している何か」をそこに見ようとはしなかった。そのため「啓蒙とか外部からのイデオロギーの注入」に基づくその「前衛的コミュニケーション」は、「コミュニケーションを拒否する生活実体へ向って放たれ」ることがなかった。(47)

「左翼」と「右翼」との、そして「知識人」と「大衆」とのこうした古くからの対立がこの時期、戦後的な枠組みに基づく左右対立の構図から解放され、一方でマルクス主義からリベラル市民主義へという流れのなかで、「市民」と「庶民」「常民」さらに「ネット常民」との対立としてあらためて立ち現れてきたのではないだろうか。日高六郎の言葉を借りればそれは、「ことばと文字としてだけで存在をもたない〈市民〉」と、「存在しているだけでことばと文字をもたない〈常民〉」との間に潜在しているという「対立と緊張」だった。(48)

つまり「大衆の原像をたえずみずからのなかに繰り込むという知識人の思想的な課題に照らして」、なおも「破産に瀕している」(吉本)と見なされたリベラル市民主義に反発し、その「先端的な言語」の対極に位置する「土俗的な言語」を手繰り寄せながら、「大衆の心性の底に何がわだかまっているかを知ろうと」して、そして「民衆のエトス」を汲み上げようとして繰り広げられてきたさまざまな議論、談論、言論、その総体がネット右派言説だったのではないだろうか。

とはいえそうして導き出された「大衆の原像」は、「あるがままに現に存在する大衆を、あるがままとしてとらえる」(吉本)ことに十分に成功していたとは言い難い。というよりもむしろそうすることはそもそも原理的に不可能だろう。吉本によれば「沈黙の行為から実生活へと流れる大衆そのものの思考」は、「これをどんなにくみ取ろうとしても、手の指からこぼれおちてしまうもの」だからだ。結局、そこでは「幻想として大衆の名を語る」ことしかできない。(49) いいかえれば「大衆の原像」はどこまで行っても「大衆の幻像」にすぎない。

実際、ネット右派言説を通じて描き出されてきた「大衆の原像」の多くは、さまざまな思惑や思い込み、ルサンチマンや対抗意識などを通じて半ば恣意的に、それぞれの立場に都合よく作り上げられた「大衆の幻像」にすぎなかったと言えるだろう。しかも「土俗的な言語」の性格上、「しばしば表現は、現実にある状態と逆立したり、屈折したりしてあらわれ」(吉本)るため、それらは微妙にねじ曲げられたりよじ曲げられたりして描き出されてきたものだった。(50) さらにそれらの間のさまざまな相互作用と、そこから生じた複雑な化学反応の結果、より奇矯なもの、奇怪なもの、グロテスクなものが生み出されるに至る。その結果、ある種のモンスターとしての言説の体系がそこに作り上げられてしまった。

そうした過程を、しかしわれわれはむやみに軽蔑することができるだろうか。冒頭に挙げた清水幾太郎の言葉をあらためて引けば、そうした現象はもちろん「除かねばならぬ」としても、「だがこれを軽蔑する前に、一般に評価する前に、対策を立てる前に、吾々が知らねばならぬのはその本質である」[51]。なぜならそれはわれわれの社会そのものの本質の一端でもあるからだ。

吉本によれば「土俗的な言葉に着眼し、それをおしすすめて思想の原型をつくろうとしても、先端的な課題にゆきつくことはできないし、また逆に世界の先端的な言語から土俗的な言語をとらえかえすことができないという結節や屈折の構造が」存在する。[52] そうした構造をあらためて意識しつつ、われわれはこの社会のあり方そのものを見直していくべきなのではないだろうか。

戦前の清水の言葉、戦後の吉本の言葉をここでこうしてあらためて持ち出すまでもないかもしれない。しかしネット右派という存在は、実はそれらの時代を通じてわれわれの社会が古くから抱えてきた問題に連なるもの、日本社会にとってのより本源的な問題の一端を示すものでもある。だとすればその存在を通じてわれわれは、われわれ自身のあり方を見直していくこともできるのではないだろうか。

注

(1) 三橋貴明『ネットでビジネスに成功する方法――超売れっ子2ちゃん出身作家が明かす』彩図社、二〇〇九年、四〇―四八、六七―九四ページ、『韓国経済ｗｋｔｋスレまとめサイトＷｉｋｉ』(http://toanews.info/)［現在はリンク切れ］

(2) 三橋貴明「三橋貴明診断士事務所を開設しました」『新世紀のビッグブラザーへｂｌｏｇ』二〇〇八年十二月十五

日（https://ameblo.jp/takaakimitsuhashi/entry-10229894257.html）、同「株式会社三橋貴明事務所を設立しました」『新世紀のビッグブラザーへｂｌｏｇ』二〇〇九年十一月二十八日（https://ameblo.jp/takaakimitsuhashi/entry-10398568219.html）、『経世論研究所』（http://keiseiron-kenkyujo.jp/）、前掲『ネットでビジネスに成功する方法』一七四―一七七、二四〇―二四三ページ、「三橋貴明 講演会講師インタビュー」『Ｓｐｅａｋｅｒｓ．ＪＰ』（https://www.speakers.jp/results/interview/t_mitsuhashi/）

（3）前掲『ネットでビジネスに成功する方法』一二二―一三四ページ、『新世紀のビッグブラザーへ』（http://mtdata.jp/）、『新世紀のビッグブラザーへｂｌｏｇ』（Ｙａｈｏｏ！ブログ）（https://blogs.yahoo.co.jp/takaakimitsuhashi）、『新世紀のビッグブラザーへｂｌｏｇ』（Ａｍｅｂａブログ）（https://ameblo.jp/takaakimitsuhashi/）、「週刊三橋貴明〜新世紀のビッグブラザーへ〜」『まぐまぐ！』（https://www.mag2.com/m/P0007991.html）、三橋貴明『ツイッター』（https://twitter.com/tk_mitsuhashi）、「三橋貴明の「新」経世済民新聞」『まぐまぐ！』（https://www.mag2.com/m/0001007984.html）、「三橋貴明の「新」経世済民新聞」『フェイスブック』（https://www.facebook.com/mitsuhashipress/）、『「新」経世済民新聞』（https://38news.jp/）、「「新」経世済民新聞」『ユーチューブ』（https://www.youtube.com/channel/UCza7gpgd6heRb8rH4oEBZfA）

（4）安藤毅「「2ちゃんねらー出身作家」が変える選挙戦」『日経ビジネスオンライン』二〇一〇年四月十九日（https://business.nikkeibp.co.jp/article/topics/20100415/214000/）［二〇一八年三月十八日アクセス。現在はリンク切れ］、三橋貴明『日本を変える五つの約束』彩図社、二〇一〇年

（5）前掲『ネットでビジネスに成功する方法』一三八―一五三ページ

（6）「渡邉哲也（旧代表戸締役◆jJEom8Ii3E）の妄言」（https://blogs.yahoo.co.jp/daitojimari）、『渡邉哲也（旧代表戸締役）の妄言』（http://daitojimari.blog116.fc2.com/）

（7）前掲『ネットでビジネスに成功する方法』四八―五四ページ

（8）三橋貴明『新世紀のビッグブラザーへ』ＰＨＰ研究所、二〇〇九年、一二八―一五〇ページ、同「ホームページの目的」『新世紀のビッグブラザーへ』（http://mtdata.jp/）、前掲『ネットでビジネスに成功する方法』一六七ページ

(9) 前掲『ネットでビジネスに成功する方法』三三—四〇ページ、三橋貴明『マスゴミ崩壊——さらばレガシーメディア』扶桑社、二〇〇九年、一三四—一四〇、一九一—二三五ページ

(10) 前掲『ネットでビジネスに成功する方法』二〇二—二〇四ページ、前掲ウェブサイト「ホームページの目的」、「各種データ」『新世紀のビッグブラザーへ』(http://mtdata.jp/contents_top.html#Data)

(11) 前掲『ネットでビジネスに成功する方法』八五—八六ページ、三橋貴明「集合知としての新メディア」『新世紀のビッグブラザーへｂｌｏｇ』二〇〇八年七月二十四日(https://ameblo.jp/takaakimitsuhashi/entry-10223270126.html)

(12)『公益社団法人日本青年会議所本会』(http://www.jaycee.or.jp/)、佐賀香織「青年会議所と政治」、城西現代政策研究編集委員会編『城西現代政策研究』第八巻第一号、城西大学、二〇一五年(http://libir.josai.ac.jp/il/user_contents/02/G0000284repository/pdf/JOS-18819001-0904.pdf)、「日本青年会議所スローガン一覧」『社団法人日本青年会議所 二〇〇九年度ホームページ』「総合基本資料」より(http://www09.jaycee.or.jp/sougou_09/jc/nom/)[二〇一四年十二月二十三日アクセス。現在はリンク切れ]

(13)「一九八〇年度以降の日本青年会議所運動提言のあゆみ」『社団法人日本青年会議所 二〇〇九年度ホームページ』「総合基本資料」より(http://www09.jaycee.or.jp/sougou_09/jc/nom/)[二〇一四年十二月二十三日アクセス。現在はリンク切れ]、「学の夏休み(二)」『ユーチューブ』二〇〇九年八月十四日(https://www.youtube.com/watch?v=2Teqo5Vfk14)、「誇り〜伝えよう この日本のあゆみ〜」『ユーチューブ』二〇一八年三月二十六日(https://www.youtube.com/watch?v=Dm5vLCS8Nak)、「侵略正当化へ〝洗脳〟文科省採用の〝靖国ＤＶＤ〟」『しんぶん赤旗』二〇〇七年五月十八日付(http://www.jcp.or.jp/akahata/aik07/2007-05-18/2007051803_01_0.html)、「靖国ＤＶＤ〝戦前の価値観〟に広がる批判」『しんぶん赤旗』二〇〇七年六月十九日付(http://www.jcp.or.jp/akahata/aik07/2007-06-19/2007061902_01_0.html)、「青年会議所 靖国ＤＶＤ 契約辞退 文科省の委託事業 世論の批判受け」『しんぶん赤旗』二〇〇七年六月二十二日付(http://www.jcp.or.jp/akahata/aik07/2007-06-22/2007062201_01_0.html)

(14)「文科省「照会」池田佳隆議員は「安倍首相の愛弟子」、教育の「政治的中立性」主張、「魔の三回生」」『Ｊ－ＣＡ

STニュース』二〇一八年三月二十日（https://www.j-cast.com/2018/03/20324125.html）

(15)「「宇予くん」だけじゃない〝ドラ息子の集団〟JCのトンデモ改憲計画！ 戦争放棄も男女同権も削除」『LITERA／リテラ』二〇一八年三月三日（http://lite-ra.com/2018/03/post-3836.html）

(16)前掲ウェブサイト「一九八〇年度以降の日本青年会議所運動提言のあゆみ」、「社団法人日本青年会議所 二〇〇九年度会頭所信」「社団法人日本青年会議所 二〇〇九年度 基本資料 グループ構成（室・会議・特別委員会・委員会）」『社団法人日本青年会議所 二〇〇九年度ホームページ』「総合基本資料」より（http://www09.jaycee.or.jp/sougou_09/jc/nom/）［二〇一四年十二月二十三日アクセス。現在はリンク切れ］

(17)『公益社団法人日本青年会議所 二〇一二年度ホームページ』（http://www12.jaycee.or.jp/2012/）［以下、各年度のウェブサイト。いずれも二〇一四年十二月二十三日アクセス。現在はリンク切れ］

(18)前掲ウェブサイト「社団法人日本青年会議所 二〇〇九年度会頭所信」

(19)前掲ウェブサイト「三橋貴明 講演会講師インタビュー」、前掲『日本を変える五つの約束』三五ページ、三橋貴明「日本青年会議所の活動と新幹線整備について」『新世紀のビッグブラザーへｂｌｏｇ』二〇一七年六月十五日（https://ameblo.jp/takaakimitsuhashi/entry-12283834860.html）

(20)古谷経衡『ネット右翼の逆襲――「嫌韓」思想と新保守論』総和社、二〇一三年、一〇七―一三八ページ

(21)「［登場この二人］鳩山由紀夫氏VS中曾根康弘氏（上）」『朝日新聞』一九九七年一月八日付

(22)前掲ウェブサイト「一九八〇年度以降の日本青年会議所運動提言のあゆみ」

(23)松下圭一「都市創造の構想」（一九六九年）、『シビル・ミニマムの思想』東京大学出版会、一九七一年、「高度成長期の思想状況」（一九五九年）同書

(24)久野収「市民主義の成立――一つの対話」（一九六〇年）、『市民主義の成立』春秋社、一九九六年

(25)前掲「高度成長期の思想状況」

(26)前掲ウェブサイト「一九八〇年度以降の日本青年会議所運動提言のあゆみ」、前掲ウェブサイト「社団法人日本青年会議所 二〇〇九年度会頭所信」

(27)『せと弘幸BLOG『日本よ何処へ』』（旧『極右評論』）(http://blog.livedoor.jp/the_radical_right/)、『侍蟻 Samurai Ari 保守市民運動を担う未来の尖兵！』（旧『新・極右評論』）(http://blog.livedoor.jp/samuraiari/)、『Doronpaの独り言』(https://ameblo.jp/doronpa01/)、『そよ風』(http://blog.livedoor.jp/soyokaze2009/)、『新攘夷運動 排害社ブログ「排害主義者宣言」』(https://haigai.exblog.jp/)、『日本侵略を許さない国民の会ブログ』(https://ameblo.jp/sinryakusosi/)

(28)『二階堂ドットコム』(http://www.nikaidou.com/)、「二階堂ドットコムとは」『二階堂ドットコム』(http://www.nikaidou.com/about)、『J‐CIA〜永田町、霞ヶ関、マスコミ記者も注目の新ニュースメディア〜』(https://www.j-cia.com/)

(29)『この国は少し変だ！ よーめんのブログ（日本こそ一党単独極右軍事政権でなければならない）』(https://youmenjp.exblog.jp/)、『日本青年社』(http://www.seinensya.org/)、『[親衛隊募集ブログ]〝日極会〟（日本の極右軍事政権化を考える市民の会）設立準備ブログ』(https://youmenjp.exblog.jp/)、よーめん「よーめん親衛隊とよーめん支持者 募集」『[親衛隊募集ブログ]〝日極会〟（日本の極右軍事政権化を考える市民の会）設立準備ブログ』二〇〇九年十月二十日 (https://youmenjp.exblog.jp/12158425/)、よーめん「この国は一度銃によるリセットが必要だ！」『[親衛隊募集ブログ]〝日極会〟（日本の極右軍事政権化を考える市民の会）設立準備ブログ』二〇〇九年十一月二十九日 (https://youmenjp.exblog.jp/12400607/)、よーめん「語る運動から 銃を持つ運動へ」『[親衛隊募集ブログ]〝日極会〟（日本の極右軍事政権化を考える市民の会）設立準備ブログ』二〇〇九年十二月十一日 (https://youmenjp.exblog.jp/12470835/)、安田浩一『ネットと愛国――在特会の「闇」を追いかけて』（g2book）、講談社、二〇一二年、一七〇―一七八ページ

(30)『ねずさんのひとりごと』(http://nezu621.blog7.fc2.com/)、小名木善行「日本の心をつたえる会一周年のご挨拶」『ねずさんのひとりごと』二〇一〇年九月六日 (http://nezu621.blog7.fc2.com/blog-entry-1004.html)

(31)『国民が知らない反日の実態』(https://www35.atwiki.jp/kolia/pages/1.html)

(32)『ハムスター速報』(http://hamusoku.com/)、『痛いニュース（ノ∀`）』(http://blog.livedoor.jp/dqnplus/)、『アルフ

アルファモザイク』(http://alfalfalfa.com/)、『政経ｃｈ』(http://fxya.blog129.fc2.com/)、清水鉄平『はちま起稿――月間一億二千万回読まれるまとめブロガーの素顔とノウハウ』ＳＢクリエイティブ、二〇一四年

(33)『ネトウヨにゅーす。』(http://netouyonews.net/)、『保守速報』(http://hosyusokuhou.jp/)、『笑・韓・ブログ』(http://www.wara2ch.com/)、『大艦巨砲主義！』(http://military38.com/)、『ＮｅｗＳ Ｕ．Ｓ．中国・韓国・在日崩壊ニュース』(http://www.news-us.jp/)、『Ｕ―１速報』(http://u1sokuhou.ldblog.jp/)、『キムチ速報』(http://kimsoku.com/)

(34)『ＳＮＳ－ＦｒｅｅＪａｐａｎ』(http://www.sns-freejapan.jp/)、「現実路線」『ＳＮＳ－ＦｒｅｅＪａｐａｎ』(http://www.sns-freejapan.jp/about/mokuteki/)、「請願活動」『ＳＮＳ－ＦｒｅｅＪａｐａｎ』(http://www.sns-freejapan.jp/seigan/)、『行橋市 市議会議員 小坪しんや』(https://samurai20.jp/)、小坪しんや「政府広報テレビの開設を求める請願について」『行橋市市議会議員 小坪しんや』二〇一五年一月十八日(https://samurai20.jp/2015/01/seihukouhou-2/)

(35)『ｍｙ日本 日本に誇りを持つ仲間たちのネットワーク』(http://sns.mynippon.jp/)、「ｍｙ日本とは」『ｍｙ日本』(http://sns.mynippon.jp/index2.html)、「ｍｙ日本とは」『ニコニコ大百科』(https://dic.nicovideo.jp/a/my 日本)

(36)「「ネットを活用し新聞を断固維持」戦略を模索する日経、朝日、読売が提携」『ＣＮＥＴ Ｊａｐａｎ』二〇〇七年十月一日(https://japan.cnet.com/article/20357616/)、「ソーシャルメディア化進めるヤフー ニュースにコメント欄を追加し差別化ねらう」『ＣＮＥＴ Ｊａｐａｎ』二〇〇七年十月二十三日(https://japan.cnet.com/article/20359342/)、「「ｉｚａ！」は「新聞２・０」産経デジタルが語るネット事業への取組み」『ＣＮＥＴ Ｊａｐａｎ』二〇〇六年七月五日(https://japan.cnet.com/article/20160907/)、「沿革」『産経デジタル』(http://www.sankei-digital.co.jp/corporate/history.html)、「Ｙａｈｏｏ！ニュースがコメント機能を続ける理由～一日投稿数十四万件・健全な言論空間の創出に向けて～」『ｎｅｗｓＨＡＣＫ』二〇一五年九月二日(https://news.yahoo.co.jp/newshack/newshack/yjnews_comment.html)

(37)野間易通『実録・レイシストをしばき隊』河出書房新社、二〇一八年、田村貴紀／田村大有『路上の身体・ネット

の情動——三・一一後の新しい社会運動：反原発、反差別、そしてＳＥＡＬＤｓ』青灯社、二〇一六年、七九—一五七ページ

(38)「第二次世界大戦 終結七十年 第二部 安倍首相と逆流の系譜」『しんぶん赤旗』二〇一五年一月十七—二十五日付（http://www.jcp.or.jp/akahata/web_daily/2015/01/post-40.html）

(39)「慰安婦問題を考える（上・下）」『朝日新聞』二〇一四年八月五・六日付

(40) 前掲『ネットと愛国』二二六—二五三ページ

(41) 古谷経衡『ネット右翼の終わり——ヘイトスピーチはなぜ無くならないのか』晶文社、二〇一五年、一一—二〇ページ

(42) William Faulkner, *The Sound and the Fury*, Vintage International, 1984.（ウィリアム・フォークナー『響きと怒り』上・下、平石貴樹／新納卓也訳〔岩波文庫〕、岩波書店、二〇〇七年）

(43) William Shakespeare, *Macbeth*.（ウィリアム・シェイクスピア『マクベス』小田島雄志訳〔白水Ｕブックス〕、白水社、一九八三年）

(44) Allum Bokhari and Yiannopoulos Milo, “An Establishment Conservative.s Guide to the Alt-Right,” *Breitbart News Network*, March 29 , 2016 .（https://www.breitbart.com/tech/2016/03/29/anestablishment-conservatives-guide-to-the-alt-right/）, George Michael, “The Seeds of the Alt-Right, America.s Emergent Right-Wing Populist Movement,” *The Conversation*, November 23 , 2016.（https://theconversation.com/the-seeds-of-the-alt-right-americas-emergent-right-wing-populist-movement-69036）、「オルト・ライト（オルタナ右翼）とは何者か」『ニューズウィーク日本版』二〇一六年十二月十二日（https://www.newsweekjapan.jp/stories/world/2016/12/post-6510.php）、八田真行「アメリカの「ネトウヨ」と「新反動主義」」『ニューズウィーク日本版』二〇一六年八月三十日（https://www.newsweekjapan.jp/stories/world/2016/08/post-5739.php）

(45) 吉本隆明「自立の思想的拠点」（一九六五年）、『政治思想評論集』（「吉本隆明全著作集」第十三巻）、勁草書房、一九六九年、鹿島茂『吉本隆明一九六八』（平凡社新書）、平凡社、二〇〇九年

(46) 松本健一『思想としての右翼 新装版』論創社、二〇〇七年、三―六一ページ、鈴木邦男『右翼は言論の敵か』(ちくま新書)、筑摩書房、二〇〇九年、二二八―二三一ページ、野村秋介『さらば群青――回想は逆光の中にあり』二十一世紀書院、一九九三年
(47) 吉本隆明「情況となにか」(一九六六年)、前掲『政治思想評論集』所収、吉本隆明「前衛的コミュニケーションについて」(一九六一年)、同書所収
(48) 日高六郎「市民と市民運動」(一九七三年)、杉山光信編『日高六郎セレクション』(岩波現代文庫)所収、岩波書店、二〇一一年
(49) 前掲「情況となにか」、吉本隆明「日本のナショナリズム」(一九六四年)、前掲『政治思想評論集』所収
(50) 前掲「自立の思想的拠点」
(51) 清水幾太郎「流言蜚語」『流言蜚語』(ちくま学芸文庫)、筑摩書房、二〇一一年(初版:一九三七年)
(52) 前掲「自立の思想的拠点」

あとがき

筆者は大学教員になる以前に、一九九七年から二〇〇九年までソフトバンクのメディアコンテンツ部門に在籍し、主にＩＴ、ネットサブカルチャー、ネットビジネスなどに関連する書籍の編集部で編集長を務めてきた。一方でその間、〇一年から〇八年まで東京大学大学院学際情報学府の修士課程・博士課程に在籍し、メディア論、カルチュラルスタディーズ、社会運動論などの見地からネット文化をめぐる研究に取り組んできた。こうした経緯から筆者は、本書の舞台となっているまさにその時期に、ネット右派という対象をリアルタイムで、しかも複眼的な視座から見てくることができた。つまりビジネスの世界とアカデミズムの世界、技術系の領域と人文系の領域など、いくつかの場の間を行き来するような視座だ。

しかしまさにそうした経緯のゆえに、とりわけその複眼的な視座のゆえに、彼らに対する筆者のスタンスはやや複雑なものとなってしまっている。たとえば彼らを絶対悪と見なし、その悪辣さや愚劣さを単純明快に糾弾するようなことが本書ではできなかった。それどころかむしろ彼らの心性を内在的に理解しようとするあまり、その心情に過度に寄り添うような記述になってしまっているところもある。

あるいはそうした点に対して、特にリベラル系の読者は不快に思われることもあるかもしれない。しかし彼らを擁護することが筆者の本意ではまったくないことは、本書の冒頭で述べたとおりだ。本書の元来の問題意識は、リベラルコンセンサスの再構築という作業に際してそれをより底の深いもの、裾野の広いものとして考えていくための、そしてそのことを通じて、左右分断の状況をほんの少しでも解きほぐしていくための手がかりを示そうとするところにある。

最後に本書の出版にあたり、多くの方々に感謝の意を表したい。その一部だけをここで挙げさせてもらえば、まず大学院時代の指導教官である水越伸先生と、その「ゆかり」のみなさんに。また、本書の議論の出発点となった場である「ネオナショナリズム研究会」のみなさんに。そして本書の出版をお引き受けくださった青弓社の矢野未知生さんに。なお、本書は出版にあたって成蹊大学学術研究成果出版助成を受けている。

は

さ

人名索引

abc

あ

［著者略歴］
伊藤昌亮（いとう まさあき）
1961年生まれ
成蹊大学文学部教授
専攻はメディア論
著書に『デモのメディア論――社会運動社会のゆくえ』（筑摩書房）、『フラッシュモブズ――儀礼と運動の交わるところ』（NTT 出版）、共著に『奇妙なナショナリズムの時代――排外主義に抗して』（岩波書店）、『ネットが生んだ文化――誰もが表現者の時代』（KADOKAWA）、共訳書にキャロリン・マーヴィン『古いメディアが新しかった時――19世紀末社会と電気テクノロジー』（新曜社）など

ネット右派《うは》の歴史社会学《れきししゃかいがく》　アンダーグラウンド平成史1990－2000年代

発行――2019年8月14日　第1刷
定価――3000円＋税
著者――伊藤昌亮
発行者――矢野恵二
発行所――株式会社青弓社
〒162-0801 東京都新宿区山吹町337
電話 03-3268-0381（代）
http://www.seikyusha.co.jp
印刷所――三松堂
製本所――三松堂

ISBN978-4-7872-3458-2　C0036

倉橋耕平

歴史修正主義とサブカルチャー

90年代保守言説のメディア文化

なぜ歴史修正主義（歴史否定論）を支持するのか——。自己啓発書や雑誌、マンガ、新聞報道などを対象に、1990年代の保守言説とメディア文化の結び付きをアマチュアリズムと参加型文化の視点からあぶり出す。　定価1600円＋税

樋口直人／永吉希久子／松谷 満／倉橋耕平 ほか

ネット右翼とは何か

ネット右翼とは何か、誰がネット右翼的な活動家を支持しているのか——80,000人規模の世論調査、「Facebook」、botの仕組みなどを実証的に分析して、手触り感があるネット右翼像を浮かび上がらせる。　定価1600円＋税

本田由紀／伊藤公雄／二宮周平／千田有紀 ほか

国家がなぜ家族に干渉するのか

法案・政策の背後にあるもの

現政権の家族政策——家庭教育支援法案、親子断絶防止法案、自民党の憲法改正草案（24条改正）、官製婚活などを検証して、諸政策が家族のあり方や性別役割を固定化しようとしていることを浮き彫りにする。　定価1600円＋税

早川タダノリ／能川元一／斉藤正美／堀内京子 ほか

まぼろしの「日本的家族」

右派やバックラッシュ勢力は、なぜ家族モデルを「捏造・創造」して幻想的な家族を追い求めるのか。家族像の歴史的な変遷、官製婚活、結婚と国籍、憲法24条改悪など、伝統的家族を追い求める事例を検証する。　定価1600円＋税

早川タダノリ

「日本スゴイ」のディストピア

戦時下自画自賛の系譜

「日本スゴイ」の大合唱があふれる現在だが、1931年の満洲事変後にも愛国本・日本主義礼賛本の大洪水が起こっていた。戦時下の言説に、自民族の優越性を称揚する「日本スゴイ」イデオロギーのルーツをたどる。定価1800円＋税